"十二五"国家重点图书出版规划项目

关学文库　总主编　刘学智　方光华

学术研究系列

李颙评传

张　波　著

西北大学出版社

总 序

张载(1020—1077),字子厚,宋凤翔府郿县(今陕西眉县)人,祖籍大梁,宋仁宗嘉祐二年(1057)进士。张载出身于官宦之家。祖父张复在宋真宗时官至给事中、集贤院学士,死后赠司空。父亲张迪在宋仁宗时官至殿中丞、知涪州事,赠尚书都官郎中。张迪死后,张载与全家遂侨居于凤翔府郿县横渠镇之南。因他曾在此聚徒讲学,世称"横渠先生"。他的学术思想在学术史上被称为"横渠之学",他所代表的学派被后人称为"关学"。张载与程颢、程颐同为北宋理学的创始人。可以说,关学是由张载创立并于宋元明清时期,一直在关中地区传衍的地域性理学学派,亦称关中理学。

关学基本文献整理与相关研究不仅是中国思想学术史的重要课题,也是体现中国思想文化传承与创新的重要举措。《关学文库》以继承、弘扬和创新中华文化为宗旨,以文献整理的系统性、学术研究的开拓性为特点,是我国第一部对上起于北宋、下迄于清末民初,绵延八百余年的关中理学的基本文献资料进行整理与研究的大型丛书。这项重点文化工程的完成,对于完整呈现关学的历史面貌、发展脉络和鲜明特色,彰显关学精神,推动传统文化创造性转化、创新性发展无疑具有重要意义。在《关学文库》即将出版发行之际,我仅就关学、关学与程朱理学的关系、关学的思想特质、《关学文库》的整体构成等谈几点意见,以供读者参考。

一、作为理学重要构成部分的关学

众所周知,宋明理学是中国儒学发展的新形态与新阶段,一般被称为新儒学。但在新儒学中,构成较为复杂。比较典型的则是程朱理学与陆王心学。南宋学者吕本中较早提到"关学"这一概念。南宋朱熹、吕祖谦编选的《近思录》较早地梳理了北宋理学发展的统绪,关学是作为理学的重要一支来作介绍的。朱熹在《伊洛渊源录》中,将张载的"关学"与周敦颐的"濂学"、二程(程颢、程颐)的"洛学"并列加以考察。明初宋濂、王祎等人纂修《元史》,将宋代理学概括为"濂洛关闽"四大派别,其中虽有地域文化的特色,但它们的思想内涵及其影响并不限于某个地域,而成为中华思想文化史上重要的一页,即宋代理学。

根据洛学代表人物程颢、程颐以及闽学代表人物朱熹对记载关学思想的理解、评价和吸收,张载创始的关学本质上当是理学,而且是影响全国的思想文化学派。过去,我们在编写《中国思想通史》第四卷、《宋明理学史》上册的时候,在关学学术旨归和历史作用上曾作过探讨,但是也不能不顾及古代学术史考镜源流的基本看法。

需要注意的是,张载后学,如蓝田吕氏等,在张载去世后多归二程门下,如果拘泥门户之见,似乎张载关学发展有所中断,但学术思想的传承往往较学者的理解和判断复杂得多。关学,如同其他学术形态一样,也是一个源远流长、不断推陈出新的形态。关学没有中断过,它不断与程朱理学、陆王心学融合。明清时期,关学的学术基本是朱子学、阳明学的传入及与张载关学的融会过程。因此,由宋至清的关学,实际是中国理学的重要组成部分,它是一个动态的且具有包容性和创新性的概念,它开启了清初王船山学术的先河。

《关学文库》所遴选的作品与人物,结合学术史已有研究成果,如《宋元学案》《明儒学案》《关学编》及《关学续编》《关学宗传》等,均是关中理学的典型代表,上起北宋张载,下至晚清的刘光蕡、民国时期的牛兆濂,能够反映关中理学的发展源流及其学术内容的丰富性、深刻性。与历史上的《关中丛书》相比,这套文库更加丰富醇纯,是对前贤整理文献思想与实践的进一步继承与发展,其学术意义不言而喻。

二、张载关学与程朱理学的关系

佛教传入中土后,有所谓"三教合一"说,主张儒、道、释融合渗透,或称三教"会通"。唐朝初期可以看到三教并举的文化现象。当历史演进到北宋时期,由于书院建立,学术思想有了更多自由交流的场所,从而促进了学人的独立思考,使他们对儒家经学笺注主义提出了怀疑,呼唤新思想的出现,于是理学应时而生。理学主体是儒学,兼采佛、道思想,研究如何将它们融合为一个整体,这是一个重要的课题。从理学产生时起,不同时代有不同的理学学派。

比如,在"三教融合"过程中,如何理解"气"与"理"(理的问题是回避不开的,华严宗的"事理说"早在唐代就有很大影响)的关系?理学如何捍卫儒学早期关于人性善恶的基本观点,又不致只在"善"与"恶"的对立中打圈子?如何理解宇宙?宇宙与社会及个人有何关系?君子、士大夫怎么做才能维护自身的价值和尊严,又能坚持修齐治平的准则?这些都是中国思想史中宇宙观与人生观的大问题。对这些问题的研究和认识,不可能一开始就有一个统一的看法,需要在思想文化演进的历史进程中逐步加以解决。宋代理学的产生及不同学派的存在,就是上述思想文化发展历史的写照,因而理学在实质上是中国思想文化的传承创新,具有重要的历史意义。

张载关学、二程洛学、南宋时朱熹闽学各有自己的特色。作为理学的创建者之一,张载胸怀"为天地立心,为生民立命,为往圣继绝学,为万世开太平"的学术抱负,在对儒学学说进行传承发展中做出了重要的理论贡献。北宋时期,学者们重视对《易》的研究。《易》富于哲理性,他通过对《易》的解说,阐述对宇宙和人生的见解,积极发挥《四书》义理,并融合佛、道,将儒家的思想提升到一个新的高度。

张载与洛学的代表人物程颢、程颐等人曾有过密切的学术交往,彼此或多或少在学术思想上相互产生过一定的影响。宋仁宗嘉祐元年(1056),张载来到京师汴京,讲授《易》学,曾与程颢一起终日切磋学术,探讨学问(参见《二程集·河南程氏遗书》卷二上)。张载是二程之父程珦的表弟,为二程表叔,二程对张载的人品和学术非常敬重。通过与二程的切磋与交流,张载对自成一家之言的学术思想充满自信:"吾道自足,何事旁求!"(吕大临《横渠先生行状》)

因为张载与程颢、程颐之间为亲属关系,在学术上有密切的交往,关学后传不拘门户,如吕氏三兄弟吕大忠、吕大钧、吕大临,苏昞、范育、薛昌朝以及种师道、游师雄、潘拯、李复、田腴、邵彦明、张舜民等,在张载去世后一些人投到二程门下,继续研究学术,也因此关学的学术地位在学术史上常常有意无意地受到贬低甚至质疑(包括程门弟子的贬低和质疑)。事实上,在理学发展史上,张载以其关学卓然成家,具有鲜明的特点和理论建树,这是不能否定的。反过来,张载的一些观点和思想也影响了二程的思想体系,对后来的程朱学说及闽学的形成也有重要的启迪意义,这也是客观的事实。

张载依据《易》建立自己的思想体系,但是,在基本点上和《易》的原有内容并不完全相同。他提出"太虚即气"的观点,认为没有超越"气"之上的"太极"或"理"世界,换言之,"气"不是被人创造出的产物。又由此推论出天下万物由"气"聚而成;物毁气散,复归于虚空(或"太虚")。在气聚、气散即物成物毁的运行过程中,才显示出事物的条理性。张载说:"太虚不能无气,气不能不聚而为万物,万物不能不散而为太虚,循是出入,是皆不得已而然也。"(《正蒙》卷一)他用这个观点去看万物的成毁。这些观点极大地影响了清初大思想家王船山。

张载在《西铭》中说:"乾称父,坤称母。予兹藐焉,乃混然中处。故天地之塞,吾其体;天地之帅,吾其性。民,吾同胞;物,吾与也。"天地是万物和人的父母,人是天地间藐小的一物。天、地、人三者共处于宇宙之中。由于三者都是气聚之物,天地之性就是人之性,所以人类是我的同胞,万物是我的朋友,归根到底,万物与人类的本性是一致的。进而认为,人们"尊高年,所以长其长;慈孤弱,所以幼其幼。圣,其合德;贤,其秀也。凡天下疲癃残疾、茕独鳏寡,皆吾兄弟之颠连而无告者也"。这里所表述的是一种高尚的人道主义精神境界。

二程思想与张载有别,他们通过对张载气本论的取舍和改造,又吸收佛教的有关思想,建构了"万理归于一理"的理论体系。在人性论方面,二程在张载人性论的基础上进一步深化了孟子的性善论。二程赞同张载将人性分为"天地之性"和"气质之性"。但二程认为"天地之性"是天理在人性中的体现,未受任何损害和扭曲,因而是至善无瑕的;"气质之性"是气化而生的,也叫"才",它由气禀决定,禀清气则为善,禀浊气则为恶,正因为气质之性不可避免地受到了"气"的侵蚀而出现"气之偏",因而具有恶的因素。在二程看来,善与恶的对立,实际上是"天理"与"人欲"的对立。

朱熹将张载气本论进行改造,把有关"气"的学说纳入他的天理论体系中。朱熹接受"气"生万物的思想,但与张载的气本论不同,朱熹不再将"理"看成是"气"的属性,而是"气"的本原。天理与万事万物是一种怎样的关系?朱熹关于"理一分殊"的理论回答了这一问题。他认为:"太极只是个极好至善的道理。人人有一太极,物物有一太极。"又说:"太极非是别为一物,即阴阳而在阴阳,即五行而在五行,即万物而在万物,只是一个理而已。"(《朱子语类》卷九四)"理一分殊"理论包括一理摄万理与万理归一理两个方面,这与张载思想有别。

总之，宋明理学反映出儒、道、释三者融合所达到的理论高度。这一思想的融合完成于两宋时期。张载开创的关学为此做出了重要的学术贡献。正如清初思想家王船山所说："张子之学，上承孔孟之志，下救来兹之失，如皎日丽天，无幽不烛，圣人复起，未有能易焉者也。"(《张子正蒙注·序论》)船山之学继承发扬了张载学说，又有新的创造。

三、关学的特色

关学既有深邃的理论，又重视实用。这可以概括为以下几个方面：

首先，学风笃实，注重践履。黄宗羲指出："关学世有渊源，皆以躬行礼教为本。"(《明儒学案·师说》)躬行礼教，学风朴质是关学的显著特征。受张载的影响，其弟子蓝田"三吕"也"务为实践之学，取古礼，绎其义，陈其数，而力行之"(《宋元学案·吕范诸儒学案》)，特别是吕大临。明代吕柟其行亦"一准之以礼"(《关学编》)。即使清代的关学学者王心敬、李元春、贺瑞麟等人，依然守礼不辍。

其次，崇尚气节，敦善厚行。关学学者大都注意砥砺操行，敦厚士风，具有不阿权贵、不苟于世的特点。张载曾两次被荐入京，但当发现政治理想难以实现时，毅然辞官，回归乡里，教授弟子。明代杨爵、吕柟、冯从吾等均敢于仗义执言，即使触犯龙颜，被判入狱，依旧不改初衷，体现了大义凛然的独立人格和卓异的精神风貌。清代关学大儒李颙，在皇权面前铮铮铁骨，操志高洁。这些关学学者"穷则独善其身，达则兼善天下"，体现出"富贵不能淫，贫贱不能移，威武不能屈"的"大丈夫"气节。

最后，求真求实，开放会通。关学学者大多不主一家，具有比较宽广的学术胸怀。张载善于吸收新的自然科学成果，不断充实丰富自己的儒学理论。他注意对物理、气象、生物等自然现象做客观的观察和合理的解释，具有科学精神。后世关学学者韩邦奇、王徵等都重视自然科学。三原学派的代表人物王恕以治易入仕，晚年精研儒家经典，强调用心求学，求其"放心"，用心考证，求疏通之解，形成了有独立主见的治国理政观念。关学学者坚持传统，但并不拘泥传统，能够因时而化，不断地融合会通学术思想，具有鲜明的开放性和包容性特征。由张载到"三吕"、吕柟、冯从吾、李颙等，这种融会贯通的学术精神得到不断承传和弘扬。

四、《关学文库》的整体构成

关学文献遗存丰厚，但是长期以来没有得到应有的保护和整理，除少量著作如《正蒙》《泾野先生五经说》《少墟集》《元儒考略》等在清代收入《四库全书》之外，大量的著作仍散存于陕西、北京、上海等地的图书馆或民间，其中有的在大陆已成孤本（如韩邦奇的《禹贡详略》、李因笃的《受祺堂文集》家藏抄本），有的已残缺不全（如《南大吉集》收入的《瑞泉集》残本，现重庆图书馆存有原书，国家图书馆仅存胶片；收入的南大吉诗文，搜自西北大学图书馆藏《周雅续》）。即使晚近的刘光蕡、牛兆濂等人的著述，其流传亦稀世罕见。民国时期曾有宋联奎主持编纂《关中丛书》（邵力子题书名），但该丛书所收书籍涉及关中历史、地理、文学、艺术等诸多方面，内容驳杂，基本上不能算作是关学学术视野的文献整理。20世纪70年代以来，中华书局将《张载集》《蓝田吕氏遗著辑校》《关学编（附续编）》《泾野子内篇》《二曲集》等收入《理学丛书》陆续出版，这些仅是关学文献的很少一部分。全方位系统梳理关学学术文献仍系空白。

关学典籍的收集与整理，是关学学术研究的重要基础，文献整理的严重滞后，直接影响到关学研究的深入和关学精神的弘扬，影响到对历史文化的传承和中国文化精神的发掘。

现在将要出版的《关学文库》由两部分内容组成，共40种，47册，约2300余万字。

一是文献整理类，即对关学史上重要文献进行搜集、抢救和整理（标点、校勘），其中涉及关学重要学人29人，编订文献26部。这些文献分别是：《张子全书》《蓝田吕氏集》《李复集》《元代关学三家集》《王恕集》《薛敬之张舜典集》《马理集》《吕柟集·泾野经学文集》《吕柟集·泾野子内篇》《吕柟集·泾野先生文集》《韩邦奇集》《南大吉集》《杨爵集》《冯从吾集》《王徵集》《王建常集》《王弘撰集》《李颙集》《李柏集》《李因笃集》《王心敬集》《李元春集》《贺瑞麟集》《刘光蕡集》《牛兆濂集》以及《关学史文献辑校》。

二是学术研究类，其中一些以"评传"或年谱的形式，对关学重要学人进行个案研究，主要涉及眉县张载、蓝田吕大临、高陵吕柟、长安冯从吾、朝邑韩邦奇、周至李颙、眉县李柏、富平李因笃、户县王心敬、咸阳刘光蕡等学人，共11部。它们分别是：《张载思想研究》《张载年谱》《吕大临评传》《吕柟评传》

《韩邦奇评传》《冯从吾评传》《李颙评传》《李柏评传》《李因笃评传》《王心敬评传》《刘光蕡评传》等。此外,针对关学的主要理论问题与思想学术演变历程进行研究,共3部。这些著作分别是:《关学精神论》《关学思想史》《关学学术编年》等。

在这两部分内容中,文献整理是文库的重点内容和主体部分。

《关学文库》系"十二五"国家重点图书出版规划项目,国家出版基金项目、陕西出版资金资助项目,得到了中共陕西省委、陕西省人民政府和国家新闻出版广电总局的大力支持。本文库历时五年编撰完成,凝结着全体参与者的智慧和心血。总主编刘学智、方光华教授,项目总负责徐晔、马来同志统筹全书,精心组织,西北大学、陕西师范大学、中国人民大学、华东师范大学、郑州大学等十余所院校的数十位专家学者协力攻关,精益求精,体现出深沉厚重的历史使命感和复兴民族文化的责任感;他们孜孜矻矻,持之以恒,任劳任怨,乐于奉献,以古人为己之学相互勉励,在整理研究古代文献的同时,不断锤炼学识,砥砺德行,努力追求朴实的学风和严谨的学术品格。出版社组织专业编辑、外审专家通力合作,希望尽最大可能提高该文库的学术品质。我谨向大家卓有成效的工作表示衷心的感谢。由于时间紧迫、经验不足等原因,文库书稿中的疏漏差错难以完全避免。希望读者朋友们在阅读使用时加以批评指正,以便日后进一步修订,努力使该文库更加完善。

张岂之

2015年1月8日

于西北大学中国思想文化研究所

目 录

总　序 ……………………………………………… 张岂之(1)

第一章　坚苦力学希圣贤,无师而成生知人

一、家世:君幼失怙母苦节 ………………………………… (1)

二、早年求学:而今此地有潜龙 …………………………… (13)

第二章　三十以后悟其非,风高二曲声施远

一、熙代学宗:百五十年后起续绝学 ……………………… (22)

　　(一)有志当世 ……………………………………… (22)

　　(二)为学转向 ……………………………………… (26)

　　(三)交友论学 ……………………………………… (30)

　　(四)声名远播 ……………………………………… (43)

二、东行讲学:蒙讪招毁之际力传心要 …………………… (46)

　　(一)丧母·别友 …………………………………… (46)

　　(二)蒙讪招毁 ……………………………………… (50)

　　(三)同蒲讲学 ……………………………………… (55)

第三章　异代仍招复楚魂,而今南游震群迷

一、襄城招魂:最是子心收泪处 …………………………… (74)

　　(一)隍庙祭父 ……………………………………… (74)

　　(二)记异·立茔 …………………………………… (77)

二、倡道江南:明学术为匡时第一要务 …………………… (81)

　　(一)行途论学 ……………………………………… (81)

　　(二)常州讲学 ……………………………………… (84)

（三）无锡会讲 …………………………………………（89）
　　（四）江阴讲学 …………………………………………（94）
　　（五）靖江讲学 …………………………………………（96）
　　（六）病返龙兴 …………………………………………（98）

第四章　辞辟非同巢许志，安贫独契孔颜心

　一、弘道"关中"：振绝学于来兹 ……………………………（104）
　　（一）身居奸薮 …………………………………………（104）
　　（二）执教书院 …………………………………………（111）
　　（三）力辞征荐 …………………………………………（116）
　二、隐逸遂志：岁逐糟糠老，云遗富贵浮 ……………………（123）
　　（一）移家富平 …………………………………………（123）
　　（二）再辞征荐 …………………………………………（132）
　　（三）西返故里 …………………………………………（137）
　　（四）建祠祀母 …………………………………………（140）
　　（五）讲学交友 …………………………………………（144）
　　（六）晚年六事 …………………………………………（161）

第五章　著述一事，大抵古圣贤不得已而后有作

　一、亡佚著述：诚了大事，焉用著述 …………………………（175）
　　（一）自焚著述 …………………………………………（175）
　　（二）未传著述 …………………………………………（177）
　二、传世著述：吐人不敢吐之隐，泄人不敢泄之秘 …………（182）
　　（一）《二曲集》与《四书反身录》 ………………………（182）
　　（二）其他著述 …………………………………………（186）

第六章　二曲思想的渊源：一归于圣经贤传，不复泛览博观

　一、旁涉百家　归宗于儒 ……………………………………（190）
　二、陆王为本　兼摄程朱 ……………………………………（192）

第七章 二曲的本体论：以"致良知"明本体

一、良知即良心，良心便是性 …………………………（195）

二、良知即明德 …………………………………………（197）

三、"良知之外更再无知" …………………………………（198）

四、"人人具有此灵原" ……………………………………（201）

五、"学道原为了心" ………………………………………（204）

第八章 二曲的工夫修养论：以躬行实践为要

一、悔过自新 ……………………………………………（209）

二、慎独 …………………………………………………（213）

三、静坐 …………………………………………………（216）

四、主敬 …………………………………………………（219）

第九章 二曲的全儒之学：以体用全学为理论架构

一、"体用"的渊源 ………………………………………（224）

二、"体用全学"的含义 …………………………………（226）

三、"明体"之学 …………………………………………（229）

四、"适用"之学 …………………………………………（230）

第十章 二曲的真儒之教：以经世为宗

一、政治层面的经世 ……………………………………（233）

二、经济层面的经世 ……………………………………（234）

三、文化层面的经世 ……………………………………（235）

第十一章 二曲的影响与评价

一、摒弃儒学门户之见 …………………………………（237）

二、推动清初经世学风的发展 …………………………（238）

三、贞定"体用全学"思想 ………………………………（240）

四、重振关学坠绪……………………………………（240）

附录一　二曲年谱简编……………………………………（242）
附录二　二曲儒佛辨平议……………………………………（253）
附录三　清代关学简论………………………………………（263）
参考文献………………………………………………………（269）
后　记…………………………………………………………（273）

第一章　坚苦力学希圣贤，无师而成生知人①

关于李颙生平学履的介绍，最为翔实的著作是他的弟子惠靝嗣编撰的《关中李二曲先生履历纪略》与清末吴怀清所著的《关中三李年谱·二曲先生年谱》，这也是本书主要的文献凭借。依时间顺序，本章主要叙述明天启七年（丁卯，1627）李颙出生至清顺治十三年（丙申，1656）他三十岁之前的生平学履。

一、家世：君幼失怙母苦节②

李颙，字中孚，世称"二曲先生"，陕西盩厔（今改作"周至"）人。出生于明熹宗朱由校天启七年（1627）正月二十五日。关于李颙（以下依传统，称"二曲"）的姓名、字号、出生时间、出生地、出生故事乃至家世尚存在一些异说，我们可以根据史料略加梳理：

关于二曲的出生地盩厔，史书记载较为久远，为上古时期"五帝"之一颛顼（高阳氏）后裔骆明的封地骆国。骆明为鲧之父、禹之祖。至商，盩厔为商帝乙之弟（一说"裔孙"）期的封国，为郝国。周兴又为王畿之地，秦则属内史。西汉初属雍国，又改属中地郡，再改属内史；至汉武帝太初元年（丁丑，前

---

① 解题：语出《亭林诗文集·广师》："夫学究天人，确乎不拔，吾不如王寅旭；读书为己，探赜洞微，吾不如杨雪臣……坚苦力学，无师而成，吾不如李中孚……精心六书，信而好古，吾不如张力臣。"（顾炎武：《顾炎武全集》第21册，上海：上海古籍出版社，2011年版，第197页）左之宜语："'吾生平足迹半天下，未尝见此子丰标既伟，才识又卓，真间世之杰也！'……逢人语及，必云：'汝邑有生知之人，不经师匠，自奋自成，汝知之乎？'"（惠靝嗣：《关中李二曲先生履历纪略》"顺治二年"条，清康熙间盩厔正堂程刻本。以下简称"《历年纪略》"，采取文中夹注。本书注释统一采用首注详细标记，再次出现仅注明书名、卷数或页数）

② 解题：吴光《盩厔李隐君家传》："隐君颙，字中孚，陕之盩厔人也。……而君幼失怙，母氏苦节，艰难万状，携持隐君。"（《李氏家乘》，《二曲集》卷25，清康熙三十二年郑重、高尔公刻后印本。本书《二曲集》引文，参校清长白完颜本、石泉彭氏本、民国静海闻氏本等《二曲集》，采取文中夹注）

104)置盩厔县,治所设在今终南镇,属右扶风,盩厔之名实始于此。东汉时盩厔并入武功县,隶扶风郡,魏晋沿袭其制。北魏太平真君七年(丙戌,446)武功县并入盩厔县,隶扶风郡,西魏因循北魏旧制,北周属终南郡,隋开皇三年(癸卯,583)改隶京兆郡。唐武德初改隶稷州,贞观元年(丁亥,627)废稷州,盩厔县改隶雍州;天授二年(辛卯,691)又置稷州,盩厔改属之;大足元年(辛丑,701)再废稷州,盩厔改隶雍州;天宝元年(壬午,742)更盩厔为宜寿,至德二年(丁酉,757)复故名盩厔,乾宁二年(乙卯,895)属京兆府乾州管辖,天复元年(辛酉,901)又改隶凤翔府。五代梁更京兆为大安,盩厔隶属之。后唐时,隶属凤翔,后晋、北汉、北周等因循其制。宋兴,复置终南县,隶属京兆府,盩厔仍属凤翔。金置恒州,盩厔属之。元至元初年(甲子,1264)废恒州,终南县并入盩厔县,属凤翔府;十六年(己卯,1279),改京兆府为安西路,盩厔属之;皇庆元年(壬子,1312)改安西路为奉元路,盩厔属之。明改奉元路为西安府,盩厔始终隶属之,清代因循之。① 就其地理方位而言,盩厔东以耿峪河、白马河为界,与户县为邻;南依秦岭,与佛坪、宁陕交界;西与眉县、太白接壤;北以渭河为界,与武功、兴平、扶风相望。自古以来,盩厔以峰岭秀丽、洞泉隐幽,擅名关中风水之冠,其境内不仅有终南山、楚山、翠凤山、神灵山、方白山、黑凤山、傲山、九峰山、五福山、苇峪、车峪、稻峪、骆峪、辛口峪、黑水峪、黄池峪、熨斗峪等诸多山谷;而且有"天下第一福地"美誉的道教圣地楼观台,以充满爱情故事闻名的仙游寺②,伯夷、叔齐隐居的首阳山,李白秋访的玉真观,马召南原的古战场,黄巢誓师的黄池峪,南通巴蜀的古栈道等人文或自然景观。据此,似乎在盩厔处处可以领略到峰峦奇绝、茂林修竹、甘泉飞瀑,也可以感悟诗情和画意、历史与文化的融和。《元和郡县图志》云:"山曲曰盩,水曲曰厔。"③盩厔因其境内存在诸多山川河流,而且各具萦回曲折的特点而得名,因此"二曲"成为盩厔地名的代称。这也是李颙在著述中自署"二曲中孚子"

---

① 参见杨仪修、王开沃纂:《(乾隆)盩厔县志》卷1,庞文中修、任肇新、路孝愉纂:《(民国)盩厔县志》卷1,均载于《中国地方志集成·陕西府县志辑》第9册,南京:凤凰出版社、上海:上海书店、成都:巴蜀书社,2007年版。

② 相传秦穆公之女弄玉与萧史的爱情故事产生于仙游寺,唐代白居易的《长恨歌》亦创作于仙游寺。

③ 《康熙字典》释"盩"时援引《正字通》:"山曲曰'盩',水曲曰'厔',因以名县。"释"厔"时又援引《正韵》:"盩厔县,在京兆。水曲曰'盩',山曲曰'厔',因以名焉。"

"二曲野夫"等①,及学者称李颙为"二曲先生"的由来;据此也可知,《清史稿》云李颙"又字二曲",实属讹误。此外,在《清史稿列传》及《关中人文传》《鲒埼亭集》《国朝学案小识》等诸多典籍中,乃至在二曲著述的某些刊刻本中,二曲的名字又屡屡被易为"李容",这则因避讳清仁宗颙琰帝庙之讳所致。

关于二曲的出生情况,二曲门人惠龗嗣所撰的《关中李二曲先生履历纪略》、杨仪修和王开沃所纂的《(乾隆)盩厔县志》等史料并没有记载,但在二曲殁后其弟子王心敬(1656—1738,字尔缉,号澧川)增辑冯从吾《关学编》时却云:"前明天启丁卯正月二十五日,母彭氏感震雷之梦而生,生而气貌伟特。"②至民国十四年(乙丑,1925)时任盩厔县知事庞文中主修,盩厔学者任肇新、路孝愉合纂的《盩厔县志》延续此说,云:"清李颙,字中孚,天启丁卯正月二十五日,母感震雷之梦而生。"③可见,在二曲去世后不久,其出生即被赋予了某种异兆。或许这种异兆反映了后世对二曲不平凡人生及其学术贡献的敬仰与肯定。

二曲出生于明熹宗朱由校天启七年(丁卯,1627)正月二十五日。吴怀清《二曲先生年谱》云:

> 刘宗泗《二曲先生传》:"先生盖丁卯年癸卯月癸巳日己未时岳降也。"怀清按:"丁卯"为明天启七年,"癸卯"为二月。考《明熹宗纪》:是年二月未纪朔。《东华录》:天聪元年,即天启七年;二月己亥朔,有癸卯、癸丑、癸亥,而无癸巳,惟正月有癸巳,在下旬。又考《丰川集·泾州新创二曲先生祠记》云:"文子鸣廷尝以某年春从游先生之门,自此每于正月念五,先生寿前,必策一蹇,冲冒风雪而至。"始悉先生之生在正月二十五日癸巳。由此后推,若大建则距二月己亥朔六日,适合刘《传》言"癸卯"而不言"壬寅"者。盖正月交

---

① 全祖望《二曲先生窆石文》,钱林辑、王藻编《文献征存录》,徐鼒《小腆纪传》,孙静庵《皇明遗民传》,秦瀛《己未词科录》等著述云二曲自署"二曲土室病夫",但现存《二曲集》《四书反身录》等二曲著述中不见此说。另外,现存《李二曲先生遗墨》亦有"二曲李颙"的自署。

② 王心敬:《李二曲先生》,王心敬等增辑《关学编》卷6,清嘉庆七年增刻本。

③ 庞文中修,任肇新、路孝愉纂:《(民国)盩厔县志》卷1。

二月节,星家排八字,即作二月推算也。①

刘宗洙(1623—1674,字长源,别字孝翁)与二曲有通家昆弟之谊,所言应非虚,二曲生于"丁卯年癸卯月癸巳日己未时"说,当如吴氏所谓依星家排八字所推算。二曲门人王心敬《泾州新创二曲先生祠记》云:"泾州之有二曲先生祠,始于某年某月,成于某年某月。盖始者文子鸣廷尝以某年春徒步负笈从游先生门,自此一之郭子、五敷张子、现慧李子相随受业,每于正月念五,先生寿前,必策一蹇,冲冒风雪而至,至留住数日,与同志印证新工。"②据此可知,泾州文鸣廷、郭一之、张五敷、李现慧诸人坚持于"正月念五"二曲生日时前去祝寿,师生印证所学,亦可旁证二曲生于正月二十五日(癸巳日)。

关于二曲的家世,全祖望《二曲先生窆石文》、刘宗泗《盩厔李征君二曲先生墓表》《国史·儒林传》等史料,乃至其后裔现存族谱均仅上溯至二曲父李可从,且惠龗嗣《历年纪略》云"先生家世甚微,贫不能早学"。二曲生平亦往往"不履显达之门"(《二曲集·东行述》),"未尝轻答显贵之书"(《二曲集·书二·答布方伯》),甚至晚年云:"曾祖及祖妣尚未合葬,倘一息不来,宁不为抱憾之鬼乎。"③据上述可推知,至少在二曲父李可从时已非显达之家。然而,近年又出现一种观点,认为二曲的家世可以远溯到蒙古族孛端察儿,其子为巴阿里台,后传十一世至元朝开国功臣蒙古八邻部的述律哥图,即明修《李氏家乘》中的李氏始祖,二世祖为阿刺袭,三世祖为晓古台,四世祖为伯颜。伯颜为忽必烈时著名的贤相,殁后被追封为淮安王。伯颜生三子,次为囊嘉歹李,为五世祖。囊嘉歹李生四子,其中三子为长吉贴木尔,曾为明集贤院侍读学士,后被贬临洮路都事。长吉贴木尔生七子,其中第七子为哈昝观音保,后改汉姓为李诚,为七世祖。李诚曾任明陕西路都指挥使,居家盩厔,二曲一脉源于此,衍播至今。且在光绪末年,临洮上过亭李氏祖墓石狮望柱上存有一楹联,曰"勋著大元此间犹有淮安气,集垂二曲家法仍传周至风",即将李氏家族中声名最为显赫的伯颜与二曲二人人对,期以怀宗追远,激励

---

① 吴怀清:《二曲先生年谱》,载陈俊民《关中三李年谱》,西安:陕西师范大学出版社,1992年版,第3页。以下引用该书时,标点有所改动、文句参校默存斋刻本《关中三李年谱》《关中丛书》本《关中三李年谱》及《二曲集》或其他相关书籍,兹不一一注明,采取文中加注。

② 王心敬:《泾州新创二曲先生祠记》,《丰川续集》卷25,清乾隆十五年刻本。

③ 杨甲仁:《北游录》,《愧庵遗集》,清同治三年重刻本。

后世子孙。① 因史料残缺,上述凭借楹联说明二曲家世仍不免陷入孤证之嫌,且无法解释二曲在著述中称郿县(今改为"眉县")李柏、富平李因笃、三原李彦瑁兄弟为宗弟的说法。总之,就现有史料看,在二曲父亲李可从时,已为平常之家。

二曲父李可从,字信吾,生于明万历二十七年(己亥,1599)十一月十九日子时(《二曲集·义林记》),李可从自幼胸怀大志,为人慷慨,喜论兵事,并且以勇力闻名乡里,具有豪杰侠气,常自叹其才不为世人所知,愿为知己者死,人称"李壮士"(《二曲集·李氏家乘·盩厔李氏家传》)。明崇祯十四年(辛巳,1641)李自成农民军袭扰河南时,李可从应征从军。据《明史》记载:

> 十四年春正月……丙申,李自成陷河南,福王常洵遇害,前兵部尚书吕维祺等死之……戊午,李自成攻开封,周王恭枵、巡按御史高名衡拒却之……秋七月己卯,李自成攻邓州,杨文岳、总兵官虎大威击败之……戊戌,李自成、罗汝才陷叶县,守将刘国能死之……十一月丙子,李自成陷南阳,唐王聿镆遇害,总兵官猛如虎等死之。十二月,李自成连陷洧川、许州、长葛、鄢陵。甲子,戍解学龙、黄道周。李自成、罗汝才合攻开封,周王恭枵、巡抚都御史高名衡拒守。②

自崇祯十四年正月起,李自成农民军进军河南,先后攻陷了叶县、南阳、洧川、许州、长葛、鄢陵等地,紧逼开封,波及陕西,时势危急。是时,时任陕西巡抚的汪乔年(字岁星,遂安人)积极部署防御,先是"疾驱至商、洛,不见贼",又配合三边总督傅宗龙(字仲纶,云南昆明人)抽兵括饷。在傅氏兵败殁项城后,明政府"诏擢乔年兵部右侍郎,总督三边军务,代宗龙。部檄踵至,趣出关。是时,关中精锐尽没于项城。乔年曰:'兵疲饷乏,当方张之寇。我出,如以肉馁虎耳。然不可不一出,以持中原心。'乃收散亡,调边卒,得马步三万人"③。可见,汪氏奉命出关,南救中原之时,陕西已经兵疲饷乏,不仅需要收敛散佚士兵,而且紧急从民间征募。汪部监纪西安同知孙兆禄,曾在盩厔做过县令,"素善壮士,欲挟之以行"(《二曲集·李氏家乘·李母彭氏

---

① 参见李刚:《西行临洮追祖记》,《周至史志通讯》第1期,周至县地方志办公室主办,2007年3月刊;临洮向军:《甘肃临洮中孚山〈忠武祠〉简介》,http://blog.163.com/xj3312252@126/blog/static/28266313200931811380513/。

② 《明史》卷24《庄烈帝二》。

③ 《明史》卷62《汪乔年传》。

传》),招募李可从从军,署其为材官。汪乔年见到李可从亦十分惊奇,甚至许诺"若立军功题授若军职"(《二曲集·李氏家乘·盩厔李氏家传》)。李可从深感知遇之恩,于是年十二月二十四日离家,义赴这场讨剿农民军的征途。

李可从的妻子彭氏深明大义。在临行前,夫妻二人有过一段感人至深的对话:

> 彭曰:"吾向虑君无由为人出死力,建奇功,立名当代,不意其有今日,急行毋以妻子恋。"壮士跃然起曰:"我此行誓不歼贼不归。"立抉一齿,授彭作拜曰:"倘相忆,顾此如见汝夫。"遂纵马去。(《二曲集·李氏家乘·李母彭氏传》)

此段叙述,将彭氏压抑住内心悲离忧伤的深明大义之举跃然呈现。彭氏并不像常人般忧离伤感,而是刻意打消丈夫的后顾之忧,勉励丈夫去建功立业,扬名于世。在彭氏看来,李可从建功立业的机会已经来临,即应全心从征,而不应停留于个人的小家庭。而李可从"誓不歼贼不归"及"战,危事,如不捷,吾当委骨沙场,子其善教儿矣"①等豪言壮语,更可歌可泣!显然,就李可从的毅然立誓而言,也意味着如果讨剿失败,其必将血染沙场,杀身成仁。值得注意的是,史料记载,是时李可从抉下一枚牙齿交付与妻子云:"倘相忆,顾此如见汝夫。"(《二曲集·家乘·李母彭氏传》)李可从为何抉齿作为信物,史无记载,这也引起了某些学者的关注。陈祖武认为,二曲父"抉齿离家"说不可信。其云:

> 李可从"抉齿离家"说,始见于《盩厔李氏家传》。据云:"明季闯贼犯河南,朝议以汪公乔年督师剿贼,中军监纪同知孙公兆禄招壮士与俱。将行,壮士抉一齿留于家曰:'我此行,誓不歼贼不生还。家无忆我,有齿在也。'"此传出龚百药手,龚氏为江苏常州人,是李颙于康熙九年末、十年初讲学江南时所结识的友人。古人应死者后人之请,为死者撰写碑志传状,每多隐恶扬善,以致溢美失实。龚百药的《盩厔李氏传》,即属此类文字。同样的文字,还见于李因笃所撰《襄城县义林述》。李因笃虽与李颙为挚友,且同为陕西人,但关于颙父抉齿事,则同样得于传闻。正如他在文中所述:"予尝闻盩厔

---

① 全祖望:《二曲先生窆石文》,朱铸禹汇校集注:《全祖望集汇校集注》,上海:上海古籍出版社,2000年版,第233页。

有齿塚,盖壮士君既应募东征,将行,抉一齿与隐君之母彭。及隐君成母窆穸,奉齿合葬,而曰'齿塚'。"传闻之词,未经验证,本来就未可轻信,然而自龚、李二文出,抉齿说则不胫而走,广为引述。李颙故世,刘宗泗即据以记入《李二曲先生墓表》。后来又经雍乾间史家全祖望以《二曲先生窆石文》加以铺衍,遂成:"信吾临发,抉一齿与其妇彭孺人曰:'战危,事如不捷,吾当委骨沙场,子其善教儿矣。'"①

显然,陈氏认为二曲父"抉齿离家"说,始见于龚百药《蠱屋李氏家传》,该文存在"隐恶扬善""渲染附会",以致"溢美失实"的问题。也见于李因笃的《襄城县义林述》,李文所论乃是"传闻之词,未经验证,本来就未可轻信"。后来又经全祖望铺衍,《清史稿》等以讹传讹,不可盲信。并认为,"钩稽二曲家世,当以其自述及弟子所记为准","李颙追忆其父的文字,诸如《祭父文》《忌日祭文》以及《祷襄城县城隍文》和《与襄城令东峰张公书》等,不惟同样无'抉齿离家'的记载,而且与所谓抉齿壮别相反,倒更多的是慈父真情的实录"。二曲弟子惠靇嗣的《历年纪略》所记"至少可以说明两点,第一,李可从确有遗齿在家,但不能据以判定就是离家前夕所抉;第二,埋葬可从遗齿者乃李颙,而非颙母"。②

事实上,对抉齿说的怀疑,清末吴怀清已有论述:"《跋》(《二曲集·跋父手泽》)云:'次年正月至潼关,又寄书以颙为托。既而,侧闻讹传,言颙被官收仓,即寄书伯舅,呼吾堂兄居暨舅仆彭守已赴关,欲面有所嘱。及二人到关,而吾父正月十八日已出关矣。二月十一日薄暮,抵襄,被围。逆闯昼夜攻城。知必不免,与同侪泣语,深以颙幼弱无倚为痛。十七日,城陷,竟及于难。'按《跋》纪汪师抵襄及城破之日与《明史》异,可订史家之讹。又《跋》不及先生父离家抉齿事,盖因有葬落齿事,文人遂附会为临行抉之者,兹亦不阑入谱中。"(《二曲先生年谱》"崇祯十五年"条)陈氏所谓根据惠靇嗣《纪略》

---

① 陈祖武:《清代学术源流》,北京:北京师范大学出版社,2012年版,第117—118页。

② 陈祖武:《清代学术源流》,第117—118页。陈氏此处指出《清史稿》误认为是"颙母葬其齿,曰'齿塚'"之说。此外,倪元坦《二曲先生事略》,吴嘉洤《二曲先生传》《清史列传》,李元度《国朝先正事略》,钱林辑、王藻编《文献征存录》,徐鼒《小腆纪传本传》,孙静庵《皇明遗民传》等亦误认为是二曲母葬李可从遗齿。

认为确有齿塚一事，在时人的言论中亦无不肯定此事，如二曲门人王心敬云"是时，先生尚幼，母子不得凶问，犹日夜望其生还。及闯贼入关，乃始绝望。居恒抱痛，思及襄城流涕，愿一往。以母在也，难之；惟奉太翁遗齿，晨夕严事。母殁，奉以合葬，曰'齿塚'"（《二曲集·南行述》），龚百药云"数年，母死，乃与昔父齿偕葬"（《二曲集·李氏家乘·盩厔李氏家传》），陈玉璂云"会孝子奉昔父齿合葬"（《二曲集·李氏家乘·李母彭氏传》）。王心敬与惠龗嗣、李因笃、龚百药、陈玉璂等人均一致认为是二曲母殁后，与遗齿合葬。陈氏所论属实。然而认为"抉齿离家"说始见于龚百药《盩厔李氏家传》之说，则非确证。康熙九年（庚戌，1670）十二月，二曲过毗陵（见《二曲集·李氏家乘·盩厔李氏家传》），结识龚百药，此时亦结识陈玉璂等人，陈氏亦作《李母彭氏传》云"立抉一齿"。显然，很难确定"抉齿离家"之说肇自龚百药。李因笃为二曲挚友，刘宗泗与二曲有通家昆弟之谊且早于龚氏结交二曲，交情亦匪浅，不能因其非二曲弟子而否定其言的真实性。在李因笃《义林述》中，除了被陈祖武认为是"传闻之词，未经验证，本来就未可信"的"予尝闻盩厔有齿塚"之语外，还存在"当壮士之行，留一齿诀其家人，毅然誓不返矣"的言论。刘宗泗亦云"抉一齿留其家，不灭贼誓不生还"①。李氏用"留"，刘氏用"抉""留"，但均是说明李可从"毅然誓不返"的征战志向，寄希望此行能建功立业，完成"立名当代"的夙愿。就史料记载李可从"慷慨有志略，喜论兵，而以勇力著，里中呼为'李壮士'"，"常自负其才世不我知也，欲为知己者死"，具有任侠豪气，尤其是其奋勇杀敌、节烈尤著的事迹，看其为人及性格，离别抉齿亦有可能。尤其在历史上，素有以嚼齿表忠义的例子，如文天祥《正气歌》中云"为张睢阳齿"，即愿效仿唐睢阳守将张巡嚼齿之事。《新唐书·张巡传》云："子琦（尹子琦）谓巡曰：'闻公督战，大呼辄眦裂血面，嚼齿皆碎，何至是？'答曰：'吾欲气吞逆贼，顾力屈耳。'子琦怒，以刀抉其口，齿存者三四。"②张巡奋勇督战，嚼齿皆碎，震惊了叛将尹子奇，其英勇可想而知，张巡本人亦被视为忠义英雄。③ 故贾诠在《挽李烈士殉难里句》中云"呆卿舌、睢

---

① 刘宗泗：《二曲墓表》，载李桓《国朝耆献类征初编》卷406，《清代传记丛刊》本。
② 《新唐书》卷192《张巡传》。
③ 在张巡殁后，由于政府表彰，各地出现立庙祭祀现象。在今天的盩厔，张巡事迹亦是妇孺皆知，当地至今仍沿袭着祭祀张巡和许远的被誉为"终南十三堡老王会"的盛会（参见孙治民：《终南十三堡老王会》，《周至文史》第2期，2012年11月刊）。

阳齿,取义成仁搏一死"(《二曲集·义林记》)。另外,据东汉蔡邕《琴操》记载:"政(聂政)父为韩王冶剑,过期不成,王杀之。时政未生。及壮,问其母曰:'父何在?'母告之。政欲杀韩王,乃学涂入王宫,拔剑刺王,不得,逾城而出。去入太山,遇仙人,学鼓琴,漆身为厉,吞炭变其音,七年而琴成。欲入韩,道逢其妻,从置栉对妻而笑,妻对之泣下。政曰:'夫人何故泣?'妻曰:'聂政出游,七年不归,吾尝梦想思见之。君对妾笑,齿似政齿,故悲而泣。'政曰:'天下人齿,尽政若耳,胡为泣乎!'即别去,复入山中,仰天而叹,曰:'嗟乎!变容易声,欲为父报仇,而为妻所知,父仇当何时复报!'援石击落其齿。留山中三年习操,持入韩国,人莫知政。"①聂政落齿实表明其复仇决心之坚决。或许,李可从存在效法古人嚼齿、落齿的行为。据此看,李可从是否"抉齿"还是"文人附会"实不可考。

讨剿军还未出发,李可从又担心二曲为仇人所陷害,便拜托他人寄信与其兄和二曲舅父,嘱托他们加以照顾。次年正月,讨剿军行至潼关,李可从再次寄书托付二曲。继而,李可从又听说二曲被官府扣押,伤心万状,又立刻寄书与其兄和二曲舅父,并让二曲堂兄李居和舅仆彭守己赶至潼关,"欲面有所嘱,朝夕西盼,望之眼传"(《二曲集·题跋·跋父手泽》)。然而,当李居、彭守己到达潼关时,李可从已随队伍出关。可见,爱子情深的李可从,在担心不安中踏上了征途。二月十一日,汪乔年督军于襄城,被农民军包围。据《明史·汪乔年传》记载:

十五年正月,率总兵贺人龙、郑嘉栋、牛成虎出潼关。先是,临颍为贼守,左良玉破而屠之,尽获贼所掳。自成闻之怒,舍开封而攻良玉。良玉退保郾城,贼围之急。乔年诸将议曰:"郾城危在旦夕。吾趋郾,贼方锐,难与争锋。吾闻襄城距郾四舍,贼老寨咸在。吾舍郾而以精锐攻其必应,贼心还兵救,则郾城解矣。郾城解,我击其前,良玉乘其背,贼可大破也。"诸将皆曰:"善。"乃留步兵火器于洛阳,简精骑万人兼程进。次郏县,襄城人张永祺等迎乔年。二月二日,乔年入襄城,分人龙、嘉栋、成虎军三路,驻城东四十里,逼郾城而军,而自勒兵驻城外。贼果解郾城而救襄城。贼至,三帅奔,良玉救不至,军大溃。乔年叹曰:"此吾死所也。"率步卒千余入城守。贼

---

① 蔡邕:《琴操》,《续修四库全书》本。

穴地实火药攻城,乔年亦穿阱,视所凿,长矛刺之。贼炮击乔年坐纛,雉堞尽碎。左右环泣请避之,乔年怒,以足蹴其首曰:"汝畏死,我不畏死也。"二十七日,城陷,巷战,杀三贼,自刎不殊,为贼所执,大骂,贼割其舌,磔杀之。①

由于贺人龙、郑嘉栋、牛成虎三人阵前畏敌,率部逃脱,及左良玉部救兵未至,致使汪乔年孤军深陷襄阳。敌我力量悬殊,汪乔年虽率部竭力抵抗,但最终无法挽救城破人亡的命运。事实上,汪氏云"此吾死所",此役必败亦与其早前行为有关。据《明史》记载:"初,乔年之抚陕西也,奉诏发自成先冢。米脂令边大受,河间静海举人,健令也,诇得其族人为县吏者,掠之。言:'去县二百里曰李氏村,乱山中,十六冢环而葬,中其始祖也。相传,穴,仙人所定,圹中铁灯檠,铁灯不灭,李氏兴。'如其言发之,蝼蚁数石,火光荧荧然。斫棺,骨青黑,被体黄毛。脑后穴大如钱,赤蛇盘,三四寸,角而飞,高丈许,咋咋吞日光者六七,反而伏。乔年函其颅骨、腊蛇以闻。焚其余,杂以秽,弃之。自成闻之,啮齿大恨曰:'吾必致死于乔年。'"②可见,早前汪氏掘发李自成祖坟,已招罪于李自成,因此攻陷襄城杀乔年亦为李自成复仇目的所在。

时逢严冬,雪雨交集,"逆闯昼夜攻城",李可从"知必不免",深感襄城即将沦陷。据《襄城志·忠烈》云:

  李可从字信吾,沉毅有大略,汪督援剿,壮志请缨,汪奇之,署为材官,命副孙郡丞掌赏功。贼围城,将陷,其犹子为画遁计,乃曰:"出吾门抉齿,誓不与贼共戴!败即遁,毋宁贻汪公羞乎!"血战巷口,体无完肤,犹撼声号众曰:"杀贼! 杀贼!"烈哉! 襄人私谥"忠武"。(《二曲先生年谱》"崇祯十五年"条)

可见,在城陷之际,李可从毅然决定杀身成仁之时,仍无法放弃对幼子的牵挂,"深以颙幼弱无倚为痛"(《二曲集·题跋·跋父手泽》)。果然,到了十七日(按:《明史》作"二十七日"),襄城被攻陷。此次战役,甚为悲壮! 汪乔年在城陷后,"巷战,杀三贼,自刎不殊,为贼所执,大骂。贼割其舌,磔杀之"。李可从则是奋力杀敌,以致体无完肤,仍大呼:"杀贼! 杀贼!"据二曲通家后学刘青霞《义林双忠墓表》考证:

  邑西郭有坛壝树木者,曰"义林",监纪孙公、材官李公招魂葬处

---

① ② 《明史》卷62《汪乔年传》。

也。……时孙公兆禄任西安府同知,有文武才。汪公与语兵事,大悦之,于是授军门监纪,且命举所知。孙公乃以盩厔李公可从荐,署材官。李公有志略,素以勇力著,乃应募。……李公每战先登,奋不顾身。阅五昼夜,矢尽援绝,城陷,汪公骂贼不屈死,两公与之俱死。当是时,予王父汉臣以军门赞画佐汪公城守,与难更甦,强起裹创,收汪公尸,殓而权厝之,为文纪其事;至两公死状则未详也。国朝顺治初,修邑乘,第曰孙同知、李材官与军门汪公同殉难,亦不载其名字。康熙初,李征君中孚先生寻父尸来襄,始知两公名字籍贯云。予尝访之长老邑贡士孙嵘,曰:"当城破时,见孙公立城上,状貌魁梧,面白皙秀爽。"或指曰:"此孙同知也。"贼脱其冠,系而牵之驱之去。公徐行,其色不挠。又老校吴姓云:"公之被执见逆闯也,以刀胁之不肯屈。有李材官者,闻而急趋,以身翼蔽,遂同死焉。"然后两公殉节始末,乃可得而稽矣。(《二曲先生年谱》"康熙十年"条)

刘氏考证揭示了李可从壮烈事迹:因于城破之际发现孙兆禄身陷敌阵被俘时,奋不顾身跃马奋戈前来相救,并以身翼蔽,然而因寡不敌众,最后与孙兆禄一起壮烈牺牲。李可从"自崇祯十四年腊月二十四日离家,随邑侯孙公征贼河南",至次年二月十七日"城陷,竟及于难"(《二曲集·题跋·跋父手泽》),征战五十余天,成就了其一生的英烈。

李可从阵亡的消息传至盩厔,二曲母子相拥痛哭,悲恸欲绝。彭氏一度打算为夫殉节,幸而得到家人日夜守视,并劝阻云:"母殉公,以儿如此必殉母;母自处得矣,儿且殉,李氏绝也。"(《二曲集·家乘·李母彭孺人墓表》)至此,彭氏才打消殉节的念头。是年,二曲十六岁。

或许因为李可从生前不善于经营,家境困窘,在其殁后情况更为悲惨。据《历年纪略》记载:

太翁从军征贼阵亡,母子茕茕在疚,形影相吊。是时无一椽寸土之产,所僦邑内小屋。屋租不继,被逐。东移西徙,流离失所。癸未之秋,始得茅厦于邑西新庄堡,遂定居焉。(《历年纪略·序言》)

可见,是时二曲家已无一椽寸土的产业,甚至因无法缴纳房租而遭到驱逐。全家东移西徙,流离失所半年有余,才在邑西新庄堡得到一处茅草屋定居下来。同时,窘困、饥饿时时威胁其生存,二曲母子常常是"茕茕在疚,形影相吊"。

虽然家境困窘,但彭氏并没有放松对二曲的教育。事实上,在中国古代历史上有很多杰出的母亲,其中最著名的莫过于战国时期孟子的母亲。孟母"三迁择邻""断机教子",将孟子培养成为仅次于孔子的儒家"亚圣"。虽然彭氏没有孟母那样脍炙人口,常被后人津津乐道;但其不仅具有孟母的贤德,善于教子;也具有非凡的志节,识得大体。据《历年纪略》记载:

> 次年甲申,艰窘困惫,突常无烟。时父执之子与先生同等者,多入籍衙役,或作胥吏,或为皂快,咸招先生共事,坚不之从。里中恶少以其不应役养母,目以不孝,亦不恤。家仅一桌,鬻以易食。一卜者哀而欲授以子平,俾借以聊生;将从其术,途经社学,闻诵书声有感,遂却步返家,矢志读书。母欣然引送舅塾,拒不纳。邻邸有教授者,知不能具束脩,亦弗收;退而自伤者久之。于是,取旧所读《学》《庸》,依稀认识,至《论》《孟》,则逢人问字正句。自是,母为人纺棉,得米则杂以糠秕野蔬,并日而食。先生拾薪采蔬之暇,手不释卷;书理不解,则愤悱终日。亲友有贻以《海篇》者,遂随读随查,由是识字渐广,书理渐通,熟读精思,意义日融,然后递及于经。乡人闻而诧异,以为贫至此,救死弗暇,乃近书册乎!(《历年纪略·序言》)

为何二曲在生计艰难,灶无生烟、朝不保夕之际,拒绝到县庭充当门役,补充生计,使其母免受饥寒折磨?李长祥《李母彭孺人墓表》揭示其因:"有言隐君姑给事县庭为菽水计者,隐君泣涕,以为:'人子之事亲必以道。不以其道,虽万钟,罪也!况给事县庭,何事不辱母乎?吾辱以辱母,吾不为也;吾母亦不令我为也。'母果不令为之。隐君得行其志,而贫窭不堪,不能支。乡人相叹息,谓:'莫如母之再适人,则沟壑免尔。不然,与儿之命俱不可保也。'母垂泣谢之,忍饥寒强支。"(《二曲集·李氏家乘·李母彭孺人墓表》)在二曲看来,子侍母应当坚持正道,如果不坚持正道,即使获得优厚的俸禄,也是不可取的。何况供事于县衙,做下等的役吏,必将使其母羞辱。因此,二曲绝不会为一两顿饭菜,做出辱母之事,其母亦不会让其这样做。果然,当彭氏听说此事后,坚决不同意二曲去县衙做事。彭氏认为,"唯若父慷慨国仇,捐躯赴难"(《二曲集·贤母祠记》),死于王事,是慷慨就国难,死得其所,是英烈之举。其子当效其父立身行道,持守志节,以此光大先人英烈;而不能因暂时的贫穷饥寒,做些下等杂役之事。至于乡人又劝导其改嫁,以此保全母子的性命,彭氏同样加以谢绝,毅然持志守节,坚持靠日夜艰苦纺织、为他人缝纫等,换些粮食来维持生计。可见,在彭氏看来,真正能够光显荣耀的并不是外在丰厚的物质,而是能持守大节,这才是流芳万世的显荣。因此,彭氏常勉励二曲"读书名理,师法古人"(《二曲集·祠记·贤母祠记》),树立大理想,不必习制举业,谋取一时的富贵功名;并且彭氏通过自己辛勤的劳动,为二曲读书提供力所能及的条件。因此,有学者评论云:"二曲先生之贤也,由其有贤母而乃以有成也。"(《二曲集·李氏家乘·书彭太君教育》)事实上,李母彭氏因其贤德,在其生前即有官员以"芳追孟母"誉之,殁后也被赠书"贤母彭氏"以表其墓,甚至陕西总督鄂善捐俸为其特建"贤母祠"。

彭氏的志操言行深刻影响了二曲的成长,二曲晚年回忆其少年经历时,云:"洎颙成童,乡人悯其婺,甚或劝之给事县廷,或导之佣力于人,谓可以活母命,免沟壑。先慈咸拒谢弗从,朝夕惟督以诵书、修己砺行为务。颙所以不至失身他途,堕落于小人禽兽之归,皆颙母之贤,有以成之也。"(《二曲集·书二·与吴耕方太史暨龚杨张陈毛诸公》)在母亲教育下,二曲矢志读书明理,效法古人,修己砺行,持守气节,淡泊名利,时人又以"隐君"称之。俗话说"寒门出孝子,白屋出公卿"。在长期清贫生活中,二曲持守孝道,笃于事母。刘宗泗云:"(二曲)性至孝,母夫人病,吁天求代,跪接矢溺,以辨轻重。以父死王事于襄城,终身不衣采,每忌日,必为文以祭,哀慕之私,时时不能去于怀。"①陈玉璂亦云:"母患痢,遍延医诊视,每夜吁天求代。尝跪接粪溺,以辨重轻,轻则喜跃进餐饭,重则号泣,关中又称为'李孝子',亦称'隐君',而莫不归功于母之能教也。"(《二曲集·李氏家乘·李母彭氏传》)母患痢疾,二曲遍延医生诊视,吁天求代、跪接粪便等均展现了二曲"性至孝"的品行,这亦是母教所致。事实上,终二曲一生,均在践行孝道,时人屡以"李孝子"誉之。

二、早年求学:而今此地有潜龙②

古往今来,大凡取得伟大成就的人,多是在青少年时期就立下了远大的

---

① 刘宗泗:《二曲墓表》,载李桓《国朝耆献类征初编》卷406,《清代传记丛刊》本。
② 题解:樊嶷题诗赞二曲云:"漫道高贤不易逢,而今此地有潜龙。英年独步颜曾武,定识遥承孔孟宗。浊世狂澜堪砥柱,俗儒圭角已陶镕。千秋声气应还在,濂洛关闽岂绝踪。"(《历年纪略》"顺治三年"条)

志向。二曲亦是,其后来反复强调"为学必先立志"(《二曲集·传心录》)。志向如同黑夜中辉煌灿烂的灯塔,指引着大海中航船的方向。在彭氏的教导之下,二曲自幼就有了强烈的读书愿望,并在读书的过程中逐渐形成了伟大的志向。然而,在二曲青少年时期,志气和贫困又常如一对患难兄弟,紧密相伴,其立志成学之路是异常的艰辛。

据《历年纪略》记载,由于"家世甚微,贫不能蓄学",二曲在九岁时才入小学,跟随塾师学习《三字经》,但是聪明好学的二曲天生具有探问究竟的思想家气质。在接触到《三字经》首句"人之初,性本善。性相近,习相远"时,便私下请教学长:"性既本善,如何又说相近?"二曲的这一疑问,不仅涉及中国古代思想家常常探讨论辩的性善论问题,也揭露出南宋王应麟(1223—1296,字伯厚,号深宁居士)在撰写《三字经》时使用文字欠缺周密性。事实上,在儒家学者中也不乏少年时就具有探问究竟的先例,如南宋陆九渊(1139—1193,字子静,号象山,世称"象山先生")"三四岁时思天地何所穷际?"明代王守仁(1472—1529,字伯安,自号阳明子,世称"阳明先生")十一岁时便问塾师"何谓第一等事"。从探问究竟的品性看,二曲与陆、王是何其相似!或许这也预示着二曲未来将和陆、王一样成为一代儒宗。显然,二曲的上述疑问并不是一般少年学子能够理解的,其学长亦"无以答"。不幸的是,或许因为家贫无法获得足够的营养,二曲自幼身体羸弱,疾病不断,仅在小学学习了二十天左右,便不得不因病辍学。其后,虽然二曲又随其舅父学习《大学》《中庸》,但是旧病不时发作,其学习也是时断时续。就在这种时断时续的学习过程中,二曲不仅掌握了初步的学习技巧,而且打下了自学的基础,尤其是通过对《三字经》《大学》《中庸》等典籍的初步理解,其精神得到了涵养和提升,并且在平日生活中展现出一种超乎常人的志节操守、风度仪表和才气识见。

在一系列事件中,青年二曲非凡的精神气象活生生地展现出来。据《历年纪略》记载:

> 癸未之秋,始得茅厦于邑西新庄堡,遂定居焉。是冬,驻防兵变,杀掠甚惨。先生偶出堡拾薪,被获。刃将及颈,同伍异其气貌,亟格刃获免。(《历年纪略·序言》)

崇祯十六年(癸未,1643)秋,流离失所的二曲母子刚刚定居于新庄堡,便逢驻防在当地的军队兵变。二曲外出拾柴,遭遇到乱兵,"刃将及颈",之所以

幸免于难,完全因"同伍异其气貌"。是年二曲十七岁。两年后(顺治二年,乙酉,1645),又发生了类似的事件:

> 是冬,贺贼大营环屯堡侧,左右村堡俱陷,屠男掠妇,焚荡一空。先生所居之堡,人不满百,贼已蚁贯而登,垂陷复坠,卒获保全,识者以为天幸。当贼攻堡时,堡人震怖悲号,先生不异平时。(《历年纪略》"顺治二年"条)

据《(乾隆)盩厔志》:"顺治二十年十二月二十三日,贺贞自西来,邑令崔鹿鸣遁去,城守杨居士死之。"①《清史稿·张勇传》:"顺治二年……时李自成将贺珍、贺宏器、李明义等分据汉中、兴安、固原诸地,窥西安。"②故吴氏《二曲先生年谱》推测,贺贞即贺珍,即上述"贺贼"。贺珍率领农民军围攻新庄堡,"堡人震怖悲号",而此时的二曲却镇定自若,神情如常,这是何等的气概不群!若没有超乎常人的志节操守与才识风度,一个尚未弱冠的羸弱少年绝难做到身处乱兵流寇之中泰然处之,从容不迫。因此,目睹此事的郿州左之宜,见而异之,"与之语,敛衽起敬。贼退,从容盘桓连日夜,乃大惊曰:'吾生平足迹半天下,未尝见此子丰标既伟,才识又卓,真间世之杰也!'濒别,赠之以金,不受。逢人语及,必云:'汝邑有生知之人,不经师匠,自奋自成,汝知之乎?'闻者愕然。"(《历年纪略》"顺治二年"条)左氏以"间世之杰"赞誉二曲,实恰如其分!在生死之际能镇定自若,深陷贫困而能拒受赠金,这无疑是其人格中所蕴藉的浩然之气所致,为常人所望尘莫及。孟子所谓"富贵不能淫,贫贱不能移,威武不能屈"(《孟子·滕文公下》)的大丈夫人格在青年二曲身上得到充分的展现。无怪乎左氏大为惊叹:"汝邑有生知之人,不经师匠,自奋自成,汝知之乎?""生知"语出《论语·季氏》"生而知之者上也",指不待学而知之者。左氏以"生知"称许二曲,可见其对二曲的赞许。

上述两件事情充分展现了青年二曲的气象与操守。二曲为何具有上述不凡的气象与操守?或许受其父母的影响所致。二曲父李可从素有"壮士"之称,具有"为知己而死"的"豪杰气概";其母彭氏注重气节操守,矢志不渝,亦是位贞烈女子。二曲耳濡目染,不学则能。事实上,当我们考索史料时,可以发现二曲的风度与操守也是其卓尔不群的鸿鹄之志的展现。二曲在读书

---

① 杨仪修、王开沃纂:《(乾隆)盩厔志》卷12《纪兵》。
② 《清史稿》卷255《张勇传》。

明理的过程中,逐渐形成了"大志希贤"的志向与抱负。据《历年纪略》记载:

> 邑宰樊讳巇,河汾复元辛子之高足也,宰邑一年矣。是夏,闻先生好学,遣吏敦延。先生以"庶人无入公门"之理力辞,公遂屏驺会晤于公所。时亢旱酷热,先生身无别衣,止一褴褛絮袄,毡袜破履,而器宇轩昂,襟怀潇洒。公一见辣异,相与论学,不觉心折;退即送匾,表其门曰"大志希贤";题诗以自庆云:"漫道高贤不易逢,而今此地有潜龙。英年独步颜曾武,定识遥承孔孟宗。浊世狂澜堪砥柱,俗儒圭角已陶镕。千秋声气应还在,濂洛关闽岂绝踪。"次日,制布单衣,先令蔽形。(《历年纪略》"顺治三年"条)

这段引文值得注意的有三处:一是樊巇其人。樊巇字疑山,山西平阳人,为明末著名学者辛复元(号天斋)门人。顺治二年(乙酉,1645),樊巇始任盩厔县令。在盩厔主政期间,樊巇常常礼贤下士,慈良爱民,有循吏之风。二是樊巇与二曲的订交过程。樊巇闻知二曲好学,即想与之结交,便遣小吏前去延请。而二曲却以"庶人无入公门之理"为理由加以辞绝。樊巇当即辞退马车,延请二曲至家中。是时天气亢旱酷热,而二曲却身无别衣,穿着褴褛絮袄,毡袜破履,但其眉宇之间所呈露出的轩昂气质,及其潇洒的襟怀、离尘拔俗的君子言行,让樊巇惊奇不已,故订交论学。三是樊巇对二曲的赞誉与预盼。樊巇不仅赠二曲"大志希贤"的匾额,予以表彰,并作诗赞誉二曲云:"漫道高贤不易逢,而今此地有潜龙。英年独步颜曾武,定识遥承孔孟宗。浊世狂澜堪砥柱,俗儒圭角已陶镕。千秋声气应还在,濂洛关闽岂绝踪。"甚至,后来樊巇因"以守正不获于上",在离任之前,又致信二曲云:"昨晤吾子,知吾子必为大儒无疑也。幸陈人有缘,得一见之;怅陈人无缘,将不得常常而见之。虽然声气自在,一日亦千古也,喜甚,快甚!担当世道,主持名教,非吾子其谁耶?区区行且拭目以望矣!"(《历年纪略》"顺治三年"条)樊巇以"潜龙"赞誉二曲,乃是一位儒家学者内心真诚感发,其誉也并非过高。樊巇当是二曲遇到的第一位知音。日后,二曲在撰成第一篇充分展现其思想的重要文章——《悔过自新说》后,即延请樊巇为之作序。

事实上,"大志希贤"或许是青年二曲,乃至其一生持守的志向与信念;也是以这种信念为支撑,二曲的潇洒风度、"豪杰"气概更能彰然于世。樊巇以"大志希贤""必为大儒""担当世道,主持名教"等言论赞誉二曲,不仅是基于二曲长期以来刻苦求学,初露"圭角"的实际情况,也是一种远见卓识——日后时人将二曲与孙奇逢(1584—1675,字启泰,号钟元,世称"夏峰先生")、黄宗羲(1610—1695,字太冲,号梨洲,世称"南雷先生"或"梨洲先生")并誉为清初"三大儒"。与同时期的孙奇逢、黄宗羲相较,二曲的成学经历俨然没有二人的家学或师学传统,主要是靠自学成才,显然其中的艰辛要远甚于二人。尤其是,在其父去世后,二曲家境异常窘困,但其读书之志却愈加坚定。据《二曲先生年谱》记载:

> 一卜者哀而授以子平,俾藉以聊生。将从其术,途经社学,闻诵书声有感,遂却步返,矢志读书。母欣然引送舅塾,拒不纳。邻邮有教授者,知不能具束脩,亦弗收,退而自伤者久之。于是,取旧所读《学》《庸》,依稀认识,至《论》《孟》则逢人问字正句。自是,母为人纺棉,得米则杂以糠秕野蔬,并日而食。先生拾薪采蔬之暇,手不释卷,书理不解,则愤悱终日。亲友有贻以《海篇》者,遂随读随查,由是识字渐广,书理渐通,熟读精思,意义日融,然后递及于经。(《二曲先生年谱》"崇祯十七年"条)

算卦之人怜惜二曲家贫,欲传授其卦术以助其谋生,但当二曲途经社学听到里面传出的朗朗读书声时,黯然伤感,却步返家,矢志读书。然而,毕竟困窘的家境无力支付起学费,甚至连舅父的私塾也不愿意接收他。据刘宗泗《二曲墓表》载,正当二曲"退而自伤"、徘徊犹豫之时,李母鼓励他说:"无师遂可以不学耶?古人皆汝师。"古圣前贤何尝不就是最好的老师?二曲豁然醒悟,奋然自学,又幸获《海篇》,由《大学》《中庸》至《论语》《孟子》,由依稀认识、逢人问字正句至"熟读精思,意义日融,然后递及于经",这不仅是其手不释卷的勤奋所致,更是得源于其愤悱终日志于书理。二曲的刻苦自学,令乡人甚为诧异,"以为贫至此,救死弗暇,乃近书册乎?"家庭已贫贱如此,连维持生计都不容易,却能读书明理,锲而不舍。因此,二曲亦被乡人称誉为"奇童"。

《历年纪略》"顺治二年"条载:

> 是春,璧经既治,乃借《易》以读。入夏,偶得周锺《制义》全部,见其发理透畅,言及忠孝节义则慷慨悲壮,遂流连玩摹,每一篇成,见者惊叹。既而,闻锺失节不终,亟裂毁付火,以为文人之不足信、文名之不足重如此,自是绝口不道文艺。人有勉以应试者,笑而不答。(《历年纪略》"顺治二年"条)

顺治二年,十九岁的二曲已经读完了《周易》,又偶得周锺所撰《制义》。关于周锺,吴氏《二曲先生年谱》援引诸书加以说明。《金坛志》载:"周锺,字介生。崇祯十六年进士,官庶吉士。兄铨,字简臣,崇祯十年进士,授上虞令。少负异才,与弟锺齐名。"《说铃谈往》云:"崇祯十七年,流贼破帝都,周锺时主王百户家,王拟同巷战而死,事迅不及,主人自缢,周亦投缳,徐为一友解焉,固守泣劝。周掷身倒床,顾友人曰:'吾岂前世杀尔父母,奈何不成人美!'其痛言如此。初念有足取者。介生与梓里多龃龉,先闻锺从贼,宗亲邻社方振臂奋拳,至锺归,遂声罪擒解金陵诏狱。西蜀高倬会擢大司寇,披牍见情。恨介生平日谈忠说孝,假仁义以骂天下者二十年,乃提出痛责二十,以快人心。即日题请肆市正法。"《明季国初进士履历跋后》云:"崇祯十六年癸未科云:'南京逆案庶吉士周锺二等,应斩。闯登极诏出锺手。乙酉春,遂正辟。有旨:'新榜进士尽污伪命,不当复玷清班。'则是科之有愧于科名者多矣。"又云:"余尝得流贼所授降官簿一册,与诸野史所纪不同,金坛周锺以劝进撰表得检讨,最幸。"(《二曲先生年谱》"顺治二年"条)可见,当李自成攻陷北京时,作为明崇祯时期的进士周锺,无论其最终被痛责二十、肆市正法;还是因上《劝进表》获得检讨的官职,深受李自成宠幸后被南明弘光朝斩首,时人均将背节弃义之事与周锺相联系,并加以痛斥,这或与周锺盛名有密切关系。明永乐以来,科举考试将八股文作为唯一文体,每篇文章都要由破题、承题、起讲、入手、起股、中股、后股、束股等八部分组成,文章的语言讲究声偶、对仗。这种格式上的排偶为"制义"。周锺《制义》乃是以八股文写作的文章,在明末影响甚大,其中阐发义理透畅明晰,尤其是言及忠孝节义时,慷慨悲壮,尤为学子所喜爱,甚至流连玩摹。二曲所模拟《制义》撰写成的文章,均令人惊叹不已,这表明二曲已能十分成熟地撰写制义文。然而,当二曲听说周钟不能持守志节之事时,怒焚模仿之作,"以为文人之不足信、文名之不足重如此,自是绝口不道文艺"。是时,又有人勉励二曲去应试,考取功名,二曲则笑而不答。在二曲看来,"昔人谓大丈夫一号为文人,便无足观。若以诗文而博名谋利,仆仆于公府,尤不足观矣。"(《二曲集·题跋·立品说别荔城张生》)显然,《制义》等时文都不能真正关乎身心,关乎经世致用,培养出的多是功名利禄之徒,是"俗学"。事实上,二曲的这些看法和日后成为自己友人的顾炎武(1613—1682,初名绛,更名炎武,字宁人,世称"亭林先生")不谋而合。顾炎武说:"制义初行,一时人士尽弃宋元以来所传之实学,上下相蒙以饕禄利而莫之问也。"(《日知录·四书五经大全》)又说:"八股之害等于焚坑,而败坏人才,有甚于咸阳之郊所坑者。"(《日知录·拟题》)秦始皇焚书坑儒也不过活埋了四百余人,而明王朝以科举取士录用的禄利之徒又何止四百啊!行蝇营狗苟之举,不务经济之学,误国误民者更不乏其人!

也是在这一年,二曲在摆脱《制义》的束缚后不久,"始借读春秋《公》《谷》《左氏》《性理大全》《伊洛渊源录》,见周、程、张、朱言行,掩卷叹曰:'此吾儒正宗,学而不如此,非夫也!'至是,步趋遂定,向往日笃,枵腹忍冻,愈有以自坚"(《历年纪略》"顺治二年")。在研读的过程中,二曲从内心深处体会到宋代理学家周敦颐(1017—1073,字茂叔,原名敦实,后改名敦颐,世称"濂溪先生")、程颢(1032—1085,字伯淳,世称"明道先生")、程颐(1033—1107,字正叔,世称"伊川先生")、张载(1020—1077或1078,字子厚,世称"横渠先生")、朱熹(1130—1200,号晦庵,别号紫阳)等人的言行与自己身心相契合,掩卷感叹:"此吾儒正宗,学而不如此,非夫也!"(《二曲集·历年纪略》)至此,二曲明确认识到心目中的"正学"所在,将儒家希圣成贤的理想作为自己读书的目的,其志向愈加坚定,刻苦力学。同时因家境贫寒,刻苦读书的二曲常常枵腹忍冻,脸色如菜,又被乡人戏称为"李菜"。

在认识到"正学"之后,二曲如饥似渴地广泛涉猎各种儒家典籍,尤其是宋明理学家的论述。据《历年纪略》记载,在顺治三年(1646),二曲二十岁的时候,借读了《小学》《近思录》《程子遗书》《朱子大全集》;二十一岁时,借读了《九经郝氏解》《十三经注疏》;二十二岁时,借读了《资治通鉴》《资治通鉴纲目》等,二十三岁时,又借读了《大学衍义》《文献通考》《通典》《通志》《二十一史》等书籍。

以上大致是二曲十九岁至二十三岁之间的读书情况。值得注意之处有二:一是二曲这一时期阅读的著作主要是程朱理学著作和史书。程朱理学著作除程朱本人著作外,如南宋真德秀(1178—1235,字景元,号西山)所撰的《大学衍义》以六经释《大学》,祖述朱子学术。胡广(1369—1418,字光大)等人奉敕编辑的《性理大全》收录宋儒之说多达一百二十家,而其中绝大多数篇什或为朱子所注,或为朱子门人所作。二是二曲在读书时常常是边阅读边深入思考,学思结合;并对前人及其著述做出判别,阐发自己的看法。在读《十三经注疏》时,二曲不拘于成说,驳纠其中的瑕谬,撰成了《十三经注疏纠谬》;在读史书时,撰成了《廿一史纠谬》。后来,随着二曲思想的成熟,又认为自己这一时期所撰写的著作"非切己之学",与自己的身心相差太远,或加以焚毁,或"不以示人"。在读朱子晚年所撰《资治通鉴纲目》时,二曲又认为:

> 《纲目》继"获麟"而作,诚史中之经,第成于文公晚年,未及更定,中间不无牴牾。尹氏发明,固有补世教,而持论时偏亦多,不得文公之心。如邓艾兵至成都,后主出降,大书"帝降汉亡"者,言汉至是而始亡也。此正文公帝汉贼魏,申明正统,力扶人纪之初心。尹氏不得其解,乃云:"后主信任中官黄皓,以丧其国,是汉之自亡也。"若然,则孙皓之暴,亦足以自丧其国;于其亡也,何不亦书"吴亡"?(《历年纪略》"顺治五年"条)

在二曲看来,该书是"史中之经",反映出朱子"申明正统,力扶人纪之初心"志愿。事实上,朱子在撰述此书时目的很明确,即将义理加于史实之上,期以达到"岁周于上而天道明,统正于下而人道定"①。可见,二曲的理解是深得朱子撰述意旨的。在读《文献通考》等书籍时,二曲认为:

> 《函史》下编与《治平略》《文献通考》相表里,有补治道;《函史》上编、《史纂》左编,不过分门别类,重叠可厌,然犹不失为史学要删。若夫卓吾《藏书》,反经横议,害教不浅;其《焚书》固可焚,而斯书尤可焚也。(《历年纪略》"顺治六年"条)

值得注意的是,引文中屡论《函史》。《函史》为明儒邓元锡(1529—1593,字汝极,号潜谷)仿郑樵(1102—1162,字渔仲)《通志》而作,上编为《纪传》,记载从洪荒时代至元朝诸史,撰述时遵循《六经》宗旨,包括"表、纪、谟、训、述、传、志"等,其目的在于"考观天人贞一统,察古今离合之变,王道隆污、道术善变之故"。下编为《二十略》,按"天、地、人"三大部分编撰,包括"天官、方域、人官"等二十一类,结构严密,秩序井然。就作者撰写倾向而言,元锡之学源自阳明心学,但又反对阳明后学"学唯无觉,一觉即无余蕴。九思、九容、四教、六艺,皆桎梏也"②之论,"事心穷经,致用穷史"③,极力推崇古代圣贤的经论。其《函史》"本天以立例","以天人贞一为宗,故每篇之中,于天

---

① 朱熹:《资治通鉴纲目序例》,《朱子全书》第8册,上海:上海古籍出版社、合肥:安徽教育出版社,2002年版,第22页。
② 黄宗羲:《明儒学案》,北京:中华书局,2008年版,第563页。
③ 查继佐:《邓元锡传》,《罪惟录》卷18,《续修四库全书》本。

心人事之连合三致意焉"①,可见邓氏著史法经的目的"不在是非往古,而在参赞将来"②,故其云:"大哉!先师之《六经》乎,洋洋乎天人之奥,伦物之情备是矣。删述垂训,功至罔极。近世学者,牵滞闻见,迷离于原本。其师心自用,竟口实于《六经》注脚之语,蔑问学而不事。吾深病之。"③二曲认为"《函史》下编与《治平略》《文献通考》相表里,有补治道",即以"有补治道"、经世致用为判别经典的标准,这也是明清之际诸多思想家所共同关切的问题。显然,二曲反对空谈心性、玩弄光景的浮虚学风,也批判离经叛道、标新立异的学者及其著作,因此李贽及其《藏书》《焚书》成为其痛斥的对象。

然而,是时的蓝屋士人们仍不能深刻反思社会和思想文化上的弊病,依然持守长期以来的读《四书》、"作八股文"是"正道"的僵化观念,除《四书》、"八股文"之外的其他书籍均不屑于观看。因此,当他们看到二曲博览群书,不求科举时,均视之为"怪物";甚至信誓旦旦地说:"李氏子素无师友指引正路,误用聪明,不知诵文应考,耽误一生,可惜!"甚至"父兄子弟相戒不与先生相接,一则嫌其寒窭不屑,一则恐其效尤妨正也"(《历年纪略》"顺治六年"条)。即便如此,素怀大志的二曲丝毫不为这些言行所困扰,仍然坚持如故。

幸运的是,顺治七年时"邑藏书之家,渐知先生贫而力学,恣其翻阅"。于是,二曲"随阅随璧",数载之间,徜徉于各种书的海洋之中,"上自天文河图、九流百技,下至稗官野史、壬奇遁甲,靡不究极,人因目为'李夫子'。虽儿童走卒,咸以'夫子'呼之矣"(《历年纪略》"顺治七年"条)。通过博览群书,二曲成为一位饱学之士。

事实上,自古以来成就大事者,必有坚忍不拔的毅力和远大的志向。身处逆境的二曲能矢志力学,夜以继日,持之以恒,这无不与其毅力和"大志希贤"的志向有关!以至后来顾炎武感叹道:"艰苦力学,无师自成,吾不如李中孚。"④这正是二曲的矢志希贤与艰苦力学的真实写照。

---

① 涂伯昌:《函史序》,《涂子一杯水》卷2,清康熙四十五年涂见春刻本。
② 许昌:《重刻函史序》,《函史》卷首,清顺治间刻本。
③ 许孚远:《翰林院待诏邓汝极墓志铭》,《明文海》卷445,北京:中华书局,1987年版。
④ 顾炎武:《亭林诗文集》,《顾炎武全集》第21册,第197页。

第二章 三十以后悟其非,风高二曲声施远①

二曲《圣学指南小引》云:"余初茫不知学,泛滥于群籍,汲汲以撰述辩订为事,自励励人,以为学在是矣。三十以后,始悟其非,深悔从前自误误人,罪何可言。自此,鞭辟着里,与同人以返观默识相切砥,虽居恒不废群籍,而内外本末之辨,则晰之甚明,不敢以有用之精神为无用之汲汲矣。"(《二曲集·题跋·圣学指南小引》)可见,在三十岁时,二曲思想发生了重要转折,事实上这一转折也奠定了二曲日后的为学倾向。

一、熙代学宗:百五十年后起续绝学②

(一)有志当世

在中国儒学史上有一类奇特的现象,自北宋以来许多儒家学者在形成自己的理论之前往往是泛观博览,尤其是研读佛教、道家(或道教)典籍,乃至杂摄兵家、墨家等思想。诸如,宋代张载曾遍访佛、老之书,"累年尽究其说";并与邠人焦寅交游,谈论兵法,作《边议》九条。(吕大临《横渠先生行状》)程颢则"泛滥于诸家,出入于老、释者几十年",然后才返求诸六经(程颐《明道先

---

① 解题:语出《圣学指南小引》:"余初茫不知学,泛滥于群籍,汲汲以撰述辩订为事,自励励人,以为学在是矣。三十以后,始悟其非,深悔从前自误误人,罪何可言。自此,鞭辟着里,与同人以返观默识相切砥,虽居恒不废群籍,而内外本末之辨,则晰之甚明,不敢以有用之精神为无用之汲汲矣。"(《二曲集·题跋·圣学指南小引》)郑重诗赞二曲云:"关学从来擅古今,后贤谁复有知音。风高二曲声施远,望重三秦朝野钦。辟辟非同巢许志,安贫独契孔颜心。当年亲炙毗陵道,悔过犹思教泽深。"(惠龗嗣:《关中李二曲先生履历纪略》"康熙十七年"条)

② 解题:梁联馨赞誉二曲语:"濂、洛、关、闽之传,自阳明、近溪之后,剥蚀殆尽。先生生于百五十年之后,起而续之,笃信谨守,奇贫阨之不为变,群毁攻之不为恤,卒使绝学既湮而复振,大道已晦而复明;非先生之贤,而何以至是?"(《历年纪略》"顺治十五年"条)

生行状》)。苏轼曾读《庄子》,认为"得吾心矣",又读"释氏书,深悟实相,参之孔墨"(苏辙《东坡先生墓志铭》)。朱子更是在十五六岁时就留心于禅,并与一些僧人有过密切的交往。明代王阳明"因求诸老、释,欣然有会于心,以为圣人之学在此矣"(王守仁《朱子晚年定论序》),甚至在结婚之日偶入铁柱宫,遇见道士得闻养生之说,竟然与道士相对打坐,乃至忘归。二曲的成学经历也存在上述类似的情况。

据《历年纪略》"顺治九年"条记载:

> 是年,阅《道藏》。尝言:"学者格物穷理,祗为一己之进修,肄业须醇,勿读非圣之书。若欲折衷道术,析邪正是非之归,则不容不知所以然之实。"故玄科三洞、四辅、三十六类,每类逐品一一寓目,核其真赝,驳其荒唐。

顺治九年(壬辰,1652),二曲二十六岁。由于邑中藏书之家提供翻阅书籍的机会,二曲阅读视野变得更加宽广,开始阅读《道藏》。《道藏》乃道教经书的总集,其内容庞杂,卷帙浩繁,包括大批道教经典、论集、科戒、符图、法术、斋仪、赞颂、宫观山志、神仙谱录和道教人物传记等,是研究道教教义及其历史的百科全书。明代以来,《道藏》主要有两种:一是由第四十三代天师张宇初及其弟张宇清奉诏主持编修,刊成于明英宗正统十年(乙丑,1445)的《正统道藏》。一种是第五十代天师张国祥奉诏编成于明神宗万历三十五年(丁未,1607)《万历续道藏》。二曲所阅读的《道藏》是哪一部,还是两部都读了,史无记载;但是,可以确定的是,根据上述引文,二曲在阅读《道藏》时存在很明确的目的,即:如果一味地像某些儒家学者那样"格物穷理",仅限于围绕自身的德行而读书涵养,轻蔑甚至拒绝阅读儒家典籍之外的书,虽然能保持自己学业与涵养上的纯正,但是若进一步提高自己的学养,"折衷道术,析邪正是非之归",还需要知道如何去区别儒家之外的思想学说与儒学在什么方面存在不同,其缺点又在何处,进而更有效地保障学业与涵养上的纯正。也正是本着这一目的,二曲把《道藏》中的"玄科三洞、四辅、三十六类,每类逐品一一寓目,核其真赝,驳其荒唐"。可见,二曲阅读《道藏》除了有强烈的目的外,还持有考核真伪的实证态度。次年,二曲又"阅《释藏》,辩经、论、律三藏中之谬悠"(《历年纪略》"顺治十年"条)。《释藏》即《大藏经》,乃佛教典籍的总汇。其内容主要包括经藏、律藏、论藏三部分,囊括了几千部佛教典籍。我国刊刻《大藏经》的历史较早,自宋代开宝四年(辛未,971)开始刊刻,至清代一千多年间先后出现了二十余种刻本。在明代就有《南藏》《北藏》《武林藏》《径山藏》等刻本，且流传颇广。如同阅读《道藏》，二曲在阅读《释藏》时也是仔细辨析"经、论、律三藏中之谬悠"处。可见，无论是阅读《道藏》还是阅读《释藏》，二曲在阅读之前即持有鲜明的儒家立场。二曲阅读的目的在于甄辨佛、道学说的得失，从而证明儒学的优越性；而不是像以往的某些儒家学者在阅读佛、道典籍时，自己的儒学立场还不能如磐石般坚定，甚至尚如无衔之马，仍处于飘荡无所归宗的境遇。据此看，日后与二曲同时代的著名学者颜元(1635—1704，字易直，又字浑然，号习斋)批评二曲学说为"禅学"，实未深入考察二曲思想内核，有失公允。此外，二曲还对"西洋教典、外域异书，亦皆究其幻妄，随说纠正，以严吾道之防"。

如果说在这一时期二曲阅读佛、道及外域典籍还处于知识积累与思想积蓄的层面，那么他"究心经济""专研兵法"则侧重于实践层面。如同阅读典籍一样，二曲"究心经济"也存在明确的指向。在明朝中后期以来，政治腐败不堪，贪污充斥朝野，宦权专横，盘剥百姓，民不聊生。而一些学者和大臣却足不出户，清谈静坐、玩弄光景，置民生疾苦与国家安危于不顾。在明朝灭亡后，顾炎武曾经批判说："刘石乱华，本于清谈之流祸，人人知之。孰知今日之清谈，有甚于前代者。昔之清谈谈老庄，今之清谈谈孔孟。……以明心见性之空言，代修己治人之实学，股肱惰而万事荒，爪牙亡而四国乱，神州荡覆，宗社丘墟！"(《日知录·夫子之言性与天道》)顾炎武深刻指出了明代士大夫空谈心性、亡国殃民的现实情况，这也是明末清初许多易代学者共同的切肤之痛，二曲亦不例外。除了前文所论，二曲研读史书，注重以"有补治道"、经世致用为判别经典的标准，其"究心经济"重在探求其中的经世价值。据《历年纪略》"顺治十二年"条记载：

> 是年，究心经济。谓："天地民物，本吾一体，痛痒不容不关。故学须开物成务，康济时艰。史迁谓'儒者博而寡要'，元人进宋史表称'议论多而成功少'，斯言切中书生通弊。"于是，参酌经世之宜，时务急着，期中窾中会，动协机宜。

可见，顺治十二年(乙未,1655)二曲二十九岁，"究心经济"，形成了"学须开物成务，康济时艰"的看法，即追求治学要为社会所服务。并认为司马迁所说"儒者博而寡要"，元人《进宋史表》所称"议论多而成功少"，这些言论都切中了长期以来士人的通病。

此外,骆仲麟《匡时要务序》云:

> 先生甫弱冠,即以康济为心,尝著《帝学宏纲》《经筵僭拟》《经世蠡测》《时务急著》诸书。其中天德王道,悲天悯人,凡政体所关,靡不规画。既而,雅意林泉,无复世念,原稿尽付"祖龙",绝口不道;惟阐明学术,救正人心是务。(《二曲集·匡时要务》)

引文中值得注意处有二:其一,二曲撰写了《帝学宏纲》《经筵僭拟》《经世蠡测》《时务急著》等著作,期以"康济时艰"。其二,二曲何时撰写上述著述。骆氏未明确记载二曲撰写时间,仅以"弱冠"论之;吴氏《二曲先生年谱》亦于"顺治十二年乙未"条云"应此数年事,年次不定,姑识于此"。可见,二曲上述著述极有可能是在其二十至二十九岁之间撰写。虽然这些著述因二曲日后"雅意林泉,无复世念,原稿尽付'祖龙',绝口不道",但值得注意的是,二曲此时所阐发的"道不虚谈,学贵实效"的经世致用思想侧重从"帝学""经筵""时务""政体"的角度阐述。为何从此角度阐述?刘宗泗云:

> 先生少时慕程伊川上书阙下,邵尧夫慷慨功名,遂有康济斯世之志。尝著《帝学宏纲》《经筵僭拟》《经世蠡测》《时务急策》等书,忧时论世,悲天悯人,盖不啻三致意焉。既而,尽焚其稿,谢绝世故,闭户深居,独以明学术、正人心、继往开来为己任。①

刘氏揭示了青年二曲效法程颐、邵雍(1011—1077,字尧夫,谥号"康节")康济时世的志行。据史载,程颐"年十八,上书阙下,欲天子黜世俗之论,以王道为心"(《宋史·程颐传》)。朱子《伊川先生年谱》亦载皇祐二年(庚寅,1050)程颐十八岁,"劝仁宗以王道为心,生灵为念,黜世俗之论,期非常之功"。邵雍"少时,自雄其才,慷慨欲树功名。于书无所不读,始为学,即坚苦刻厉,寒不炉,暑不扇,夜不就席者数年"(《宋史·邵雍传》)。可见,程颐、邵雍作为二曲效法的榜样有其事迹可循。二曲着重于政治时事,尤其是以"帝学""经筵"为阐发内容,恰恰表明在其心目中君主是政治的主导,其行为关乎国泰民安。

顺治十三年(丙申,1656),二曲"目击流寇劫掠之惨","究心兵法",并认为:

> 自太公、武侯而后,儒者之中,惟王文成通变不迂,文武兼资,肃

---

① 刘宗泗:《二曲墓表》,载李桓《国朝耆献类征初编》卷406。

皇称为"有用道学",诚哉!其为有用道学也!故道学而无用,乃木石而衣冠耳!乌睹所谓"道"?所谓"学"耶?(《历年纪略》"顺治十三年"条)

二曲研习兵法的目的在于追求有用"道学","学""道"兼顾,经世致用。在明末清初之际,陕西关中不断遭受流寇袭扰。流寇所到之处,掠夺财富,杀戮不绝,民不安枕,造成了巨大的社会动乱。而是时诸多俗儒却或为物欲所左右,或志在干禄,或追逐训诂辞章,不思怎么去抗击流寇,维护家乡的安定。对于此类现象,二曲好友李柏(1630—1700,本名如泌,后易为柏,字雪木,晚号太白山人)曾怒斥说:"今之学者儒服儒冠,行非圣贤之行,言非《诗》《书》之言,不如云气、鱼鸟感阴阳山水而变化者,何也?物欲害之也"①,"如以训诂辞章为学,而志在干禄,始而徼幸得荣,继而苞苴取辱,此犹白獭嗜鲻,鲖鱼嗜牛"②。虽然二曲没有直接揭示此种现象,但罹受其害,认为自姜太公、诸葛亮以后,在儒家学者中只有明代王阳明能做到"通变不迂,文武兼资",阳明所学所行的才是"有用道学"。因此,二曲学习兵法在于追求有用"道学",平息战乱。事实上,基于兵学在国家治理中的作用,二曲后来多次谈及兵学的经世价值。诸如其云:

经世之法,莫难于用兵。俄顷之间,胜败分焉,非可以漫尝试也。今学者无志于当世,固无论矣;即有志当世,往往于兵机多不致意,以为兵非儒者所事。然则,武侯之伟略、阳明之武功,非耶?学者于此,苟能深讨细究而有得焉,则异日当机应变,作用必有可观。(《二曲集·体用全学》)

在此段文字中,二曲将用兵视为经世中最为困难之事,并认为"有志当世"的儒者应深讨细究。

综上,可以看出,青年二曲并不是像是时许多儒家学者那样一味读圣贤之书,不敢越儒家典籍雷池半步,而是能以宽阔的视野审视和了解其他学说,能以通变不迂的态度探寻一条经世致用的为学道路。

(二)为学转向

一个人为学如果涉猎太博太泛而不知道返约集中,则往往成为杂学、泛

---

① 李柏:《后劝学篇》,《槲叶集》卷1。
② 李柏:《前劝学篇》,《槲叶集》卷1。

学。熟读宋明理学家著作的二曲深知前儒有诸多关于"博""约"关系的阐述。通过长期的读书,尤其是对以往儒家学说的反思,二曲开始返博归约。其转折点即为《悔过自新说》的撰写。《悔过自新说》是二曲最早系统阐发思想的著述。这篇文章写于何时,史无明确的记载。林继平云:"二曲于'见道'之次年,即著《悔过自新说》。"①二曲何时"见道"?据《历年纪略》"顺治十四年"条记载:

> 夏秋之交,患病静摄,深有感于"默坐澄心"之说,于是一味切己自反,以心观心。久之,觉灵机天趣,流盎满前,彻首彻尾,本自光明。太息曰:"学所以明性而已,性明则见道,道见则心化,心化则物理俱融。跃鱼飞鸢,莫非天机;易简广大,本无欠缺;守约施博,无俟外索。若专靠闻见为活计,凭耳目作把柄,犹种树而弗培厥根,枝枝叶叶外头寻,惑也久矣。"自是屏去一切,时时返观默识,涵养本源;间阅濂、洛、关、闽及河、会、姚、泾论学要语,聊以印心。其自题有云:"余初茫不知学,泛滥于群籍,汲汲以撰述辨订为事,以为学在是矣。三十以后,始悟其非,深悔从前之误。自此鞭辟着里,与同人以返观默识相切砥;虽居恒不废群籍,而内外本末之辨,则析之甚明,不敢以有用之精神为无用之汲汲矣。"(《历年纪略》"顺治十四年"条)

据引文知,顺治十四年(丁酉,1657)夏秋之际,二曲患病卧床。病魔虽然限制住了二曲的行动自由,但是无法限制住二曲对儒家真知的探索,且又给了二曲静心思考的广阔时空。事实上,当人们长期处于病痛中时,必然对生命本质的认识有了更多的体察,对"道"对永恒的追求也多了一些探索。在儒学史上亦有一些学者往往是在身陷痛苦或厄运中时,豁然了悟长久以来萦绕于心头、百思不解的困惑问题。诸如,王阳明因触怒宦官刘瑾,不仅被廷杖四十,而且被贬谪到偏远的贵州龙场做驿丞。龙场处于万山丛棘之中,满布蛇虺魍魉,人们的生命时刻受到蛊虫毒瘴的威胁;而且阳明及随从又与当地的苗人语言不通,唯一可以交流的是从内地逃到那里的亡命之徒。加上,刘瑾又不断派人前去追杀,随时也有丧命的危险。在如此厄境之下,阳明日夜端坐于石棺之上,以求能心静如一。久之,竟豁然了悟,胸中洒洒,不仅摒弃了

---

① 林继平:《李二曲研究》,西安:陕西师范大学出版社,2006年版,第111页。

一切荣辱，而且把生死念头也消解掉，可以说这是从根本上"悟道"了，从根本上印证了年少时所追求的"第一等人"的境界——这种境界与政治、社会地位无关，而是具有了圣人般的精神境界，与天地万物融为一体。罗洪先(1504—1564,字达夫，号念庵)二十七岁时，在仪真患伤寒，"七十日不能粒食，第饮水而已。当时目不见人，口不能言，唯有一念少觉"，以致"家人欲治后事"，幸逢名医救治。但正是在这种困境中，罗念庵"颇识生死迅速"。二曲的疾病虽不及阳明厄境之困，但或与念庵相仿，在卧病期间效仿先贤"默坐澄心"，久而久之，使其思想豁然顿悟，感觉到"灵机天趣，流益漫前"，自己的精神世界中呈现出无限光明。可见，二曲也是和阳明一样从反切自身出发而"悟道"了，认识到内在光明的精神生命，这种生命体悟与王守仁所体悟到的圣人"与天地万物为一体"的至高精神境界是相通的，没有丝毫的意、必、固、我的执着与遮蔽。这也就是所谓的"见道"。二曲见道为顺治十四年(丁酉,1657)，故林氏认为《悔过自新》写于顺治十五年(戊戌,1658)。然而，此论值得商榷。据樊嶷《悔过自新说序》云：

> 曩余令二曲，治先访贤，得李子，弱冠潜修，圣贤自命，即已知其必为大儒无疑也，以处士礼礼之。癸巳，再游华岳，得一晤，塵言娓娓，道气翩翩。……今夏抄，以《悔过自新》一册观余。……顺治岁在柔兆涒滩瓜月之朔，前令盩厔十罪翁友人樊嶷谨题。(《二曲集·悔过自新说》)

樊嶷为盩厔县令时与二曲订交，在其离任后于顺治十年(癸巳,1653)时，二人也曾见过一次面，而且当时畅谈甚欢，但是时樊嶷却未说见过该文章。该序落款时间为"顺治岁在柔兆涒滩瓜月之朔"。《尔雅·释天》："(太岁)在丙曰柔兆。"《尔雅·释天》："(太岁)在申曰涒滩。""柔兆涒滩"即"丙申"。顺治十三年(1656年)为丙申年。瓜月即农历七月。因此，可以推测，《悔过自新说》当撰写于顺治十年至十三年之间，最晚不会到顺治十三年七月。但是，如果从《历年纪略》看二曲学思与撰述经历，直到顺治十三年时二曲还在"究心兵法"，反思什么是"有用道学"。据此看，这篇文章也极有可能写于究心兵法之后，"悔过自新"很可能是二曲进一步反思"有用道学"的结果，也撰写于这一年(顺治十三年)。且二曲《圣学指南小引》云："三十以后，始悟其非，深悔从前自误误人，罪何可言。自此，鞭辟着里，与同人以返观默识相切砥，虽居恒不废群籍，而内外本末之辨，则晰之甚明，不敢以有用之精神，为无用之汲汲矣。"(《二曲集·题跋·圣学指南小引》)可见,顺治十三年,三十岁的二曲开始悔过,开始了为学的转向,其标志当为撰写《悔过自新说》。樊嶷在读到这篇文章后,赞叹不已。认为"《悔过自新》则李子所得切实功夫,拈以示人,不作英雄欺人语也";并说"先是余知其必为大儒者,兹固人人而皆知为大儒无疑也","横渠、泾野而后,道不在兹乎"。(《二曲集·悔过自新说序》)可见,在"悔过自新说"提出之后,时人很快认识到二曲思想的价值与时代意义。值得注意的是,樊嶷序言中将二曲视为继张载、吕柟(1479—1542,字仲木,号泾野)之后的关中大儒。张载为关学的开创者,吕柟为明代关学的集大成者。樊嶷将二曲与张载、吕柟并提,可以说这是对二曲至上的推重,而这一年二曲年仅三十岁。

事实上,二曲见道后,不仅其为学进路产生了转折,其精神境界也得到提升,并展现在其日常生活中。据《历年纪略》记载,顺治十五年(戊戌,1658)二曲租种他人的田地,借以聊生。但是这一年恰逢旱灾,庄稼无成,生活更加艰难。实际上,自崇祯十五年(1642)二曲父李可从去世之后,二曲母子就"未尝一日温饱",甚至出现即将饿死的局面,可谓尝尽了人世间的艰难苦痛;但这一切却靠着二曲母子如铁石般超乎常人的坚忍意志挺了过来。在这一年庄稼几近颗粒无收,二曲是如何克服的呢?史无记载。但是却留下平凉进士梁联馨对二曲的赞誉,其云:

> 濂、洛、关、闽之传,自阳明、近溪之后,剥蚀殆尽。先生生于百五十年之后,起而续之,笃信谨守,奇贫陋之不为变,群毁攻之不为恼,卒使绝学既湮而复振,大道已晦而复明;非先生之贤,而何以至是?非太君爱子若珠之贤,俯全所守,而何以致是?以视世俗之人,奉温饱于一朝,夸声称于晷刻,其为轻重,当必有辨之者。(《历年纪略》"顺治十五年"条)

据《陕甘进士录》知,梁联馨字峒樵,平凉人。庚子解元,康熙甲辰进士,曾历官工部都水司员外郎。在上述引文中,值得注意处有二:其一,梁氏认为,自北宋以来,理学(濂学、洛学、关学、闽学)的传承到了明代的王阳明、罗汝芳(1515—1588,字惟德,号近溪)之后,几乎没有大家出现,直至二曲的出现。其二,二曲身处贫困之中却不为贫困所动摇,处于外界的诽言攻难之中又不为其所动摇。身处如此困窘的境地,能守志如初,安贫乐道,这需要多大的勇气、多坚强的毅力、多高的精神境界才能做到!显然,若没有孟子所说的

"浩然之气",若没有贫贱不移的大丈夫气概,若没有极高的精神涵养,是无法在如此贫窭之中持志安贫的! 梁氏的评价为时人共识,二曲在三十余岁时,其学识、操守已为人所周知,如樊嵋所论"先是余知其必为大儒者,兹固人人而皆知为大儒无疑也"(《二曲集·悔过自新说序》)。二曲十余年如一日安贫力学,不仅提出具有调和融通以往理学各学派思想的"悔过自新说",而且深悟到儒家至道,人人也皆知其为当世大儒。

(三)交友论学

顾炎武云:"人之为学,不日进则日退;独学无友,则孤陋而难成。"(《亭林诗文集·与友人书一》)顾氏所论符合为学实情。一个人为学如果不追求上进,则会日益倒退;如果整日闭门造车、独处自学,缺乏交流,也会导致识见浅薄,难以成学。二曲身陷贫困之境,终能"熙代学宗",除其矢志力学,日以继日,持之以恒外,也离不开结交良友,相互资益,增进学问。

事实上,终二曲一生,在不同的时期均结交了一些朋友,或与这些朋友相与论学,或接受这些朋友的资助。除了前文谈到的在顺治三年(丙戌,1646)结交樊嵋外,二曲在青年时期也结交了其他一些朋友,其中不乏一时英杰。关于这些人的事迹,史料记载详略各不同。

顺治三年(丙戌,1646),二曲结交惠思诚。二曲撰《惠含真传》云:

> 邑有粹德高士惠君,讳思诚、字含真者,余平生心交也。为人外木讷而内文明,孝友孚于乡邦,忠信可贯金石。蚤岁游庠,同庠之人,钦其行谊,敛衽推先。余弱冠识荆,见其沉潜简重,不觉爽然自失,兴怀向往。君亦不以余为不肖,误谓:"可与共学。"自是,心孚意契,欢然忘形。余多言而躁,一生多口过;君静默寡言,居恒鲜尤悔。余性卞急,君性舒徐,自初交以至垂白,未尝见君有疾言遽色。时相聚首,借以自律。(《二曲集·传·惠含真传》)

引文云"余弱冠识荆",即知二曲于顺治三年二十岁时结交惠思诚。又据《(民国)盩厔县志》知,惠氏为盩厔南留村人,生平喜好先儒性理之学,为人精明浑厚,以孝友闻名于乡里。吴氏《二曲先生年谱》"康熙二十九年"条载:"先生(二曲)生平至友,无逾惠君含真,相交四十年,心孚意契,情同骨肉。自荆扉反锁,旧游多弗纳,惟含真至则款之。至是,含真病剧,先生例不出户,遣子代候。旋卒。"康熙二十九年(庚午,1690),惠思诚卒,其卒前云:"区区行年七十有三矣,虽无甚疾苦,而不良于食,盖数止于此也,当安数听命,何用求生?"(《二曲集·传·惠含真传》)可知,惠含真生于明万历四十六年(戊午,1618),长二曲十岁,为先进。二曲钦佩其"沉潜简重,不觉爽然自失,兴怀向往",而惠氏"亦不以余为不肖,误谓:'可与共学。'自是,心孚意契,欢然忘形"。在二曲看来,惠氏为其益友,可克制其性情,故其云"余多言而躁,一生多口过;君静默寡言,居恒鲜尤悔。余性卞急,君性舒徐,自初交以至垂白,未尝见君有疾言遽色。时相聚首,借以自律。迨余杜门谢客,与世暌绝,惟君之临,启钥晤言,无间晨昏"。(《二曲集·传·惠含真传》)可见,二曲不仅记叙了自己结交惠思诚的经历,也将自己所受惠思诚的影响,及二人之间的友情形象地描述了出来。事实上,终二曲一生,惠氏当是其最为密切的朋友,二人相交四十年,感情甚笃。据《(民国)盩厔县志》记载,每次当惠思诚拜访二曲,"归去时,二曲必送至普济桥。盖此桥在贞贤里与南留村之间,两处距桥均十里,许自兹分袂,则可同时至家也,后人遂名此桥曰'送别'"①。后人易桥名"普济"为"送别",此事被收录县志,当非空穴来风。

顺治五年(戊子,1648),二曲结交李柏。李柏即是日后与二曲、李因笃并称为"关中三李"的著名学者,在清初关中地区影响甚大。二曲门人王心敬所撰《太白山人雪木李先生墓碣》云:

> 先生姓李氏,名柏,字雪木,自号太白山人。原籍汉中府褒城人,七世祖某徙郿之曾家寨居焉,遂为郿县人。父可教,母王氏,生三子,先生其仲也。生而赤面伟躯,器宇异常儿。九岁而孤,母王孺人鞠之,为延师入小学,即往往吐奇语惊人。及年十七八至二十二三,辄自负其气,善谈兵家言,不肯俯首研习制举。文师屡责之不听。一日师怒而笞之数十,母孺人闻之亦痛加督詈,先生乃屈首诵文课艺。无几时遂入庠,补弟子员。又无几时,岁试。学使者赏其文之迥出性灵,遂授之冠一军,而文名藉扬邑庠矣。然终非其好也,常日率置制举业于其案,而所私读者,则经世之书与陶冶性情之诗。……及年四十有八,贡期将逼,先生则谢而去之。或以为言,先生怆然曰:"前为吾师吾母应此役,今岁且近暮矣,急还故我,犹以为迟,尚又奚恋耶?"晚年高风逸韵,风动关中,贤守宰往往折节交下风。

---

① 庞文中修,任肇新、路孝愉纂:《(民国)盩厔县志》卷6。

……而先生则仍为耀州守穆庵李公延之课子于耀州孙真人洞,一日以酒坠床而病,病中仍归于郿,曰:"是吾首丘之宜也。"归郿又一年,七十有一而卒。……先生以某年月日生,以某年月日卒,以某年月日葬。其树碣也,则以雍正十一年某月某日也。①

钱仪吉《太白山人传》云:

康熙间,关中儒者咸称"三李"。云"三李"者,盩厔二曲,富平子德,郿太白山人也。山人生于崇祯庚午,九岁孤,稍长读小学,曰:"道在是矣。"遂尽焚所习帖括,而日诵古书。会童子试,不肯就,匿枯寺中,已入眢井三昼夜,已出走,西逾汧,南入栈道,东登首阳,拜伯夷叔齐墓。家人迹之,归。师扑之曰:"汝欲学古人,吾必令汝学今人也。"山人曰:"愿学古人!"再扑曰:"学古人乎?学今人乎?"山人曰:"愿学古人。"又扑曰:"汝尚欲学古人乎?"则对曰:"必学古人。"于是,远近之人皆以为痴。母命之,乃一就试,补为博士弟子。始名如泌,有司改泌为密。山人曰:"李密以蜀为伪朝,吾不愿如之也。"乃易名柏,字雪木。②

李柏字雪木,本名如泌,号太白山人,郿县(今改眉县)人。就上述引文而言,值得注意的有三处:一是:王心敬《丰川续集》中《太白山人雪木李先生墓碣》云"归郿又一年,七十有一而卒。……先生以某年月日生,以某年月日卒,以某年月日葬。其树碣也,则以雍正十一月某月某日也。"而李柏《槲叶集》所附刊的王心敬《太白山人雪木李先生墓碣》,其中诸多文字与《丰川续集·太白山人雪木李先生墓碣》有所出入,尤其云:"归郿又一年,七十有一而卒。……先生以崇祯六年五月乙巳日丁亥时生,以康熙四十年七月二十四日卯时终,康熙四十二年腊月十二日葬。其树碣也,则今乾隆元年二月清明日也。"不仅树墓碣的时间存在"雍正十一年"与"乾隆元年"之别,而且记明李柏生卒年:"先生以崇祯六年五月乙巳日丁亥时生,以康熙四十年七月二十四日卯时终,康熙四十二年腊月十二日葬。"③而钱仪吉则云李柏生于崇祯三年(庚午,1630)。依《槲叶集》附刊王心敬《墓碣》,则李柏卒年当为六十九岁,非七十一岁。而《槲叶集》卷四载有《在频山子德大弟宅喜晤宋隐君歌以赠之》,

---

① 王心敬:《太白山人雪木李先生墓碣》,《丰川续集》卷25。
② 钱仪吉:《太白山人传》,《槲叶集》附刊,民国三十二年翻印本。
③ 王心敬:《太白山人雪木李先生墓碣》,《槲叶集》附刊。

李因笃《受祺堂诗集》载《岐山公廨喜晤二兄雪木处士却送归山》《雪木二兄过草堂同子祯作三首》。子德即李因笃,生于崇祯四年(辛未,1631)。李因笃称李柏为"二兄",李柏称其为"大弟",即表明李柏年长于李因笃,可见《槲叶集》附刊王心敬《墓碣》"生于崇祯六年"说为误。且李柏《与家征君中孚先生书》云:"忆昔与兄相见于沙河东村,兄年廿二,弟年十九。"①顺治五年(戊子,1648)二曲二十二岁,是年李柏十九岁,则其当生于崇祯三年(庚午,1630),故钱氏说符合实情。至康熙四十年,李柏恰为七十一岁,据此现载入《槲叶集》附刊的王氏《墓碣》有误。

其二,钱氏《太白山人传》云"康熙间,关中儒者咸称'三李'。云'三李'者,盩厔二曲,富平子德,郿太白山人也",乃揭示"关中三李"的说法。事实上,"关中三李"之说,素有异说:除了钱氏以二曲、李柏、李因笃为"关中三李"外,《国史·儒林传》《郿县志》、吴怀清《关中三李年谱》、贺瑞麟《清麓文集祠堂记》、王于京《太白山人槲叶集叙》等以二曲、李柏、李因笃为"三李"。王士禛《居易录》、张骥《关学宗传》《凤翔府志》等以李楷、李柏、李因笃为"三李";唐鉴《国朝学案小识》,钱林辑、王藻编《文献征存录》等又以二曲、李念慈、李因笃为"三李"之说。可见,"三李"之说或有或无"二曲""李柏"。王葵園《关中人物考略》云:"李因笃与李中孚及李柏称'关中三李'。或曰'三李'有叔则(李楷)无中孚,论文章也。"贺瑞麟《创修李雪木先生祠堂记》则云:"国初多硕儒鸿才、博学高士,盩厔二曲先生、富平天生先生及郿县雪木先生并称为'关中三李'云。二曲理学,天生文学,而雪木则高隐成就,虽各有不同,要其根本之地,未尝不一:先生(李柏)九岁失怙,家贫孝母,雅与二曲相类。天生虽应鸿词科,而《乞终养疏》凡数十上,皦然遂其初志,且先生修德立言,亦自有其理学亦有其文学,尤与二曲、天生性情气谊深相契合者也。"②可见,"关中三李"异说因其评价标准不同而不同。贺瑞麟之说尤为值得注意,不仅揭示二曲与李因笃、李柏于养亲孝母方面的相似之处,也突出了三人"性情气谊深相契合"。

其三,据引文载,李柏自青年时便深受古贤嘉言懿行的启发,立志学习古人,研读古书,焚去案头的时文,绝意科举,甚至塾师再三加以劝诫与怒斥,仍

---

① 李柏:《与家征君中孚先生书》,《槲叶集》卷3。
② 贺瑞麟:《创修李雪木先生祠堂记》,《槲叶集》附刊。

不肯屈就章句名利之学,且风节卓著。是时陕西学使田心耕擅改其名"如泌"为"如密",意在取唐代文学家李密之名,而李柏却耻于李密(曾任蜀汉尚书郎)在《陈情表》中视故国蜀汉为"伪朝",薄其不忠,易名为"柏",字雪木。此种品行与二曲颇有相似之处。李柏《与家征君中孚先生书》云:"忆昔与兄相见于沙河东村,兄年廿二,弟年十九。兄十四少孤,弟九岁失怙,命之苦同。兄一寒彻骨,弟贫无立锥;兄菜色而登山,弟枵腹而临水;兄缊袍而见客,弟鹑衣而访友,境之困同。兄囊萤而读书,弟爇香而照字,学之勤同。兄企慕于先民,弟亦不屑为今人,志之远同。尔时自以为年正富力正强,学之五十六十,其成就或有可观。至于今日,兄发戴雪,弟头蒙霜,年之老同。中有不同者,吾兄学成名立,天之北斗,地之泰山;至于弟者,踉跄田园,混迹渔樵,年与时去,竟成枯落,奈何!奈何!"①此书中云二曲"十四少孤"有误,当为十六岁。李柏仅少二曲三岁,约为同龄人,顺治五年二人订交。二人也均少年丧父,与母亲相依为命,命运相同。二人均一贫如洗,淡泊安逸,境遇相同。二人均艰苦力学,奋发有恒,求学相同。二人均志行高洁,学习圣贤,抛弃时文,绝意科举,志向相同。相似的人生经历与品行使二人相见甚得,初次见面便订交,甚至日后也成为儿女亲家。

顺治十六年(己亥,1659),二曲结交骆锺麟。二曲《常州太守骆侯传》云:

> 常州太守骆侯,前余邑贤令君也,讳锺麟,字挺生,别号莲浦,浙江临安人。才雄识卓,德器绝伦。弱冠举于乡,初任安吉州学正,力振学政,集诸生讲授。先行后文,义裁礼导,曲成周至,诸生翕然孚化,咸庆得师。寻移令余邑,下车遍询民瘼,凡利可因、弊可革者,次第举行。不数月,百废俱兴,临事裁决如流,四应不滞,察微洞隐,若家至户觌,人畏之如神。增减《蓝田吕氏士约》,刊布通庠。每季,大会明伦堂以轨士,训释《六言》,刊布里社。朔望,躬亲讲劝以齐民。立社学,择民间子弟,授以《孝经》《小学》以端蒙养。饬保伍以清奸宄,修社仓以备凶荒,省耕省敛,劳之以钱。民高年有德及孝弟著闻者,时给粟肉。讲约之日,召至约所,躬与均礼,令其坐听,以示优异。里妇有拒奸自裁者,为具棺敛葬,率僚属为文以祭。恤茕独,抚

---

① 李柏:《与家征君中孚先生书》,《槲叶集》卷3。

流离;遇水旱,辄斋沐步祷,每祷辄应。凡所施为,莫非民之所欲,而良法美政,往往出人意表,贤声藉甚。三辅兴平缺令,俗习多党,署篆者视为畏途,咸规避,莫敢往。当事檄侯兼摄,侯感之以诚,惠威丕著,豪右不得逞,吏慑民怀,耳目为之一洗,而兴平非复前日之兴平矣!鄠亦缺令,鄠民相与控,台丐侯往摄。侯视鄠若家,抚字多端。代归之日,老幼泣送。侯宰疲邑,连摄两篆,政治所在,脍炙人口,邑长老叹为"百年以来仅见"!九载奏最,擢京城北门指挥,至则诘奸缉盗,所部肃清。转余郡司马,秦人士喜侯复至,迎者踵接。台司道府,夙习侯贤,事多咨询,侯因调剂其间,造福于秦民者无算,秦民欢若更生。未几,迁守常州。常为三吴孔道,赋重役繁,吏蠹百出,侯随宜厘正,吏胥奉法唯谨。禁营弁肆扰,革漕兑积弊,约束属僚,悉心民隐。捐俸倡建延陵书院,以理学淑人。甫期月,深仁厚泽,遍及穷乡,庶民歌颂,戴若慈母;逢掖之士,彬彬向风,奉为师帅。会丁内艰,解任。郡人皇皇号恸,为之罢市。归家,事太公色养备至,居乡出入以度,克己乐善,济危扶困,惟力是视。既而,太公弃养,侯哀慕毁甚,营葬劳瘁,卒年五十三。卒之日,巷多陨涕,平生宦游之地,士民咸为位尸祝,亦足以见侯德泽入人者深矣!(《二曲集·传·常州太守骆侯传》)

骆锺麟(1625—1677)字挺生,别号莲浦,浙江临安人。"弱冠举于乡,初任安吉州学正,力振学政,集诸生讲授",顺治十六年始任盩厔县令。《盩厔县志》云其主政盩厔期间,亲善爱民,劝课农桑,建设城垣,疏通河渠,续修县志,修缮学校,并经常与士人学子讲论周敦颐、二程、张载、朱熹等人的学术思想,促进了盩厔学术文化的发展。骆锺麟在任期间,也深得盩厔百姓的爱戴,以至于在其离任时士民立生祠祀之。著名学者孙奇逢曾誉其为"古之君子"。[①]骆锺麟莅任盩厔之初,便深慕二曲,立即竭诚前去造访。据《历年纪略》"顺治十六年"条载:"是春,临安骆讳锺麟宰邑,下车之始,他务未遑,一闻先生名,即竭诚造谒;再往乃见,长跽请诲,严奉师事。自是,政暇必趋其庐,从容盘桓,竟日乃去。"此段记载将二人交往之事点睛描绘:骆锺麟初次拜访二曲,虽竭诚而来,但或许因二曲不清楚骆锺麟为人如何,视之为不速之客,拒而不

[①] 参见《(乾隆)盩厔县志》卷6、《(民国)盩厔县志》卷5。

见。然而,作为一县之长的骆锺麟并未因此被激怒,反而对二曲愈加仰慕,更激起其拜谒问学之心。当再次拜访时,骆锺麟则长跪请教。骆锺麟能以县令之尊屈膝问学,这或令二曲十分震惊,欣然与之结交。事实上,骆锺麟也的确被二曲的学识、风度、气节等所折服,开始时二人尚执宾主之礼,然而不久骆锺麟则情不自禁地甘拜下风,折节师事。此后,每逢政暇之时,骆锺麟必到二曲家中,从容盘桓,聆听二曲讲学,竟日方离开。在当地人看来,能得到县令骆锺麟的频频造访,当是一件极为荣耀的事情,主人应当感恩致谢,迎接相送。然而,每当骆锺麟离开时,二曲却均无所表示,这在当地人中产生了诸多流言蜚语,讥讽二曲傲慢。当骆锺麟闻听这种议论后,立加澄清,云:"李先生二十年来不履城市,岂可因锺麟一人顿违生平?但得不闭门逾垣,为幸大矣!"在骆锺麟看来,二曲二十余年都坚持志节,隐居不出,甚至连县城都没去过;自己也决不能因为个人的造访,让其违志破例。只要二曲不让其吃闭门羹,便是一生中的大幸了!可见,骆锺麟不仅禀性谦恭,而且能深知二曲的志节为人。骆锺麟又见二曲"所居斗室唯茅覆数椽,颓垣败壁,不堪其忧","为之捐俸构屋,俾蔽风雨",并"时继粟肉,以资侍养,仍具文遍报各衙门"。这在某种程度上改善了二曲母子"未尝一日温饱"的境遇。事实上,据史料记载,二人交往甚为频繁,友谊颇为深厚,当二曲陷入困境之际,骆锺麟多次伸出援助之手。可见,骆锺麟之于二曲不仅存有师弟之谊,也是一位探讨学问的良友,一位资助生活的恩人。故二曲在其殁后为其作传,赞誉云:"近世守若令,中间固不乏循良,然求其英毅有为,政崇风教,自作县以至守郡,始终以化育为功课,则所闻所见实未有如侯者。而侯自视欲然,向学问道之诚,如恐弗及。余至不肖,侯不不肖余,辱承殊遇,不啻曹参之于盖公。政暇,必枉顾荒庐,盘桓竟日。余自知甚冗,侯严重弥笃,情谊礼文,日隆一日,无少懈。今九原不可作矣!追惟既往,不觉泫然,故次其履历之概,以识余感。"(《二曲集·传·常州太守骆侯传》)

顺治十七年(庚子,1660),二曲始交蔡启胤、蔡启贤兄弟。二曲《秦安蔡氏家传》云:

> 蔡隐君讳启胤,字绍元,学者称为溪岩先生。生而岐嶷,幼知礼让,食饮必奉亲长,不先举箸。七岁就外傅,读书警颖不群,过目即晓大义,人咸异之。弱冠游庠食饩,有声士林。工制举,治《五经》,而以其余力博综典坟。读史至忠孝节烈,拊膺流连,歔欷不自胜。

第二章 三十以后悟其非，风高二曲声施远

学古行高，远迩向风，从游者日众。其训迪，先德业而后文艺，一言一动，绳以古礼。事亲承颜聚顺，非讲授接宾，未尝离左右。疾则吁天祈代，不时之需，旁求必获。为亲预营寿木，入山采漆，遇虎虎避。寇起城陷，母被寇获，哀号请代。寇感其孝，遂并释。同胞三弟，躬为教育，课业甚严，燕则怡怡如也；出同行，入同息。朝夕饔飧，奉亲外不集不食。敦宗睦族，恩谊周浃。岁饥，捐粟倡赈，乡人赖以全活。癸未，闯逆入关，兵薄秦陇。隐君趋龙亭，再拜大恸，结缳欲殉，为父所止。甲申之变，隐君闻之，太息流涕，自是绝意仕进。既而，以积气资序起贡，屡征不出，杜门奉亲，罕与世接，每吟屈《骚》以寄慨。晚嗜濂、洛、关、闽及河、会、姚、泾遗集，潜体默玩，多所自得。

庚子秋仲，弟琴斋司铎余邑，数造余斋盘桓。隐君由是知余，亟欲北面问道于余，念二亲年皆期颐，冢子不敢远离；于是斋沐遥拜发书，托其族弟千里肃赞，俾琴斋步至余斋，代以纳拜，遥质所疑，书问不绝。虽非余所敢当，而志道之切，有不可得而诬者矣！尝梦登西山，晋谒夷齐，题壁有指示"埋身"之句，觉而怅然自失，深以曩值闯变，见阻于亲，弗获徇难为歉。居恒郁郁不怿，更号痴痴生，久之竟郁血疾，作《卧床吟疾血诗》四首见意。疾革，子蕃泣问后事，惟以先亲而逝，不及送终为憾，乃以历年所蓄剪发，俾附于身，曰："此吾受之亲者，当全而归之，不可忽也。"敛以斩衰，戒子侄："勿持服，俟亲终，暴己棺于野次，以明未终丧制之罪。三年丧毕，归骨西山，以践前梦。"言讫，泣抱亲颈而卒，年六十有一。所著有《四书洞庭集》《蒙解集》《鉴观录》并《文集》若干卷。蕃恪守先型，修孝弟廉让之谊，有父风。

琴斋讳启贤，字景元，琴斋其号也。事亲爱敬兼至，每晨夕，必冠带同隐君至榻前候安。食必侍侧，或偶他出，返必问家人以亲食几何。果蔬凡新者，必购之以献；燕会遇珍味，辄思遗亲，恒怀以归。事隐君甚恭，事无巨细，必咨而后行，凡有教戒，佩服唯谨。以奉亲甘旨不足，每致慨于"毛义捧檄"。及仕余邑，濒行，辞墓祭祖，奉父至茔，同隐君躬肩板舆往返，见者色动，拜别号泣失声。至任，每朔望令节，必西向遥拜。尝至余斋，余待以瓜茄，托腹疾弗食。盖以陇西地寒，瓜茄视东差晚，故不敢先亲而食也。教法严而造就有等，学

政改观,士习丕变。未几,调富平。诸生闻风亲炙,咸喜得师。督学怒一生,欲黜,檄取劣款。持正弗应,坐是赋归。阖庠感德颂义,相与制幛赠行,比之月川。抵家,日侍父兄,自谓:"克遂人伦之乐,三公莫逾。"及隐君卒,痛不欲生。亲亡,丧葬以循古典。风木之悲,无间昼夜,积毁失明。年届八旬,犹孺慕如初。子苻,朴茂克孝,色养无违。(《二曲集·传·秦安蔡氏家传》)

蔡氏兄弟为甘肃秦安人。蔡启贤字景元,号琴斋。生平敦行孝道,事亲爱敬兼至,事兄晨夕问安。引文中二曲记载了蔡启贤某些事迹,最为动人之事则为:顺治十七年,蔡启贤在盩厔任职期间拜访二曲。二曲预备了一些瓜果加以招待,但是蔡启贤假托腹疾不食。后来,二曲才知道其中的原委:因蔡氏家乡陇西与盩厔存在着气候上差别,所以陇西的瓜果要晚成熟于盩厔。当事亲至孝的蔡启贤看到瓜果时,想到此时自己父母还未吃到瓜果,故不愿先父母而品尝。蔡启胤为蔡启贤之兄,字绍元,学者称之为"溪岩先生"。蔡启胤"学古高行",在年轻时就"有声士林",随之从学从游者很多。蔡启胤平生刻苦研读"五经"和各种典籍,尤其是"读史至忠孝节烈"时,常常"拊膺流连,歔欷不自胜"。其本人也是侍奉父母至孝,承颜聚顺,除讲学和接纳宾客外,一概不离其左右。如果父母生病,则延请医生,并祈祷上天以求自代。上述引文记载两则蔡启胤孝亲的故事:一则是蔡启胤一次为给年迈的父母提前预备棺木,亲自到深山采漆,遇到老虎,而老虎却加以回避。还有一次,贼寇将蔡启胤的母亲掠走,蔡启胤哀请自代,贼寇深为感动,于是将蔡母释放。然而,当李自成农民军攻陷北京后,蔡启胤则常颂屈原的《离骚》以明志,杜门事亲,不再与外界接触。二曲之所以能与蔡氏兄弟交往,缘因蔡启贤曾在盩厔任职,数次造访二曲,二人结下了友谊。其兄蔡启胤也因此知晓了二曲的学识与风范。据《历年纪略》"康熙二年"条记载:"七月,天水蔡溪岩启胤年倍于先生,遥肃贽受学。溪岩学古行高,绝意仕进。弟启贤司铎盩邑,亦贤而慕道,数至先生之庐。溪岩因获闻先生风范,亟欲北面及门;以二亲年皆百岁,不敢离侧,乃斋沐遥拜发书,托族弟千里步捧,遥投教下请学,得其条答,必爇香拜受。"蔡启胤因其父母均年约百岁而不能亲自前来拜访问学,故"托族弟千里步捧,遥投教下请学"。每当其获得二曲的答复时,则兴高采烈,并庄重焚香拜受。可见,蔡启胤的为学与为人是何其真诚!如此真诚至孝的兄弟,当然在性情上与二曲相投合,深为二曲所赏识,尤其是蔡启胤不以年长于二曲,而折节师事之。因此,在二人殁后,二曲亦为二人作传,其赞誉云:"懿哉!蔡氏一门也。隐君(蔡启胤)以硕德伟节,仪表秦陇。年倍于余,为先辈而折节向余,雅谊殷笃。即此一念虚心,过余远甚,则隐君实矣心师,余又何能益隐君耶?琴斋古貌古心,璞玉浑金,令人穆乎有余思。两先生风范如此,故其子侄化之,咸淳谨雍睦,乡国推美,诚一家三代也。余每一念及,不禁敛衽。"(《二曲集·传·秦安蔡氏家传》)

顺治十七年(庚子,1660),二曲结交党湛。二曲《党两一翁行略》云:

> 翁名湛,字子澄,同州人。尝言"人生须做天地间第一等事,为天地间第一等人",故号"两一"以自勖云。父从贤,廪生。兄淳,增生。翁独不事帖括,励志学修,根究理道。宋明以来诸儒论学语,潜钞密玩,日不去手,揭其会心者于壁,藉以警策。
>
> 性至孝,父患癫,家人莫敢近。翁调养掖侍,昼夜不离侧。及殁,庐墓三年如一日。澹于营生,仅有田数亩,躬耕自给,即或蔬薪不继,宁饥寒是甘,终弗告艰于人。同郡张忠烈公高其行,欲赠扁褒美,翁力辞。居恒默坐土室,澄心反观,久之恍然有契,自是动静云为,卓有柄持,神气凝定,表里坦夷。其在家,则雍雍于于,造次不失规度,遇人无长少贤愚,一接以诚。与子言孝,与弟言敬,务导之以安分循理。尝慨士习日乖,汩没于口耳伎俩,原本竟昧昧也;于是,时向友朋开陈学问之实,反复谆悉,娓娓不倦。年望八旬,而神采映彻,无异中年。辛丑冬,闻余倡道盩厔,冒雪履冰,不惮数百里访质所学,相与盘桓数日,每至夜分,未尝见有惰容,其志笃养邃如此。
>
> 卒年八十四,署州事郝郡丞讳斌躬亲致祭,为之竖碑,大书"理学孝子党两一先生之墓"以表之。翁子克材,孙承祖,咸从余游。承祖弱冠慕道,刻意躬修,日记言动于册,自考得失,不幸殀亡,闻者惜之。(《二曲集·行略·党两一翁行略》)

党湛字子澄,陕西同州(今陕西大荔县)人。据《历年纪略》载,党湛曾师事明末关中著名大儒冯从吾。党湛生平不事帖括科举,勤于研读宋明诸儒著述,效法其言行,以为"人生须做天地间第一等事,为天地间第一等人",所以自号为"两一"。党湛性至孝,其父有癫痫病,则昼夜服侍不离;当其父殁后,又在墓边起庐守墓三年,时人以"孝子"誉之。关于二曲与党湛的结识,二曲《党两一翁行略》记为"辛丑冬",即顺治十八年;而《历年纪略》"顺治十七年"条则云:"十二月,同州党孝子讳湛冯少墟之及门也,年八十余,冒雪履冰,徒步就正所学。"吴氏《二曲先生年谱》则云,二处系年"均系追叙,未定孰是"。今从吴氏说,暂置此事于是年。是年,年逾八十岁的党湛慕名二曲,冒雪履冰,徒步五百余里至盩厔求正所学。作为理学孝子,党湛与二曲性情、志向颇相契合。二人探讨学问数日,每次均至半夜。二曲甚重党湛品行,不仅在其殁后为其立传,而且寄书与时任同州地方官的郝斌,请其为党湛树碑表彰。

康熙二年(癸卯,1663),二曲结识王化泰。二曲《题王省庵墓碣》云:

> 王省庵先生讳化泰,贤而隐于医,笃志理学,潜心性命。初与本邑单元洲结社讲究,后与同州党两一切砥密诣;既而,忘年折节,不远数百里访余商证。间岁一至,至必晨夕晤对,盘桓浃月。居恒屏缘寂坐,超然独契于拟议之表,助忘交融。尝连吟三绝云:"此道关心三十年,昏明定乱几千千。些儿会得天根处,窹寐何曾离枕边。""个里包罗坤与乾,人心微动便危焉。须知放下自吻合,万古如今无间然。""大道周流本自然,时行物育复何言!天人讵有两般理,合正由来赋予全。"自是真机洋溢,操纵自如,胸次净彻,天宇如洗,而自视歉然。每以年衰日暮,惟恐空谈虚悟,究无当于实际,学无归宿,虚度此生,念及辄欷歔涕零不自禁,晓夜皇皇,如馁思食、渴思饮,寒露思衣,收摄保任,瞬息弗懈。庚申三月,感微疾,凝神以俟,沐浴更衣,儵然而逝,年七十五。

> 平生事亲孝,交友信,处己恬淡无营,独居未尝有惰容,虽盛暑未尝不冠带。性方严峭直,面斥人过,辞色不少贷。人有一长,即欣喜推逊,自以为不及。拯困扶危,乐导人为善。刊布《迪吉录》《伪学禁》诸书,俾人有所观感。行谊之卓,流俗罕俪。郡伯董公崇德尚贤,特表其墓,以示风励。余故遥书行略于碑阴,庶睹墓表而兴思者有所考镜云。(《二曲集·墓碣·题王省庵墓碣》)

王化泰字省庵,陕西蒲城人。虽从医救世,但又笃志于儒学,并与同邑单允昌(字发之,号元洲)结社讲学,又与党湛相互砥砺,探讨学问。据引文知,王化泰卒于"庚申三月","年七十五",即康熙十九年庚申为王氏卒年。故可知,王化泰生于万历三十四年(丙午,1606),长二曲二十一岁。康熙二年,五十七岁的王化泰谒访二曲,当即欲拜二曲为师。然而,二曲以王化泰年长于自己,加以推却,订交为师友之间。自后"间岁一至,至必晨夕晤对,盘桓浃月"。从引文载王化泰所撰三首诗歌看,王氏从事理学三十余年,未尝间断,已经体证到理学为为己之学,时时提醒自己为学务归实际。二曲亦深为王化泰的品德、问学精神等所感动,在其殁后撰写了《题王省庵墓碣》,记叙其学问、操行等;在多年后,二曲仍念念不忘亡友,寄书与友人董郡伯檄书蒲城官吏,为王化泰树碑,以"理学高士王省庵先生之墓"表之。

康熙二年(癸卯,1663),二曲除结交王化泰外,亦与顾炎武订交。据《历年纪略》"康熙二年条记载":

> 十月朔,东吴顾宁人讳炎武来访。顾博物宏通,学如郑樵。先生与之从容盘桓,上下古今,靡不辩订,既而叹曰:"尧舜之知而不遍物,急先务也。吾人当务之急,原自有在;若舍而不务,惟骛精神于上下古今之间,正昔人所谓'抛却自家无尽藏,沿门持钵效贫儿'也。"顾为之怃然。

顾炎武(1613—1682)初名绛,学名继绅,字忠清,江苏昆山人。在明亡后,因仰慕南宋王炎午的忠贞品格,更名为炎武,字宁人。又因家乡有一亭林湖,学者称之为"亭林先生"。顾炎武十四岁为诸生时,参加复社,声名日显。面对明末时局的多变,顾炎武放弃了举业,转而讲求经世致用之学。在明亡后,顾炎武曾参加过短暂的抗清斗争。在其家乡昆山被清军攻陷之时,死难百姓多达四万余人,顾炎武的生母何氏也在此时被清兵砍去右臂,两个弟弟惨遭杀害。而当时顾炎武因奉嗣母王氏避兵乱于常熟而逃过了此劫。当王氏听说昆山城陷后,绝食十五天而亡,临终留下遗言与顾炎武:"我虽妇人,身受国恩,与国俱亡,义也。汝无为异国臣子,无负世世国恩,无忘先祖遗训,则吾可以瞑于地下。"国恨家仇,嗣母遗言,使顾炎武终生坚守不与清廷合作的态度。顺治十四年(丁酉,1657),顾炎武为躲避仇家追杀,只身北上,开始了他后半生的漫游生活,所到之处考察山川形势,交游论学,著书立说。康熙二年(1663)十月,顾炎武来到盩厔拜访二曲。二人均是当时少有的博学大家,且均主张经世致用,所以二人相见,分外高兴,昼夜论谈,上下古今,无所不辩订,交契甚欢。自此,也开始了两位大学者的友谊。但值得注意的是,在二人谈论时,二曲发出了这样的感慨:"吾人当务之急,原自有在,若舍而不务,惟骛精神于上下古今之间,正昔人所谓'抛却自家无尽藏,沿门持钵效贫儿'也。"在二曲看来,谈论上下古今,无关自己的身心修养,也不是当务之急。顾炎武闻之怃然,甚至有些失落的感伤。这也显示出两位大学者在思想上存在着巨大的差异。

除了和上述学者交往外,二曲尚和云霞逸人、朱彩、朱吐光等人交游。据二曲《云霞逸人传》云:

> 云霞逸人,不知何许人。明亡后,遁迹楼观,晦其名氏,自称祝遗民,云霞其号也。冬夏鬐首,一布衲终身不易,气韵闲旷,望之如图画中人。性介洁,孤栖斗室,罕与物接。宴息之余,玩《易》洗心,群经百氏,靡不浏览。覃精《五千言》,有独契。余年未弱冠,即重其幽贞。自是每游楼观,必造其室,相与静对,和风拂坐,清气洗人。语及明末甲申三月十九日之变,不觉泫然,叩以明事则弗应。其隐操雅致,殆与明初雪庵和尚同揆;而"遗民"之称,又宛一宋末高士郑思肖也。栖楼观二十载,人终莫能窥其际。晚而舍去,东游嵩山少室,至南阳邓州委化。
>
> 谚谓:"山不在高,有人则名;水不在深,有龙则灵。"今楼观山水如故,而逸人之迹,则邈不可复睹矣。抚今追昔,令人太息! 遂次其概,以志余感。所注《五千言》遗稿,其徒尚淳夫什袭以藏,后之景仰高风者,幸求诸斯编。(《二曲集·传·云霞逸人传》)

据引文,二曲并不知道云霞逸人是何许人,姓名如何,仅知其在明亡后隐居山林。二曲在未弱冠时就和此人交游,而且每次游楼观台,必去造访。每当二人谈论到明末的甲申之变,李自成陷北京,崇祯皇帝吊死煤山时,云霞逸人便不觉泫然泪下,悲痛欲绝。这俨然是一位志行高洁的遗民逸士。

二曲《朱景含行略》云:

> 余邑有两善士,一为乡约朱翁讳彩,字旭阳;一为先生讳吐光,字景含,并操履不苟,岿然前辈典型。余年未弱冠,即雅慕两翁,时时形亲神就,两翁亦不以余为不肖,并忘年契余,善相劝,过相规,以古道相成,往还弗替。旭阳,顺治中病殁,余躬视含敛,周旋丧侧;比葬,执绋下窆,清明拜扫其墓者三年。每一念及,辄潸然不禁,然犹幸有先生在,居恒互相切砥,犹不寂寞。乃先生顷亦奄然作古,老成凋谢,于斯顿尽,抚今追昔,曷胜哀感! 谨次先生之概以为行略,俾后之知慕先生者有所考镜云。
>
> 先生上世隶军籍,居邑之苏村,世业农,有隐德。先生生而端

憨,幼不为儿戏,饮食知奉亲长。稍长嗜书,工制举业,籍弟子员,有声庠校。质直行方,一私不可干,人目为"秀才中包家"。笃于行谊,事亲先意承欢,自辞受取与进退,以至拱揖逊让、居室食饮,务画地而趋,婥阿之态、侧媚之行,绝不缁于心而染于躬。明末,流寇纵横,所至屠城陷邑,杀掠甚惨。先生率乡人筑堡,自此一方倚为保障。朔望集堡众讲乡约,以淑其乡。凡有争讼,躬判曲直,有王彦方之风。晚年,勒断家事,究心理道。暇则施汤以济行旅,施药以疗贫病,懿行粹德,不胜更仆。当事尝以"孝弟忠信"表闾,"乐善不倦"旌庐,闻者咸谓名实允符,而先生则自视欿然,日孜孜以道义提躬,惟恐弗及。

余赋性偏驳,动履多错,数十年来每藉先生刚方之气,律余未逮。余未闭关以前,时诣先生之庐;迨杜门以后,间迎先生于家,款聚盘桓。自癸亥后,先生年迈力倦,步履维艰,余虽不敢敦迎,而一念向往之私则不间晨夕。先生卒年八十有八,得正而毙。天地之正气,终以还之天地而不可留也;而其耿耿不磨者,足以昭日月而并乾坤。此余所以流连追慕,而不能已于怀也。后之欲知先生者,尚其鉴于斯。(《二曲集·行略·朱景含行略》)

朱彩与朱吐光均是盩厔人。朱彩字旭阳,朱吐光字景含。两人均质直行方,极有操守,属于二曲前辈学者。二曲未弱冠时便结识了二人,与二人属于忘年之交。据引文知,在二曲年轻时,二人常对其"善相劝,过相规,以古道相成",可见二曲的成长为学曾受到二人的某些影响。

"物以类聚,人以群分"。二曲所交者多是同声而能相应、同心而能相知之人。就二曲生平看,既不多许以为文,更少主动为他人作传。二曲主动为上述诸人作传,实基于朋友间的真挚友谊和敬重。虽然时过三百多年,二曲友人的德操品行、生平事迹仍能较清晰地展现于世人眼前。

(四)声名远播

在与朋友们的交往中,二曲以其学识、志向与品行获得极高的赞誉。尤其是在时人看来,穷乡僻壤中的寒门子弟能成就一番大学问,本来就是一件了不起的事情,而二曲又是在长期饥不饱食的困境中凭借刻苦自学成为一方"儒宗",其思想给学术界带来一股清新之风,这更不得不让人赞誉有加。在明朝中后期以来,学术界弥漫着空谈性命、任心废学的风气,儒学一度成为士人们玩弄光景的工具。而二曲的思想不仅是其长期研读儒家著作的结果,也是对儒学切身体悟的阐发。这些阐发抛弃空言,攸关时势,契合身心修养与道德人格的塑造;不仅让学者们内心由衷地折服,甚至使农工等下层百姓感受到贴切自身的生活,触手便是。或许这也与儒学本身的特点有关。儒学本来就以其注重对生命的体悟、道德的教化、人格的塑造等特点,潜藏于人们的日用常行之中,只是未被有效地揭示出来。二曲则是将这些熠熠生辉的特点与价值彰显出来,让人们能亲切地感受到。

在《历年纪略》中,也收录了骆锺麟表荐二曲的一篇文章:

> 为真儒间出,圣学代兴,恳宪破格弘奖,以彰道统,以光盛治事。窃唯道术系治运之晦明,理学关人心之绝续,粤自"精一"之传,肇启虞廷;"执中"之传,递及三代;至东鲁一儒,以布衣缵帝王之统,以笔舌司政教之权。于是,或以亲炙扬休,或以私淑炳采,莫不阐微抉奥,崇正辟邪,此古今理学之大源流也。汉唐以降,董韩绝唱,寥寥寡和。逮夫赵宋应运,而濂、洛、关、闽真儒辈出,得不传之秘于遗经,会百家之言而归一,其有功于世道,有补于人心实巨。明兴,理学之家累累不一,薛湛诸公,标举于上;吴陈诸子,岩藏于下;至于德功并立之人,揭"知行合一"之旨,则独推阳明先生。顾往往困于谗间,阨于异己,非诸正人力为维持,其不为元祐党锢之祸者几希!盖道之难明,而道学之人难显易晦,若斯之甚也!我皇清定鼎以来,求贤访道,屡奉明纶。然考所荐引,大约皆明季废绅。其间固多云兴霞举、黼黻盛世之英,而所云北山少室,猿愁鹤怨之侣,亦复不少。则是旁求之意诚勤,而明扬之典未廓,是以招隐虽殷,真儒未出也。夫所谓真儒者,必其岩居穴处,萧然一室,蔬水自安,箪瓢独乐,富贵不淫,贫贱不移,威武不屈。盖学有定旨,胸有独得,穷则善身,达则善世,而后可以绍继绝传,光辅皇猷。求之当今,未易数数见也!盩邑有隐士李颙者,其人生而颖异绝伦,潜心圣学;年未弱冠,即见器于前令樊巇,知其超悟之资,必为名世大儒。卑职莅任之初,首重得人,因造其庐,访其人,挹其德容,聆其谈论,不觉形亲神就。初犹执宾主之礼,既不觉甘拜下风而恐后矣。其学以"慎独"为宗,以"养静"为要,以"明体适用"为经世实义,以"悔过自新"为作圣入门。

浏览甚富,著述良多,而其引进同志,开导学人,惟"悔过自新"之说。是故浅人见之以为浅,深人见之以为深,上下根人,俱堪下手耳!年未强立,绝意进取。卑职躬行讲约,屡经造请,未尝一至偃室,其求荣干进之心,久已屏却。但景仰高风,不敢隐蔽。(《历年纪略》"顺治十六年"条)

在骆锺麟看来,儒家道术乃治运晦明之源,理学关乎世道人心的绝续,虽然间有大儒出现,但是自汉唐以降,大儒、真儒寥寥数人。其后宋代濂、洛、关、闽诸儒兴起,维挽一时,但至明代虽有薛瑄、湛若水、吴与弼、陈献章诸人出现,但大倡儒学者仅为颠沛流离、九死一生的王阳明一人。故所谓"道学之难明,而道学之人难显易晦,若斯之甚也"!至清代,真儒更难以觅寻。"夫所谓真儒者,必其岩居穴处,萧然一室,蔬水自安,箪瓢独乐,富贵不淫,贫贱不移,威武不屈。盖学有定旨,胸有独得,穷则善身,达则善世,而后可以绍继绝传,光辅皇猷。求之当今,未易数数见也"。显然,这不仅是骆锺麟从自己以往的人生阅历、研读经典的体会中所得到的关于"真儒"的理解,更是在与二曲相交耳濡目染中所得到的体悟与感发,二曲即真儒、大儒。骆氏此文迅速在台、司、道、府等各级官吏中传阅,二曲也随之声名大振,成为关中最著名的学者,人人皆知其为大儒。据《历年纪略》记载,顺治十六年,"五月,按察司翟讳凤翥檄云:'李处士潜心正学,孝事其母,《悔过自新》一书,深得孔门善诱之方。下邑有士如此,可以风矣。仰县即持本司书帖,敦请赴省一会。本司不日南行,急欲一见,非云召枉也。'骆公至庐恳惠,先生力辞。既而,布政司陈讳爌心钦'悔过自新说',为之衍绎发明,欲因事至县造庐就教,病卒未果。九月,督学马讳之驭呈详抚台,称先生'品高月旦,行迈古今。蔬水承欢,绝意希荣干进;恬淡处己,覃怀往哲先型。允矣笃实真儒,展也隐居君子,可谓盛世之羽仪、士林之木铎也'。十月,巡抚张讳自德檄督学,表其庐曰'熙代学宗',俾绅衿咸专向慕,后学知所依归。"顺治十八年,"提学王讳功成檄县,称先生'超世独立,学尚实诣',表其门曰'躬行君子'。是后,当道表闾者甚众,或曰'理学渊源',或曰'一代龙门',或曰'躬超萃类'。"

然而,面对纷沓而至的赞誉,二曲"深耻标榜,有妨暗修,多撤去不存"。面对每天来自不同地方不同身份的访客,生性内敛谦恭的二曲也陷入了空前的彷徨之中。《历年纪略》如是描绘:"先生本奋自寒微,学无师授。一旦崛起僻壤,孤倡于久晦之余,远迩乍闻其说,始而哗,既而疑,久之疑者释,哗者服,桴捷响随,胪传风应。不惟士绅忘贵忘年,千里就正,即农工杂技,亦皆仰若祥麟瑞凤,争以识面为快。每一他往,行人相与指目聚观,先生惭赧垂首,进退维谷。归而终日不怡,以为犯造物之忌,将不知其所终矣。"自古以来"名人"就是被关注的焦点,尤其在中国传统社会中"名人"也是跟风聚观者的目标。此时的二曲深刻体会到"名人"的艰难与无奈,尤其是当一些人频频对自己"指目聚观"时,顿感羞愧,无所适从,唯一可做的就是低头匆匆走过。在二曲看来,为学要围绕自己的心性修养,沉潜涵泳,要不断地充实自己的学养,提升自己的境界,行己有耻;而不是沽名钓誉,以博学炫耀于人,以多闻夸示于人。在康熙三年(甲辰,1664),为了摆脱上述无休止的干扰,二曲决定谢绝各种应酬,闭门读书。

二、东行讲学:蒙讪招毁之际力传心要①

(一)丧母·别友

康熙四年(乙巳,1665),在二曲的人生中发生了一件极为重要的事情——母亲病逝。据《历年纪略》记载:

> 五月,母忽抱恙,初患膈痛,既而暴下。先生彷徨忧虞,延医疗治,具蔬牵羊,密祷于隍庙,请以身代,仍晨夕爇香吁天。夏末,小愈,喜跃庆贺。中秋,复作,于是遍延名医,长跽恳疗,昼夜披侍,衣不解带,目不交睫,朝夕率妻泣祷,凡礼拜百余日,额为之肿。仲冬十七日,母竟不起。伏抱擗踊悲号,痛不欲生。贫不能敛,骆公为捐俸购棺。既敛,犹昼夜抚魄呜咽。久之,始钉,勺饮不入口者五日,哀毁几绝。遇七,各一昼夜断食,如未敛时,僵卧柩侧不能起。次月朔,始强起受唁,骆公吊奠。是月,本邑及邻封吊者,日无暇晷。(《历年纪略》"康熙四年"条)

据引文看,二曲母彭氏自是年夏五月突患得膈病,至冬十一月病逝。依现代医学来看,膈病主要指气管和消化道方面的疾病,诸如食道炎、食道溃

---

① 解题:《历年纪略》"康熙七年"条:"既而,凶党汹汹,又媒蘖不已。先生处之自若,寂无一言申辩。或怪其太腐,则曰:'蒙讪招毁,儒者之常。'"《二曲集·小引》:"《学髓》系先生传心要典,不敢妄有芟减。"

疡、食道癌等均属于这类病。从病理上看,此病虽然集中于食道和胃,但却与肝、脾、肾等功能的失调有密切关系;而且长年的忧心郁结、劳伤过度、饮食不节等,也往往诱发此病。吴来绂撰《贤母彭太君小传》云:

> 贤母彭太君者,征君二曲先生之母也。蚤岁夫亡,以《柏舟》自矢。是时,瓶鲜储粟,衣实悬鹑,茕茕弱息,既罕期功强近之亲,又乏应门五尺。里人悯其贫无以倚也,或劝令改图。太君拒之甚坚,励志弥笃。训其子以圣贤之道,丙夜篝灯,残灰画荻,母也而实父与师兼焉。虽一日不再食,或数日不举火,处之泰然,卒勉其子以成大儒。(《二曲集·李氏家乘·贤母彭太君小传》)

吴氏描绘俨然实情。在二曲父李可从去世后,二曲家境异常困窘,既"瓶鲜储粟""衣实悬鹑",也无亲近济助,亦无其他男丁协助维持生计。因此,一切家庭的重任都落到不愿以改嫁谋求生计的彭氏身上。长年以来,彭氏以自己坚忍不拔的意志支撑着这个落魄家庭艰难前行。同时,又以自己卓绝刚烈的品行教育儿子读书成才。至康熙四年,离二曲父李可从去世已有二十四个年头,其间饥寒交迫与捉襟见肘的日子时时如同恶魔般缠绕着二曲母子,他们生活上的艰辛与悲惨远远超出了人们想象的!彭氏何尝不时时为了生计忧心郁结?又何尝不频频劳伤过度?如何能合理地安排饮食?据此看,是年突发膈病也是情理之中。

面对慈母之病,生性至孝的二曲,忧心惆怅,延医疗治,并且准备了祭品到城隍庙虔诚地祈祷,请以身代。或许是二曲的诚心感动了神灵,当夏天即将过去之时,彭氏的病情出现了些许好转,令二曲兴奋不已。然而,至中秋时,彭氏的病情又再次发作,虽然二曲遍延名医,跪请医治,昼夜服侍,衣不解带,甚至朝夕带着妻子哭祷祈福,以致额头磕肿,也未能挽救其母。在是年十一月十七日,彭氏走完了其困窘的一生,终年六十七岁(参见李长祥《李母彭孺人墓表》)。母亲的离世让二曲痛不欲生、肝肠寸断。然而,贫困的家境又无法操持敛丧。是时,骆锺麟又伸出了援助之手,帮助购买棺材。敛丧之后,二曲哀伤之情愈加剧烈,昼夜抚棺呜咽,许久才允许他人钉上棺盖。继后,一连五天,二曲勺饮不入,哀毁几绝。至第七天,因哀伤断食,极度衰弱与憔悴,已僵卧于棺柩旁不能起身了。

彭氏去世的消息很快传遍了本县乃至邻县,各地前来吊唁的人络绎不绝。显然,长期以来彭氏的志行德操早已为时人所知。一些地方官纷纷加以表旌:茶台梁熙以"苦节维风"四字赞誉,太守叶承祧以"纯贞启后"称颂。至康熙五年(丙午,1666)"十二月,举葬。自入殓至是,(二曲)昼夜未尝离柩侧,每食必呼娘以奉,门外人事尽废,衔者成仇不恤。是月,招工砌圹,躬亲经营,歠粥毁瘠之余,呕心勉事,墨榱无复人形。念柩将离家,昼夜悲号,涓滴不纳。事竣,顿成骨立"(《历年纪略》"康熙五年"条)。事实上,彭氏的事迹在其身后感动了许多人,陈玉璂、李长祥、李楷、吴来绂、徐超、毛重倬、梁联馨、惠龗嗣、康乃心、吴珂鸣等数十位学者纷纷为其作传、记、赋、赞等,颂扬这位"贤追孟母"的杰出女性。李长祥《李母彭孺人墓表》详细描述彭氏一生,其云:

> 二曲中孚李隐君抱濂洛之学,游毘陵,夔州李长祥与同人讲《易》,得见于琅霞子之论世堂,告以将返矣。清明之期,恐迟之误扫先人墓也。因流涕不已,曰:"吾母以中年,当先君子殉王事于百夫长,既早嫠,又贫,卒至于饥寒死也。"吾于当今学道诸君子,素知有关西李隐君,今闻其言,又仰止母云,隐君遂出诸名公为其母之纪载。
>
> 母姓彭氏,归李公可从。李公,壮士。逆闯乱中原,制师汪公乔年奉天子之命征剿,本郡丞孙公兆禄监纪,以公往。汪公以为百夫长。天子才汪公,制师之;汪公才孙公,监纪之;孙公才李公,往之;汪公且才李公,百夫长之,其相与为用如此!时崇祯十五年春也,师抵襄城北,汪公死制师,孙公死监纪,李公亦遂死百夫长。母闻之,大叫号痛哭,即欲殉公,家人挽之不得,惟守视之而已,莫可如何。隐君至是痛父且痛母。家人曰:"母殉公,以儿如此必殉母。母自处得矣!儿且殉,李氏绝也。"母乃已。而家门单赤,即四壁非李氏有。有言隐君姑给事县庭为菽水计者,隐君泣涕,以为:"人子之事亲必以道。不以其道,虽万钟,罪也!况给事县庭,何事不辱母乎?吾辱以辱母,吾不为也;吾母亦不令我为也。"母果不令为之。隐君得行其志,而贫窭不堪,不能支。乡人相叹息,谓:"莫如母之再适人,则沟壑免尔。不然,与儿之命俱不可保也。"母垂泣谢之,忍饥寒强支。隐君年十六,欲就塾,贫不能为贽,不能往,塾师亦不纳,隐君则自学。久之,有悟,乃屏除科举文字,学濂洛之学,遂成名儒。关中上官倾动,皆相尊礼,其北面事之者众也。亡何母病,隐君侍疾,至接

粪溺以辨重轻,轻则喜,稍餐;或重,即哭却食。母卒不起,其诸葬事,则邑令临安骆公某并诸上官为之。母生于万历己亥年五月二十九日未时,卒于康熙乙巳年十一月十七日辰时。葬于邑西古城。

　　长祥为之表曰:先王之教妇人,虽厅屏间事莫与焉。其言动,以邻里之不得见闻者为贵也,以是为妇人之德,他莫称焉。然相夫教子之际,昔之人亦常称道不绝。夫亦不没其善者,是人情矣。李公从王,碎首著义,义士服之,海内之学士大夫书之,母之痛在此,壮士之荣正在此,此壮士之自能不朽于天地之间者。若隐君之成,则母之教矣。当乡里人劝隐君之给事县庭,隐君固不为,然使母或遣为之,以隐君必奉母命不敢违。孟子曰:"事孰为大?事亲为大;守孰为大?守身为大。"隐君奉母命则辱身,不奉母命则不孝,将何以处此?母则卒不令隐君为之,隐君乃得以卒不为也。母之见大哉!夫孝始于立身,今隐君之能立身,成道德之士,为大儒,孰使之?妇人之德,以无可称者为贵。若李母,余又不能无称之与?呜呼!贤哉!
(《二曲集·李氏家乘·李母彭孺人墓表》)

在李长祥看来,彭氏的德行不限于区区厅屏间事,更见于其夫壮烈战场,自己饱经千磨百炼,独自鞠育幼子。在奇窭困境中,二曲愤励志学,立身而不辱身,终完孝道,德成道尊,成为远迩钦崇的大儒,归源于彭氏之德之教。此外,诸如,贾毡赞扬彭氏云:"坤元正气,秉德直方。艰贞百折,不变吾常。良人赴义,悯孤未亡。冬夜夏日,饱历冰霜。与其同穴,宁若同堂。教子以义,实大声张。远迩归仁,奔走冠裳。屡辞征聘,百代之光。敬吊祠下,孝子涕滂。载瞻遗容,肃肃洋洋。夫义妇贞,节义成双。生荣死哀,孟母同芳。"张孺赞云:"岳渎钟灵,笃生贤母。德邵遇艰,百六阳九。早夺所天,爰丧厥偶。怀中呱呱,为此贞守。守子贞一,乃至成立。爰而能劳,古学是汲。敏求勿替,薪水罔给。乐饥忍寒,三旬九食。是母是子,有大过人。不在温饱,德润其身。母虽长往,祠祀千春。永配孟仉,俎豆常新。"(《二曲集·贤母祠记》)

次年春,当二曲还沉溺在丧母的悲痛之中,骆锺麟的任期已满,将升任北城兵马。慈母新丧,良朋将行。司马迁在《史记·汲郑列传》中说:"一贫一富,及知交态;一贵一贱,交情乃见。"自顺治十六年(己亥,1659)骆锺麟始至盩厔,已有八年。二人志趣相投,相互敬重,尤其是骆锺麟折节以师礼相事。八年中,二人结下了深厚的友谊,这种友谊不仅不因地位、贫富的悬殊而产生隔阂,反而更加显得纯洁高尚,成为一段颂传不息的历史佳话。事实上,在康熙六年,骆氏已考虑到"俸满将升,念去后无以赡给,为置地十亩,聊资耕作"(《历年纪略》"康熙六年"条)。可见,骆氏心系二曲这位良师益友,担心自己离任后,二曲难以维持生计,为其事前备置了良田。而二曲面对骆氏的离任,也无法平静思绪。在其后骆锺麟去世后,二曲曾如是评价骆氏,并描述二人情谊云:"近世守若令,中间固不乏循良,然求其英毅有为,政崇风教,自作县以至守郡,始终以化育为功课,则所闻所见实未有如侯者。而侯自视欲然,向学问道之诚,如恐弗及。余至不肖,侯不不肖余,辱承殊遇,不啻曹参之于盖公。政暇,必枉顾荒庐,盘桓竟日。余自知甚冗,侯严重弥笃,情谊礼文,日隆一日,无少懈。今九原不可作矣!追惟既往,不觉泫然,故次其履历之概,以识余感"(《二曲集·传·常州太守骆侯传》)。据《历年纪略》载,"先生自承殊眷,前后八载,终未尝一诣县署。至是,骆公来别,始送之出境。"相交八年,二曲虽未到过县署回访,但此次二曲破例相送,直至送到盩厔境外,才依依惜别,可见二人情谊至深。

(二)蒙讪招毁

在康熙七年春骆锺麟离任之际,盩厔出现了极为不利于二曲的情况。据《历年纪略》云:

先生居乡,与流俗不同调,一齐众楚,动多咻诮。而一二憸壬,以其落落难合,尤衔之切骨,丑诋横蔑,无所不至,始以讹传讹,久之讹遂若真;近又目击远迩尊崇,妒之愈甚。因骆在任,不获肆毒,至是无复顾忌,日逞凶谋,不哄人酿衅嫁祸,则挑人嚚凌诟辱。会新宰马某莅县,恐复优崇,相与腾谗预沮。宰虽犹豫未入,顾为人矜而愎,以甲科自负,屡令人讽先生,欲屈以诣己,先生逊谢。既而,明向先生亲友云:"本县闻李某聪明可造,但欠指引耳!宜来见我,当授以八股之法,令其从事正路,以图取进。"久之,因先生不至,遂喷有诟言。群小乘机中伤,谓先生常笑其文。宰闻之愈怒,眈眈虎视,尝欲甘心焉。(《历年纪略》"康熙六年"条)

在此段引文中,值得注意处有二:其一,二曲"与流俗不同调"。事实上,据《历年纪略》"顺治六年"条载:"盩邑士俗,自四书八股之外,余书不知寓目,言及《性鉴》便以为涉杂;闻先生嗜古博稽,目之若怪物,共相非笑,咸谓:

'李氏子素无师友指引正路,误用聪明,不知诵文应考,耽误一生,可惜!'于是,父兄子弟相戒不与先生相接,一则嫌其寒婆不屑,一则恐其效尤妨正也。"可以看出是时盩厔士俗之劣。二曲性情皦然,洁身高直,及其志道希贤的追求必然无法为碌碌庸士所理解,且二曲也不屑融入俗士之群。引文援引"一齐众楚"的典故。《孟子·滕文公下》载:"孟子谓戴不胜曰:'子欲子之王之善与? 我明告子。有楚大夫于此,欲其子之齐语也,则使齐人傅诸,使楚人傅诸?'曰:'使齐人傅之。'"曰:"一齐人傅之,众楚人咻之,虽日挞而求其齐也,不可得矣;引而置之庄岳之间数年,虽日挞而求其楚,亦不可得矣。"学习齐国语言在"众楚"的环境很难做到,何况二曲在士俗中独自志道,又是何等的坚忍不拔! 王阳明亦云:"绝学之余,求道者少;一齐众楚,最易摇夺。"[①]显然,二曲不仅被盩厔俗士视为"怪物",更成为众矢之的。俗士对二曲恨之入骨,常常加以造谣诋毁。维吉尔云:"所有的邪恶中,谣言散播最快。随着速度的加快更加激烈,随着散播面的扩展更有精力。"的确如此,在骆锺麟离职后不久,关于二曲的各种谣言,乃至各种嫁祸与诟辱纷纷鹊起,而且以讹传讹,久而久之仿佛如真实一般。加上,二曲深受远近学者的尊崇,许多人争相识荆,这也让周遭的许多人产生无比的嫉妒。斯宾诺莎说:"嫉妒是一种恨,此种恨使人对他人的幸福感到痛苦,对他人的灾殃感到快乐。"的确,当嫉妒者对二曲的不满情绪与日俱增时,似乎传播谣言成为他们一时的快乐。二曲进一步陷入了各种诋毁与谣言之中。

其二,二曲结怨新县令马芝。据《(乾隆)盩厔县志》载骆锺麟之后盩厔县令为马芝,并云:"马芝字友兰,湖广公安人。由进士任,天资长厚,每燕居静摄,或以梵呗自娱,尤熟于方书,求药饵者给不倦。邑田被水冲,惑于吏言,不敢报闻,致荒地五百余顷未获除粮,邑人病之。"[②]综合引文,可知新宰马芝"为人矜而愎,以甲科自负",爱慕虚荣,迷恋于方书道术,索求药饵,懈于政事,甚至面对邑田水灾,竟被衙吏言论蛊惑蒙蔽,不敢上报,欺瞒上司。如此治县,当然深为百姓所厌恶。马芝上任之初,即被周遭群小诋诬二曲的言论所迷惑,加上其刚愎自用,以甲科进士自负,不断指使他人讥讽二曲,其目的无外乎迫使二曲前来拜谒,博取声名。然而,二曲素来坚守志节,不进县庭。

---

① 王守仁:《与辰中诸生书》,《王阳明全集》,上海:上海古籍出版社,1992年版,第144页。

② 杨仪修、王开沃纂:《(乾隆)盩厔县志》卷6《职官》。

也或许二曲根本不屑于如此伎俩,更不会为区区小人屈节弯腰。初莅任时,马芝似乎还迫于二曲在士林中的声望,通过二曲亲友加以规劝:"本县闻李某聪明可造,但欠指引耳。宜来见我,当授以八股之法,令其从事正路,以图进取。"马芝试图以传话的形式,让二曲前来拜谒自己。马芝素不知,早在十余年前,二曲便抛却周钟《制义》类八股科举俗文,而笃信儒家心性之学,专心内圣外王之道。马氏,区区一介庸碌俗夫,如何能理解二曲专心儒家正学的"大志希贤"抱负?更何况,二曲素有不趋炎附势的性情,更不会放弃自己的节操,屈身于如是俗人!因久未见到二曲趋奉拜访,马氏遂生诟言,到处讥讽二曲。这时群小又乘机中伤,造谣二曲常讥笑马氏的文章,这更加令马氏恼羞成怒,虎视眈眈,试图寻机相惩。

可见,二曲讲道釐屋,声名远播,造访者络绎不绝。盛名之下,颇遭讪谤,深陷于谣言中伤之中。正在此际,据《历年纪略》载,康熙七年(戊申,1668),"夏四月既望,同州耆儒白含章讳焕彩偕蒲城王省庵肃车,令党生克材至釐屋迎先生。"缘此,二曲开始了三月有余的东行同州、蒲城的讲学(见下文"同蒲讲学")。

二曲东行讲学受到蒲城、同州等地士人的景慕和欢迎,但二曲家乡的嫉妒者与仇视者,并不因二曲外出讲学而放弃对二曲的中伤与陷害。尤其是七月十五日二曲载誉返乡后,更令其躁动不安。据《历年纪略》载:

> 是冬,群小暗投匿名,明肆罗织,广设机穽,协力倾陷。宰遂乘隙票拘先生,欲文以重罪。适吴堡令孙讳希奭奉孙侍郎北海之命来候先生,因为之营解。邑庠暨武功、郿士又相与盈庭会讲,宰迫于公论,始收票免拘,使人约先生来谒。次日,洁馆以俟,卒不往。既而,凶党汹汹,又媒蘖不已。先生处之自若,寂无一言申辩。或怪其太腐,则曰:"蒙讪招毁,儒者之常。伊川受诬遭贬,几不获保其身;晦庵连被攻击,开单至数十款。未尝闻二公少动于中,正如飘风坠瓦,听之而已。若毫有介怀,则是五岳起方寸,非所以自靖也。"或曰:"子固坦不介怀,然含沙之蜮,工于射影,一波未已,一波又兴。谚谓'市虎成于三人',而三至之谗,贤母尚且投杼,况其它乎?故险计诡毒,似亦未可全忽。"曰:"横逆不已,自有子舆氏之家法在。与乡人校顺逆,则亦乡人而已矣。况名者造物之所忌,不肖实未至而名先彰,神怒鬼嗔有年矣!彼之纷纷多事,安知非鬼神假手以示惩耶?

在不肖惟有返躬引咎,痛自淬砺,外侮之来,莫非动忍增益之助,夫何尤?"言者爽然失,肃然服,作礼而退。(《历年纪略》"康熙七年"条)

通过引文可知:其一,康熙七年冬,盩厔氛围极不利于二曲。群小暗地联络为二曲罗织罪名,并设下圈套,倾力陷害。"欲加之罪,何患无辞"!何况县令马芝早就对二曲产生不满和愤怨,更趁机票拘二曲,欲以莫须有的诬陷治以重罪。或许是命运的眷顾,适逢吴堡县令孙希奭奉孙承泽之命前来谒候二曲,并为之解围。孙承泽(1592—1676),字耳北,一作耳伯,号北海。山东益都人。明朝崇祯年间中进士,官至刑科都给事中。明崇祯十七年(1644)时任四川防御使的孙承泽听说李自成攻克了北京,曾在玉凫堂书架后自缢,被人解救。又与长子跳井,也被人解救。后来,孙承泽降清,曾任大理寺卿、兵部右侍郎、都察院左都御史等职务。顺治十年(1653)辞职,结束了他的宦海沉浮生活,修建"退翁亭",自号退翁,不问政事,吟诗赏画,以文会友,著书立说。王弘撰曾赞许其"手不释卷,穷经博古,老而弥笃,近今以来所未有也"①。虽然此时孙承泽已归隐在家,但是毕竟做过正二品大员,马芝也不过是区区七品知县,岂敢得罪孙承泽,故顺从了孙希奭的请求,暂不追究二曲。加上,是时票拘二曲的事情已迅速传遍了周边地区,盩厔、武功、鄠县三个邻县的众多士人闻听后,纷纷赶到县衙代替二曲论理,马芝迫于公愤不得不收回传票,免去拘留,且约二曲到县衙谈话。然而,第二天二曲却洁馆等待马芝前来。可见二曲矢志不屈身之志。此事之后,围绕二曲流言、中伤从未间断。

其二,面对困境,二曲心志坚定,不为之所动。为何二曲能处之自若,无一言加以申辩。通过引文,可知二曲认为"蒙讪招毁,儒者之常"。二曲此论,符合历史实情,所谓"伊川受诬遭贬,几不获保其身;晦庵连被攻击,开单至数十款"不过是历史上的一二典例,儒家学者在守志弘道的过程中,往往经历千磨百炼;但磨炼往往是他们动心忍性、涵养操存的机缘。基于此,二曲认为"若毫有介怀,则是五岳起方寸,非所以自靖也"。可见,二曲将群小中伤、流言等作为自靖工夫的外缘。值得注意的是,引文中朋友以俗谚"市虎成于三人"和"曾母投杼"的典故来劝告二曲。"曾母投杼"源自《战国策·秦策》:"昔曾子处费,鲁人有与曾参同名族者杀人,人告其母曰'曾参杀人',其母织

---

① 王弘撰:《山志》,北京:中华书局,1999年版,第22页。

自若也。顷之,一人又告之曰'曾参杀人',其母尚织自若也。顷又一人告之曰'曾参杀人',其母投杼下机,逾墙而走。夫以曾参之贤与其母之信也,而三人疑之,则慈母不能信也。"可见,流言的确可畏,多说几遍,便会迷惑人心,使人相信,甚至连至亲的母子都会产生误会,何况长期听到流言的其他人怎能不产生误解呢! 而二曲却说:"横逆不已,自有子舆氏之家法在!"二曲的回答化用了孟子的言论。《孟子·离娄下》说:"君子所以异于人者,以其存心也。君子以仁存心,以礼存心。仁者爱人,有礼者敬人。爱人者,人恒爱之。敬人者,人恒敬之。有人于此,其待我以横逆,则君子必自反也:'我必不仁也,必无礼也,此物奚宜至哉?'其自反而仁矣,自反而有礼矣,其横逆由是也,君子必自反也:'我必不忠。'自反而忠矣,其横逆由是也,君子曰:'此亦妄人也已矣。如此,则与禽兽奚择哉? 于禽兽又何难焉!'是故君子有终身之忧,无一朝之患也。"孟子认为,君子与一般人不同的地方在于,其内心所怀的念头不同。君子内心坚守的理念是仁,是礼。仁爱之人会爱别人,礼让之人会尊敬别人。爱别人之人,别人也经常爱他;尊敬别人的人,别人也会经常尊敬他。假定有人对其蛮横无礼,那君子必定反躬自问:自己一定是行了不仁之事,一定行了无礼之举? 不然的话,他人怎么会对自己这样? 如果反躬自问的结果是行仁之事,合乎礼义,而他人仍然蛮横无礼,君子必定再一次反躬自问:我一定是不忠吧? 如果反躬自问的结果是忠的,而那人依然蛮横无礼,此时君子就会说:这人不过是个狂人罢了。这样的狂人和禽兽又有什么区别呢? 对禽兽又有什么可责难的呢? 所以君子有终身之忧,但没有一朝一夕的祸患。显然,二曲意志坚定,面对流言,持守仁爱之心,自我反省。外界的流言不仅无法左右二曲,反而有益于二曲修身。

到了康熙八年(己酉,1669),虽然二曲以反身自躬的忠恕之道对待久久不能停息的流言,但这一切都是枉然,嫉妒的凶焰反而愈燃愈旺,群小的行径也愈发显得卑鄙与无耻。《历年纪略》如是描述:"是春,以忌者凶焰正炽,深居寂处,多不见客。然四方学者,肩摩袂属,沓来座下,拒之而不去,疏之而益亲。不得已,视其人果有意为己,则迪以躬修允蹈之实。否则,徒讨论典故,以资见闻;辨析经书,以为诗文材料;及用工失序、持议躐等,咸默然不答。"二曲深居简出,多不见客。然而,拜谒之人肩摩袂属,纷沓前来,拒之不绝,疏之益亲。其间,值得注意的是,湖广进士罗诰来访。《历年纪略》云:

四月,湖广进士罗诰,通五经,尤嗜《易》,策蹇来访。适先生绝粮,不食二日矣。坐久,无以授餐,乃移寓隍庙。宰闻之延款,语次知为访先生,勃然不悦,极口噂诟,声色甚厉,且云:"斯人终不得脱我手!"罗再三维挽曰:"年翁宜因其刚方之性,始终玉成,使人知吾楚道大,贤侯能容。"濒别,又贻书丁宁,宰怒不报。罗遂鬻所乘之骞,储薪米于华岳之云台观,邀先生避地读《易》,随闻姊疾而返。先生伤鲜兄弟,止寡姊一人,贫窭无以为活,居恒减口以养,疾则躬亲医药,相倚为命,故仓卒抵家。(《历年纪略》"康熙八年"条)

据《孝感志》,"罗诰字八书,号东山。中顺治己亥进士,以母老艰于菽水,不待对策,徒步归。居恒极孝,力学弗辍,虽家无宿舂,泊如也。立志以圣贤为归,闻远近有同志者,芒鞋幞被,不惮访求。年及艾,病卒,人争惜之。"罗诰前来时,恰逢二曲绝粮。初次见面二人谈论了很久,非常投缘。县令马芝也听说了罗诰到了盩厔。或许因为与罗诰同乡的缘故,便设宴款待罗诰。当得知罗诰是前来谒访二曲,立刻勃然不悦,极力诟骂诬陷二曲,声色甚厉,甚至对罗诰云:"斯人终不得脱我手!"真是想把二曲置之死地而后快,其心险恶如此!罗诰临走时又留书于二曲,而马芝却怒而不报。或许是罗诰感觉到马芝对二曲的嫉恨太深,无法劝解。当然罗诰也无法在盩厔和二曲继续酣畅论学,便储粮于华阴云台观,邀请二曲前去,这样既能避祸又可以共同论学。面对罗诰的诚挚邀请,二曲也随之前去。但是,刚去不久,二曲便得知自己寡居的姐姐患病,又匆匆返家。在母亲去世后,二曲仅存寡姐一个至亲,相倚为生,疾则躬亲医药。姐弟情深,粲然可见!当二曲回到家中,仍不免面对周遭的流言和不时的中伤。幸而,据《历年纪略》载"会骆公自北城转本郡司马,赖以宁息"。此时骆锺麟又自北城转到本郡任司马。面对骆锺麟的到来,群小自然怏怏不乐,但又百般无奈,无计可施,不得不息事宁人。事实上,这种宁息也仅是暂时的,一旦二曲失去外界的帮助,他们便要变本加厉地疯狂反扑。当是年九月骆锺麟迁升常州知府后,二曲将再一次陷入流言、倾陷之中。

(三)同、蒲讲学

在康熙七年(戊申,1668)、康熙八年(己酉,1669),二曲两次东至同州(今陕西大荔)、蒲城(今陕西蒲城)讲学,这两次讲学促使二曲思想在关中的迅速传播。

康熙七年(戊申,1668)四月,二曲生计每况愈下,困顿不堪,且身处各种诮言之中。据《历年纪略》载，是时同州学者白焕彩和王化泰肃礼币，遣党克材（《东行述》为"党惟学"，为党湛之子）到盩厔迎接二曲东行同州、蒲城讲学。二曲和同蒲学者的交往较早，至少可追溯到顺治十七年（庚子，1660）结交党湛，康熙二年（癸卯，1663）结交王化泰。事实上也缘于这些交游，康熙六年（丁未，1667）二曲逾境送别骆锺麟时，已初次东行。《东行述》载：

先生性不喜游，足未尝逾邑境，是时因饯骆侯东行，始为华麓之陟。骆侯者，浙人，莅邑有异政，尊贤敬士，详见河汾贾发之《养贤记》中，故先生远送之。先是，蒲城有高士省庵王翁者，耄而笃志，数就先生质所学。至是，复诣盩厔，盘桓者二旬，归而偕党两一、王思若、白含章，奉候先生于同蒲。党为少墟先生及门，年逾八旬，乐善不倦；王高尚其志，坦夷朴澹，有陶靖节之风；白博洽群籍，为月旦所崇重，咸称先生心契。于是，过党斋、王园及白氏轩。白贮书数屋，先生览而乐之，抽所未见，借之以西。（《二曲集·东行述》）

可见，王化泰借缘于二曲送别骆锺麟之际，偕同党湛、王四服、白焕彩邀请二曲东行同、蒲讲学。在初次东行讲学"过党斋、王园及白氏轩"的过程中，二曲又认识了王四服、白焕彩两位学者，并结下深厚情谊。据《大荔志》载：

王四服字思若，号枕流居士。积学善文，慷慨多大节。崇祯五年拔贡，不仕。治园种花，聚友讲论，著《卧园集》藏于家。年八十余卒。州刺史表其宅；没，树墓碑。（转引《二曲先生年谱》）

二曲《宿儒泊如白君暨元配王孺人合葬墓志铭》云：

君讳焕彩，字含章，泊如其号也。按《状》：白氏之先，华州罗文桥人。远祖讳君礼者，元季徙同州之户军，以孝弟力田世其家，子孙恪遵先型弗坠。祖讳应先，好善乐施。父讳守纲，崇德向学；娶石氏，生四子：长希彩，次受彩，又次耀彩，季即君。生而端凝聪颖，不为儿戏，饮食知奉亲长。稍长，嗜书，工制举业有声，试优食饩。伯兄尝受学长安冯恭定公之门，归而时以其所闻语君。君倾耳谛听，私窃向往。自是厌帖括，息进取，一反之于经，玩《易》洗心，《诗》《礼》《春秋》多所自得。蓄书之富，陕以西罕俪，雠校精详，淹贯靡遗，而冲逊自将若一无所知。明末，乡先达张太乙、武陆海集同志论学，君每会必往；又与别驾马元昭论学于寄园，律身愈严。

康熙戊申，偕王省庵肃车迎余至其家塾，执礼甚恭；凡进修之要、安身立命之微,靡不究极。君年倍于余,为先辈,而折节问道,雅谊殷笃,即此一念虚冲,过余远甚。余对之未尝不敛衽推先。是时,绅衿闻风争造,远迩骈集。君适馆授餐,略无倦色。既而,以室隘不足以容众,慨欲捐赀鼎建书院于所居之左,大立讲会,值时方多事弗果。余既西返,君率同志结社切砥,恪守余说不替。不入城市,不谒官府,终日晏坐一室,手不释卷。府丞郝公讳斌摄州事,慕君式庐,聆君议论,退而叹曰:"白先生,关中文献、州之宿儒也。吾得亲承謦欬,何幸如之!"以"尊德乐道"颜其居,亦可谓知君矣。

君神旺气充,素鲜疾病。客秋八月,犹手书讯余。九月初三,忽感微恙。次日申时,整衣冠危坐中庭而卒。平生天性孝友,事亲恭兄,怡怡祗奉。居亲之丧,一遵《文公家礼》。仲兄之丧,捐五十金以佐其费。与三兄出入相偕,疾病相依,食饮弗离;其亡也,以己赀治丧营葬,痛悼无已,征诗以阐隐德。居恒恂恂恭谨,举措以礼,择而后言。闻人过,未尝出诸口,遇物如恐伤之,能忍人之所不能忍,未尝与人校曲直。睦乡敦旧,赈丧恤贫不厌。所与游,本州党两一、王思若、张敦庵、马立若,蒲城王省庵,以道谊相征逐。居家俭朴,淡然无营。……君生于明万历三十五年五月二十日寅时,卒于清康熙二十三年九月初四日申时,寿七十有八。(《二曲集·墓志·宿儒泊如白君暨元配王孺人合葬墓志铭》)

据引文可知:其一,王四服、白焕彩均年长于二曲而折节论学。王四服字思若,号枕流居士,大荔人。明崇祯五年(壬申,1632),王四服拔贡入京师时,二曲适才六岁。白焕彩字含章,号泊如,同州人。白焕彩生于明万历三十五年(丁未,1607),长二曲二十岁。在《学髓》文及其序中,王四服云"余之获久侍盩厔李先生也,实自今日始",而白焕彩自称"教下生",可见二人对二曲的信服和尊崇,不以年长自居,俨然一代高士! 其二,二人均乐善好学,雅谊殷笃,以道义相交。王氏或因文献之不足,暂无法详知其生平,据《东行述》知其"高尚其志,坦夷朴淡"。而白氏之生平详见于引文。二曲素有文戒,但破例为白焕彩及夫人作墓志铭,即可见白氏亦为二曲所尊重。值得注意的是,白氏天生孝友,以顺事父母和兄长,闻名乡里,又以其"博洽群籍,为月旦所崇重"。其伯兄曾求学于明末大儒冯从吾,归后将其所闻所学告知白氏,白氏深受启发,于是摒弃帖括科举之业,专心研读儒家经典,在《周易》《诗经》《三礼》《春秋》等方面，均有自得。可见白氏向学自有渊源可循，其折节问学于二曲，不仅是其性情涵养所致，更基于其向学之诚。

二曲此次东行讲学缘自白焕彩、王化泰的邀请。《历年纪略》载：

> 夏四月既望，同州耆儒白含章讳焕彩偕蒲城王省庵肃车，令党生克材至盩厔迎先生。党趋卧室，睹四壁萧然，床无衾枕，泫然流涕曰："东人虽知先生之贫，不意困顿一至于此，即黔娄衣不盖形，然止于赤贫而已。独先生之贫，酷不忍言，而快然自得，固自以为足，其如室家何？"遂以所赍备办薪米安家，御之而东。（《历年纪略》"康熙七年"条）

二曲"四壁萧然，床无衾枕"贫窘之状，超乎同、蒲学者的想象，令党克材泫然泪下。但处于如此贫窘之中，二曲却能"快然自得"，的确让党克材震惊不已，以致将其与黔娄相比较。刘向《列女传·贤明传·鲁黔娄妻》载："先生死，曾子与门人往吊之。其妻出户，曾子吊之。上堂，见先生之尸在牖下，枕墼席稿，缊袍不表，覆以布被，首足不尽敛。覆头则足见，覆足则头见。曾子曰：'邪引其被，则敛矣。'妻曰：'邪而有余，不如正而不足也。先生以不邪之故，能至于此。生时不邪，死而邪之，非先生意也。'曾子不能应遂哭之曰：'嗟乎，先生之终也！何以为谥？'其妻曰：'以康为谥。'曾子曰：'先生在时，食不充虚，衣不盖形。死则手足不敛，旁无酒肉。生不得其美，死不得其荣，何乐于此而谥为康乎？'其妻曰：'昔先生君尝欲授之政，以为国相，辞而不为，是有余贵也。君尝赐之粟三十钟，先生辞而不受，是有余富也。彼先生者，甘天下之淡味，安天下之卑位。不戚戚于贫贱，不忻忻于富贵。求仁而得仁，求义而得义。其谥为康，不亦宜乎！'"史料又传载，黔娄为战国时齐国贤士，满腹才学，尽管家徒四壁，但是却能励志操守，安贫乐道，视荣华富贵如过眼烟云。当时齐、鲁两国国君均想招揽黔娄，甚至齐威王下马脱靴，亲临其所居洞穴。但是，黔娄持守志节不愿出仕。其殁后，其妻以"康"为谥。在历史上，黔娄常常被看成贫贱却能守志者的榜样。陶渊明曾赞咏他说："安贫守贱者，自古有黔娄。好爵吾不荣，厚馈吾不酬。一旦寿命尽，弊服仍不周。"二曲与黔娄相比较，贫困相仿，操守相仿；但是，黔娄保生全身、超然于富贵与贫贱，俨然是道家风范；而对于大志希贤的二曲来说，虽有与黔娄相似的境界，但其践仁悟道、乐天知命，乃儒家充实而又光辉的圣贤境界的体现。在二曲看来，贫贱、富贵、吉凶不过是外界际遇，存顺没宁，无关身心涵养，当然也无足挂齿！

而讲学则是二曲志道弘道途径。此次东行讲学,二曲郑重其事。临走之前,徘徊于母墓,拜祭告行。第二天又辞别寡姐,方启程。此次出行,对二曲来说,也是一次对历史体认、希圣成贤的过程。因兴致所系,一路之上二曲不断拜谒古代圣王前贤的墓祠,结识当地乡贤名流。据《东行述》载:

> 二十五日,别姊乃发,晚宿兴平之定村。明日,迁道诣茂陵,遂次毕郢。诣茂陵,谒汉武帝也。又东五十里至毕郢,谒周文、武、成、康四陵,及太公、周公二冢。
>
> 二十七日,次泾干之瓦村,会逸士王尔德。逸士介洁有守,数诣盠屋。先生念其年逼桑榆,恐难再觏,故往会之。逸士喜甚,请曰:"敝邑士人,斗仰先生久矣。曩有托先生姓字,寓兹古刹行诳者,敝邑至今以为谈柄,愿先生少留,以慰众望。"先生以旅次疲剧辞焉。逸士追随远送,至高陵之北境而别。
>
> 二十八日,至下邽,谒寇莱公祠,吊其遗址。二十九日,至蒲城,谒横渠张子祠。时有邑绅索云老、王伯仁等诸公刺见启延,先生例不报谒,辞之。(《二曲集·东行述》)

上述二曲行程,一处尤为值得注意:二十七日,拜会逸士王尔德。王氏为二曲故友,曾数至盠屋。王氏云"敝邑士人,斗仰先生久矣。曩有托先生姓字,寓兹古刹行诳者,敝邑至今以为谈柄,愿先生少留,以慰众望"。表明二曲是时不仅闻名于关中士林,而且受人尊崇向往。因此,也出现冒充二曲招摇撞骗之人。

经历了半月的行程,五月二日二曲至蒲城车都。《东行述》载:

> 五月初二日,抵车都。省庵预治静室以俟,先生馆焉。晋谒者无虚日,室隘不能容,乃假他氏空舍之宏敞者栖之。先生为之发明固有之"良",唤醒人心。大约谓:"此'良'昭昭于心目之间,蔽之不能昧,扰之不能乱,减之无所损,增之无所益,与天地合德而日月同明,通乎昼夜之道而知,顺而行之,便是天则。不必支离葛藤,义袭于外,舍真求假,空自担阁。"又曰:"此固有之'良',本自炯炯,本是广大,妄念一起,即成昏隘。然光明广大之实,未尝不存。要在时觉时惕,致慎几微。"
>
> 一友谓:"连日深荷先生之诲,颇知打点身心,自寻归结。"先生曰:"肯寻归结,足征所志,但恐立本不固,世俗富贵利达之念,乘间

发生,不知不觉,渐为转移,日复一日,大负初心。须是勇猛省克,拔去病根,俾心若死灰,不致缘境出入,方有实际。昔姑苏有盛寅者,人以椒寄其家,十五年矣。一旦梦有客急欲用椒,启其封,取少许,觉而痛自咎责:'岂吾义利有不明耶,何以有此梦?'亟整衣冠而坐,数日犹不释然。噫!人能若此用功,何患无归结也。"

是时,在侍诸友,有自多其知者,则迪之以忘知;有自雄其抱者,则诏之以放下。一友谈锋甚畅,论辩泉涌。先生怃然叹曰:"默而存之,希颜之愚,为曾之鲁,到謇讷不能出口时,才是有进。若神驰于舌,恐非所谓'塞兑'之学也。"其友惭谢。先生在车都,不惟士友因感生奋,多所兴起,即农商工贾,亦环视窃听,精神跃勃。有农民李正,父祖三世,从事白莲教。正遵其教,戒荤酒,虔焚修者已历数十载。先是,奉旨厉禁异端,里邻恐祸连保伍,相与力劝力攻。正惟刑戮是甘,终不少变;至是有感,即日对众焚毁经像,饮酒开荤,幡然归正。阖里酿酒相庆,传为美谈,同蒲士大夫多为诗歌以嘉之。(《二曲集·东行述》)

在车都,四方问学之人,络绎不绝。在二曲讲学过程中,值得注意有三:一是二曲阐发人人固有之"良"的思想。《孟子·尽心上》云:"人之所不学而能者,其良能也;所不虑而知者,其良知也。孩提之童无不知爱其亲者,及其长也,无不知敬其兄也。"孟子提出了"良知""良能"的说法。大致而言,"良知"是人生来自然具有的一种道德意识与道德情感,这种道德意识和情感与后天所处的环境和教育没有关系。"良能"是人生来自然具有的道德行为,这种道德行为也与后天所处的环境和教育没有关系。至明代,王阳明充分阐发了孟子这种"不虑而知""不学而能"的观点,提出了"致良知"的思想,即将良知作为人人具有的道德实践准则。在阳明及其后学看来,每个人均具有"良知",但是由于欲望所致,每个人的良知受到不同程度的遮蔽,所以要"致",要让良知呈现出来。据引文看,二曲侧重揭示"良"的先天固有性,并对其进行描绘:"昭昭于心目之间,蔽之不能昧,扰之不能乱,减之无所损,增之无所益,与天地合德而日月同明,通乎昼夜之道而知,顺而行之,便是天则。"基于此,二曲提醒人们反身自躬,"时觉时惕,致慎几微",恢复本心之良。亦可见,二曲之学以王学为思想根基,直指人心,令人有醍醐灌顶之感。二是,二曲揭示立本工夫。人人虽具有本心之良,但世俗中的富贵利达之念、人欲之私,常常在不知不觉中,遮蔽本然之"良",这需要为学"勇猛省克,拔去病根,俾心若死灰,不致缘境出入"。三是二曲讲学深入人心。讲学受众不局限于士友,农商工贾亦环视而听,最典型例子则是促使白莲教信徒李正幡然归正,阃里相庆,传为美谈。二曲在蒲城讲学十余日,士风为之震动。当二曲离开时,"士庶拥送罗拜",甚至有李正等几个人追随到同州才"再拜垂泣而别"。

五月十七日,二曲到达同州户军里。同州为理学故里,讲学风气盛行。王心敬云:"同州则风气之醇本甲三辅,兼浸被马二岑先生风泽;暨万历、天启间,西南二百里,则冯少墟先生提倡正学者数十年,邻邑则蒲城单元洲先生以性命气节之学鼓舞同志。故一时同、蒲诸邑,流风广被,人士往往向往理学,惟恐或后,有宋道学之盛不能过也。惜乎时移代易,记载缺然,可胜叹哉!"①二曲至同州后安顿于白焕彩书塾。《东行述》云:

> 先生在白君书屋,焚香默坐,晤对简编,闭局谢客,客弗止也。白君乃延客别馆,晨起入揖,相与一会。会时不遽与之谈,必坐久气定心澄,方从容商量所疑,意恳旨畅,词平气和,士之承謦欬者,各叠叠有当于心。耆儒马翁逢年辈,或年逾古稀,或寿届八旬,咸甘心北面焉。(《二曲集·东行述》)

白焕彩为同州宿儒,博集群书,其家藏书甚富,为二曲所关注。在白塾,二曲讲学颇重方法,以"气定心澄"后方讲学,这也应和了二曲"静坐澄心"的为学特点。值得注意的是,二曲讲学白塾期间,李士璸、马秣、马逢年等,北面师事二曲。李士璸字文伯,自号玉山逸史,同州人。是年,李士璸七十岁,长二曲二十八岁,但却不以年高为介,虚心问学二曲。二曲《李逸史传》云:

> 李逸史名士璸,字文伯,同州人。幼嗜学,善属文。弱冠入庠,即知名于时,试辄居首。以积廪贡,婆娑丘园,不求仕进,博综典籍,殚心著述,号玉山逸史。天性孝友,父疽发于背,不能卧起。逸史昼夜披侍,衣不解带者月余,口吮疽毒而愈。母疾亦然。迨父母以天年终,丧葬一遵《文公家礼》。教育二弟士琦、士璱,咸列籍胶庠。为人与物无竞,横逆之来,逊避不校。庚辰奇荒,以应骋入幕之金籴粟,活其戚眷数家。前后州守闻名优礼。乘间默施阴骘,雪冤救患,推贤扬善,初未尝令其人知。一宦家友,因兵马纷骚,遗银五十两,

---

① 王心敬等增辑:《关学编》卷6。

逸史拾而访还。见知于张太仆忠烈公暨司寇李公,张奖励甚至,李造庐躬访。居恒力行善事,检身綦密。朔望,焚香矢神,自记功过,凡不敢记者,即不敢为。尝题厅联云:"戴履七旬,寒影总由天地照;省修三纪,朴心常告鬼神知。"以为道在是矣。及晤余谈学,不觉爽然自失,深悟从前逐日笔记为义袭,退而肃赟执弟子礼,问道于余。睹余所著《学髓》,直指本体,喜跃如狂,自谓"旷若发覆"。自是,凝神内照,敦本澄源,杜门简出,日阅先儒语录。年垂九旬,手不释卷。灯下楷书细字,录其会心者成册,借以自警,神旺气充,无异少壮。州守朱公表其间曰"关中文献",蔺公四举乡饮大宾。所著有《文学正谱》二卷、《群书举要》二卷、《孝经要义》二卷、《四书要谛》四卷、《小学约言》一卷、《理学宗言》二卷、《王陈宗言》二卷、《诗余小谱》一卷、《问疑录》一卷、《玉山前后集》十卷。(《二曲集·传·李逸史传》)

马逢年在《念二曲先生书牖》一文中,详细介绍了得遇二曲的经过:

  不肖年久耳香名,每以修阻不得从游为恨,幸白含章社丈于今岁五月间,安车迎至道,遂以东。岂含章闵近世学之不讲,又怜人之不能尽涉长途就有道,欲以先生公之吾侪,使府左之人共沾化雨乎!甚盛举也,可以鼓舞人心矣。故一时有志之士,多就之者。仆不自揣,亦徒步拜访,适先生素昔与谈性命之学者蒲城王省斋兄又迎之去。意者省斋复闵其乡之老而癃如年者,并以近涉五六十里为苦,故欲使其藉便见先生,同登觉路,亦如含章之公先生于府左意乎?于戏,省斋、含章俱可以为难矣!是时,余以未见先生,悒如调饥。无何!先生自蒲返,年复访诸党孝子两一兄之斋,亦先生之故人也。坐谈竟日,至是始了夙心,仍复候之王思若会丈园中,以思若前有字来达不肖于园中相会。盖先生与思若彼此以品德相钦重,为数百里神交,手书相往复者有年。余之知先生也,实以思若,故虽见诸两一于此,复趣其命,且不负思若成就不才之雅意也。凡三谒矣,自此之后,几于自废,遂幡然思更旧辙。……门人马逢年书时年七十三。(《二曲集·东行述·念二曲先生书牖》)

据引文知,二曲送骆钟麟离任、初次东行时,马逢年即闻其至同、蒲,急于前往白焕彩书塾拜谒,适逢二曲被王化泰迎至蒲城,未与二曲谋面。继而,二曲再次东行,会谒二曲于党湛斋、王四服园中。三谒之后,信服二曲德范,幡然更辙。马氏长二曲三十一岁,师事二曲,可见其注重躬修,俨然高士。

在白塾,二曲除了博览群书外,口授其思想要旨,即白焕彩所录《学髓》一文。白氏《学髓序》云:

> 先伯兄尝受学于少墟冯子,故余自髫年即闻有所谓正学者,辄私窃向往。顾汨于俗学,苦无从入,荏苒积习,祇是旧人;鱼鱼鲁鲁,徒增老大之悲。兹幸天假良缘,得拜见二曲李先生。乃始抉秘密藏而剖示之,有图有言,揭出本来面目,直捷简易,尽撤支离之障,恍若迷津得渡,梦境乍觉者。先生无隐之教、有造之德,天高地厚,何日忘之!时六月六日也。越翼日,叩以下手功夫。先生又为之图,列其程序,次其说,反复辨论,极其详明,惟恐惑于他歧。始信先儒所谓"有真师友,乃有真口诀"也。此千圣绝响之传,余何敢私?故梓之以公同志。(《二曲集·学髓》)

《学髓》为二曲传心要旨,揭示了二曲思想的根荄,故被白焕彩视为"秘密藏""真口诀"。为学如同治病,治于标得学之骨,非学之髓,而揭示安身立命之旨,脱去支离,直探原本方为治于本,得学之髓。事实上,在康熙二年四月,王化泰问学二曲时,二曲即就王氏教人服"消积保中丸"治疗食积,提出了"骨董积"一说,其云:"诗文盖世,无关身心;声闻远播,甚妨静坐。二者之累,廓清未尽,即此便是积;广见闻,博记诵,淹贯古今,物而不化,即此便是积;尘情客气,意见识神,一毫消镕未尽,即此便是积;功业冠绝一世,而胸中功业之见,一毫消镕未尽,即此便是积;道德冠绝一世,而胸中道德之见,一毫消镕未尽,即此便是积。以上诸积,虽浅深不同,其为心害则一,总之皆骨董积也。诚知吾性本体,原无一物,自尔忘其所长,忘而又忘,并忘亦忘,始谓之'返本还源',始谓之'安身立命'。"(《历年纪略》"康熙二年"条)可见,二曲口授《学髓》思想,自有渊源可循。

六月初九日,二曲游同州城东关之广成观,郡绅李子燮、张珥等谒见。据《陕甘进士录》载,李子燮,字以理,同州人。顺治己丑进士,淮安府推官。张珥号敦庵,同州人,为二曲重要门人。据王心敬等增辑《关学编》云:

> (张珥)为人好正学,尚德行。以进士林居,言行动止,非礼不为。至与乡人处,则退让谦恭,绝不以等威自异。同时,党两一向道而至贫,白治如年等而守正,敦庵皆折下之,州人无少长士庶,无不

敬爱其为人者。岁戊申,二曲先生为其乡肃迓至白斋,公之年几长先生一倍,有所请益,必跪而受教,先生每力辞之,不从。二曲先生每叹谓:"生而后时,不及见成弘嘉隆间先正风范如敦庵之笃雅谦恭,即前辈名世诸老,其质行何加为!"①

《东行述》载二曲在广成观讲学情况:

或谓:"圣人本是生知,众人止是学知,禀来便不同?"先生言:"众人俱是生知,圣人方是学知,禀来个个同。"咸讶其言。先生曰:"孩而知爱,长而知敬,见赤子之入井而知惕。一切知是知非、知好知恶之真知,日在人心,敢问'此知'众人与圣人同耶？否耶？"咸曰:"同。"曰:"敢问'此知'学之而然耶,抑不学而然耶？"曰:"此原不待学而然。"曰:"然则此非生知而何？非禀来个个之皆同乎！圣人肯学,所以兢业保任,能全此知,是以谓之'圣';众人不肯学,所以随起随灭,自负其知,是以谓之'凡'。是圣凡之分,在学与不学之分、非知之有分,禀来之原不同也。"

或又言:"圣贤之道,不外孝弟。事亲从兄,莫非实学,舍此无学可言。"曰:"能孝能弟,固是实学;然此能孝能弟之端,从何而发？满孝满弟之量,赖何而充？侍父兄而可以言事言从,有时离父兄之侧,则将何若？有父兄而善事善从是学,无父无兄又将何若？"或无以对。先生曰:"圣贤之道,虽不外于孝弟,而知孝知弟,则必有其源。源浚则千流万派,时出无穷,万善犹裕,矧孝弟乎！故不待勉于孝,遇父自能孝;不待勉于弟,遇兄自能弟。存则或事或从,自然尽道;亡则立身行道,大孝显亲。随在是心,随在是学。'等闲识得东风面,万紫千红总是春'。非'春',则安得'万紫千红';非'识东风面',又安知'万紫千红'之'总是春'也。"

是夕,乘凉坤成阁,树鸟时鸣,清风徐来,相与默坐。久之,先生因询曰:"此际,俱各神闲气定,冲融和平,不审各人胸中自觉何若？"襄陵云:"此际殊觉轻活畅适,生意勃发,清明洞达,了无一物。"先生莞然首肯,曰:"惟愿无忘此际心。一时之清明无物,便是一时之仁体呈露。趁此一时之清明,延之时时皆然,积时成日,积日成月,积

---

① 王心敬等增辑:《关学编》卷6。

月成年,绵绵密密,浑然周间,彻始彻终,表里湛莹。如是,则形骸肢体虽与人同,而所以视听言动,浑是天机,可以达天,可以补天矣。珍重,珍重!毋自辜负!"(《二曲集·东行述》)

在广成观,二曲主要为众人阐发三说:其一,圣凡同"知"。生知、学知之论,源自《论语·季氏》孔子语:"生而知之者,上也;学而知之者,次也;困而知之,又其次也;困而不学,民斯为下矣。"在孔子看来,圣人上智,其知识为先天固有,次者智不如圣,故其知识源自后天学习。孔子又云:"我非生而知之者,好古敏以求知者也。"(《论语·述而》)可见,孔子是重视"生知",所谓的"生而知之"不过是被悬置的圣人人格特点。而在明儒王阳明那里,则云:"圣人亦是学知,众人亦是生知""这良知人人皆有,圣人只是保全,无些障蔽,兢兢业业,门门翼翼,自然不息,便也是学;只是生的分数多,所以谓之生知安行。众人自孩提之童,莫不完具此知,只是障蔽多,然本体之知自难泯息,虽问学克治也只凭他;只是学的分数多,所以谓之学知利行。"①立于良知先在现成特点,王阳明转换了孔子的生知、学知思想,视圣凡平等,实际上将对工夫的追问,移向了对本体良知的认同。二曲延续阳明思想,认为"知""原不待学而然",圣凡同"知"。而圣凡之别,在于肯不肯学,是否能保任工夫。

其二,"知孝知弟"源自"心""学"一体。"知孝知弟"说源自孟子。其云:"人之所不学而能者,其良能也;所不虑而知者,其良知也。孩提之童,无不爱其亲者,及其长也,无不知敬其兄也。亲亲,仁也;敬长,义也;无他,达之天下也。"孟子将仁义礼智视为人生而具有的道德本性,非由外部强加于人的,孝弟亦是。至王阳明,则云:"知是心之本体,心自然会知:见父自然知孝,见兄自然知弟,见孺子入井,自然知恻隐。此便是良知。不假外求。若良知之发,更无私意障碍。"②"就如称某人知孝,某人知弟。必是其人已曾行孝行弟,方可称他知孝知弟,不成只是晓得说些孝弟的话,便可称为知孝知弟。又如知痛,必已自痛了方知痛;知寒,必已自寒了;知饥,必已自饥了:知行如何分得开? 此便是知行的本体,不曾有私意隔断的。圣人教人,必要是如此,方可谓之知。"③阳明凸显孟子良知说,在其看来,人人具有不学而能,不虑而知的

---

① 王守仁:《传习录下》,《王阳明全集》,第95页。
②③ 王守仁:《传习录上》,《王阳明全集》,第6、4页。

道德本心(良知),而此种本心又可以当下呈现,即知行合一。显然,二曲之说类似阳明,知孝知弟均不待勉而行,道德本心与当下呈现之"学"一体无间。

其三,体证本体。二曲之学注重体证。众人相与默坐,澄心反观乃是体证本体的重要途径。二曲所谓"清明无物"便"仁体呈露",是对体证本体后的境界描述。事实上,二曲并非仅停留于描述本体,而是勉励众人多做工夫,不断涵养,长存仁体。

综上,可见二曲的思想根基是王学。这对当时崇尚程朱学说的主流学术界造成了重大的冲击。因此,二曲在东行讲学中,也不免受到信奉程朱学者的指责。诸如,当时著名学者王建常(1615—1701,字仲复,号复斋)即对二曲立足于王学颇为不满,认为其学本禅,"今犹有俨然以儒学自命,而学乃流于禅者"①。

六月十六日,因同州距朝邑毗邻,明代关中大儒韩邦奇祠在朝邑。韩邦奇(1479—1555)字汝节,号苑洛,陕西朝邑(今陕西大荔)人。性刚直,尚气节。于诸经子史及天文、地理、乐律、术数、兵法之学,无不精悉。正德三年(1508)中进士,历吏部员外郎,以疏谕时政,谪为平阳通判。后迁浙江按察佥事,因逢中官采富阳茶鱼,作歌哀之,遂被诬奏怨谤,逮系夺官。嘉靖初,又起为山西参议,后又乞休去。自后屡起屡罢,最后以南兵部尚书致仕。殁后谥"恭简"。著有《易学启蒙意见》《见闻考随录》《禹贡详略》《苑洛集》等著作。

韩邦奇为学具有以下典型特点:其一,纠偏"理学"与"心学"。韩邦奇论《易》,深受朱熹易学的影响。但其对程朱理学又进行了广泛的反思,也不苟合于当时流行的"心学"思潮,放弃以"理""心"为宇宙和道德本体的思想。其二,回归张载思想,"论道体乃独取张横渠"②。韩邦奇十分注重对张载气论思想的继承和发挥,认为"自孔子而下,知'道'者惟横渠一人"③,并提出"道非太极""形而上之谓道,气而上之谓性"等思想,将"天道""人道"相贯为一。其三,注重修养工夫。在韩邦奇生平中,以"涵养宏深,持守坚定,躬行心得,中正明达"著称,被时人誉为"又一薛敬轩也"④。如此关学大儒当然是二曲急切拜谒的对象。二曲赴朝邑拜谒韩邦奇祠后,又会晤了李楷。李楷

---

① 王建常:《复斋录》卷5,清光绪元年刻本。
② 黄宗羲:《明儒学案》(修订本),第166页。
③ 韩邦奇:《正蒙拾遗·太和篇》,清嘉庆七年刻本。
④ 冯从吾:《关学编(附续编)》,第50页。

（1603—1670），字叔则，号岸翁，学者称为河滨夫子，朝邑人。明朝天启年间中举人，入清后曾官任江苏宝应知县，但是因其秉性过直而得罪上司被废。李楷擅长诗文和书法。每当广坐酒酣之时，便令两人张绢素疋纸，悬腕直书，旁若无人。李楷的诗文与李因笃、李柏齐名。康熙年间又曾主纂《陕西通志》，有《河滨全书》百卷行世。二曲与李楷的初次见面在何时何地已不得而知，但在康熙五年(1666)太守叶承桃曾托李楷延请二曲讲学关中书院，似乎当时二人已有联系。当然这次会晤也加深了二人的友谊。次日二曲又返回广成观。

十八日，二曲观莲于九龙池，晚抵沙苑。沙苑为明清关西著名家族马氏的居住地。据《东行述》载：

> 九龙池在东城南十里，莲花盛开，李淮安固邀先生临观。是日，环池人士先期集候，叩学质疑。先生随资开发，脱去见闻，听之者骨悚神豁、喜溢颜面。薄暮将别，咸怂恿李公挽留；而沙苑马立若、马仲任等力请之西临，是晚遂抵沙苑。至白君居有三路：一由七里村，一由铜堤，一由沙苑。先是，沙苑人日望先生之至，马仲任等会人伺候，筮之，其兆为"大过"，咸喜曰："大过，大者过也，大人必过无疑。"至是，马族生儒二十余人，接见罗坐榻傍，剪烛请教，夜分就寝。

（《二曲集·东行述》）

据引文知，二曲讲学在同州影响甚大，除了二曲思想能入人心，令人如醍醐灌顶般警醒外，还在于二曲"随资开发"、因人授讲的讲学方式。因此，二曲每至一处，当地士绅云集叩学质疑。关西马氏家族在明清两代，学者、官宦辈出，引领当地文教。马秼(栗若)、马仲任等人迎邀二曲至沙苑讲学。马氏生儒二十余人，请教受学。值得注意的是，十九日二曲谒马二岑先生祠，阅其《遗集》。马二岑即马嗣煜，为晚明关中著名学者，深为二曲所尊重。二曲曾撰有《马二岑先生传》，其中云：

> 先生名嗣煜，字元昭，同州人。父朴，历官洱海道副使，文章著述，闻于天下。先生蚤承庭训，博洽刻励，以古学自任，数奇不售，生徒日多。其讲授大旨，以洛闽为宗，戒空谈，敦实修。言及古今忠孝节烈，为之低徊流连，闻者莫不叹息歔欷，如在古人之时焉。以明经谒选，通判济南。清衙蠹，屏巨猾。每谒台司，必陈民利病。自奉薄泊，馈遗俱捐。仆人有言及家事者，即斥曰："在家言家，在官言官，

舍公务而计私家,岂夙心也哉!"政暇,即集诸生谈学;朔望,则宣读乡约。士民蒸蒸,俗用丕变,识者称为百年仅见。会郡有兵惊,诸属皆震,值武定州缺守,当事者以为非先生不可。先生亦慷慨任之不为辞。始至,则集士民,议守御,缮城隍,又命各邮储备树枝车辆。亡何,侦者知敌骑且至,遂以所备树枝车辆塞致要衢。敌骑不获驰突,遂大肆焚掠。州人大恐,先生镇之以静,奋力捍御,州赖以全。既而,新守至,先生将归,士民遮留,以为:"兵必再来,我公以别驾之威镇定之,且百姓悉公之略。公如去,将奈城何?"因拥舆号恸。先生恻然勉留,与新守分城而守。敌兵昼夜攻击,城且破,州人多缒城而逸。从者劝先生微服以避,先生慨然曰:"若等可去,我死此矣。"城破,兵逼先生于城上,重先生名,欲先生降。先生不应,大骂之。众兵咸怒,刃先生而投诸火。事闻,赠太仆少卿。(《二曲集·传·马二岑先生传》)

马嗣煜生平事功与道德兼备,为关中士人领袖。二曲以"关学自冯恭定而后,咸推二岑先生",可见其对马嗣煜高度推崇。亦云:"余自童时,即闻风景慕,深以生不同时为憾。先生冢嗣秾士,尝从余游,因访其遗集读之,盖孜孜为善之吉人也!至其殉难大节,足以横秋霜而贯白日。噫!讲学如先生,吾无间然矣!"(《二曲集·传·马二岑先生传》)可知二曲知马嗣煜较早,深为其学行事迹折服。因此,二曲至其故里,访其《遗集》拜读。其间,马嗣煜之子马秾士师事二曲。王心敬等增辑《关学编》云:

马秾士,同州人,马二岑先生子。生而习闻家学,兼气质醇悫,读书写字外,更不复识世有可荣可慕事,亦不知世机械变诈事。中年纳贽二曲先生门,益向学守礼。先生尝言:"使世皆秾士,朝廷刑罚可使尽措。即理学家规矩准绳,亦可无事谆谆矣!"年逾七十卒。①

据马鲁《岁贡生曾祖相九公行状》知,马秾士字相九,号奚疑子。生于明崇祯三年七月初三日。② 以此推算,马秾士当年少二曲三岁,师事二曲。并作诗云:"十年劳梦想,神交仰山斗。投契斯须问,此遇良非偶。所恨多间阔,亲

---

① 王心敬等增辑:《关学编》卷6。
② 马鲁:《贡生曾祖相九公行状》,载《关西马氏世行录》卷12,清同治七年刻本。

炙苦未久。白驹不少停,空谷顿成走。何以慰吾情,相对一杯酒。后会谅无遐,踟蹰徒搔首。"(《二曲集·东行述》)可见,马棫士对二曲的推崇和敬仰。马棫士的品行学问亦为二曲所期许。二曲曾赞其云:"大道无穷,吾子竟之。圣学忌杂,吾子醇之。担当世道,主持名教,非吾子其谁也。"①

二十七日,二曲返回白焕彩书塾,马栗若、马仲任、马棫士等随侍。次日,李习之、王四服、张珥、王盛伯等又至白塾,二曲与之从容商议,朝夕不辍。至七月初六日,二曲始西返故里。据《东行述》载"七月初六日,先生别归。别之时,诸老依依相恋,有泣下者。王省庵、宁惟垣等远送,其仆王昭泣不自胜,遂偕白仆执御以西。"在这两月期间,二曲不仅以其学识与品行深受同州、蒲城士人的景慕,也与当地许多学者建立了深厚的友谊。马仲任在送别之后,感慨道:"吾见先生其人矣,式金式玉;吾闻先生之语矣,切性切身。"以金玉比拟二曲的人格与品行,以攸关身心性命论二曲之学。

初八日,二曲至高陵,拜谒吕泾野先生祠。吕泾野即明代著名理学家吕柟。吕柟(1479—1542)乃明代关中大儒,原字大栋,后改字仲木,号泾野,学者称"泾野先生",陕西高陵人。正德三年进士,授翰林修撰。因宦官刘瑾窃政,引疾返乡,筑东郭别墅、东林书屋,以会四方学者。后复官,入史馆纂修《正德实录》。后又贬山西解州判官,摄行州事,居解梁书院从事讲学,吴、楚、闽、越士从者百余人。嘉靖六年(丁亥,1527)升南京吏部考功郎中、尚宝司卿。闲暇则在柳湾精舍、鹫峰寺讲学。十一年又升南京太常寺少卿,在任所讲学不倦。十四年调国子监祭酒,次年升南京礼部侍郎,仍在任所讲学。十八年致仕返乡,再讲学于北泉精舍。生平所至皆以讲学为事,所著有《周易说翼》《尚书说要》《毛诗说序》《礼问》《春秋说志》《四书因问》《史约》《小学释》《宋四子钞释》《泾野诗文集》《泾野子内篇》《泾野集》等。吕柟曾师事薛敬之(1435—1508,号思庵),宗薛瑄(1389—1464,号敬轩)"河东之学",秉承程朱理学,又从学于湛甘泉,切磋于王门弟子邹东廓,故而反映在吕柟的思想中,则展现了对孔孟仁学、张载之学、程朱理学、河东学派之实学以及甘泉心学等兼融并蓄,融会贯通。简而言之:其一,在本体论上,主张以气统合理、性。吕柟认为:"理气无二物,若非此气,理却安在何处?"②"盖性何处寻?只

---

① 马鲁:《贡生曾祖相九公行状》,载《关西马氏世行录》卷12,清同治七年刻本。
② 吕柟著、赵瑞民点校:《泾野子内篇》,北京:中华书局,1992年版,第124、116页。

在气上求,但有本体与役于气之别耳,非谓性自性,气自气也。"①"气"在吕柟哲学中不仅是变化生成的质料,也涵存理、性,起通贯作用。其二,在为学方法上,吕柟认为应依循朱子以格物致知、博学于文、约之以礼为大要。其三,在知行观上,则深受张载躬行礼教思想的影响,主张在礼乐中陶养而进于道;同时,又不满意张载的"德性之知萌于见闻之知"的说法,主张二者是相辅而行的;亦反对阳明"知行合一""以知为行"的思想,强调"格物"即"穷理","先知后行",以"知"指导"行"。其四,注重和发挥程朱的"慎独"思想,认为慎独是人不知而己独知处,装缀矫饰等一点也掺和不得。可见,在当时不归王阳明,则归湛若水的心学潮流中,吕柟却立足朱子理学,博采诸家,以穷理实践为主,力斥阳明"良知"说之非;强调"博文约礼,归过辅仁",笃实躬行,反对空疏之学风,力救时弊,具有鲜明的经世倾向。黄宗羲曾评价云:"关学世有渊源,皆以躬行礼教为本,而泾野先生实集其大成","时先生讲席,几与阳明氏中分其盛,一时笃行自好之士,多出先生之门"。②《明史·吕柟传》亦谓:"时天下言学者,不归王守仁,则归湛若水,独守程、朱不变者,惟柟与罗钦顺云。"③高陵县令许琬闻听二曲谒拜泾野祠,分外兴奋,立刻前来迎接。二曲看到祠内墙宇颓毁,黯然痛心,便托请许氏加以修葺,并请抚恤吕柟后人。又次于泾干之文塔寺。文塔距泾野祠西二十五里处,为关中胜迹,二曲过而陟眺。是时,邑绅于尔锡正在大雄殿中休息,远远看见二曲,即具衣冠快步前去迎接,云:"此必蟨屋李先生也,不才方拟入冬造访,不意邂逅于此,此中大有机缘,殆天作之合也。"并洁馆安置,披沥衷悃。次日,泾邑、池阳的士绅们闻听二曲至,纷纷前来问学。期间,《东行述》载有一事:

> 一士酷好内典,细质所疑,先生一一响答,凡《楞严》《圆觉》《心经》《坛经》《涅槃》《止观》《广录》《宗镜录》、大慧、中峰诸语录要旨,及三藏中"真似是非之辨",咸为拈出。既而,喟然叹曰:"吾儒之道,至简至易,至平至实,反而求之,自有所得。故不必借津竺乾,索之无何有之乡,空虚莽荡,究无当于天下国家也。"(《二曲集·东行述》)

可见,二曲对于《楞严》《圆觉》《心经》《坛经》《涅槃》《止观》《广录》《宗

---

① 吕柟著、赵瑞民点校:《泾野子内篇》,北京:中华书局,1992年版,第124、116页。
② 黄宗羲:《明儒学案》(修订本),第11页。
③ 《明史》卷282《吕柟传》。

镜录》《大慧语录》《中峰语录》等十分熟稔,且针对质问,辩驳其中是非。这显然与二曲早年阅读佛经有密不可分的关系。值得注意的是,二曲认为"吾儒之道,至简至易,至平至实,反而求之,自有所得。故不必借津竺乾,索之无何有之乡,空虚莽荡,究无当于天下国家也",劝诫众人志于儒学,安身立命,有用于天下国家。

十一日下午,二曲抵咸阳北郭。学博汤日跻闻之,大喜,亟延以馆饩,但苦留不可。十五日,抵家,谒母墓告返。然后让门人赵之俊将这两月来东行讲学的见闻整理出来,即现存《二曲集》的《东行述》。

此外,次年九月,二曲又一次东行讲学。据《历年纪略》载:

> 九月,骆公量移常州。先生祖别于长乐坡,遂游骊山,浴温泉,因与同游发明"洗心藏密"之旨甚悉;乘便东游太华。张敦庵闻而迎至同州,朝夕亲炙,录其答语为《体用全学》,李文伯录其答语为《读书次第》。(《历年纪略》"康熙八年"条)

骆锺麟迁升常州知府,远离陕西,二曲相送至西安东南长乐坡,同游骊山,浴温泉。值得注意的是,浴温泉之际,二曲颇受启发,发明了"洗心藏密"的思想。事实上,受外界环境影响,许多思想家往往会出现瞬息的灵感,进而发明新说。但这些灵感的出现虽然具有偶然性、随机性,但又和思想家平时的思考密不可分。二曲口授的《读书次第》云:"洗心藏密深造,默成其于《易》也,始庶几乎!"可见,二曲所发明的"洗心藏密"思想是他研读《周易》的结晶。再往前追溯,在顺治十四年,二曲"见道"时就体认到人之本心光明澄澈、无念、无杂、无所对应、天趣盎然的特征,但是由于人们受外界环境的影响而产生了"念"。"念起"便使"本心"受到遮蔽,显然这次发明的洗心藏密说便是针对"念",做修养工夫。

此外,二曲又乘便东游了华山。张珥闻说后,立迎二曲再次至同州讲学。关于二曲这次讲学,主要形成了《体用全学》和《读书次第》两篇重要文章。

《体用全学》为二曲口授,张珥所录。张珥《体用全学识言》云:

> 儒者之学,"明体适用"之学也。欲为"明体适用"之学,须读"明体适用"之书;未有不读"明体适用"之书,而可以"明体适用"者也。珥生也鄙,幼梏制举,长逐风尘,于风云月露之外,茫不知学问为何事。戊申夏,获见盩厔李先生,始知学问之实,始悔从前茌苒积习,虚度半生。自是痛自淬砺,一惟先生之传是体是遵。兹先生东

游太华,因便过珥。窃喜如狂,遂馆先生于家塾,晨夕参究,因获闻所未闻。郡人士亦闻风争造,咸质所疑。先生随资开发,谆恳不倦。其接人有数等:中年以后,惟教以返观默识,潜心性命;中年以前,则殷殷以"明体适用"为言。大约谓:"'明体'而不'适用',失之腐;'适用'而不'明体',失之霸。'腐'与'霸',非所以言学也。"珥因请"明体适用"当读之宜,先生遂慨然告语,珥谨载笔而胪列之,用以自勖,并为同臭味者勖。(《二曲集·体用全学》)

如同二曲初次讲学同州般,当地士人闻风造访,质疑所学,每日络绎不绝,二曲随资授讲,谆恳不倦。尤其注意的是,二曲在张珥的请求下为门人列举了"明体适用"书籍。其中"明体"类书籍为《象山集》《阳明集》《龙溪集》《近溪集》《慈湖集》《白沙集》《二程全书》《朱子语类大全》《吴康斋集》、薛瑄《读书录》《胡敬斋集》、罗钦顺《困知记》《吕泾野语录》《冯少墟集》等;"适用"类书籍则为《大学衍义》《衍义补》《文献通考》《吕氏实政录》《衡门芹》《经世石画》《经世絜要》《武备志》《经世八编》《资治通鉴纲目大全》《大明会典》《历代名臣奏议》《律令》《农政全书》《水利全书》《泰西水法》《地理险要》等。"明体"与"适用"的结合,克服了晚明以来的空疏学风,使儒家形而上的道德本体切实地贯注下落于现实事务之中,康济时艰。

《读书次第》亦为二曲口授,李士璜记录。李士璜《读书次第识言》云:

夫读书之法,前贤亦有目次矣。然或博而不要,或要而不醇,何也?书多而学人、文人其所读者殊也。客岁戊申,璜受学于吾师二曲先生,始略闻大本所在,未遑言及读书也。己酉十月,师复来游太华,往返两经荒郡,璜肃奉起居间,颇有绪闻,然皆因璜施教,亦未遑言读书也。洎是月十五日辰时,璜率儿襄以侍,蒙师垂慈,慨然呼襄而命之曰:"小子可教也。"顾璜执笔,口授《读书次第》若干款。出辞成经,口占如流,令璜笔,笔不暇渥,手不得辍,顷刻间,长翰数纸立满。璜录毕,凝神覆省,由《小学》渐入《大学》,自经传徐及文史,步步有正鹄,书书有论断,真入圣之正门,为学之上路也。踏破铁鞋不遇去来人,何处觅此门,询此路乎!此等书程,自童蒙以至大人,皆不外此。学人据此,固无偏驳支离之弊;文人据此,亦自无风云月露之习矣。过此以往,又有全体大用之目授张襄陵,可并传之,以为书程合璧。(《二曲集·读书次第》)

依如李士璸所言,二曲论读书次第,"由小学渐入大学,自经传徐及文史,步步有正鹄,书书有论断,真入圣之正门,为学之上路也"。二曲《读书次第》罗列了三十四本著述,并对每本著述的特点或主旨进行简明揭示。从读书次序和读书内容看,以经典著述的重要性和难易性为标准,具有循序渐进的特点。尤其值得注意的是,二曲所列著述侧重于儒家经典和一些文史外著作,对于其他著述,仅云:"有余力,则《老》《庄》《管》《韩》《檀子》《鸿烈》等集,或间一披览,以广其识可也。"可见,二曲虽严守儒家立场,但并不一概否认其他学说的价值和意义。

据《历年纪略》"康熙八年"条载,二曲这次讲学历时两月,直到是年仲冬,才结束同州的讲学,王四服、白焕彩、王化泰、党湛、马栗若、马械士诸耆儒送二曲至同州境外惜别。

第三章　异代仍招复楚魂，而今南游震群迷①

同州讲学后的次年，即康熙九年（庚戌，1670）十月十六日，二曲开始他人生中极为重要的一件事情——远赴襄阳为父招魂。自崇祯十五年（壬午，1642）二曲父李可从战殁襄城已有二十九年，自康熙四年（乙巳，1665）二曲母彭氏去世，二曲将李可从遗齿与母合葬业已五年，二曲远赴襄城为父招魂的夙愿日益强烈。在招魂期间，亦接受骆钟麟邀请开始了三个月的江南讲学，促使其学说的进一步传播。

一、襄城招魂：最是子心收泪处②

（一）隍庙祭父

崇祯十五年（壬午，1642）二曲父李可从战殁襄城，这对于持守儒家孝道的二曲而言，生时不能赡养，殁后不能归葬，成为巨大的精神内疚。这也是二曲在文章中以"多惭夫""惭夫"等自称的原因。如果说父亲生不能赡养，是由于二曲的年幼，那么殁后不能归葬，不能享受亲人奉祀，孤魂于异乡则是二曲长期无法摆脱的隐痛。正如其在《与襄城令东峰张公书》中所说："彼时徒以孀母在堂，不敢违离，兼之艰窘万状，不能远出，致父羁魂异乡，无所栖依，霜晨雨夕，走燐飞萤，颙茹痛疚心，三十年于兹矣。往岁颙母病故，三年服阕，特匍匐兹土，期招父魂。"（《二曲集·襄城记异》）过去往往因母亲年迈多病无法成行，现在母亲已经去世，且三年服丧毕，二曲方决定实现这长久的心

---

① 解题：顾炎武《读襄城记异有感》："踯躅荒郊酹一樽，白杨青火近黄昏。终天不返收峥骨，异代仍招复楚魂。湛阪愁云随独雁，颍桥哀水助啼猿。五千国士皆忠义，孰似南山孝子门。"郑珏诗赞二曲讲学江南："斯文幸未丧，绝学启关西。遨矣李夫子，南游震群迷。"（《二曲集·襄城记异》）

② 解题：贺麒征《襄城记异》赞诗："襄城埋骨浊河旁，孝感忠魂起北邙。肝脑乍逢新雨露，旌旗阴护旧金汤。飞沙夜气迷祠宇，落日秋涛冷战场。最是子心收泪处，义林松柏既成行。"（《二曲集·襄城记异》）

第三章 异代仍招复楚魂,而今南游震群迷

愿,向乡人借贷盘缠,开始了为父招魂之行。

《历年纪略》载:

> (二曲)居恒抱痛,思及襄城流涕,愿一往,以母在也难之,唯奉太翁遗齿,晨夕严事。母没,奉以合葬,名曰"齿塚"。服阕,欲往,苦无资斧,至是贷于乡人,得四金,乃斋沐吁天,哭告母墓启行。次月初七,抵襄,访太翁原寓主人,求其指引不得,则访襄人昔所瘗战亡之骨,绕城遍觅,滴血无从,乃为文祷于社,昼夜哭不绝声,泪尽血继,观者恻然。(《历年纪略》"康熙九年"条)

至次月初七日,二曲徒步千余里至襄城,遍访其父葬身之处,无果。次日,二曲作《祭父文》祈祷,其文云:

> 维康熙九年岁次庚戌十一月初八日,不孝男颙,谨以刚鬣柔毛之仪,致祭于我父之魂曰:呜呼!我父弃儿母子,从征兹土,殒命王事,实甘厥苦。所恨儿以母在之故,不能收骨归葬,速返故土,以致尊灵泣风濡露,漂泊异域者三十年于兹。哀哀此情,儿罪何赎!今敬陈薄奠,伏望我父之魂,赦儿往愆,怜其积诚,依儿还乡,用慰终天。是祷是祝。(《二曲集·襄城记异·祭父文》)

在二曲的语言之中无不饱含内疚自责之情,企盼能够迅速找到父亲的骸骨。然而,自李可从牺牲至今已近三十年,当二曲面对着这一片古战场时,不由得潸然泪下,曾几何时自己的父亲在这里纵马驰骋,血溅沙场,以身殉国。岁月流年,沧海桑田,现在的襄城金戈铁马之声也早已消逝无踪影!又如何去寻找父亲的遗骨?面对此种情况,二曲在艰难寻访无果的情况下,又在城郊的城隍庙中祈祷:"呜呼,惟尔神明,允作兹土之主。凡在幽冥,咸厥攸司。兹有颙父某于崇祯十五年二月十七日,从征襄邑,殒命王事,旅魂漂泊,久羁于此。叩祈明神开牖父灵,随儿还乡,无俾迷恋长留异地。惟尔有神,尚克相之。"(《二曲集·祷襄城县城隍文》)在郊野残庙中,二曲昼夜痛哭,泪尽继以血,以致路人频频驻足感叹不已。城隍庙孝子招魂之事亦很快传遍了整个襄城。"邑令张讳允中闻而哀之,询知为先生,亟郊迎入城,饰馆设宴。先生以斋戒坚辞,宿于社。张亦为文祷于社神"(《历年纪略》"康熙九年"条)。襄城令张允中被二曲行为深深感动亦沐浴斋戒,撰写祷文一篇,其云:

> 呜呼!先朝崇祯十五年,闯逆李自成播虐中州,关中李子中孚之父讳可从,从监纪孙公,同汪督师殉难襄城,至今三十年,幽忠未

表,游魂靡定,诚千载恨事!李子自秦之豫,间关匍匐,欲举其骨而呼其亲,仁人孝子之心,殊可悯也!犹惓惓以为未洽神听,恐不可得,借知县一言,以致其诚。知县不敢以固陋辞。

伏念昔时王少玄于野中白骨,得父骴以葬;史五常入广求父榇,号泣吁天,竟获骸骨。此固两人至性足以格天,实神明之昭赫显灵,不忍孝子湮没无闻,抱终天之恨于无已也。李子至性不减昔人,而阐明绝学,尤为主持名教之身,神其鉴此一念而谆谆来告耶。或者历年已久,陵谷变迁,沙走尘飞之余,滴血无从;然烈烈忠魂,必不与草木同腐,其升而为天上之列星欤?其散而主境内之山川欤?其尚飘摇凄郁,望秦陇而堕英雄之泪欤!维神之灵,使得相依而归,安魂莹室,庶不负李子间关匍匐之意;而神之所以待忠臣孝子者,果如是其昭赫显灵也!夫忠臣孝子,古今之所不常有也,如是之昭赫显灵之事所仅见也。以不常有之人,而得此仅见之事,今而后益知天人相感之故矣。神其听焉。尚飨。(《二曲集·襄城记异·与襄城令东峰张公书》)

值得注意的是,张氏此文中连引用了两个典故来烘托二曲招魂之举。一则是王少玄滴血寻父骨的故事。《新唐书》载:"王少玄,博州聊城人。父隋末死乱兵,遗腹生少玄。甫十岁,问父所在,母以告,即哀泣求尸。时野中白骨覆压,或曰:'以子血渍而渗者,父骴也。'少玄镵肤,阅旬而获,遂以葬。"[①]王少玄为遗腹子,父亲为乱兵所害,弃尸荒野。在十岁时,得知了其父被害真相后,于荒冢白骨中滴血验骨,坚持旬月,血染荒冢,最终寻找到其父尸骨。此种验骨法认为,如果是亲子关系,血液便会渗入骨头里去;如果不是,血液就渗不进去。虽然以现代科学的眼光看,这种方法未必具有科学性;但那时的人们却信以为真,王少玄自然也不例外。另一则是史五常入广求父榇的典故。《明史》载:"史五常,内黄人。父萱,官广东佥事。卒,葬南海和光寺侧。五常方七岁,母携以归。比长,奉母至孝,常恨父不得归葬。母语之曰:'尔父杉木榇内,置大钱十,尔谨志之。'母殁,庐墓致毁,既终丧,往迎父榇。时相去已五十年,寺没于水久矣。五常泣祷,有老人以杖指示寺址。发地,果得父

---

① 《新唐书》卷195《王少玄传》。

椁，内置钱如母言，乃扶归，与母合葬，复庐墓侧。"①史萱于广东佥事职时去世，是时史五常才七岁，而五十余年后史五常经历波折竟于南海和光寺找到其父棺椁，并扶棺归葬。在张允中看来，王少玄、史五常寻找父骨归葬故里的孝亲之举，为一时佳话，流芳后世；而二曲襄城为父招魂也与王、史类似，感人至深；又何况二曲笃信儒家礼教，其行为本身也是在践行孝道。

据《历年纪略》载，到了十二日，在无从寻觅父骨的情况下，"先生为位于太翁原寓，致祭招魂"。又因为李可从在出征之时，二曲仅有乳名，在招魂时二曲自呼乳名相告，听众"莫不泣下，哀动阖邑"。后人曾写诗赞云："世亦谁无死，乾坤重此身。行人识孝子，道路说忠臣。贔屃丰碑古，云烟野冢春。相怜生意气，碧血不腥尘。"（《二曲集·义林记》）俨然符合此一场景。当招魂仪式完毕后，二曲正预备归返，此时已迁任常州知府的骆钟麟遣人延请二曲到江南讲学，且襄城官绅与士人为二曲招魂行为所感动，商议为包括李可从在内的当年牺牲于襄城的烈士建祠起冢，以告慰二曲孝思之心，而建祠至少需要一两个月的时间。鉴于这种情况，二曲应允讲学江南。

（二）记异·立茔

二曲江南讲学总共有三月零六天，其中在常州两个月，往来于无锡、江阴、靖江等地一个月（详见下文）。至康熙十年三月二十五日，二曲返回襄城。据《南行述》载：

> 邑宰张公闻先生至，大喜远迎。时祠碑已就，唯供案未竣。是晚，先生斋沐宿于隍庙。祠在南郭，工徒十余人砌案，夜分将寝，忽鬼声大作，众皆震栗。次晨，阖城喧传。公闻之愕然，遂为文以记其异，率僚绅陪先生致祭；起塚西郊，镌太翁字讳生卒年月志圹，共树松柏楸杨，森列成林，仍竖碑林前，题曰"义林"。先生斩衰以奠，恭取塚土升余，同魂牌捧归。（《二曲集·南行述》）

这段记载描述了"襄城记异"之事。二曲返回襄城的当日，夜半时分，新祠内的工人尚未休息，突然天气大变，顿时出现某种异象。襄城令张允中《襄城记异》云：

> 康熙辛亥三月廿六日，二曲李隐君先生招其太翁信吾忠魂以

---

① 《明史》卷297《史五常传》。

归,乡绅父老醵楮陌,为诗歌,以祖其行。先一夕,予命椎工镌信吾传于石,自镇将厅尉以迄殉难未有名氏之五千人,胥勒厥颠。日暝,诸工役约一二十辈方谋贴席,闻门外有鬼声,高亮悲凄,达人心骨,诸役毛悚舌缩,至僵立不能历阶。时有工书张文升者,强出壮语,语鬼曰:"吾奉邑侯命,为若辈砌龛镌碑,经营备至,若辈复何鸣耶?"俄而声止。

夫幽显悬如隔世,冥冥寂寂,视不见而听无闻,顾乃腾为声息,逼人耳根,不亦大可异也与?怪神,圣人所不语;鬼神,知者所敬远,吾不敢谓事之果有。一诚可格,体物不遗,吾亦不敢谓理之绝无,故往往于恍惚影响不可端倪之中,识昭假之道焉。隐君先生孝思殷挚,才望襄原,便作白云悲号,废寝废食,泣诉社雷,欲招长夜之魂。一段凝诚,天地可感,神鬼可泣也!又何疑赤忠英灵,不来临来享也乎?仗义伸节,骨馨情怡,信吾翁应无怨痛。或因隐君求索幻渺,呼抢孔急,乃微示无形之形、无音之音,慰孝子罔极之思乎?或曰:"非此之谓也!信吾翁甘心白刃,视死如怡,神游天上,固无日不依孝子餐息,而必待归辙而始象教焉;不几浅语,夫信吾翁也与哉!"盖缘隐君孝子仁人,曾与乡绅刘宗洙约牒,挟五千游魄,归宿华岳,是以蓦然来告予曰,谓此声为信吾翁之声,隐君感通之大孝也;谓此声为五千人之声,隐君锡类之至仁也。如在其上,如在左右。总之,由隐君而发也。(《二曲集·襄城记异》)

事实上,据唐献珣《襄城记异跋》记载,在三月前的除夕夜,二曲尚寓住于常州龙兴禅院,在面对其父魂牌哭祭时,亦突起寒风,并将悲声传送很远。当时唐献珣听到后,便叹息说:"此必孝子也!"果然,当唐献珣过去探访时,则知道二曲正在哭祭其父。这类记载虽然难免是对突发天气现象的联想,但在当时人看来是极为奇异之事,以致人人相传。甚至,有学者认为这是"信吾翁之声,隐君感通之大孝也;谓此声为五千人之声,隐君锡类之至仁也。如在其上,如在左右。总之,由隐君而发也"。在他们看来,这些奇异现象是有原因可寻,乃是二曲的诚心感动了苍天,二曲的孝思与其父灵魂相感通了,与战死于襄城的五千将士的灵魂相感通了。当第二天人们还在纷纷议论昨晚的事情时,二曲则在新祠下捧取冢土一抔,谢别襄城官绅士人,招魂西归故里。"四月初五日,至华阴岳庙,设所携五千游魂牌,告神致祭,俾各归原籍"(《历年纪略》),让襄城其他游魂各回自己的家乡,让其父的游魂跟随自己回家。

四月初九日,二曲"抵家,诣母墓告旋",并"附襄城冢土于墓,次午率阖眷恭祭,安置魂牌于家龛"。是时,春风早已唤醒了盩厔的山川大地,山水包围的盩厔焕然添上了绿色的新装,尤其是在早上,阳光从山头缓缓升起,半山腰上白雾环绕,一个个山头像害羞的少女蒙着面纱,完全没有了北方山脉高大巍峨的景象。山谷中的溪流在阳光的照耀下闪闪发光,远远望去犹如在绿色的画布上添加了诸多白色的线条。二曲回到阔别一年多的家乡,多年的夙愿也终于得以完成,心情甚为舒畅,仿佛如同大自然一般,欣欣向荣,充满了活力。

虽然二曲已西返盩厔,但是二曲在襄城的招魂之事仍让襄城人将关注的焦点再次转向了早已湮没于历史中的襄城烈士。当地士人刘宗洙捐出田地,为李可从、孙兆禄二人筑土为坟,题为"双忠墓";邑令张允中又为之题名为"义林";刘宗洙、刘宗泗兄弟又率子姓长年奉祀。张允中《义林记》云:

> 治西郭盖有"义林"云,千夫长李忠武公之所葬也。公佐制府汪忠烈公乔年,驻襄勤贼。贼围城,城陷,汪公死,公与之俱死。汪之灵辀南辕矣,公血战疆场,馨骨丹血,藏之长坑古井间。前令君余补庵筑祠崇祀哲庞,尚未大备也。愚增饬龛位,树立丰碑,视昔有加。至康熙庚戌,李忠武之元子颙来,长号五衢,招父魂而葬之。乡先生刘宗洙割腴田数亩,立茔兆焉,藏有文石于窀曰"烈士",私谥"忠武"。

李公讳可从,字信吾,陕西盩厔人,生于万历己亥年十一月十九日子时,殉难于崇祯壬午年二月十七日。后镌知县某立石,吏部候选同知眷侄刘宗洙奉祀,藏石方阔二尺有六,厚七寸,筑土为墓。墓表石长三尺,阔四尺有三,上镌"李忠武公墓"五字,两翼小识附焉。凡官是地与地之大夫士,各植松楸一二章,蔚然成林,为郊青选胜胜地。道左树石碑,高七尺,阔二尺有奇,大书"义林",表异举也。两翼载好义姓氏云。当公奋不顾身,以身殉国,盖甘心如怡、无少怨痛者。视泹墨形魄,决弃不复攖怀,齿发骼齩化为疆场之飞尘,以从飘风,其混于沙砾,委蔓草而啖乌鸢,皆非所恨。惜推其精英昭爽,飞扬云霄,瞻督府之牙纛,环长垒而依附之。首麓汝涯,定是快心之区,比老死丘园固不屑,俯首全归亦如浇也。年运而往,木拱且抱,茑萝附石,松柏参天,骚人凭吊,游士流连,必且瞻马鬣而式之,豪歌悲壮,洒经雅之醇醪,抒忠贞之气志也。畴谓是举,为无裨于"忠武"哉!(《二曲集·义林记》)

值得注意的是,引文中再次谈及襄城刘宗洙兄弟。襄城刘氏世以理学孝友闻名于世。至明末"刘四冲(汉臣)先生以学道之身,抒救时之略,丰功伟德,固已照耀当时,而其嗣君,伯曰宗洙,仲曰恩广,叔曰宗泗,又皆以孝友著闻"①。据《古氾城志》卷六载,崇祯十五年(1642)二月,李自成兵破襄城,磔杀总督汪乔年,并"大索城中,一时被执者几二百人,至耳劓鼻,血流被面,而卒不屈"。刘汉臣惨遭劓刑,但在其苏醒后自裹其伤,"收瘗诸死者遗骸"。后被推为邑宰,"整理残疆,修饬政事,襄复为完邑"。二曲至襄城即主刘氏家,与刘宗洙兄弟结为通家昆弟之交。因父辈同参与襄城一役,二曲诚孝感人,刘宗洙"割腴田数亩,立茔兆",遂成"义林"。刘氏兄弟与二曲交往密切,尤其在刘宗洙殁后,二曲师弟与刘宗泗不仅时寄赠著述,且论学频繁。刘宗泗学宗程朱,与张沐(1630—1712,字仲诚,号起庵)、冉觐祖(1638—1719,字永光,号覃庵)、田兰芳(1627—1701,字梁紫,号篑山)等诸儒论学密切。至康熙四十三年(甲申,1704),二曲弟子王心敬赴楚,奉师命"道出襄城",拜见"养疴家居"的刘宗泗。刘氏则命其子侄刘青霞诸兄弟与王心敬"誓心而盟","以续子李子与恭叔先生旧好"。王心敬《襄城中翁刘恭叔先生墓石题辞》载其事云:"盖先师李子与先生结异姓骨肉之契,先生之事李子,不啻弟之于兄,故某之事先生不异事子李子而当其时,亦遂承先生命,与诸阮郎君续先生与子李子之前盟。"②刘青霞则云:"先生(二曲)每以子弟蓄余,其勉余以学也,书疏无间岁。"(《二曲集序》)王心敬也先后为二曲著述《二曲集》《四书反身录》索序于刘青霞。可见,二曲师弟与刘氏的非寻常之谊,成就了古代关中与中州一段道义佳话。

在今天的《二曲集》中也保存了三十余篇(首)赞咏"义林"的诗文。诸如其中说:"朝廷思猛士,意在爱生成。骨以壮心重,身縻报主轻。丈夫别有愿,男子不求名。莫洒千秋泪,天地本忘情";"三秦饶壮士,用以固封疆。剑景春云冷,杀声夜月黄。人缘无大志,天不佑岩廊。游骑经行地,深怜古战场";

---

① 佟昌年:《襄城县志》,北京:线装书局,2001年版,第568页。
② 王心敬:《襄城中翁刘恭叔先生墓石题辞》,《丰川续集》卷27。

"千里驰天马,胆令逆贼寒。山河凭画戟,君父托雕鞍。自有血诚在,何忧肢体残。英雄留本色,尽与上苍看",等等。在中国人的内心深处,"忠义""孝亲"乃是最深沉的道德伦理观念,也为最基本的行为准则。二曲与"义林"的故事不仅感动着前去观瞻的当地人,也在他人的颂传中弥漫着悲情与感慨。后来顾炎武在听说二曲襄城事迹后,情不自禁地作诗云:

> 踯躅荒郊酹一樽,白杨青火近黄昏。终天不返收崝骨,异代仍招复楚魂。湛阪愁云随独雁,颍桥哀水助啼猿。五千国士皆忠鬼,孰似南山孝子门?(《二曲集·襄城记异·读襄城记异有感》)

二、倡道江南:明学术为匡时第一要务[①]

(一)行途论学

二曲江南讲学情况,收录于王心敬编纂的《南行述》中。兹据《南行述》及《二曲集》,加以介绍。据《南行述》载,康熙九年(庚戌,1670)十月二十五日,二曲至六合县:

> 是日,遇雨,宿六合之南郭。邱主刘安石,色目人也,睹先生气貌,异之;与之语,则大惊。遍告同类之掌教者曰:"客学渊源,洞天人之蕴者也。"相与瞻礼致恭,邀游所奉之礼拜寺。入门,众共拜天,先生从容散步而已。因语:"以事天之实,在念念存天理、言言循天理、事事合天理,小心翼翼,时顾天命,此方是真能事天。若徒以礼拜勤渠为敬天,末矣!""然则拜可废乎?"曰:"何可废也?繁则渎。终日钦凛,勿纵此心。此心纯一,便足上对天心。天无心,以生物为心,诚遇人遇物,慈祥利济,惟恐失所,如是则生机在在流贯,即此便是'代天行道''为天地立心';则其为敬,孰有大于此者乎?"众怃然拜谢,叹"未曾有"!于是,退而易席以待,作礼问道,彻夜不散。黎明就程,依恋远送。(《二曲集·南行述》)

六合古称棠邑,隋时因境内有六合山而易名为六合,今属江苏南京。二

[①] 解题:二曲语:"夫天下之大根本,莫过于人心;天下之大肯綮,莫过于提醒天下之人心。然欲醒人心,惟在明学术,此在今日为匡时第一要务。"(《二曲集·匡时要务》)

曲遇雨宿六合南郊,其间的见闻与言论颇值得注意:其一,客店主人刘安石,回族掌教学者。刘氏初被二曲的气貌吸引,与语后遍告其他掌教学者:"客学渊源,洞天人之蕴者也!"可见,刘氏能通过寥寥数语,洞察二曲学识,绝非一般回族掌教,或为具有较高素养的回儒。事实上,明末清初之际在南京地区聚集了许多回族百姓,其中不乏一些人因接受过良好的儒家文化教育,而被称之为"回儒"。据史料记载,这一时期南京地区的伊斯兰教十分兴盛,出现了王涯(字岱舆,别号真回老人)、刘智(约1660—约1730,字介廉,晚号一斋)、伍遵契(约1598—1698,字子先)、马注(1640—1711,字文炳,号仲修,晚号指南老人)等著名的回儒,被称为"金陵学派";而且建立了一些伊斯兰寺院,每周都有许多信徒到固定的寺院参加宗教活动。这次二曲所接触的刘安石等人或许为此类回儒。

其二,二曲应邀参观回教礼拜,发明持敬礼拜说。儒学与回教虽思想不同,但明清时期已有诸多回儒为了避免伊斯兰教像以往的祆教、摩尼教一样因固守教义而逐渐在中国消亡的命运,注重在伊斯兰教义中吸收中国固有的儒家思想,并尽量地去弥合二者的冲突,革旧布新,适时地发展伊斯兰教。二曲或据此引发,云:"事天之实,在念念存天理、言言循天理、事事合天理,小心翼翼,时顾天命,此方是真能事天。若徒以礼拜勤渠为敬天,末矣!"从儒家的观念告诫刘氏等人,祭祀时要持有虔敬的态度,不能流于形式。就像《论语·八佾》所记载:"祭如在,祭神如神在。子曰:'吾不与祭,如不祭。'"祭祀祖先就如同祖先真在那里,祭祀神灵就如同神灵真在那里。如果自己不亲自参加祭祀,由别人代祭,那就如同不祭祀一样。对待祭祀,儒家学者往往持着一种虔诚的态度,这也是祭祀本身要求所致。所以二曲又进一步指出祭祀天在于遵循天理,信顾天命,而不应拘泥于以"礼拜"为周期的形式。的确,二曲之论切中了一些回族民众祭祀中潜藏的"文"过于"质"的弊病。此论如醍醐灌顶般使刘安石等人警醒,令其惊愕不已,更加虔诚地向二曲请教,彻夜方散。

二十七日,二曲至扬州南郊,拜谒范文正公祠。范文正公即范仲淹(989—1052,字希文,谥号文正),乃北宋著名政治家、文学家。北宋天禧年间,范仲淹曾在当时隶属于扬州的泰州做过盐官,并奏请修筑长堤抵御海潮,保护民田;长堤之上又遍植垂柳以固堤身。在夏秋之际,烟雨迷蒙中的长堤别样美丽,宛若一幅水墨山水画。范仲淹为官清正,爱民如子,深得当地百姓的爱戴,该堤也被后人称之为"范堤烟柳"。到了景祐年间,范仲淹因讥刺宰相吕夷简不能选贤任能,被贬饶州。然而,自开封落职远去饶州,要经过十余个州府,唯有经过扬州时,时任扬州知府的陈执中率僚属,迎送慰劳甚勤。可见,范仲淹与扬州有着特殊的机缘和感情,扬州百姓为其建祠纪念也在情理之中。据《南行述》记载:

> 祠有黄冠,长眉皓髯,与众谈道。见先生入,逊座揖谈,因问先生:"亦好此道乎?"先生笑曰:"日用常行之谓道。吾性自降衷来,五德具足,万善咸备,率性而行,自然爱亲敬长。保此不失,自然君臣有义、父子有亲、夫妇有别、朋友有信。惟其自然,所以为天下之达道,切于人身日用之间,无一时一刻而可离,岂非常行之道乎!若夫五金八石,服养以鍊形;抽坎填离,结胎图冲举、违天地常经,乖人生伦纪,虽自谓'玄之又玄',却非'可道'之'道'。"众谓:"先生所论固正,然修行亦未可尽辟?"先生曰:"修者,修其所行也。检点治去之谓'修',必有事焉之谓'行'。吾人身心,本粹白无染,只因堕于气习,失却本色。若欲还我本体,必须用功于日用常行间,有不仁、不义、不礼、不智、不信之行,便是吾身之玷,一一治去,使所行皆天理,此修行之见于外也;反之,一念之微,觉有不仁、不义、不礼、不智、不信之私,即是吾心之疵,必一一治去,使念念皆天理,而无一毫人欲之杂,是修行之密于内也。内外交修,行谊无忝,'存顺没宁',何快如之!"众跃然而起,黄冠亦敛衽曰:"此中庸之道也!"(《二曲集·南行述》)

二曲针对祠内道士谈玄论道,阐发己见:其一,"日用常行之谓道"。二曲素不喜好道教玄之又玄的道术,认为儒家关乎性命、人伦的日用常行之道才是达道。和许多儒家学者一样,二曲认为,人人天然具有善性,具备仁义礼智信五种德行,所以能于生活中自然地呈现出道德意识,表现出爱亲敬长的道德行为,及其由此而衍生出君臣有义,父子有亲,夫妇有别,朋友有信等日常行为。而道教所说的服养炼形、凝神结胎之道,则违背了天地自然的准则和人们生活中的伦理纲纪,因此"玄之又玄"之道并不是可称道的正道、达道。

其二,修行需要内外交养。在二曲看来,"修"与"行"虽有"检点治去"和"必有事"之别,但"检点治去"必落于"必有事"。修行之要在于恢复湛然本心,修行于外即在日用常行之间,克制不良行为,使之遵循天理;修行于内需要省察私心杂念,使之浑然无瑕,天理自现。二曲此论乃是儒家内外交修工夫,较为平实可信。故听众跃然赞同,道士敛袿恭敬。

(二)常州讲学

到了十二月初一日,二曲经历了二十余天的长途跋涉来到了常州。而此时在二曲的家乡盩厔,阳光早已失去了明媚的亮色,常常让人感到寂寞难消。尤其是当北风喧嚣鼓动时,大地山间的树木似乎忍受不了严寒的天气,树叶迫不及待地纷纷落下;枯黄的小草更是在寒风中不停地抖擞,甚至被连根刮起。而江南冬日,虽然草木也不乏枯黄飘落,但是漫山遍野的依旧是郁郁葱葱、一派欣欣向荣的景象。风雨中的草木不仅翠绿如昔,甚至在树梢、枝头尚有初吐的新芽。路边些许含苞未放的梅花,暗香袭人,展现给人们是生机、是希望、是憧憬。初到江南,虽然二曲身着薄衣,但丝毫没有清冷寂寞的感觉,更没有在家乡时战栗抖擞、凄然度日的境况;而是充满了喜悦与希望。是时"骆公出城郊迎,馆于府治之左。先生(二曲)喜寂厌嚣,移寓郡南龙兴院。郡人见其冠服不时,相顾胎愕。既而知为先生,渐就论学,至者日众,憧憧往来,其门如市。一时巨绅名硕,远迩骈集。答问汪洋,不开知见户牖,不堕语言蹊径,各随根器,直指要津"(《二曲集·南行述》)。在常州人看来,二曲的到来颇令人充满惊奇:身着单薄破旧又与时节极不相称的衣服,却安闲自得。尤其是其被知府大人专程派人从远方请来,受到不寻常的优厚招待。当人们渐渐了解二曲其人其学,前来问学之人逐日增多,以致龙兴禅院门庭若市,人流不息。而二曲根据每个人天生禀赋的差异,径直答疑解惑,孜孜不倦。

据《历年纪略》记载,二曲的讲学在常州引起了极大地轰动:"自是争相请益,所寓至不能容,郡人诧为江左百年来未有之盛事。"耆儒吴光感叹云:"斯道晦塞极矣!今日之盛殆天意也。"吴光为常州著名学者,在士林中享有崇高声望。二曲初到常州,便结识吴光,二人建立了深厚的友谊。在吴光殁后,二曲撰有《吴野翁传》,其云:

> 昔吴康斋同时,有龙潭老人者,晦迹铲彩婆娑丘园。余尝忾慕其人,今乃见之于野翁吴先生焉。翁名光,字与严,江南武进人。幼有至性,十龄丧母,哀泣如成人,毁几陨生。比就傅,警颖不群,日诵数千言。为文说理而华,有声庠校。入太学,太学士争交之,传其文以为式。久之,翁厌帖括,究心经济,务为有用之学,而以其余力博综典坟,旁及九流百氏,发为议论,自成一家言,清明调畅,有韩欧

风。甲申之变,翁闻之太息流涕,心怦怦者数月,取平日所拟时务并杂撰付火。自是绝意人事,结庐于滆东僻壤,日惟玩《易》自适。倦则徐步陇亩,与耕夫田叟较晴量雨,话桑麻,谈稻秔;耳不受市喧,目不逐纷华,足不入言偃之室,口不为名利之言,恬泊逍遥,嗒焉于山水之间,自托于野翁,为野翁传以见志。……二曲隐者颙曰:余杜门息影,足未尝他往。岁庚戌,躬祭先子于中州,因便至吴。吴人为余言翁质朴坦易,逃名遁世之实甚悉。翁亦谬不余鄙,顾余旅次,相与商证性命,充然如有得也。缱绻不舍,遂称莫逆。翁年倍于余,为先辈,而殷殷雅谊,不弃菲葑,其盛德虚怀,默有以律夫余之简亢也多矣!故次其概,以志不忘。(《二曲集·传·吴野翁传》)

从二曲文看,吴光与二曲颇多相似之处:均早年失怙,不同者一为丧父,一为丧母;均历经易代之变,绝意人事,隐居田野;均厌帖括,究心经济,务为有用之学。二人众多相似之处,虽地处南北,自此之后情谊未间断。吴光把二曲讲学常州视为"天意",但亦是人事所然,二曲之所以至常州主要基于与骆锺麟的师友情谊。二曲在常州讲学期间,骆氏政暇之际,不时参与,亲自记录了二曲口授的《匡时要务》一文,并作序:

《匡时要务》,关中二曲先生语也。先生甫弱冠,即以康济为心,尝著《帝学宏纲》《经筵僭拟》《经世蠡测》《时务急著》诸书。其中天德王道,悲天悯人,凡政体所关,靡不规画。既而,雅意林泉,无复世念,原稿尽付"祖龙",绝口不道;惟阐明学术,救正人心是务。贤士大夫咸师尊之。叶郡伯辟关中书院,延以式多士,终不就;抚军白大中丞,欲疏荐于朝,以隆大任,毅然力辞。生平孤介成性,杜门却扫,人罕睹其面。

子筮仕二曲,幸咫尺先生居,获时时请益,虽不能进窥堂奥,其不致于身名陨越者,得力于先生教诲之益居多。去秋,予量移毗陵,恐典型日迈,鄙吝复萌,临歧订先生为东南游。先生首肯,盖亦欲藉此出桃林,历嵩洛,越江淮,顺流抵浙,溯洄而入豫章,遍览名山大川之胜,吊先哲遗踪,晤中原伟人,因以共证所学,以力弘大道。嘉平之月,空谷足音,戛然及我。首以移风易俗、明学术见勉,以为是匡时第一要务。大约谓:"天下治乱,由于人心之邪正;人心邪正,由于学术之明晦;学术明晦,更由于当事之好尚。"历引王阳明、冯少墟诸先达为鉴,诚以居高而呼:"牖民孔易,斯实风化之标准、致治之枢机、位育参赞之大关头也!"予闻之,爽然失,洇然汗,愧学疏资浅,力莫能与。幸各宪台及邦之名公巨卿,方以明伦兴化,砥砺颓俗为任,遂手录其语,付之剞劂,以备采鉴。懿德之好,人所同然。是必有闻风竞奋,慷慨力倡,不特阳明、少墟诸先达芳规再振于今日,将见东南学术,由斯益甲于天下,云蒸霞蔚,化理翔洽。昔儒所谓"斯道若明如昼日,世风何虑不陶唐",此固先生之志也、邦国之光也,亦予小子之幸也。是为序。(《二曲集·匡时要务》)

骆氏此序,一方面记载了二曲东南讲学乃是康熙八年自己迁官常州前与其商订之事,二曲前来亦是践约。另一方面二曲讲学的首要目的是明学术,匡时救世。骆氏远溯二曲早年所撰《帝学宏纲》《经筵僭拟》《经世蠡测》《时务急著》等书,认为其中展示了二曲匡时经世的思想,但因二曲为学的转向,焚毁了诸书,"惟阐明学术,救正人心是务"。事实上,在是年(康熙九年,1670)春天,二曲从同州返回盩厔不久,便深感时务的纷乱,对友人谈起了治乱、人心与学术三者关系时,云:"治乱生于人心,人心不正,则致治无由;学术不明,则人心不正。故今日急务,莫先于明学术,以提醒天下之人心。"(《二曲集·历年纪略》)二曲认为,天下治乱的根由在于人心的邪正与否,而提倡学术的目的就是要提醒天下之人心,使其去邪归正。正是基于这样的看法,二曲自此之后拒防虚谈经济之事,所谈论者无非为己匡时之学。因此,在二曲这次南行讲学中,自然而然地明确提出匡时第一要务在于昌明学术,救治人心,移风易俗。二曲的这一看法在当时是非常有卓见的。基于明清易代,是时许多思想家都在大谈特谈经济之学,大谈如何去重视事功,离开事功就是无用之学,但是真正有系统理论支撑者则寥寥无几。即便像颜元那样的大学者,虽然也常常将先秦儒家的一些德目挂在口边,但又不去从根源上,从心灵深处上去把握先秦以来,尤其在宋明儒家学者那里挺立出的德行生命。二曲则不同,而是将拯救人心、安顿身心作为社会治乱的根源,这是从内在根源处把握住了时代病症。如果人心正了、身心安顿了,一切的外在事功、外在德目也自然会成就了,社会也自然会安定。可见,二曲为世人寻找到一剂身心安顿的良方,这也是其讲学的目的所在。如果联系到明中期以来一些学者的讲学言论,亦会发现二曲与前人亦有相似之处。阳明云:"今夫天下不治,由于士风之衰薄;而士风之衰薄,由于学术之不明;学术之不明,由于无豪杰之士者为之倡焉耳。"①邹元标(1551—1624,字尔瞻,号南皋)云:"天下治乱,系于人心;人心邪正,系于学术;法度风俗,刑清罚省,进贤退不肖,舍明学则其道无由。"②

到了正月初九,据《南行述》载,二曲拜谒唐襄文公荆川祠。唐襄文公即唐顺之(1507—1560),字应德,武进(今属常州)人。乃明代著名的文学家、军事家。因爱好荆溪山川,故号荆川。据史载,唐顺之于明嘉靖八年(1529)中进士,礼部会试第一,曾任翰林院编修、南京兵部主事、太仆少卿等职。唐顺之晚年亲督明军狙击倭寇,屡建奇功。因久居军中,积劳成疾。后"力疾泛海,渡焦山,至通州卒,年五十四"。唐氏曾"卜筑阳羡山中,读书十余年","于学无所不窥,自天文、乐律、地理、兵法、弧矢、勾股、壬奇、禽乙,莫不究极原委。尽取古今载籍,剖裂补缀,区分部居,为《左》《右》《文》《武》《儒》《稗》六编传于世,学者涌测其奥也。为古文,洸洋纡折有大家风。生平苦节自厉,辍扉为床,不饰裀褥,又闻良知说于王畿,闭户兀坐,匝月忘寝,多所自得。晚由文华荐,商出处于罗洪先。洪先曰:'向已隶名仕籍,此身非我有,安得傲处士。'顺之遂出,然闻望颇由此损。崇祯中,追谥襄文。"③此外,唐顺之与王慎中、归有光被并誉为"嘉靖三大家",与宋濂、方孝孺、王守仁被并誉为"有明六大家"。此类人物,二曲必然心系向往,何况至其家乡,怎能不拜谒其祠?尤其是唐顺之后人唐宇昭、唐宇量又曾数次前去龙兴禅院向二曲问学,并相交为友。二唐为唐顺之玄孙,均为清初著名画家。唐宇昭字云客,其弟宇量字茂弘,皆崇祯间举人。唐宇昭,孙慎行门人,后师苏州陈元素,元素重之,易其字为孔明,以诸葛亮、韦皋相期许。"工诗文,善书画,兄弟偕隐,皆无意用世。当事迫上公交车,中途遁归,人呼唐氏二难云"④。可见,在明亡后或许以家世累代忠于明朝,唐氏兄弟隐逸求志。这次二曲来拜谒荆州祠,唐氏兄弟异常高兴,并召集一些朋友会聚于祠内,问学聊谈,甚是投缘。

十一日,据《南行述》载,骆钟麟偕同常州别驾张榜邀请二曲南游苏州虎丘。同样,二曲的到来也令苏州士绅振奋,"相与问学者甚众。三日始别,众

---

① 王守仁:《送别省吾林都宪序》,《王阳明全集》,第884页。
② 黄宗羲:《明儒学案》卷23《邹南皋传》,第534页。
③ 《明史》卷205《唐顺之传》。
④ 转引自叶昌炽著、王欣夫补正:《藏书纪事诗附补正》,上海:上海古籍出版社,1989年版,第182—183页。

依依不舍"。其间,顾云臣为二曲绘像,郑珏题赞云:"其服甚古其容舒,其情甚深其心虚。博闻多识,不读非圣之书;存诚主敬,不求当世之誉。溯洙泗之渊源,而继濂洛之正统者,斯为二曲先生欤!"

十四日,回到龙行禅院。次晨,骆锺麟接到其母去世的消息,甚是悲痛。二曲在去吊唁后,打算于二十日返回襄城,意为不再打扰。然而,常州士人听说二曲西返的消息后,又纷纷上书骆锺麟极力邀请二曲在府庠的明伦堂与武进邑庠的明伦堂公开会讲,二曲深为感动,应允讲学。《南行述》载,会讲当日,"上自府僚绅衿,下至工贾耆庶,每会无虑数千人,旁及缁流羽士,亦环拥拱听"。可见,二曲讲学的盛况。这次会讲的内容由跟随听讲的二曲门人吴发祥、陆士楷记录为《两庠汇语》,常州教谕王迈作序云:

> 大道之在两间也,如日月之经天,不可一息之或冥焉;如江河之行地,不可一息之或壅焉。故有斯道而后有人心,有人心而后有风俗。尧、舜、禹、汤阐其传,伊、关、濂、洛衍其秘,贤圣相承,心源遥印,无非为天下万世存此几希一脉耳。第人心易于汩没,即读书道古者穷年呫哔,祗不过为青紫之阶,而于先圣先贤之精意,不啻尘土视之、糟粕弃之。关中二曲先生力学多年,毅然以斯道为己任。太府骆公前令盩厔,躬诣其庐,见风雨不蔽,德容道气,望而知为隐君子。公余之暇,辄就正辨论焉。盖芝兰同室,自尔芬芳,气洽也。今守毗陵,先生贲然玉及大道之南,非特一邦之幸。余小子司铎郡庠,愚陋何知!太府骆公命传集多士于明伦堂汇讲。先生之言,以正心术、励躬行为要,而下手处在静则涵养,动则省察。一时荐绅暨弟子员环堵而听,犹聋者忽闻钟皷之声,盲者忽睹五彩之华也,无不欢欣畅悦,如梦斯觉。夫道必讲而后明固已,第学者必身体力行,则行远自迩,登高自卑,不患不到圣贤地位。不然聆其言而不返之于身,则今日一堂论辨,过此以往,安知不内战于嗜欲,外战于纷华乎。于先生谆谆面命之旨,太府骆公传集之雅意何当焉?兰陵陆生,笃信人也,随录其言,付之剞劂,由此刊布海内,共知正心术、励躬行为入门第一义,将见斯道如日月之经天焉、江河之行地焉。先生之言在一时,先生之功在万世,不甚宏巨也哉!(《二曲集·两庠汇语序》)

在王迈此《序》中,值得注意处有三:其一,揭示二曲之所以讲学于常州府庠与武进邑庠的明伦堂,乃基于骆锺麟接受当地士绅的请求而安排。其二,揭示二曲讲学要旨"以正心术、励躬行为要,而下手处在静则涵养,动则省察",这种揭示是符合二曲思想宗旨的。王氏并云:"先生之言在一时,先生之功在万世,不甚宏巨也哉!"的确,二曲的讲学给处在学术混乱、人心邪佞时局中的士人学子、官绅大夫提供了一剂学术良方,其言论如同黄钟大吕般提撕人心,振聋发聩。其三,介绍《两庠汇语》为陆士楷所录,而现存《二曲集》标注为吴发祥、陆士楷合录,王氏所论或仅据刊刻而言,为陆氏一人所为。据《清儒学案》载,"陆士楷,字介夫,武进人。二曲诲以'为学大要归于心',记所闻曰《心录》。著有《尚书汇纂必读》,二曲称其简洁明畅"①。二曲《陆孝标先生传》云:"先生讳卿鹄,字儁公,别号孝标,武进人,世有名德。……少承庭训,恪守先型,修孝弟廉让之谊,厌薄声华浮习。读书惟求自得,为文盱衡今古,一本性灵。……晚年嗜学益笃,尝取其祖聚冈公所著讲义与诸名宿考溯渊源,删繁就简,重刊广布,谓季子士楷曰:'此吾家衣钵也,须实体于躬而力践之,不可徒事唇吻。'庚戌冬,余游武进,先生闻风,冒雪履冰,首顾余于城南龙沙,相与论学有契。……命士楷北面受学,而身执弟子礼愈恭,其孳孳向道,念切性命如此。"(《二曲集·传·陆孝标传》)陆孝标为士楷之父。可见,陆士楷素有家学,在其父陆孝标命示下北面师事二曲。二曲为陆孝标作传,亦可见陆氏父子与二曲情谊之深。陆士楷除了与吴发祥合录《两庠汇语》外,还记录了二曲《传心录》《靖江欲要》等著述,可见在江南讲学期间,陆氏当是常伴随二曲身边的门人。

(三)无锡会讲

自常州两庠明伦堂会讲后,二曲在常州、苏州两地讲学之事迅速地传遍两地之间的无锡、江阴、宜兴、靖江等地,各地官绅士子争迎开讲。据《南行述》载,正月"二十七日,无锡宰吴兴祚同教谕郝毓参肃启奉迎",并云:"人南则道从而南,幸绍前贤之迹;教善则学从而善,允称多士之师。无辜倒屣以迎,共切抠衣而侍奉。"面对二人的诚恳邀请,二曲又不得不推迟西返,随二人至无锡。"二月朔,至锡,谒文庙毕,趋高忠宪公祠。适公侄前学宪汇旗先生讳世泰来谒,遇之途,遂陪先生瞻礼忠宪遗像。徘徊殉难止水,不觉泫然。学宪具宴以待,先生以学宪克承家学,绍东林坠绪,遂相欢如平生。"(《南行

---

① 徐世昌:《清儒学案》,北京:人民出版社,2010年版,第746页。

述》)高忠宪公即高攀龙(1562—1626),初字云从,更字存之,别号景逸,无锡人。万历十七年(己丑,1589)中进士,授行人之职,后因上疏评论辅臣王锡爵等,被贬任广东揭阳县典史。在万历二十三年(乙未,1595)时,高攀龙又被罢归无锡老家。自此,于东林书院讲学近三十年。高攀龙讲学立说,关心时事,议论朝政,成为东林党的主要领袖,与顾宪成并称"高顾"。天启六年(1626),高攀龙遭到魏忠贤党羽的诬陷,自知无法避免,更不愿受其辱,从容投池而死。像高攀龙这样的忠臣大儒正是二曲所敬仰的榜样。据《东林书院会语》记载,二曲在少年时期读到明代天启年间的事迹时,便"雅慕高忠宪公之风节",并且日后每遇到江南人便向其打听高攀龙的事迹及其著作,但是一直无所得,"耿耿于衷,盖有年矣"。这次来到无锡,拜谒高攀龙祠,寻访高攀龙的事迹与著作,也是实现二曲多年的夙愿。适逢高攀龙后人高世泰谒访,二人论学欢若平生。据《无锡志》,高世泰字汇旃,"崇祯十年进士。除礼部主事,典己卯广东乡试。历郎中,擢湖广提学佥事。至则修濂溪书院,遴诸名士讲业其中。事竣归。方是时,东林书院之毁几二十年,世泰为重修燕居庙,出旧藏先圣木主而祀之,又次第起道南祠,筑再得草堂。于是讲会间举,庶几旧观。性严肃,见子弟如宾客。于儒先旧迹,多所表章。"(转引吴氏《二曲先生年谱》)事实上,高世泰是高攀龙后人中继承家学的主要代表,领袖是时东林遗风。

第二天,吴兴祚、郝毓蔘延请二曲至明伦堂开讲,"阖邑绅衿咸集,堂上庭墀,环拥稠叠,门外众庶,莫不遥望窃听"(《南行述》)。二曲这次讲学内容,被门人徐超、张潪生录为《锡山语要》。关于这次讲学,值得注意处有二:其一,二曲讲学方法的灵活性。据徐超、张潪生《锡山语要识》载:"先生深惩末俗展转于语言文字,支离蔽锢,故其论学因病发药,随说随扫,戒超等毋得窃录。盖恐一落言诠,咸以知解承而不以实体得也。"可见,二曲讲学"因病发药,随说随扫",针对不同的人、不同的问学给予相应的解答。为何二曲坚持这种讲学方式,此处简明揭示,乃是"盖恐一落言诠,咸以知解承而不以实体得也"。可见,二曲讲学不重视知解,而重视悟解;不重视言诠,而重视实体。

其二,推崇东林精神。据《锡山语要》载,二曲开讲首告学者:

> 晋陵为人才之薮,文献甲天下。不肖方洗心涤虑,倾怀承教之不暇,又何敢妄有论说,以渎众听。惟是东林书院一事,不可以不商。窃念斯地之有东林,犹新安之有紫阳,南康之有白鹿,南岳之有

岳麓。四书院并为宇内不朽名区,所以考德问业,以存吾道之羊者也。今三书院之在彼处者,地方以时修葺,学会相沿不替,独斯区非复畴昔之旧,讲会亦寥落无闻。愚窃伤之,区区辄不自揆,欲望地方诸君子相与图之,以绍前徽,俾前哲已坠之绪,绝而复续,亦诸君子正大光明之美举,生平不朽之快事也。东林诸君子之在当时,不恤讥毁,力肩正学,道德风节,表正海内。虽一时不幸,厄于群小,然光彩焕发,流馨无穷,千秋万禩,传为美谈。廉顽立懦之功,有不可得而诬者矣。士人立身,无论显晦,俱要有补于时。在位,则砥德砺行,表正人伦于上;在野,则砥德砺行,表正人伦于下。所谓在朝在野皆有事是也。(《二曲集·锡山语要》)

二曲讲学无锡,不仅希冀无锡士绅效仿紫阳、白鹿、岳麓等书院,继承东林讲会,裨益人伦时务,而且其讲学本身也是在践行东林精神。

初四日,高世泰与当地名儒士绅又延请二曲到东林书院会讲。关于这次会讲,因为论学的内容较多,难以详细记录,现存的《东林书院会要》,亦因"语多难记,姑录与汇旃先生共商之一二,以见两先生之同心云"(《二曲集·东林书院会语》)。二曲雅慕高攀龙风节,讲会东林书院必然为其所属意。就所存寥寥数条而言,即便云二曲与高世泰"同心""相欢如平生",但也展现了二人思想存在着巨大的差异。其差异之源,在这"寥寥数条"实已揭示:

> 高先生曰:"言满天下无口过,其惟紫阳朱子乎!'六经皆我脚注',是陆子之口过也;'满街都是圣人'是王文成之口过也。学者一启口,而不可不慎如此。"先生曰:"紫阳之言,言言平实,大中至正,粹乎无瑕,宛然洙泗家法。陆王矫枉救弊,其言犹药中大黄、巴豆,疏人胸中积滞,实未可概施之虚怯之人也!"(《二曲集·东林书院会语》)

从上述言论看,至少高世泰之学恪守朱子,贬斥陆王,以为当世学者要慎学陆王。而二曲则兼取朱子与陆王,挺立陆王在儒学史上的"矫枉救弊"之功。相较而言,二曲之论平实可取。这显然展现了二人在为学源头上的差异。

初五,二曲游惠山。惠山麓有邵文庄公祠,因便进谒。邵文庄公即邵宝。据《无锡志》,"邵宝,字国贤,别字泉斋,亦号二泉。成化二十年进士,授许州知州。历迁右副都御史,总督漕运。劾,致仕。起抚贵州,累进户部尚书。以母老,拜南京礼部尚书。卒,赠太子太保,谥文庄。著有《学史》《简端》二录。祠在惠山左,即二泉书院旧址。初祠在冉泾里第,顺治中督学张能鳞重葺二泉书院,乃移其像祠于超然堂"(转引吴氏《二曲先生年谱》)。

初六日,当地学者秦松龄又遣其弟秦松岱等人延请二曲讲学淮海祠。淮海祠祭奉的是北宋著名词人秦观。秦观(1049—1100),字少游,一字太虚,号淮海居士。秦观的儿子秦湛在任常州通判时,将秦观的棺柩迁葬于无锡。秦氏兄弟为秦观后人。这次讲学被秦松岱记录为《梁溪应求录》。秦松岱字灯岩,无锡人。《清儒学案》云其"潜心阳明之学,构愿学斋,肖像事之。二曲讲学无锡,特邀于淮海宗祠,聚族人听讲。二曲称其学敦大原,身体力践,深相契合。别后屡与书,为订正道南祠从祀者须论出处,不可因推尊东林,一概增入"①。秦松龄字汉石,又字次椒,号留仙、对岩,晚号苍岘山人。顺治十二年中进士,授国史院检讨,康熙十八年举博学鸿儒,后去官回乡。著有《苍岘山人诗集》《文集》《毛诗日笺》《书经日笺》《春秋日笺》等。据陈世祉云,"二月初四日,过东林书院,听中翁李先生会讲,既以前五问相质,并蒙印示。越二日,灯岩秦兄偕群季邠仙、凫仙、汉仙、瀛仙,合延李先生会讲淮海先生祠中。灯岩因托时晋王君召予,予复过从听讲"(《二曲集·梁溪应求录》)。秦松岱亦云:"家伯兄对岩先生命松岱偕诸弟辈,因晋陵贤从徐斗一、张子邃两尊兄请于李先生,延讲先淮海祠,会于友善堂。同志之临斯会者,为介夫陈君,时晋王君,芾南邵君,存华施君,从叔天乳、清闻,从弟一原、次蛰,凡十有六人。自陈君而外,皆先叔祖之及门与子侄;而存华则易学名家,严祺先先友之高弟也。质疑问难,各罄所怀。"(《二曲集·梁溪应求录》)可见,二曲讲学于淮海祠缘自秦松岱兄弟之请,讲学对象多为秦氏族人。关于这次讲学内容,《梁溪应求录》记载了两则会讲,其一:

> 予(陈世祉)因进问李先生:"'孝弟为仁之本',古人从孝弟做起,推而仁民爱物,一贯将去,并无沮塞。如今学者,亦有事亲思孝、事长思弟的,门内似乎可观,及到待人接物、居官莅事,却又贪昧刻薄,截然与孝弟相反,意者有所沮塞而不行乎?"先生曰:"孝弟而不能为仁,只恐这个'孝弟'还从名色上打点,未必是真孝真弟。若是真孝真弟的人,爱敬根于中,和顺达于外,一举足不敢忘父母,一出

---

① 徐世昌:《清儒学案》,第751页。

言不敢忘父母。推之待人接物、居官莅事,不敢刻薄一人,不敢傲慢一事,岂不是为仁之本!故学者之患,只患孝弟不真。若孝弟既真,正不必患为仁之沮塞也。"(《二曲集·梁溪应求录》)

在二曲看来,真孝弟乃是出自真性情,乃人性中天然所固有,故其能无论门内、门外,一以贯之。据此看,陈氏所说孝弟并非真孝弟。

其二:

> 既又问:"良知之'知'与知识之'知'如何分别?"先生曰:"良知之'知'与知识之'知'分别迥然。所谓良知之'知',知善知恶,知是知非,念头起处炯炯不昧者是也。知识之'知'有四:或从意见生出,或靠才识得来,或以客气用事,或因尘情染着。四者,皆非本来所固有,皆足以为虚明之障。从古英雄豪杰,多坐次四者之误。即如刘先主何等英雄,只因报仇一念不能忍,遂致'江流石不转,遗恨失吞吴',岂非客气使然乎?学者必先克去知识之'知',使本地虚明,常为主宰,此即'致良知'的诀也。"(《二曲集·梁溪应求录》)

二曲此处揭示"知识"之"知"与"良知"之"知"的区别。在二曲看来,"知识"之"知"涵括"从意见生出""才识得来""客气用事""尘情染着"四种;而"良知"之"知"为心性本体。可见,二曲所谓知识之"知"乃是外在之欲,不仅不是人性所固有,反而遮蔽良知,需要克制。

二曲在东林书院、淮海祠的讲学给无锡士人们留下深刻的印象,并被其言行折服。在二曲讲学之后,学者陈世祉赞誉云:

> 太华峰高高插天,巨灵掌劈莲华悬。月岩龙岭倒空碧,谁能独立挥云烟?遐哉横渠古张子,《西铭》透辟乾坤理。后起冯公曰少墟,渊源直接闽江水。年来绝学付狂澜,砥柱何人耐岁寒?纷纷功利争谈道,汩汩词章侈流言。何意先生从岳降,千仞丹崖开晓绛。读书好读朱与王,尽扫支离还浩荡。二十年前旧草庐,一心奉母乐于于。和靖几曾规利禄,白沙非是爱闲居。幽人高卧千山曲,明月梅花春草绿。不知轩盖访崇阿,三代高风此堪续。古人几见骆明府,拜道横经在环堵。黄金白璧等浮埃,麦饭葱汤式歌舞。五马南来忆盖公,蒲轮迎向渭河东。直下龙城过蓉水,东林会语开群蒙。清襟雅量曾无比,淮海祠中风日美。倾崑倒峡胡足奇,鸾翔凤矞群钦只。指点心源最超豁,依稀口耳非真学。止水虔参忠宪公,遗书

相印心如昨。归来石屋称高子,洛闽宗传本如此。拂衣去看大江春,春江万里浩无尘。一介不轻莘野志,三公莫换柳禽心。吁嗟世网何拘束,未得从游怅空谷。何时立雪华山傍,学参子半观初复。

(《二曲集·赋赠关中李二曲先生并叙》)

在这首长诗中,陈世祉认为,二曲是关中继张载、冯从吾之后能弘扬儒学,传续道统的杰出学者。不仅勤奋研读朱子、王阳明等学者的著作,而且能融会贯通,阐发新说。且长期隐居乡里,侍母读书,早已捐弃了外在的功名利禄,甘于淡泊,悠然自得。尤其是引用了典故"一介不轻莘野志,三公莫换柳禽心"。《孟子·万章上》中说:"伊尹耕于有莘之野。"汉代赵岐注:"有莘,国名。伊尹初隐之时,耕于有莘之国。"所以后人以"莘野"指隐居之所。"柳禽心"则展示了一幅美妙的图景:清澈的小河边翠柳倒垂,枝条随风飘荡;而此时又有几只白鹅从远方游来,它们边划水边无拘无束地嬉戏,这一切是那么的悠然闲适,舒畅自得。显然,这样的人生境界非二曲这样的知天乐命,领悟儒家人生真理的大学者,是不能拥有的。也正是如此,陈世祉亦云"和靖几曾规利禄,白沙非是爱闲居",将二曲与宋代著名理学家尹焞(字彦明,曾被宋钦宗赐号为"和靖处士",学者因称之"和靖先生")和明代著名理学家陈献章(1428—1500,字公甫,号石斋,又号碧玉老人,世称"白沙先生")相比较。再者,诗中又云"五马南来忆盖公",这也是化用了两处典故。"五马"原本指在西晋亡后,晋元帝司马睿偕西阳、汝南、南顿、彭城四王南渡,在建康(今南京)建立东晋王朝,做了皇帝。当时童谣云:"五马浮渡江,一马化为龙。""盖公"即西汉时期传授相国曹参治国策略的胶西盖公。王安石曾在《祭范颍州文》说:"盖公之才,犹不尽试。"将范仲淹比拟为盖公。显然,陈世祉在此诗中喻指二曲讲学江南也如范仲淹般,继承儒家道统,以学术拯救人心,为混乱的社会提供了治世良方,其功绩不下盖公。

(四)江阴讲学

初八日,二曲应江阴官绅之聘,前去江阴讲学。"是晚,次澄江,念及门徐斗一超、张子邃濬生、吴英武、邵公甫等追随嗜学,为立学程数则。陆孝标先生卿鹄梓行。"(《二曲集·南行述》)陆孝标即陆卿鹄,乃陆士楷之父。二曲讲学时,常伴随左右,甚为契合。二曲在其殁后为其作传,其传云:

先生讳卿鹄,字儁公,别号孝标,武进人,世有名德。父完学,历官太子太师、兵部尚书,勋业德望,载在《国史》,为近代名臣,卒谥端惠。先生其仲子也,少承庭训,恪守先型,修孝弟廉让之谊,厌薄声华浮习。读书惟求自得,为文盱衡今古,一本性灵。弱冠游庠,崇祯壬午中乡试副榜恩贡,以端惠军功荫中书舍人,恬退自守,不求仕进。端惠立朝清谨,莫敢干以私。先生日侍左右,多所赞襄。及予告归里,疾作。先生躬奉汤药,吁天请代,居丧哀毁骨立,动循古礼,服阕代更,遂绝意世务,婆娑丘园,潜心圣贤遗训,悠然有以自乐。遇荒挺身倡赈,逢疫疠则捐赀施药,掩骼埋胔,济困扶危,为德于乡,不求人知。晚年嗜学益笃,尝取其祖聚冈公所著《讲义》与诸名宿考溯渊源,删繁就简,重刊广布,谓季子士楷曰:"此吾家衣钵也,须实体于躬而力践之,不可徒事唇吻。"

庚戌冬,余游武进,先生闻风,冒雪履冰,首顾余于城南龙沙,相与论学有契。自是日必一至,至则咨询维殷,凡进修之要,安身立命之微,靡不究极。既而,迎余养疴于家塾,晨夕从事,订证绵密。命士楷北面受学,而身执弟子礼愈恭,其孳孳向道,念切性命如此。余疾瘥西返,率其子若甥操航远送丹阳,泣别。别后书问不绝,深以不获再晤为憾。常寂处一室,屏缘息虑,昼夜默体,有得则寄音遥质。丙辰、丁巳之交,卧床病革,犹念余不置,口占长篇贻余。卒年八十有二。(《二曲集·传·陆孝标先生传》)

二曲于陆孝标情谊深厚,在其殁后追忆与其交往云:"先生年倍于余,为先辈,而折节问学,雅意殷笃。即此一念虚心,过余远甚,余又何能相益耶?生平守身以清白,事亲以爱敬,年弥高而德弥邵,心无玷而行无怨。捐馆之日,巷多陨泗。盖棺论定,舆有公评。余抚今追昔,因为传以识不忘云。"(《二曲集·传·陆孝标先生传》)

十日,二曲至江阴。邑宰周瑞岐偕学博郊迎。十一日,讲学于江阴县明伦堂,听者云拥。关于这次讲学答问内容,原册偶失,今仅于《南行述》中保留七则:

> 孟子谓"逸居而无教,则近于禽兽",余亦谓逸居而不学,则近于禽兽。
>
> 学则天理常存,而人欲弗杂;不学则人欲易迷,而天理难复。人禽之判,判于此而已。

《易》曰:"君子进德修业,欲及时也。"故必朝乾夕惕,存所固有;日淘月汰,去所本无。一有纵逸,便非及时,斯德无由进而业无由修,人道或几乎息矣。

人苟知学,须时时向自心隐微处自参自求,自体自认,不拘有事无事,闲中忙中,绵密勿辍,积久自彻,仍须在应感上随事磨练,务使内外无间,心境如一,方可言学。

一士言及圣人"不思不勉"。曰:"圣人之'不思不勉',即孩提之'不学不虑',故曰:'大人者,不失赤子之心者也。'"

一士问"格物"。曰:"身、心、意、知、家、国、天下,皆物也,而知为主。炯炯于心目之间,具众理,应万事,与天地合德,而日月合明,通乎昼夜而知,即章首所谓'明德'也。'格物',格此而已。此物明,则知致;知一致,而意之发动有善有不善,便一一自知。实实为善,去不善,便是'明明德'于'意';心有正、有不正,亦惟自知,正其不正,便是'明明德'于'心';以此修身,便是'明明德'于'身';以此齐家,便是'明明德'于'家';以此治国,便是'明明德'于'国';以此平天下,便是'明明德'于'天下'。若如世儒之论'格物',要物物而知之,是'博物'于天下,非'明明德'于天下。"

问:"伏羲仰观俯察,远取诸物,故能知周乎万物,才算'格物'?"曰:"言及'知周乎万物',甚妙!盖必智周万物,始能经纶万物。物物处之,咸尽其当,而后可以臻治平之效。然'远取诸物',必先'近取诸身',知明善诚身为本;而本之本既格,方可由本以及末,察于人伦,然后明于庶物,使万物皆备于我,何乐如之!"(《二曲集·南行述》)

就上述二曲答问言论看,涉及《周易》《大学》《孟子》等儒家经籍,尤其是其中两则对"格物"的阐发,虽未免脱离《大学》文本,但从二曲思想看却是强调"明明德"的优先性,即以先立乎本体之大("明德"),而由本及末,意心身家国天下之物方可格致。

(五)靖江讲学

十三日,靖江县令郑重偕教谕袁元迎二曲讲学靖江。是日,宜兴官绅也拟肃奉迎二曲临其邑讲学,然而,郑、袁先至。次日,二曲随郑、袁渡江。十五日,郑重设座于靖江明伦堂。此次二曲讲学言论被其门人吴发育、尤霞、朱士蛟、张允复、邹隆祚、羊球等人记录整理为《靖江语要》,由郑重梓行。陆士楷《靖江语要序》云:

> 《靖江语要》者,吾师李二曲先生应靖邑郑令君及袁学博先生之聘以答多士语也。令君政崇风教,雅意学校,闻先生阐道毗陵,遂与袁先生具舟肃迎,为多士开示津要。先生在郡,预悉令君与袁先生之贤,力疾以赴。至则请益踵接,各质所疑。先生随叩而鸣,人遂其欲。语多不具录,姑录其要,以志靖邑一时之盛云。(《二曲集·靖江语要》)

关于这次讲学内容,《南行述》择选一例:

> 邑宿儒邹锡簋讳隆祚号樗隐子,聆先生讲言,私语同志曰:"区区七十年来,阅历谈道宗匠多矣,痛切醒快,言言血脉,未有如关西夫子者也。真学人指南,不可以失!"俟众退,复偕同志趋馆就教,以所著《三教貌》呈正。先生阅讫,笑曰:"'三教貌',貌也。三教之神,非貌所能貌也。即貌其神而一一毕肖,究于自己安身立命何关?翁年逾古稀,此非所急,盍于当急者是急乎?"邹竦然再拜请示,遂告以反己自认之实。于是,深庆晚始有闻,知所归宿,附于及门之末。(《二曲集·南行述》)

邹隆祚为靖江宿儒,行年七十,折服于二曲讲学,故以所著《三教貌》呈示。二曲指出,《三教貌》虽能将三教形象地揭示,但是于个人的安身立命并没有多少关联,而安身立命恰是当务之急。显然,二曲之论指点迷津,切中这本著作的要害,亦令邹隆祚肃然起敬,甚至不以年长为介,师事二曲。

二曲连旬讲学,昼夜无暇,积劳成疾,故匆忙结束靖江讲学,返回常州。据《南行述》载,是时,"阖邑惜别,送至江岸。江阴官吏师生,维舟南岸以待,固邀入城,弗许。父老拥舟,请留一言,以当晤对。先生大书'安分循理',并'勤俭忍'三字以贻之。众欢呼而退。无锡、江阴、靖江之讲会毕,邑宰及学博、镇将并士大夫,感先生阐明绝学,大有造于地方,各具礼币展谢。先生概却,未尝纳一钱一物。众引'交以道,接以礼,虽孔子亦受'为言。先生笑曰:'仆非孔子,况孔子家法,吾人不效者多矣,岂可偏效其取财一事!'众不能强。"显然,二曲在无锡、江阴、靖江等地的讲学,深得人心,大裨益于地方,这也是其明学术、救人心的弘道之举。

(六)病返龙兴

十八日,二曲返回常州龙兴禅院。经过连日来的讲学,二曲病情加重,谢客养病。《南行述》载:

> 客至,概不之见。其往来榻前盘桓者,唯杨雪臣先生讳瑀、龚浪霞先生讳百药、陈椒峰先生讳玉瑊、马一庵先生讳负图、潘易庵先生讳静观、杨陟瞻先生讳球暨弟逢玉先生讳珥、唐云客崑玉并吴野翁、郑素居诸名德。既而,疾日甚,门人吴濬长发祥率其弟发育、子英武昼夜侍侧,延医调理,药必尝而后进,扶披备极劳瘁。陆孝标以客犹不止,遂密异先生至其家塾,声言"业已归陕"。于是,来者始息,得以一意静养。其子士楷偕甥张涵生、濬生躬侍汤药。楷姻杨孝廉亭玉讳珂,时时过从证学,其弟虞玉讳琯善医,因为之诊调。(《二曲集·南行述》)

值得注意,二曲养病期间,少数朋友和门人热情服侍,尤其是前期由门人吴发祥带领其弟吴发育、儿子吴英武昼夜侍候,后期由陆孝标、陆士楷父子及张涵生、张濬生躬侍汤药,悉心照料。这段经历,二曲深刻铭记,不仅为陆孝标作传,亦在吴发祥殁后亲为其作传。二曲《吴义士传》云:

> 毘陵有吴义士者,名发祥,字濬长。生而端谨,甫读书,过目不忘。稍长嗜学,善属文,补邑诸生,才敏识卓,见知于郡丞闵公。公雅有人伦之鉴,尝曰:"吴生材器不群,洞晓世务,非区区咕哔流也。其为时而生乎!"自是身不出里闬,而名已动远迩矣。每诣郡城,郡人争求识面,履满户外。……康熙庚戌,余应郡守骆公之聘至毘陵。毘陵贤士大夫,为余述其义甚悉。余闻而仪之,方欲物色造访,适义士惠然顾余,相与浃谈彻昼夜。语及义士之"义",乃义士绝不自以为义,惟以身心性命为急,以不获洞原透本为憾。退而肃赞执弟子礼,北面事余。义士年长于余,其懿行义举,皆余所弗逮,辞谢再四不敢当,而义士执志愈坚,礼余愈殷;不获已,乃许以师友之间互相资。既而,率其弟位生、子英武、侄丕武、甥邵公甫,同及余门,追随弗倦。余卧疾旅次,剧甚。义士昼夜披侍,延医珍调,药必亲尝。迨余西返,涕泣远送,逾京口,抵维扬,肖像拜别,呜咽不自胜。归而鬻其产业,建延陵书院,集同志切砥于中,力弘斯事。……自余西返,

义士瘵寐思余,岁时寄书问讯,遥质所疑弗绝。壬戌,束装治行,将入关访余,至中途患疽而归。丙寅,议修先贤季子祠,首捐赀为同宗倡。丁卯冬末,感微疾。戊辰元旦,拜谒家庙毕,自是静默不言,凝神以俟。十二日,诀别位生,勉以道义,语不及私。妻问以后事,麾去曰:"何言!"与位生笑语如平时。次晨,取水自浴,正衣冠,翛然而逝,年七十。生平内行修谨,细节必饬。无事则敛目端坐,肃穆恬定;应事接物,则敬慎周详,坦易和平。逝之日,远迩尽伤,巷多陨涕,亦足以见德义之入人者深矣!其义行详具《义田记》《社仓集》《救荒录》《延陵书院志》。

  李子曰:吴义士,天下义士也。天性仁慈,视人犹己,其行义恳恻胁挚,恫瘝在念。语称:"仁者,以天地万物为一体""士当先天下之忧而忧"。今于义士见之矣!虽尝问道于盲,忘年师余,而其为人,实余心师。迄今每一念及,未尝不私窃叹服,爽然自失。噫!论笃易与,实行难得。义士实行若斯,而倏已作古。难得者,得而复失,痛何可言!故次其概,以志余痛。(《二曲集·传·吴义士传》)

这篇文字是二曲生平中较展露情感的传记,字字饱含对吴发祥的期许和深情。据引文知,在二曲看来,吴发祥之"义"在于其深得儒家以天下为一家、民胞物与的精神,在一家、在一乡、在地方、在国家均能实行仁义。据引文亦知,在二曲生病期间,吴发祥殷勤掖侍,周至入微,其后远送其西返,并建书院传播二曲之学。事实上,据现有资料看,吴氏当为二曲学派在江南传播的中坚学者。

二曲在养病期间,并未间断与门人、朋友论学。《南行述》分别记载了陆士楷与张北山的问学情况。

  士楷以《圣学宗传》呈正。先生谓之曰:"《圣学宗传》一书,海门周子著也。周子学见其大,故其论撰多于向上一机,三致意焉。是编上自羲皇,下至明儒,凡有得于性命之微,而不依傍前人口吻、妙发心得者,咸纂入之,而评释于其下。其桎梏于文义者,骤阅之,固足以解缚而启悟。顾去取弗严,引叙失中。中间如赵文肃之生忆宿命,及无垢、慈湖诸人过高之论,初学见之,未免滋惑。其为劝者固多,而其为害者亦复不少。余尝谬不自揆,欲删正而未遑。后之览者,尚知鉴哉!"(《二曲集·南行述》)

《圣学宗传》为明周汝登编撰。周氏字继元，别号海门，嵊县（今属浙江）人。为阳明后学罗汝芳门人。在二曲看来，海门之学注重反己自认，妙发心得，不靠见闻，亦不离见闻，但其所编撰的《圣学宗传》，仍有诸多论述去取不严，引叙失中。二曲的这种判断是符合该书实情，从周氏对入选人物的论述看，重在突出阳明及其弟子之学，甚至存在会通儒释的特点，或许这即为二曲所谓"中间如赵文肃之生忆宿命，及无垢、慈湖诸人过高之论"。赵贞吉（字孟静，号大洲）、张九成（1092—1159，字子韶，号无垢）、杨简（1141—1226，字敬仲，世称"慈湖先生"）均是典型的儒禅相参的学者。

> 涵生季父兼山北面问道，持所录慎独说就正。先生笑曰："慎独乎？独慎耶？知'慎独''独慎'之义，而后慎可得而言也。"请问之。曰："慎之云者，借工夫以维本体也；独慎云者，即本体以为工夫也。借工夫以维本体，譬之三军然。三军本以听主帅之役使，然非三军小心巡警，则主帅亦无从而安；非主帅明敏严整，则三军亦无主，谁为之驭？"因问"主帅"。曰："即各人心中之一念惺惺者是也。此之谓一身之主，再无与偶，故名曰'独'。慎之者，借巡警以卫此主也。然主若不明，虽欲慎，谁为慎？吾故曰：'慎独、独慎之义明，而后慎可得而言'者，此也。"兼山跃然曰："由先生之言观之，觉从前纷纷之说，真若射覆，而今而后知所从事矣。"遂再拜而退。（《二曲集·南行述》）

　　引文为二曲对"慎独说"的阐发。二曲以主帅与三军来拟喻"慎"与"独"的关系。"独"乃是从本体角度言说，"慎"则是工夫角度言说。从"独"看，人生的大本大原朗然呈现，人生的价值意义得以挺立，这也是首要之事，是"立乎其大"；从"慎"看，避免了"心意散乱"，无所适从，人生有了目的和追求。"慎独"是"借工夫以维本体"；"独慎"是"即本体以为工夫"。本体与工夫相即不离，工夫与本体合而为一。可见，二曲的"慎独说"虽然试图以程朱工夫耦合陆王的道德形上本体，但从总体上看，二曲走的仍是陆王心学之路，强调的是内省与体证。

　　在门人、朋友的悉心照料之下，二曲之病旬日而愈。至三月三日，二曲返回龙行禅院居住。期间，值得注意一事为二曲接见了杭州素怀和尚。《南行述》载：

> 杭州西湖比丘素怀春初尝谒先生于虎丘，听讲有感。自是，徘

徊不舍,随卓锡龙兴,寓先生舍旁,时时窃听答众之言,击节嗟叹,自谓:"生平遍参名宿,至此方获闻韶,言言透顶,语语当机,儒由之固足尽性至命,释由之未始不可明心见性,范围三教而无遗,金汤五常而愈峻。老僧法嗣云仍,虽不能如德公之见化于鲁斋,谢遣生徒,然从此佩先生大中至正之训,不敢于日用平常外别涉荒幻矣。"是日,接见喜甚,慰问毕。次晨告别,持卷丐题,以识不忘。先生雅不与二氏作缘,辞焉。退而求得门人所梓先生《传心录》,珍袭以归。(《二曲集·南行述》)

据引文知,二曲在苏州虎丘讲学时,素怀深受启发,便一路跟随二曲至龙兴禅院,并借住于其住所旁边,暗自偷听二曲与门人、朋友的谈话,钦佩至极,甚至感悟"儒由之固足尽性至命,释由之未始不可明心见性,范围三教而无遗,金汤五常而愈峻"。可见,素怀从内心深处被二曲的言行所折服,并对儒家尽性至命、明心见性的思想有了较深入的理解,以至于能辨析出佛教的不足。在被二曲接见后,素怀更是喜出望外。值得注意的是,当素怀请求二曲为自己题字留念,而二曲坚守不和佛、道学人结缘,婉言谢绝。素怀只好求得陆士楷手录的二曲讲学言论——《传心录》珍藏离别。可见,二曲持守儒家立场之严!虽曾遍览佛典,但不外乎明其是非,增益涵养而已。陆士楷《传心录序》云:

> 人之所以为人,以其有是心也;心之所以为心,以其虚灵不昧,备"四端"而兼万善也。无人不具,无时不然,推之南海、北海,千百世之上、千百世之下,无弗同也。圣之所以圣,贤之所以贤,愚之所以愚,不肖之所以不肖,统于是焉分之,故不可以不学也。学之如何,亦惟全其心之所同,不至于自昧其灵,自趋于愚不肖之归而已。然而,未易言也。盖必有传而后学可得而言,有学而后心可得而言。昔人所谓有真师友,然后有真口诀是也。楷生也钝,自舞象时,蒙家严口授以曾大父聚冈公、大父凤台公《家训》,谆谆以治心为务。自是虽颇知所向,而鞭策无人,作辍乘之,荏苒虚度,祗是旧人。辛亥春,始获受学于吾师二曲先生之门,晨夕趋侍,解惑启蔽,叨益良多,而大要归于治心。楷闻之如饮琼露,不觉神思融畅。噫!使非彼苍默佑,得闻心要,则虚此生矣。今师范日远,就正无从,谨述其概,题曰《传心录》,以见仪范虽远而心范则存,尊所闻,行所知,庶为无负。

否则,即日侍函丈,亦何益哉!(《二曲集·传心录》)

《传心录》集中收录了二曲论述"良心""本心"的言论。据陆士楷序看,《传心录》乃是阐述人人皆有一个灵虚不昧的本心,包括仁、义、礼、智等各种德行均源于这一本心。领悟彰显这一本心,立心治心也就是二曲学术的主要内容。显然,这个"治心"和佛教论"空"的主旨是不同的。

自上年十二月初一离开襄城,已有三个月,为父招魂之事也无时不牵挂于二曲的心头。在彻底病愈后,二曲便告知门人与朋友,近日返回襄城。当消息传出后,尚在服丧期间的骆锺麟与当地士人竭力加以挽留。二曲以"久违先陇,痛切于心"为由婉言谢绝。三月六日,二曲起程,诸多学者撰文作诗送行。诸如岳宏誉撰文云:

盩厔李先生之来毗陵也,毗陵之人从之者如归市,是何毗陵之人闻道之速,向道之笃乎?抑先生之德有以入人之深而闻声响应,不介以孚也?窃闻先生之为人也,澹澹穆穆,无所求于世。其学以"静"为基,以"敬"为要,以"返己体认"为宗,以"悔过自新"为日用实际。兹何以来毗陵也?曰:"与郡伯有旧也。"郡伯昔为盩厔令时,折节严事养其母,举其丧,朔望必枉驾于先生之庐,登其堂而就教焉。然先生足迹未尝一入县治也。郡伯在盩厔,先生不入县治;郡伯在毗陵,而先生何以来也?曰:"感郡伯之德,应郡伯之聘,思欲行道设教以助郡伯德化之成,借以报郡伯也。"于是,毗陵之贤士大夫争往候于其门,而就教者接踵焉。毗陵之下邑贤有司,争往致于其邑,大会绅士于明伦堂,以请先生之教。就正者环四面,闻风而至者云集,岂非毗陵之人闻道之速而向道之笃乎?

夫毗陵亦声名文物之邦也,自龟山杨夫子讲学以来,学者知所宗尚;嗣后,唐薛诸公正谊明道,代有传人。然龟山夫子寓居十八载而从游者始盛,先生来不数月而人之徘徊眷恋于先生者,何其盛也!今先生行矣,有出郭而送先生者,有裹粮买舟而送于数十里或百里之外者,有牵衣泣下不忍别去者,有愿随至关中受业者,非先生之德,果有以入人之深而能至此耶!(《二曲集·南行述》)

二曲江南讲学总共三月零六天,其中在常州有两个月,往来于无锡、江阴、靖江等地有一个月。在短短的日子里,二曲与江南士绅结下了深厚的友谊,并以其学识与德行赢得了他们的信服和敬仰。临别之际,众人依依惜别之情,感人至深!据《历年纪略》载,从初六出行到初七,仍有众多的朋友相送不已。二曲见状,不得不力辞劝阻,泪别而散。但是,仍有个别门人与朋友,不忍离去,又继续送行。"陆孝标率其子士楷、甥张潇生随至丹阳,大恸分袂。吴潜长独涕泣追随,逾京口,渡大江,历瓜洲,抵维扬,始肖像拜别,呜咽不自胜。"(《二曲集·南行述》)吴发祥又"退而鬻产,倡同志鼎建延陵书院,奉其教规"。至康熙九年三月二十五日,二曲返回襄城。四月初九日,二曲"抵家,诣母墓告旋"(《历年纪略》"康熙九年"条)。

第四章 辟辟非同巢许志,安贫独契孔颜心[①]

自康熙十年(辛亥,1671)四月二曲襄城招魂返家之后,二曲的身影再也没有离开关中。关中这块沃土,先后滋育着远溯西周文王、武王、周公,近至晚明冯从吾、张舜典等先贤。二曲生于兹,讲学弘道于兹,亦归老于兹。

一、弘道"关中":振绝学于来兹[②]

(一)身居奸薮

康熙十年(辛亥,1671)四月,二曲南行招魂返回家乡,然而,还未等二曲恢复旅途的劳顿,五月,群小们又开始盘算如何构陷二曲。据《历年纪略》载:

> 五月,群小复谋构陷。爱先生者谓憸壬险巇叵测,邑君衔之又深,劝之徙居于郿。先生不忍远违坟墓,谢曰:"祸患之来,命也!"卒不徙。(《历年纪略》"康熙十年"条)

群小构陷之急切,令二曲的一些朋友感觉这次二曲处境叵测,危在旦夕,尤其是县令马芝也在积极地寻找机会策划事端。因此,在朋友、门人看来,二曲避祸临近的郿县为其暂时自救之计。然而,二曲之举,颇是令人肃然起敬:其一,"不忍远违坟墓"。二曲天性至孝,或许因刚将其父魂魄从千里之外的襄城招回,却立即避祸他乡,于心不忍。其二,乐天顺命。面对危害,二曲以"祸患之来,命也"谢绝了诸多主张。在儒家思想里,自汉代以来就有"正命""随命""遭命"三种不同的说法。大致而言,由意外而产生的偶然性命运为"遭命",受自我行为决定的命运为"随命",而那种由先天所决定的人强弱夭

---

① 解题:郑重诗:"关学从来擅古今,后贤谁复有知音。风高二曲声施远,望重三秦朝野钦。辟辟非同巢许志,安贫独契孔颜心。当年亲炙毗陵道,悔过犹思教泽深。"(《历年纪略》"康熙十七年"条)

② 解题:钟朗语:"斯道不讲,非一日矣!振绝学于来兹,回狂澜于既倒,肩斯任者,非先生而谁乎?"(《历年纪略》"康熙十一年"条)

寿等则为"正命"。如果以此来看二曲的境遇,既可以认为是即将出现的外在"遭命",也可以认为是其长期行为所造成的"随命",或许二曲自己也会认为这是由先天所决定的"正命"。事实上,无论是"正命""随命",还是"遭命",要么认为人的生命受生理的限制,要么认为受外在环境或个人行为的决定,均具有经验论或宿命论的色彩。而自宋明理学兴起,在儒家学者的观念里,真正的生命问题并不在于人的自然生命,而在于对德行生命的追求,在于对个体精神境界的提升。如果能够领悟到与天地万物一体的境界,渺小的人生命运又何足挂齿!对于二曲来说,亦当是如此,矢志成就自己的道德生命才是最为重要的问题。

与群小们的构陷相反,得知二曲返乡后,前来问学谒访之人络绎不绝。据《历年纪略》"康熙十年"条记载:

> 六月,满洲黄旗大人会讳纳偕弟奋魁诣庐问道。是秋,各旗孤山牛鹿多来瞻礼,将军冯讳尼勒往来尤殷。冯乐善好贤,先生告以严纪律、恤地方,冯跃然佩服。是时鱼皮鞑靼来谒者,多不通汉音,托译乞诲。诸名流闻而喟然曰:"古人谓道高龙虎服,今于李先生见之矣!"(《历年纪略》"康熙十年"条)

从引文看,是年六月自满洲黄旗大人会纳和其弟奋魁前来问道后,前来瞻仰礼敬的为各旗固山额真、牛录额真等官员,尤其是镶红旗的佛尼勒将军经常前来礼敬问学。其间,或许是二曲看到佛尼勒勤奋好学,诚心尊贤,便嘱他严明军队纪律、体恤地方。佛尼勒亦颇为感奋,更加虚心向二曲请教治军方法。如果说会纳等拜谒者尚属满族官僚,而其后鱼皮鞑靼来谒则令人唏嘘不已。鱼皮鞑靼为当时的蒙古族部落首领,不通汉音,却闻声而受教,可见二曲盛名之远播。

十月,咸宁县丞郭传芳与阃司张梦椒前来迎接二曲游览拜谒董子祠。董子即董仲舒(前179—前104),乃汉代最杰出的大儒,广川郡(今河北省景县)人。青年时,董仲舒曾苦读儒家经典,尤其是研究春秋公羊学,有"三年不窥园"的刻苦典故,终成一代大儒,号称"群儒之首"。董仲舒祠在咸宁城的一个角落,地颇幽僻。祠后是董仲舒墓,俗称下马陵。二曲"念一代大儒,秦火而后,正学所由开先,遂慨然趋谒"(《历年纪略》"康熙十年"条)。二曲以董仲舒能在秦始皇焚书坑儒后积极弘扬儒学,其功绩不可磨灭,故应约前去拜谒。而在这次拜谒董子祠的过程中,值得注意处有二:一是加深了二曲与郭传芳的友谊,并结识了张梦椒。郭传芳字九芝,贤而好学,以风雅著名。据《历年纪略》"康熙八年"条载,康熙八年时郭传芳初见二曲,便"一见如故,自是崇奉其道,契分日深"。此次当为再次会晤二曲,加深了二人的友谊。事实上,此后郭传芳成为二曲重要的挚友和资助者,与二曲情谊深厚,与骆鍾麟相类似。在郭氏殁后,二曲为其撰文悼念。其中云:

> 公讳传芳,九芝其字也。有康济才,以明经丞咸宁,贤声蜚三辅,诸上官莫不严重,事多咨决,倚若蓍蔡。历咸宁、郃阳、澄城、长安剧邑,神明岂第,卓绝一时;所居民戴,所去见思,尸而祝之,如奉私亲。及宰富平,治邑如治其家,善政善教偕行,仁言仁声并入,实绩奏最,钦赐袍服。膺内召,会东川郡邑新复,需人字抚,遂改牧达州,未几病卒。弗获究厥施于天下,而仅以循良著,识者惜之。然密邑、中牟、谷阳、桐乡皆以邑显,生有荣称,殁而奉尝,登诸简册,流馨百世。彼其时,身不出都门,位卿相而名湮灭无闻者,方此何啻霄壤!
>
> 公自咸宁时奉督抚檄,主关中书院,修省志,即与余以为己之学相切砥。其在富平,为余筑室幽阿,迎余款聚,究极性命。自是反己入微,务敦大原,葺慎庐于署,揭"四说"以自矢,其操严祗勒如此。余不肖,承公特达之知,雅意相成,受益实宏,今知己云亡,曷胜人琴之感!谨抆泪遥题公墓前之碣,而次其概于碣阴,以志余痛。若夫履历事迹,居恒脍炙人口者,详具铭、状、传、表,无俟余赘。(《二曲集·墓碣·题达州牧九芝郭公墓碑》)

据二曲文知,郭氏曾经任咸宁、郃阳(今合阳)县丞,又迁至富平县令,后逝于四川达州知州的任上。有康济之才,在任职咸宁时就"贤声蜚三辅,诸上官莫不严重,事多咨决,倚若蓍蔡";为地方县令时,深受百姓爱戴,"所去见思,尸而祝之,如奉私亲"。郭传芳不仅与二曲交情深厚,亦与李因笃、傅山、王弘撰等人以道义相契。张梦椒为二曲初次结识。张梦椒字瀔州,山西代州人,明兵部尚书张凤翼之子。曾在康熙三年任陕西掌印都司,后迁任安远营参将。张梦椒自幼受过良好的教育,淹雅宏博,诗文敏赡,为人倜傥有气谊,为当地名流所推重。张氏对二曲十分尊崇,自此之后深为二曲所信任,以道义相交。

其二,在三人论学中,二曲论及"正谊明道"的思想,其云:"方今人欲横流,功利之习,深入膏肓,斯言在今日,尤为对症之剂,吾侪所宜服膺者也。"(《历年纪略》"康熙十年"条)"正谊明道"源自董仲舒"正其谊不谋其利,明其道不计其功"之语。在后世儒家学者那里,往往加以阐发,以"道"为体,以"义"为用,从道德立论,强调"得道义则功利自至"。可见,二曲所论不仅因董仲舒而发,更基于后儒对其理解,挺立道德的优先性,认为"正谊明道"乃是整治社会上物欲横流、功利满盈现象的有效良方。郭、张二人听后,深有同感,怃然信服。张梦椒亦是这次与二曲论学后,幡然醒悟,持信儒家之道。其间,闻讯而来的满洲黄旗大人会纳,又率领子弟,师事二曲,伴随受学。

到了康熙十一年(1672)的春天,二曲处境更为艰难。据《历年纪略》"康熙十一年"条载:"是春绝粮,几不能生。王省庵闻之,自蒲来候,为之办三月薪米而还。先生每值阨困,则诵'伯夷、叔齐饿死',并'志在沟壑',以自振。"可见,每当困顿艰难之际,二曲并不为之气馁,以伯夷、叔齐为效仿例子,以"志士在沟壑"勉励自己和家人。前例源自《史记·伯夷列传》:"伯夷、叔齐,孤竹君之二子也。父欲立叔齐。及父卒,叔齐让伯夷。伯夷曰:'父命也。'遂逃去。叔齐亦不肯立而逃之。国人立其中子。于是伯夷、叔齐闻西伯昌善养老,'盍往归焉!'及至,西伯卒,武王载木主,号为文王,东伐纣。伯夷、叔齐叩马而谏曰:'父死不葬,爰及干戈,可谓孝乎?以臣弑君,可谓仁乎?'左右欲兵之。太公曰:'此义人也。'扶而去之。武王已平殷乱,天下宗周,而伯夷、叔齐耻之,义不食周粟,隐于首阳山,采薇而食之。……遂饿死于首阳山。"事实上,夷齐隐逸首阳,"不食粟"以致饿死的典故素被易代之际的遗民学者所颂咏。如与二曲同时的黄宗羲云:"太史公谓伯夷义不食周粟者,盖伯夷先时归周禄以养老,隐于首阳,始不受禄,故谓之不食周粟也。若以率土之粟即为周粟,则薇与粟何择焉?"①"夫夷、齐之所以为夷、齐,只在穷饿,节如是止矣,岂以沾沾一死为快也?"②在黄氏看来,伯夷不食周粟仅为不受西周俸禄,即不出仕,而非饿死。陈确则云:"二子之义只在穷饿,节如是止矣,不必沾沾一死之为快也。"③据此看,虽然二曲未有辨析夷齐问题的具体言论,未必不赞同黄氏、陈氏之论,尤其在是时"绝粮"之际颂咏夷齐,其节义应在于"只在穷饿",从其生平看,亦不出仕,严守志节。后例源自《孟子·滕文公下》"昔齐

---

① ② 黄宗羲:《王义士传》,《黄宗羲全集》第10册,杭州:浙江古籍出版社,2005年版,第581、583页。

③ 陈确:《死节论》,《陈确集》,北京:中华书局,1979年版,第153页。

景公田,招虞人以旌,不至,将杀之。志士不忘在沟壑,勇士不忘丧其元"语。齐景公用不符合礼制的旌旗来召虞人。虞人并不畏惧,亦不从召,其因在于志士素能坚守志节,不怕弃尸山壑;勇士素能见义而为,不怕丧失性命。可见,二曲以颂咏伯夷、叔齐及志士来自勉,表明坚持操守之志向不可动摇。似乎二曲之举,亦在表明宁愿持节饿死也不会向环境屈服,向周围的奸佞之人屈服。幸运的是,二曲困境传至蒲城,好友王化泰闻听,痛伤悲戚,"自蒲来候,为之办三月薪米而还"(《历年纪略》"康熙十一年"条),又一次帮助二曲渡过难关。

至八月,二曲到省府西安,拜谒冯少墟墓。冯少墟即冯从吾(1556—1627,字仲好,学者称之为"少墟先生"),长安人,明代关中著名的大儒。冯从吾自幼苦读儒家经典,有志于濂、洛之学,曾受业于著名学者许孚远。明万历十七年(己丑,1589)中进士,出任监察御史。冯从吾为官清正,敢于直言,曾上书批评万历皇帝失德。后告官归乡,著书立说,讲学授徒。时人赞誉说:"出则真御史,直声震天下;退则名大儒,书怀一瓣香。"万历三十七年(己酉,1609),陕西布政使汪可受、按察使李天麟等筹建了关中书院。此后,虽然冯从吾曾一度被起用,但大部分时间主讲于关中书院。天启五年(乙丑,1625)八月,陕西魏忠贤党羽为迎合魏忠贤禁灭东林书院的旨意,捣毁了关中书院。冯从吾见状,悲愤成疾,于第二年饮恨辞世。冯从吾受许孚远影响,为学既主张"格物",又崇信"良知",进而"统程、朱、陆、王而一之,集关学之大成者"①。概言之:其一,在为学方面,冯从吾立足于程朱之说。认为:"学问之道全要在本原处透彻,未发处得力。本原处一透,未发处得力,则发皆中节,取之左右自逢其原,诸凡事为自是停当。不然,纵事事点检,终有不凑泊处,此吾儒提纲挈领之学,自合如此,而非谓日用常行一切俱是末节,可以任意,不必点检也。"②其二,力辨儒佛异趣。冯从吾反对混淆佛老与儒、人云亦云、似是而非之论,认为:"佛氏所见之性,在知觉运动之灵明处,是气质之性;吾儒之所谓性,在知觉运动灵明中之恰好处,方是义理之性。"③并对晚明儒、佛在道体、心性、人性善恶等重大理论问题上的差异做了系统而全面的辨析。进而,从儒家道德心性方面坚定学术态度,崇正辟邪,力变风气。其三,在关学学风的

---

① 冯从吾:《关学编(附续编)》,第69页。
② 冯从吾:《关中书院语录》,《冯恭定公全书》卷12,清康熙十四年刻本。
③ 黄宗羲:《明儒学案》(修订本),第982页。

传承和重建方面,冯从吾主张"敦本尚实"的实学,反对王学末流猖狂无忌惮的偏弊;主张为学须"有主"、贵"有得",方能"深造以道";发扬张载关学躬行实践、经世致用的传统,不仅对国计民生给予深厚的关切,而且一生中坚持刚正不阿的坚贞气节。冯从吾生平重视讲学,四方从学者至五千余人,时人称之:"关中杨伯起、张横渠、吕泾野三先生后,惟先生一人。"①可见,冯从吾对关中儒家文化的弘扬与传播做出了杰出贡献,被认为自东汉被誉为"关西孔子"的杨震、宋代关学的创立者张载与明代关学的集大成者吕柟之后最卓越的学者。冯从吾曾著有《关学编》,这也是我国第一本关学史著作,记载了上自北宋张载,下到明代王之士的关中理学家三十余人的生平事迹与学术特点。二曲为何此时专程拜谒冯从吾墓,不得而知。但据王心敬等增辑《关学编》记载,明崇祯十六年(癸未,1643),年仅十七岁的二曲就曾读过《冯少墟先生集》,深受启发,"恍然悟圣学渊源,乃一意究心经史,求其要领"②。虽然王氏的这一记载存在着时间上的错误,但揭示了青年二曲曾受到冯从吾的深刻影响,而有志于儒学。在这次拜谒冯从吾墓的同时,二曲着手一件有裨于后世的重要学术活动——寻访冯从吾遗集,并加以汇集整理。或许为了有效地收集冯从吾遗集,二曲寓住西安南郊的大雁塔附近。二曲虽然悄然来到西安,但此事很快被陕西学宪钟朗知晓了。钟朗,浙江石门人。顺治己亥进士。由翰林改工部主事,升员外郎,出视江南、江西、湖广等处芦政,历刑部郎中。康熙九年始视陕甘学政,严绝苞苴,振拔寒畯。升布政司参议,致仕归。年七十三卒(参见吴氏《二曲先生年谱》)。钟朗曾在五月份,闻听二曲母亲事迹后,大书"贤母彭氏"四字以表其墓;并致书二曲,以申向往。"既而,深咎羁于职守,不获造庐,尚吏托张阆、郭丞介绍肃迎"(吴氏《二曲先生年谱》)。钟朗虽托请郭传芳与张梦椒介绍延请二曲至省府,但遭到二曲的婉言谢绝。此次闻听二曲借寓于西安南郊,立即出城拜访,"质疑咨学,闻所未闻,深恨会晤之晚。每日就寓倾论,击节再拜"。又"时值大比,三边八郡士萃省,闻风争造,肩摩踵接。先生随人响答,终日不倦。于是,秦人始知章句之外原自有学,兴起者甚众"(吴氏《二曲先生年谱》)。西安本是西北的文化中心,各地士人云集之地。士人们"闻风登造,肩摩踵接",二曲则是随人授学,终日不

---

① 冯从吾:《关学编(附续编)》,第74页。
② 王心敬等增辑:《关学编》卷6。

倦。十天后,二曲方起身返乡。在得知二曲返乡的消息后,钟朗又出城躬送,依依临别,并致书云:

> 斯道不讲,非一日矣。振绝学于来兹,回狂澜于既倒,肩斯任者,非先生而谁乎?朗也无能为役,虽然执干撅,从鞭镫,所欣慕焉。向者颇闻二曲有李先生,然耳其名矣,未见其人也。及骖停雁塔,见其人矣,犹未闻其绪论也。今见其人矣,闻其绪论矣,虽未能窥其堂奥,乃见猎心喜。入闻夫子之道而悦,人皆有之。朗,东海之鄙人,何独不然。朗尝自问,少年场跌宕于浮名,一行作吏,尘面东西,簿书鞅掌,蒙西子之面,欲自见本来,岂可得乎?今遇先生,如炉之点雪,水之沃焦,骎骎有不知其然者,方将啜饮之不可斯须去,而先生又以避喧遄归,私心怦怦,曷胜怅惘。(《历年纪略》"康熙十一年"条)

可见,二曲此次因拜谒冯从吾墓,寻其遗集而讲学雁塔,虽然时间短暂,但在陕西学术界引起了极大轰动,为一时之盛事。通过聆听二曲的讲学,学宪钟朗及西安士庶深受启发,恍然醒悟儒家学术的真谛并不在于章句制义、科举浮名,而在于性命修养,成就德行,故有"秦人始知章句之外原自有学,兴起者甚众"之说。

二曲的西安之行和钟朗、郭传芳、张梦椒等官绅及一些士人建立了密切联系,甚至和其中的不少人建立了持守终生的友谊。他们也逐渐地对二曲所处的生活环境有了更深入的了解,颇担心二曲为盩厔县令马芝为首的宵小之徒所构陷,并尽自己的努力为二曲营造避害安身之所。据《历年纪略》"康熙十一年"条载:

> 是冬,张闻司以先生身居奸薮,欲营室于鄠,迎先生避地远氛,会转安远参戎,不果。致札云:"憸壬所以觝牾者,以先生名高德重,求亲而不得,则忌谤生焉。然山鬼之伎俩有限,老僧之不闻不见无穷,再加以少霁岩岸,此辈乐有附骥之望,而可化其成心矣。如邪正分明太甚,小人愈肆其恶,愿先生勿以人废言,是祷。"濒行,念先生清苦,捐俸三十金,托人为先生购地十亩,聊资薪水。(《历年纪略》"康熙十一年"条)

张梦椒越发感觉二曲身居奸薮,随时都有可能遭受他人的陷害,基于此,计划在盩厔东边的鄠县(今作户县)为二曲营造避难之所,但恰逢其转任安远,无法实施计划,心中彷徨不安。临别时,捐俸三十金,托人为二曲购田十亩,聊资生计。从其与二曲信中,可见是时二曲处境危险。在张梦椒看来,之所以二曲身边有那么多奸邪之人,不外乎是见到二曲名高德重,前来攀附却遭到其拒绝,因而才产生了忌谤。所以,张梦椒劝告二曲,群小的伎俩毕竟是有限的,如果能消歇这些人的忌谤高傲之气,或许还是可以教化他们的。如果二曲和过去一样严分邪恶,拒之门外,则会加剧他们的嫉恨。的确,张梦椒洞察到二曲遭嫉恨的原因在于其志行高洁、邪恶分明的品行。此种品行乃是基于二曲的道德操守,且矢志不渝,实非张氏劝告所能移。

(二)执教书院

关中书院作为明清两代陕西最著名的书院,建于明万历三十七年(己酉,1609)。冯从吾《关中书院记》云:

> 余不肖偕同志讲学宝庆古刹有年矣。岁己酉十月朔日,右丞汪公、宪长李公、宪副陈公、学宪段公联镳会讲,同志几千余人相与讲心性之旨,甚具欢然,日晡始别。濒别,诸公谓余曰:"寺中之会第可暂借而难垂久远,当别有以图之。"明日,即以寺东小悉园槭咸、长两邑,改为关中书院,延余与周淑远诸君子讲学其中,而汪公复为书院置公田,延绥抚台涂公闻而嘉之,以俸余增置焉。讲堂六楹,诸公扁曰:"允执。"盖取关中"中"字意也。左右各为屋四楹,皆南向,若翼东西。号房各六楹,堂后假山一座,三峰笋翠,宛然一小华岳也。堂前方塘半亩,竖亭于中,砌石为桥,偏西南不数十武,掘井及泉,引水注塘,井覆以亭。二门四楹,大门二楹,旧开于南,缘邻官署,冠盖纷还,深山野人不便厕迹,因改于西巷,境益岑寂。且不失吾颜氏陋巷家法也。西巷地基乃用价易民居,大门外复构小屋数楹,仍居数家以供洒扫之役。前后稍为修葺,未及数月,涣然成一大观矣。松风明月,鸟语花香,令人有春风舞雩之意,而刘郡丞孟直复为八景诗以壮之,一时同志川至云集,吾道庶几兴起,而余愧不足以当之也。①

可见,关中书院为是时陕西布政使汪可受,按察使李天麟,副使陈宁、段猷等为因上疏忤明神宗罢官归里的大儒冯从吾联友讲学而设。初建之时,改

---

① 冯从吾:《关中书院记》,《冯恭定公全书》卷19,清康熙十二年刻本。

宝庆寺东小悉园为"关中书院",并取《尚书·大禹谟》"人心惟危,道心惟微,惟精惟一,允执厥中"之"允执厥中"义。初建时置有学田、房舍、假山、大门、二门等,初具规模。明天启六年(丙寅,1626),阉党魏忠贤专权,明熹宗下旨"一切书院俱着拆毁",关中书院一度罹难。但是,到了清代又屡屡受到政府的重视,逐渐加以修复。康熙三年(甲辰,1664)陕西巡抚贾汉复檄西安知府叶承桃、咸宁知县黄家鼎重修书院,并扩院址,增设东廊、西圃等建筑。据《历年纪略》载,康熙五年(丙午,1666)二曲母彭氏去世的次年春,时任太守的叶承桃即以"纯贞启后"表闾。十月"太守叶重建关中书院,欲延先生开讲,托李叔则介绍,先生不答"(《历年纪略》"康熙五年"条)。叶氏试图通过二曲友人李楷延请二曲讲学关中书院,二曲未应。至康熙十二年(癸丑,1673),陕西总督鄂善复修关中书院,再一次延请二曲前去讲学。《历年纪略》载:

> 总督鄂讳善政崇风教,自巡抚时,雅慕先生,知先生不履城市,难以屈致。是年,修复关中书院,拔各郡俊士于中,乃因提学钟朗致饥渴,又因咸宁郭丞通礼意。四月,肃币聘先生讲学。先生力辞至再,鄂公敦延愈殷,三往然后应。(《历年纪略》"康熙十二年"条)

据引文知,其一,鄂善总督陕西期间,注重文教,礼遇二曲。《清史稿》载:"鄂善,纳喇氏,满洲镶黄旗人。初自侍卫授秘书院学士,迁副都御史。康熙九年,授陕西巡抚。十一年,擢山西陕西总督,寻改专督陕西。十二年,调云南,以哈占代。三桂反,诏鄂善留湖广。十三年,改兼督云、贵命从师进征。三桂陷湖南郡县,吏议镌五级,命留任。王辅臣叛,命与副都统穆舒浑率师自襄阳移守兴安、汉中。十四年,次西安,哈占疏留助守。上复命移守榆林、延安,哈占再疏留不遣。及毕力克图击辅臣,复延安,鄂善乃遵上指移驻,招抚流民,分守栈道,寇来犯,击之退。授甘肃巡抚。十七年,坐失察布政使伊图蚀帑、清水知县佟国佐苛敛,部议当夺官,命留任。十八年,以计典罢。寻卒。"① 可见,鄂善在康熙九年(庚戌,1670)时已任陕西巡抚,至十一年迁升山陕总督。亦是在是年,修缮关中书院、选拔地方优秀学子进入书院学习,并积极物色各地硕学鸿儒主讲于书院。其二,二曲主讲书院源自提学钟朗与咸宁县丞郭传芳的极力推荐和鄂善本人礼贤下士的殷切举动。鄂善在任陕西巡抚的时候,已对二曲深怀倾慕,并知二曲志行高洁,难以招致,故此次再三延

---

① 《清史稿》卷256《鄂善传》。

请二曲主讲关中书院。二曲亦基于与钟、郭友谊及鄂善本人的诚意应允前往。这次主讲书院也开始了二曲与鄂善的交往。

得到二曲应允讲学关中书院的消息后，钟朗等人十分高兴，钟朗又"以先生衣服宽博不时，预制小袖时袍，驰送"。想到二曲一向如乡间的百姓般穿着宽博而又不合时节的衣服，钟朗便预制小袖时袍，驰送二曲。然而，二曲"笑而藏之，仍宽博以往。至城南雁塔，钟朗出城奉迎，见之愕然"。二曲云："仆非官僚绅士，又非武弁营丁，窄衣小袖，素所弗便。宽衣博袖，乃庶人常服。仆本庶人，不敢自异；且庶人无入公门之理。区区生平，安庶人之分，未尝投足公门；今进书院，诸公见顾，断不敢破戒报谒。"在二曲看来，虽然此次自己前来讲学，但身份依旧是乡里百姓，所穿也当为百姓平时衣服，而不能像官僚绅士、武弁营丁那样穿着窄衣小袖；当然，二曲之意更在于说明自己志行操洁，所做之事无非是讲学，所交之人无非以学者身份待之，决不去奉迎各级官员，甚至到其府邸拜谒。钟氏自然领会二曲的想法，尊重其志向，故"为之备达"鄂善。鄂则云："余等聘先生，原为沐教，岂可令其顿违生平。"并"偕抚军阿讳席熙暨三司迎候于书院之翼室，设宴，随改其室为'明道轩'"。据吴氏《二曲先生年谱》考证，是时"三司"为布政使吴努春、按察使巴锡、提学钟朗、西安知府邵嘉引等人。三司作陪，可见鄂善尊贤之热诚。鄂善明确说聘请二曲的目的在于讲学弘道，并不是让其屈节谒访官僚绅士等，亦见二曲之志节。身为总督的鄂善这一表态，当然是对二曲主讲关中书院的尊重和最有力的支持，也为二曲的讲学摒除了许多繁文缛节。

五月十五日，二曲开始登座讲学。据《历年纪略》载：

> 公与抚军藩臬以下，抱关击柝以上，及德绅、名贤、进士、举贡、文学、子衿之众，环阶席而侍，听者几千人。先生立有《学规》《会约》，约束礼仪，整肃身心。三月之内，一再举行，鼓荡摩厉，士习丕变。故老有逮事冯少墟者，目睹其盛，谓："自少墟后，讲会久已绝响，得先生起而振之，力破天荒，默维网常，一发千钧。视少墟倡学于理学大明之日，其难不啻百倍！"一时院司道府，莫不致饩，咸却而不受。抚军阿赠金数镒，往返再四，亦固辞。（《历年纪略》"康熙十二年"条）

可见，二曲讲学，听众除了鄂善所率领的各级官吏，另有德绅、名贤、进士、举贡、文学、子衿等，环阶席而侍听之者多达数千人，规模甚为宏大。不仅使陕西复现冯从吾讲学的盛况,而且有效地促进了地方文化的传播。

事实上,在讲学伊始,二曲便撰写了《关中书院会约》,为书院的日常行为制定了诸多的规定。《关中书院会约》亦被新提学洪琼广布士人。洪琼字瑞玉,安徽歙县人。顺治九年(1652)中进士,曾经担任过韶州推官、刑部陕西司主事。康熙十二年(1673)七月转任陕西提学。洪琼莅任伊始,得知二曲讲学关中书院,"即具启通币,以申向往",同样也遭到二曲的谢绝。洪琼并不为意,反而愈加钦佩二曲,至关中书院,朝夕躬陪。在读过《关中书院会约》后,洪琼欣然为之作序,其中云:

> 古之人左右起居,盘盂几杖,有铭有戒,有箴有规,动息皆有所养,故横渠之《西铭》、伊川之《四勿箴》,莫非讲明义理,晨夕自警,以修其身。平日识之明、习之熟,则制于外者所以养其内,谨于始者使其要于终,勉之以当然,而待之以积久,是以其教不肃而成。
>
> 二曲先生仰承上台图化民成俗之意,而以学为先,于是述古圣贤教人为学之要,以为具存于经,乃首《儒行》,次《会约》,而终以《学程》揭其条目,俾学者触目警心,有当于古人铭戒箴规之义焉。其心虚,其念切矣。考宋制,新进士各赐《儒行》《中庸》二篇,濂、洛、关、闽,实际其盛。先生学有渊源,词无枝叶,诸所论述,大要在着实从一念独知处,本体功夫,一时俱到,岂非近里着己之实学哉!今士子务为词章,漫谓苟可干禄,何事讲学!夫王公大人,自幼至长,未尝去于学之中,故能收其切磋追琢之益,以成其盛德大业之隆。昔卫武公作《大雅·抑》之篇,使人日诵于其侧以自警。《大学》释《有斐》之诗,归美于道学自修,至今颂睿圣之德于不衰。方今上台生负睿智之质,出秉节钺之尊,咸行爱立,文武为宪,其所辅理承化之功,已尽章章如是;而犹虚左下士,诚心访问,勤勤恳恳,意不少倦焉。况诸士正当鼓箧逊业、博习亲师之日,又当何如其孜勉欤!
>
> 余初拟刻朱子《白鹿洞规》以颁示多士,今读《关中书院学规》,其为学之序与修身接物之要,实与白鹿之旨深相发明。在秦言秦,归有余师。诚能请事斯规,服膺勿失,铭之座右,书诸绅佩,则出入动息之间,所以操存而涵养者久而自熟。是于先生之言如江海之浸、膏泽之润也。使一人之行修移之于一家,一家之行修移之于乡

党郡邑,则三秦之风俗成,人材出矣。教化之行、道德之归,上之人实切有望焉,诸士勉乎哉!(《二曲集·关中书院会约》)

洪氏序文,充满对二曲的赞誉,如其云"先生之言如江海之浸、膏泽之润也。使一人之行修移之于一家,一家之行修移之于乡党郡邑,则三秦之风俗成,人材出矣"。不仅可见洪氏对二曲的敬仰,也可见其对二曲讲学方法的肯定,对其讲学功绩的高度评价,尤其是洪氏揭示了二曲讲学的目的为"仰承上台图化民成俗之意,而以学为先"。以讲学化民成俗,这亦是二曲所坚守的匡时第一要务。二曲《关中书院会约》包括《儒行》《会约》《学程》三个部分。《儒行》源于《礼记》,主要阐述什么是儒者,及其作为儒者的日常行为应当如何。诸如其开篇云:"士人儒服言,咸名曰'儒',抑知儒之所以为儒,原自有在也。夫儒服儒言,未必真儒,行儒之行,始为真儒。"在二曲看来,穿着儒者之服,讲着儒家的言论,但并不一定是"真儒",只有行儒者之行的方是真儒。二曲的目的很明确,通过解释《儒行》,要求士人学子躬身实践,行儒者之事。在《会约》中,二曲则制定了讲学仪式、规定了讲学的内容。诸如开篇云:"每年四仲月,一会讲。讲日,午初击鼓三声,各具本等服帽,诣至圣前四拜礼,随至冯恭定公少墟先生位前,礼亦如之。礼毕,向各宪三恭,然后东西分班,相对一揖就坐。以齿为序分,不可同班者退一席。讲毕,击磬三声,仍诣至圣前,肃揖而退。"《会约》对会讲的日期、过程、仪式等均作了详细的规定。在《学程》中,二曲对书院中学子们日常学习的时间表、仪式、内容等一一作了规定。诸如,他说:"饭后,看《四书》数章,须看白文,勿先观《注》;白文不契,然后阅《注》及《大全》。凡阅一章,即思此一章与自己身心有无交涉,务要体之于心,验之于行。苟一言一行不规诸此,是谓侮圣言,空自弃。"二曲要求学子们在早饭后读《四书》,并将读书的要领一一指出,不仅要学思结合,而且要学行结合。事实上,通过《关中书院会约》,书院有了日常的和长期的读书与讲习规划,有效地推动了书院各种活动的开展。在三个月的实践中,书院的活动取得了非常显著的效果,不仅会讲不断,而且使学风产生了巨大变化。

值得注意的是,在讲学关中书院时,洪琮与二曲建立了较为深厚的友谊,帮助二曲刊刻了《冯少墟集》。二曲自去年开始汇辑冯从吾遗集,业已竣工,但无力刊印。洪琮得知此事,便慷慨帮助刊印《冯少墟集》,这也是关学学术史上的一件盛事。关于此事,二曲云:

余生平遍阅诸儒先理学书,自洛、闽而后,唯《冯恭定公少墟先生集》言言纯正,字字切实,与薛文清《读书录》相表里,而《辨学录》《善利图》《讲学说》《做人说》,开关启钥,尤发昔儒所未发,尤大有关于世教人心。张南轩尝言:"居恒读诸先生之书,惟觉二程先生书完全精粹,愈读愈无穷。"余于先生之集亦云。第集板经明末之变,毁于兵燹,读者苦无从得。余久欲觅有力者重寿诸梓,而机缘未遇,私窃耿耿。顷学宪洪公访余论学,因言及斯集,遂慨付剞劂以广其传。惟是先生至今尚未从祀,识者以为缺典。昔东林吴觐华《真儒一脉序》谓:"西北有关中之恭定、山右之文清,东南有梁溪之端文、忠宪,皆岿然为天柱地维。后有具只眼,议大廷之典者,知儒宗一脉的,有其派而千古真常,盖决不容澌灭也。"余尝以为知言。世不乏主持名教、表章先贤之大君子,敬拭目以望。①

在上述引文中,二曲表达了自己对冯从吾思想学术的倾慕,认为冯氏"言言纯正,字字切实",暗以为私淑。也正是基于对冯氏的倾慕及其思想具有"开关启钥,尤发昔儒所未发,尤大有关于世教人心"的作用,促使二曲专程去寻访编订其遗集。二曲在介绍了编订刊刻过程的同时,又为冯氏至今未被广为表彰感到深深的惋惜。即便如此,二曲对冯氏著作的整理与编订也堪为关学史上的重要事件,二曲与洪琮对保存和传播冯氏著作做出了重大贡献。

二曲主讲关中书院的消息,也很快传至外地,吸引了许多学子前来问学。这一年的秋天,诸生李修从宝鸡赶来问学,并欲北面禀学,但遭到二曲的婉拒。李修,宝鸡人。据史料记载,"李修字汝钦,少籍诸生,从盩厔二曲学,欣然有得,遂谢举业,有志正学,博考儒书,剖析精奥。著《心心精一二录补》,薛存斋《四书说蕴》,大有发明。"又云:李修"精研理学,剖析微奥。尝自砥砺其志,不作杏坛中人不止。"(转引自吴氏《二曲先生年谱》)为何二曲婉拒李修,不得而知。但是当李修在关中书院听到二曲的讲学后,欣然有得,便抛弃举业,砥砺奋发,有志于儒家正学,广泛研读先儒著作,剖析其中精奥;并曾记录二曲讲学的言论为《授受纪要》。

(三)力辞征荐

康熙十二年(癸丑,1673)秋,在二曲生活中发生了一件极为棘手的事情。

---

① 李颙:《识言》,《冯恭定公全书》,清康熙十二年刻本。

第四章 辞辟非同巢许志，安贫独契孔颜心

康熙初期，清廷统治根基尚未牢固，许多明代遗民仍对清廷抱着不合作的态度。康熙皇帝也清醒地认识到这一点，为了笼络汉族士人、广布德泽，屡令官员推荐硕学鸿儒入仕，从而达到收拢人心、为己所用的目的。身为封疆大吏的鄂善当然也不能违背康熙的意愿，积极为清廷推荐人才，二曲成为鄂善心目中最重要的不二人选。事实上，据《历年纪略》载，在康熙八年（己酉，1669）诏访隐逸时，是时陕西巡抚白清额"闻先生名，欲特疏荐扬"。二曲致书于骆锺麟，"托其从中力挽，事遂寝"。此次，面对清廷诏访谕令，鄂善与二曲友善，知其"凤翔千仞之操，不可荣以禄，念系地方高贤，又不敢蔽，乃密戒学宪及郭丞勿泄。遂会同抚军阿疏于朝"，其疏文略云：

> 一代真儒，三秦佳士。学术经济，实旷世之遗才；道德文章，洵盛朝之伟器。负姿英特，操履醇良，环堵萧然。一编闲适，经百折而不回，历千迍而愈励；刊行绪论，咸洞源达本之谈；教授生徒，悉明体适用之务。远宗孔孟，近绍程朱。初奉诏求贤，臣等虽略闻其人，恐系浮名，未敢深信。恭奉皇上赐臣等《大学衍义》，臣等仰承圣训，以广文教，修复书院，聚集多士，将颙迎至，见其人品端庄，学多识博，讲论亹亹，诚难测其渊微。今皇上日御经筵，时亲典谟，正需穷经博古之臣，以备顾问之班。臣等既知其人，不敢不举。（《历年纪略》"康熙十二年"条）

在这封疏文中，鄂善、阿席熙不仅叙述了复修关中书院，注重文教及其奉命延揽人才等事情，而且对二曲极力赞誉，这种赞誉也符合实情。如此品行高洁、学识渊博的真儒佳士必然引起清廷的注意，这也是二曲极不愿看到的情况。至九月初一，二曲方得知此事，惊愕万分，数次去信请鄂善辞谢。其书信一云：

> 明公以国家太平之业，必先于正人心，故思得硕儒以振起斯民，而又急无其人，不得不礼从隗始，诚吾道之中兴，而生民之大幸也！顾仆实非其人，适以重为斯文之辱。前者三辞不获，腼颜应召，两赴书院。言无可听，行无可取，中夜自思，既负明公下问之诚，兼愧朋友琢磨之益。方欲束身告退，肆力耕耘，忽闻愚贱之名，上尘睿览，惊魂欲坠，俯仰难安！自拜辞抵家，即染寒疾，历久不瘳，遂至右足不仁，艰于步履。夫荐贤者，国家之大典，岂容以废疾之人，滥膺宸命哉？况今接对宾客，皆倚杖而行，犹或颠踬，其必不能舞蹈丹墀

也，不待问而可知矣。伏乞明公格外施仁，代为题覆，使病废之人，得以终安畎亩，则始之终之，其恩皆出于明公矣！若以前疏既上，后难复请，是甚不然！历观前代盛时，凡征辟不就者，皆传为美谈，而诵荐举者之知人；其有出就一职，名实俱丧者，往往取笑于当时，贻讥于后世。此前事之已验，然则明公今日，宁传为美谈乎？抑为人讥笑乎？二者当知所择矣！（《二曲集·书二·上鄂制台》）

书信二云：

  前书已揭愚衷，而宪台未察，又蒙钧谕下颁。仆抚心自思，实非敢以退让为高，而拂宪台为国家起贤之至意也。夫事当权其轻重，而虑其始终。仆今日者废疾家居，负朝廷旁求之意，其罪犹小；异日者名丧实忘，使天下咎宪台无知人之明，且为国典之辱，其罪甚大。不自知耻，应召而行，始之也甚易；以身事主，无悉所学，终之也甚难！故仆宁择其轻，而不敢为其易也。在宪台之意，以为仆虽不能有益于国家，亦不至有负于大典；而以仆计之，则甚不然！窃观古人学真行实，尚受谤于当时，往往困辱其身，况仆草野愚蒙，本无学术；即使之应对殿廷，亦且言无伦次，群起而非之，殆不可以屈指计矣！仆固不足惜，独是宪台明无不照，而为仆一人所累，致有不知人之讥，则虽擢仆之发，又乌足以赎其罪哉？此仆之所以择其轻而辞其重，图其始而即虑其终，非特为仆一身之计，实所以为宪台计、为国家计者！至悉而无以加也。如犹不获所请，即当以死继之，断不敢惜此余生，以为大典之辱也！存没之诚，言尽于此！

综合两封书信，二曲表明之所以前来书院讲学，是因为受到鄂善的诚意邀请和郭传芳、钟朗的推荐，并无他想，不愿应荐。其理由：一是现已患了风寒病，久而不痊愈，以致右脚麻痹，行走艰难。二是本无学术，不堪应对殿廷。很显然，二曲以疾病、无学术为理由拒绝鄂善的推荐，并且连续去信数通，坚决请求鄂善代为回绝。为何二曲有此举动？在二曲看来，社会治乱的当务之急在于正人心，这是作为儒家学者的使命，因此仕途之路绝非二曲的选择。同时，作为明遗民的二曲，坚守气节，也绝不愿在个人出处问题上丧失志节。事实上，后一方面对于二曲来说尤为重要，这也是明末清初诸多遗民学者共同面对的安身立命的问题。随着南明王朝的败亡，清廷统治日益巩固，个人的出处问题的确成为明遗民面对的最迫切问题。在清初之际，晚明遗民尤其是其中的著名学者也往往是清廷关注的焦点。诸如,在康熙十年清廷开明史馆时,内阁大学士熊赐履就延请二曲的好友顾炎武参加,但顾炎武坚守嗣母王氏"无为异国臣子"遗言,严词拒绝;并立誓说:"果有此举,不为介推之逃,则为屈原之死。"对于坚守民族志节的明遗民们来说,早已不存在外在的出仕途径了,但他们往往又不能做出愚忠愚信的誓死报效亡明的行为,因此可做的或隐逸守志,以儒家君子自处;或以讲学为己任,延续文化命脉,期以达到个体安身立命的目的。显然,二曲选择了后者。此外,二曲以阳明学立基,其辞征之举,或许和其对阳明学学者讲学的理解也有关系。诸多阳明学者注重世间讲学,频频放弃科举。如邹守益(1491—1562,字谦之,号东廓)、欧阳德(1496—1554,字崇一,号南野)、何心隐(1517—1579,原名梁汝元,字柱乾,号夫山)等人多在取得功名后,返归讲学。

到了这一年的十一月,督抚奉旨又不断敦促二曲起程,而二曲还是坚决不应召,再三以病疾相辞,并数上辞征书,其中一书云:

> 颙少失学问,无他技能,徒抱皋鱼之至痛,敢希和靖之高踪!不虞声闻过情,上彻宸聪,部檄地方起送,盖旷典也。颙,何人斯?敢辱斯典!若谬不自揆,冒昧奔趋,是借终南作捷径,可鄙孰甚!有士如此,朝廷亦安用之?况颙近因汗后中湿,宿疾顿发,左足麻木,不能步履,岂堪远涉长途,趋走拜舞,对扬丹陛也。伏望矜鉴!特为转达,曲成石隐,使颙不至狼狈道途,自速其毙,佩德颂仁于无穷矣!
>
> (《二曲集·书二·辞征》)

或许是为了躲避征召,也或许是为了咨询商议如何躲避征召,二曲在这一月里远到华阴,拜访了王弘撰。王弘撰(1622—1702),字无异,又字文修,号山史,又号待庵,陕西华阴人。其父为南京兵部侍郎王之良。明亡后,王弘撰弃绝科举功名,或隐居家乡闭门读书,或出外交游,与李因笃、李楷、王建常、二曲、康乃心、汤斌、顾炎武、屈大均、魏象枢、王士祯、施闰章、阎若璩等均有交往,在士林中声望甚高。王弘撰博学多才,在理学、诗文、书法、金石、古书画收藏与鉴赏等方面均有所成就,故有"博物君子"之称。值得注意的是,王弘撰生平在为生计奔走的同时,又不断地为反清而进行联络。在康熙十六年(丁巳,1677)时,王弘撰曾与顾炎武同到昌平拜谒思陵。顾炎武在《二月十日有事于先皇帝木赞宫》中写道:"华阴有王生,伏哭神床下。"思陵为明崇祯皇帝的陵园。王弘撰以哭陵来寄寓故国之痛、离黍之悲。王弘撰也因其卓绝的民族气节被顾炎武赞誉为"关中声气之领袖"。在王弘撰的《砥斋集》中记载了这次二人的交往过程。其中说:"康熙十二年秋,有诏征盩厔李中孚先生。中孚称疾不就。冬仲,策杖过予草堂,留五日,论为学出处之义甚悉。"①显然,二曲在征召之际来访王弘撰,而且相论甚悉,似乎表明二人在出处问题上有很多共同看法。《易·系辞》云:"君子之道,或出或处。"事实上,出处问题乃是明遗民普遍关注的问题。刘宗周云:"国破君亡,吾辈不能死,又有一番出处,罪且浮于不死矣。"②二曲除了与王弘撰论为学出处外,又闻听刘四冲遗事为刘四冲作传。刘四冲即前文所云刘宗洙兄弟之父刘汉臣,二曲至襄城为父招魂即以父执事之,与其子结为异姓兄弟。刘青莲《古今孝友传》云:"处士(二曲)以故纳交于先生(刘汉臣),与之谈道尤相契。"③现存《二曲集》存有《刘四冲先生赞》,其中云:"颙生也晚,未获抠衣四冲先生之门。幸得拜遗像于诸公子处,不容无一言以抒追慕之思,谨为俚语,用赞万一,深愧不文,聊志渴仰云尔。有树厥绩,于彼遐方。有持厥危,于彼异壤。孰克树绩,桑梓之乡。孰克持危,父母之邦。首山苍苍,汝水洋洋。先生之德,百世其胡央!"(《二曲集·赞·刘四冲先生赞》)

当二曲辞绝征召之事尚未平息,时局又发生了巨大动乱。在这一年的冬天,清初著名的"三藩"(平西王吴三桂、平南王尚可喜、靖南王耿精忠)之乱爆发了。驻守云南的平西王吴三桂自称天下都招讨大元帅,以明年为周元年,并遣派下属王屏藩率部由四川进入陕西。第二年(康熙十三年,1674)平凉提督王辅臣也在秦州参加了"三藩"起事,西北为之震动。大动乱的来临,往往成为某些阴谋小人栽赃陷害他人的有利时机。在二曲的家乡,群小们开始了策划,欲以莫须有的借口加害二曲,幸运的是其同党不慎泄露了口风。二曲得知此事后,不得不于二月十三日匆忙离开了久居的新庄堡,迁到盩厔南边的郭家寨暂避凶险。

虽然二曲躲过了嫉恨者的阴谋,但是很难逃避清廷的征召。到了四月份,清廷的征召又至,而且这次比以往更加严厉,二曲仍像以往一样以病疾辞征。但是府役至县守不断逼迫催促,甚至让二曲的诊断医生、邻居加以佐证复核。到了五月,医生和邻居均遭到审讯,且在重刑威胁之下,不得不妥协。

---

① 王弘撰:《刘四冲传》,《砥斋集》卷5。
② 陈㻮:《陈祠部公家传》,《几亭全书·附录》,清康熙三年刻本。
③ 刘青莲:《古今孝友传》,清乾隆二十年刊本。

据《历年纪略》载：

> 七月，霖雨河涨，先生长男慎言涉波冒险，赴司哀控。不听，立逼抬验。八月朔，县役舁榻至书院，远迩骇愕，咸谓："抬验创千古之所未有，辱朝廷而衮大典，真天壤间异事也！"府官至榻，先生长卧不食。府以股瘫回司，司怒，欲以锥刺股，以验疼否。适张参戎梦椒自安远回省，为之营解，免锥，立逼起程。先生闭目不语，僵卧而已。（《历年纪略》"康熙十三年"条）

可见，七月二曲被抬验是否真有疾病。八月初一，当县役将卧病在床的二曲抬到省府书院时，远近轰动，人人痛斥不已，认为"抬验创千古之所未有，辱朝廷而衮大典，真天壤间异事也"。值得注意的是，是时二曲已经长卧绝食数天，而院司主事竟欲用铁锥刺股观其是否疼痛的残忍方法，来检验病情。由此可见，清廷诸多官吏明为荐贤，实为害贤。吴怀清据《陕西志》，索其预此事者官吏为总督哈占、巡抚杭爱、布政使吴努春，西安知府阿尔亲，皆满洲人（参见吴氏《二曲先生年谱》）。吴氏实为明示后人诸人之恶行。虽然在张梦椒的帮助下，二曲免去了锥股之难，但是院司仍坚持逼迫二曲即日起程。二曲则闭目不语，僵卧在床。其中发生一事：

> 前内黄令上蔡张起庵讳沐自中州来访，榻前备述闻风向慕，神交有年，因出所著《学道六书》就正，先生伏枕以答。语及《乾》之初爻，谓："学须深潜缜密，埋头独诣，方是安身立命；若退藏不密，不惟学不得力，且非保身之道。昔人谓'生我名者杀我身'，区区今日，便是榜样。"张叹息而去。（《历年纪略》"康熙十三年"条）

张沐字冲酉，号起庵，河南上蔡人。顺治间中举人，康熙元年曾任直隶内黄县知县，洁己爱民，崇尚德化。曾开堂讲学，常有数百人前去听讲。张沐神交二曲很久，甚为倾慕。这次前来，张沐以所著《学道六书》请正。二曲伏枕以答，当二人谈到《周易·乾卦》初爻时，感叹云："学须深潜缜密，埋头独诣，方是安身立命。若退藏不密，不惟学不得力，且非保身之道。昔人谓'生我名者杀我身'，区区今日，便是榜样！"（《历年纪略》"康熙十三年"条）二曲此言虽是触景叹息，但无不蕴蓄着对被征辟之事的自我反省。

初五日，府官又差人前来催促，这次前来的吏胥更为汹汹，强硬逼索起程。李慎言不得已，便要求"俟暂归治装，然后就程"。院司方才应允二曲父子先回家。回到家中，二曲父子再次上书控诉逼迫之举。当院司闻讯后，要求二曲立刻启程。甚至是时县令高宗砺惧怕被连累,亲率领衙役到二曲家中,强迫抬起二曲启程。然而,至省城,"先生坚不进省,寓于城南之兴善寺"。而府役"日逼就程,督促万方",二曲则"以死自矢"。面对二曲坚决意志,"督院知不可强,乃会同抚军以实病具题。部覆奉旨疾痊起送"。陕西督院官吏不得不承认无法能迫使二曲应征,何况逼死了二曲这样名震一方的大儒,不仅会激起地方民怨,甚至会威胁到自己的官职,因此不得不屈从,与抚军一起以二曲实病题禀。同样,清廷也不得不回复"奉旨疾痊起送"。十二月十七日,二曲返家养疾。至此,二曲此次被征召之事方告结束。二曲拒征之举在全国引起了巨大震动,丹阳学者贺麟徵听说后,感叹道:"关西夫子,坚卧养疴,正是医万世人心之病。移风易俗,力振人纪,有造于世道不浅。"(《二曲集·历年纪略》)

这次拒征之事,让二曲深感到名声之累,返家后便闭门谢客,并在第二年春天撰写了《谢世言》,其中云:

> 仆幼孤失学,庸陋罔似,只缘浮慕先哲,以致浪招逐臭,诚所谓纯盗虚声,毫无实诣者也。年来天厌降灾,疾病相仍,半身觉瘘,两耳渐聋,杜门却扫,业同死人矣。然而朋伍中不蒙深谅,犹时有惠然枉顾者,是使仆开罪于先生长者,非爱我之至者也。
>
> 今以往,敬与二三良友约,凡有偶忆不肖而欲赐教者,窃以为上有往哲之明训,下有狂谬之卮言,期与诸君私相砥砺足矣。奚必入其室而觏其人,以致金玉在前,形我芜秽乎?伏望回其左顾之辙,埒仆于既化之残魄,玉仆为物外之野夫,此仆所中心佩之,而父师祝之者也。尝闻古人有预作圹穴,以为他日藏骨之所者,仆窃有志而未逮,又岂能腼颜人世,晤对宾客,絜长论短,上下千载也耶?但使病废之躯,获免酬应之劳,宴息一室,孤寂待尽,则仆也受赐多矣。

(《二曲集·题跋·谢世言》)

在二曲看来,过去之所以被征召,在于自己为学不能深潜缜密,埋头独诣,以至于无法安身立命;而闭门谢客可以有效地与外界隔绝,暂求保身。事实上,二曲在讲学中已寻找到安身立命的归宿,这也是其出处所在。但是,面对改朝换代的时局,作为渺小的遗民个体即便闭门谢客也很难与世隔绝、谢绝世事;尤其是在清廷官吏各种逼挟手段的强迫之下,意志薄弱者往往无法持节守志。从这个方面讲,二曲得以全节,乃在于其坚强卓绝的意志。

二、隐逸遂志：岁逐糟糠老，云遗富贵浮①

（一）移家富平

在经历了征荐的风波后，二曲坚持闭门谢客，甚至在康熙十四年（乙卯，1675）四月，鄂善因王辅臣叛，奉命赴榆林、延安讨剿，从荆州移驻关中，即遣使以手札延请二曲，二曲也以《谢世言》相示，决意不再见客。从某种程度上说，二曲的谢客是为了摒去长年以来的各种是非与扰乱。纵然，世俗人事的扰乱或可因避世暂且摒去，但是近年关中地区因"三藩"叛乱而带来的兵乱却无法让其安闲隐逸下来。史料载盩厔兵事："康熙十三年十月，游击程福亮闻蜀变，自西乡退兵三河口，盩、鄠两县运粮给之。明年八月，汉中失守，福亮退驻黑水谷。十一月，游击梁鼐屯兵黑水谷，索粮草夫役，官民苦之。继此，又有彭宣、王守凤、陈奇谟、郑起成、吴时泰、傅举、吴炤、夏印、李重华等，往来六年骚扰。丁壮馈运于外，老弱供给于内，民不能堪，投旗入伍者不可胜计。"②尤其是，至康熙十四年"云贵搆乱，蜀汉尽陷。盩厔密迩南山，敌人盘踞于中，土人往来私贩者，传敌营咸颂先生风烈"（《历年纪略》"康熙十四年"条）。驻扎在终南山中的叛军为何传颂二曲的志节风烈？或许因二曲拒征之举，借助二曲声望激励士气。但此事令二曲震惊万分，继续居住盩厔必然会给自己再次带来灾难，于是打算渡渭河远避灾难。时逢二曲友人咸宁丞郭传芳迁升为富平县令，张梦椒迁升为总镇。二人听说二曲正筹划避难之事时，便立刻派人前来迎接二曲至富平。与避难他乡相较，显然迁居好友管辖的富平更为理想，于是二曲接受了郭、张二人的邀请。二曲到富平后，当地文学孟舆脉更是斋戒沐浴师事二曲，并邀请二曲住在自己军寨别墅中。郭传芳与张梦椒为二

---

① 解题：顾炎武诗："益部寻图像，先襃李巨游。读书通大义，立节冠清流。忆自黄皇腊，经今白帝秋。井蛙分骇浪，嵎虎拒岩幽。譬旨鸿胪切，征官博士优。里人荣使节，山鸟避车驺。笃论尊尼父，清裁企仲由。当追君子躅，不与室家谋。独行长千古，高眠自一丘。闻孙多好学，师古接娉修。忽下弓旌召，难为涧壑留。从容却白刃，决绝却华辀。介操诚无奈，微言或可投。风回猿岫敝，雾卷鹤书收。隐痛方童卯，严亲赴国仇。尸饔常并日，废蓼拟填沟。岁逐糟糠老，云遗富贵浮。幸看儿息大，敢有宦名求？相对衔双涕，终身困百忧。一闻称史传，白露满梧楸。"（《历年纪略》"康熙十七年"条）

② 杨仪修、王开沃纂：《（乾隆）盩厔县志》卷12《纪兵》。

曲置办家用器具和薪米,帮助其安定下来。关于此事,李因笃《隐士庄拟山堂记》云:

> 盩厔李征君中孚先生起自孤寒,独立不倚,孝友忠爱,有志圣贤之学,顾其家甚贫,尝三旬九食,箪瓢屡空,宴如也;而笃实之征,光辉莫掩,上而台司,以越郡邑之长,或单车造访,或奉书币通起居,先生一切谢之,无所受。虽邻里交谪,里巷敦谕,迄不少易。当是时,先生名震关中,而结心之契,往来尤密者,莫若常州太守前盩厔令骆公、吾富平邑君云中郭公。无何,骆迁京秩以去,凡先生所与讦衡往命,外树宫墙之防,内庀其宾从之须者,繄吾邑君是赖。夫先生之为人,不事王侯,饥不可得而食,寒不可得而衣者也。而吾邑君何以使之厚自托焉?岂非忠敬所感,处先生以古道,而义有超于养之外者哉?盖吾邑侯勤勤恳恳,所以为先生计隐居者,甚周且至,不啻先生之自营,然先生不知也。先生不知,故受之而可安,指而美之而无辞也。既又言之制府三韩鄂公,特疏荐之,先生以疾,坚卧不应。旧岁江汉播氛,南山烽羽之严,比迹二曲,故开府雁门张公曰:"征君可以行矣,舍郭富平,不足以辱先生之从者。"而吾邑君乃肃舆马,修郊劳,拥慧下风。而先生亦既觏止,爰择邑东军寨居停。文学孟仲子者,矜气谊,尚然诺,新从征君游,即其别墅,构室以留先生,门与寝各三楹,高牖闿朗,阳晖竟日,床几鲜洁,图史充厥中,右序翼然,以资燕息。下至厨传隶御之属,墙屋咸备。邑侯时时具公服仪仗,晨往上谒,而廪人继粟,庖人继肉,相望于路,先生弗闻也。夫军寨,其地盖张魏公富平之战屯兵故处,问原野壁垒之基,有存者乎?南则荆山崒嵂,岳立而逶迤,神禹采九牧之金,铸鼎其上,遗宫在焉。温泉之水,横流若带,先生虽终日匡居不出,而暮春童冠,以浴以风,得咏而归之所矣。颜其庄曰"隐士",堂曰"拟山",盖推先生为山长,固未足尽其道。然吾邑君犹以事起仓卒,不敢方宋之山堂,故谦而谓之拟也。远近就业者有人,问字者有人,瞻轨范者有人,绳绳义义,步趋于隐士之庄,使千百年干戈之址,一变而为俎豆之乡,先生与吾邑君之功,讵不伟欤?①

---

① 李因笃:《隐士庄拟山堂记》,《受祺堂文集》卷3,清道光七年刻本。

第四章　辞辟非同巢许志,安贫独契孔颜心

李因笃为二曲宗弟好友,富平人,所撰文字当符合实情。在引文中,大致可以看出:其一,二曲至富平,缘自张梦椒的建议。其二,郭传芳尊贤养贤之意甚诚,不仅隆重迎接,而建"拟山堂"以处二曲,备具饮食。"拟山"喻指二曲生平喜欢寂静,厌恶烦嚣,平日也谢绝世俗的应酬,这无异于身处深山幽谷之中,可见郭氏待二曲细致入微。其三,孟舆脉受学二曲,并迎二曲居其别墅,朝夕请益。其四,二曲隐居军寨,化风易俗,深受当地士庶的崇敬。值得注意的是,富平地处关中平原东部,具有重要的战略位置,乃兵家必争之地,自古有"周览形胜甲关辅"之称。而其军寨,因相传为项羽曾屯兵处而得名。南宋时,为了阻止金军占据川陕,南下东南,时任川陕宣抚处置使的张浚曾率部在此发动了历史上著名的富平战役。虽然过去的古战场早已湮没于历史的尘埃中,但是军寨却成为了历史的标记,虽历经沧海之变,军寨的名称仍未改变。二曲的到来,又将成为军寨历史上的一个新标记,所居的拟山堂也成为富平最著名的讲学之所,一变昔日兵马铁戈的军寨遗址为一方文教胜地。

事实上,二曲到富平后,基本是闭门谢客,终日不出,但远近前来谒访问学的人仍络绎不绝。在经历了征辟之事后,面对访客深恐为名声所累的二曲多是谢绝不见。所交往者除郭、张二人及军寨的邻里街坊外,也不过是寥寥数人,其中关系最为密切的当是李因笃、李因材兄弟及个别门人。李因笃(1632—1692),字子德,一字孔德,号天生,陕西富平东乡(今富平薛镇韩家村)人,与二曲、李柏并誉为"关中三李"。李因笃自幼聪敏,博学强记,遍读经史诸子,又精于音韵,长于诗词,崇尚实学。崇祯十七年(甲申,1644),年仅十三岁的李因笃,经历了李自成攻陷北京、清军入关等重大历史事件,深感亡国之痛,立志反清复明。在顺治五年(戊子,1648),李因笃外出游学,后抵达代州,在知州陈上年家中任塾师,受到陈氏的赏识和优待,进而李因笃利用陈氏塾师的便利条件博览六经及濂洛关闽诸儒书籍,并且与顾炎武、傅山、屈大钧等著名学者结交。康熙七年(戊申,1668),顾炎武因文字狱牵连,在济南入狱。闻听此事后,李因笃远涉京城奔走营救,竭力为友申冤;又赶至济南牢狱,亲自送饭,甚至中暑累倒。一时间李因笃急难扶危之事广为士人传颂。康熙十一年(壬子,1672)以来,陕西兵乱不止、社会动荡不安,李因笃考虑到母亲的安危,便返回富平家乡。显然,二曲的到来给李因笃带来莫大的兴奋,在富平有了可以论学的挚友和兄长。关于二曲与李因笃的见面,李因笃《受祺堂文集》记载云:"前郭明府(郭传芳)迎兄二曲征君寓邑东偏,母数就视,谓不孝曰:'尔兄大贤,当敬事之。'"①二曲《田太孺人墓志铭》中也记载:"前此颙以终南播氛,避乱频山。太孺人(李因笃母田氏)率阃眷出见,令因笃偕弟若子朝夕严侍,恩勤有加。"②可见,如同二曲母彭氏一样,李因笃母田氏,也是位善于教子的贤德母亲。李因笃兄弟在其母的严厉要求下,经常前来敬侍二曲左右,与二曲谈学交游,相契投合。

是年冬,二曲收到顾炎武书信。顾炎武曾在康熙二年(癸卯,1663)至盩厔谒访二曲,二人论学甚欢并订交。自此以后,虽然顾氏"足迹遍天下,而音问时寄"。这次,顾氏听说二曲寓居于富平,甚为兴奋,或许因富平已有挚友李因笃,又添二曲。顾氏寄二曲书信云:

> 先生龙德而隐,确乎不拔,真吾道所倚为长城,同人所望为山斗者也。今讲学之士,其笃信而深造者惟先生。异日九畴之访,丹书之受,必有可以赞后王而垂来学者。侧闻卜筑频阳,管幼安复见于兹,弟将策蹇渭上,一叙阔悰也。(《历年纪略》"康熙十四年"条)

在这封信中,顾炎武除了赞扬二曲的学术成就和讲学功绩外,并以管幼安来拟喻二曲。管幼安即管宁(158—241),北海朱虚人,汉魏时期著名学者。《世说新语》中曾记载了"管宁割席"的故事:"管宁、华歆共园中锄菜。见地有片金。管挥锄与瓦石不异,华捉而掷去之。又尝同席读书,有乘轩冕过门者,宁读如故,歆废书出看。宁割席分坐,曰:'子非吾友也。'"在管宁看来,朋友相交贵在志同道合。《三国志·魏志·管宁传》又云:管宁"年十六丧父,中表愍其孤贫,咸共赠赗,悉辞不受,称财以送终。长八尺,美须眉。与平原华歆、同县邴原相友,俱游学于异国,并敬善陈仲弓。天下大乱,闻公孙度令行于海外,遂与原及平原王烈等至于辽东。度虚馆以候之。既往见度,乃庐于山谷。时避难者多居郡南,而宁居北,示无迁志,后渐来从之。太祖为司空,辟宁,度子康绝命不宜。傅子曰:宁往见度,语唯经典,不及世事。还乃因山为庐,凿坏为室。越海避难者,皆来就之而居,旬月而成邑。遂讲《诗》《书》,陈俎豆,饰威仪,明礼让,非学者无见也。由是度安其贤,民化其德。邴原性刚直,清议以格物,度已下心不安之。宁谓原曰:'潜龙以不见成德,言非其时,皆招祸之道也。'密遣令西还。度庶子康代居郡,外以将军太守为号,而

---

① 李因笃:《先母田孺人行实》,《续刻受祺堂文集》卷4,清道光十年刻本。
② 李颙:《田太孺人墓志铭》,《续刻受祺堂文集》卷4。

第四章 辞辟非同巢许志,安贫独契孔颜心

内实有王心,卑己崇礼,欲官宁以自镇辅,而终莫敢发言,其敬惮如此。"可见,管宁矢志不渝,潜心学问。顾氏以"龙德而隐,确乎不拔"誉二曲,实源于管宁与邴原语。以"管幼安复见于兹"喻指二曲,亦十分恰当!同时,顾氏又在信中告诉二曲,将在近期再来相会。朋友即将前来,当令二曲兴奋不已。

是年,李修再谒二曲于拟山堂,坚欲及门,二曲仍固辞。至李修西返,二曲撰《促李汝钦西归别言》:

> 宝鸡李汝钦,质淳而行笃,未弱冠,即有志于斯道。癸丑秋,尝谒予于关中书院,北面禀学,予力辞。乙卯夏,又谒予于富平之拟山堂,坚欲及门,予固辞。徒步负笈,往返千里,途次罹灾,几不保身,闻者恻然;而汝钦向往愈殷,略弗少变,则亦可谓之天下大有心人矣!戊辰春暮,复捧其尊人翰音来学。予嘉其道念胚挚,不复辞。未几,归应岁试。今秋复至,探本穷源,学见其大,潜体密诣,日精日进,予心窃喜。
>
> 或曰:"汝钦毅然自拔于俗,出幽迁乔固可喜,而汝钦之东来从学,风闻其尊人似弗悦。"予谓:"父子,天性也。天下有父不爱其子者乎?爱其子而有不期以远且大者乎?子能从事于道,可以为家门之光,可以垂奕世之芳,其为远且大,何可胜言!而顾弗悦,殆不其然。尝阅郡邑人物志,郿坞、岐阳、秦陇、皋兰,皆有道德儒先,以光邑乘,而宝鸡独鲜。今得其子奋发崛起,为一邑破天荒,岂惟家有余荣,邑亦行且与有荣施矣。"曰:"渠之尊人非不知此,但恐其子因学道而致有妨乎举业耳。"余谓:"即以举业论,亦必自少至长,屡延制举名师,朝研夕习,犹往往限于资禀,或习焉而弗工,厄于时命,或工焉而弗遇;况未尝广经师匠,昌期获隽,可乎?昔曾植斋先生 朝节与其兄朝符未第时,其父为延一举业师,又延一讲学师。未几,兄弟俱得隽,而植斋中探花,官至大宗伯,为世名儒。夫世之教子者,不过教子务举业、延名师、厚馆谷、严课程而已,未有举业师之外,又延一讲学师如曾封翁者也。封翁为衡州书吏,又非素知学问者,而一时能为其子延二师,其识见岂易及哉!华亭唐仲言,五岁而瞽,六七岁喜听父兄读书,闻之辄不忘。父兄爱之,因为讲授文义,即能解悟。父兄因尽取古今书诵之使听,而仲言胸中,不翅五车二酉矣。久之,理明心豁,能诗文,所著有《编蓬》《姑蔑》等集数十卷,蔚然称

一代名流,盖父兄成就之故也。今汝钦之尊人素称宽厚有器识,岂爱子弗若唐仲言之父兄爱其赘子哉?必不然也!万一囿于世俗之见,必欲汝钦一意举业,子之于父,惟命是从,姑归而从父命,一意制举,以悦亲心,慎毋拂亲心,以重予之罪可也。"

汝钦避席怃然对曰:"修童时,仅从启蒙师授章句,未期即去,悠悠闲度,其于举业,素鲜师承。兼生而羸弱多病,朝夕呻吟,实不堪劳。昔黄安少工制举,为有慈母孀居在堂,念无以报母,乃割肉出血,书写愿文,对神自誓,欲以此生明道报答母慈,以为温凊。虽孝,终是小孝,未足以报答吾母也。即使勉强勤学,成就功名,以致褒崇,亦是荣耀他人耳目,未可以致吾母于远大也。惟有勤精进,成第一流人,庶可藉此以报答。若以吾夫子报父报母之事观之,则虽武周继述之大者,不觉眇乎其小矣!今观吾夫子之父母,至于今有耿光,则些小功名真不足成吾报母之业也。夫黄安之发愿如此,修虽无似,私窃慕焉,固未敢舍此而之彼也。"予曰:"子固矣!孝以顺亲为大,子姑归而勉顺亲心,亲心悦斯子心安,心之安处便是道。子欲学道,道在是矣!又何他求?"汝钦曰:"诺。"即日束装告归,录予语再拜而别。(《二曲集·题跋·促李汝钦西归别言》)

二曲此书信值得注意处有二:一是二曲是年秋方至富平,《别言》作"乙卯夏",故吴氏《二曲先生年谱》云"或一时误记"。二是二曲坚守"孝以顺亲为大",坚持促李修遵"从父命,一意制举,以悦亲心"。虽然二曲平日言行反对世俗举业,追求仕途之举,但或迫于社会实情,提出"世之教子者",可延请一举业师、一讲学师的调和言论。可见,二曲论学论事既切中时弊,又平实可取;亦可见当时追求举业乃众人所向,讲明道学困难重重。或许因李修父之举,二曲婉拒李修及门之请。

康熙十五年(丙辰,1676)四月,张梦椒"有疾回雁门原籍,濒行,迂道富平别先生,捐俸备薪米,约以秋凉疾愈复至,抵家未几不起。先生闻而悼恸,为位遥祭,仍托人唁其遗孤。自是日用所需,郭一力任之"(《历年纪略》"康熙十五年"条)。张梦椒与二曲结识于康熙十年,服膺二曲学问品行,幡然向学,并多次资助二曲。因此,当张梦椒抱憾病逝消息传到富平,二曲悲痛万分,在家中设立灵位,遥祭亡友,并托人去亡友家中吊唁。自此之后,二曲的日用所需,便依靠郭传芳的资助了,郭氏也成为继骆锺麟后,二曲最有力的资助者。

在张梦椒病逝的次年（康熙十六年，1676），二曲又接到骆锺麟去世的消息。从顺治十六年（己亥，1659）骆锺麟造访二曲，二人订交算起，已有十八年之久。在这十八年中，骆锺麟不仅始终敬仰、尊重二曲，而且多次在生活上资助二曲，在二曲危难之际伸出援助之手。二人的友谊历久而弥醇弥坚，互为知己。从康熙十年（辛亥，1671）二曲离开常州，返回襄城招魂算起，二人分别也有六年之久，但是书信不断。甚至，在去年二曲还收到骆锺麟本打算春天来访但因疾病未能成行的消息，二曲当时还为之惋惜不已。当骆锺麟去世的噩耗传来，二曲"闻讣号恸，为位以祭，服缌三月。语及，涕不自禁"（《历年纪略》"康熙十六年"条）。可见，二人的友情之深。良朋病逝，生死相隔，死者已矣，而生者则悲轸流涕，哀痛不已。二曲痛定之后作传赞誉亡友云："近世守若令，中间固不乏循良，然求其英毅有为，政崇风教，自作县以至守郡，始终以化育为功课，则所闻所见实未有如侯者。而侯自视欿然，向学问道之诚，如恐弗及。余至不肖，侯不不肖余，辱承殊遇，不啻曹参之于盖公。政暇，必枉顾荒庐，盘桓竟日。余自知甚亢，侯严重弥笃，情谊礼文，日隆一日，无少懈。今九原不可作矣！追惟既往，不觉泫然，故次其履历之概，以识余感。"（《二曲集·传·常州太守骆侯传》）

值得注意的是，在这一年中也有两位旧友的来访给二曲带来一些愉悦。九月十九日，王弘撰为悼唁亡友朱廷璟来到富平，郭传芳迎其进城。在得知王弘撰来到富平的消息后，二曲便遣儿子李慎言前去邀请王弘撰到家中论学。王弘撰详细记述了此事：

> 时李中孚先生寓居频阳之军寨，闻予至，使其子伯着来，札云：适闻驾临频城，喜出意外，谨令小儿晋谒，希与进是荷。盖中孚有不出门拜客之禁，予随诣之。……九芝以中孚所为格物说见示，大要谓：格物乃圣学入门第一义，入门一差无所不差，毫厘千里，不可以不慎。古之"欲明明德于天下"节与"物有本末"节原相连，只因章句分作两节，后儒不察，遂昧却"物有本末"之物，将"格物""物"字另认另解，纷若射覆，争若聚讼，以成古今未了公案。又谓：欲物物而究之，入门之初，纷纭胶葛，堕于迷魂阵。此是玩物，非是格物。真能为格物之学者，其用工之序，先之以主静，令胸中空空洞洞，了无一尘。物欲既格，而后渐及于物理。诚正之基本既立，然后繇内

而外,逐事集义,随时精察,天德王道,一以贯之矣。否则,纵博尽羲皇以来所有之书,辨尽羲皇以来所有之物,总之是骛外逐末。昔人云"自笑从前颠倒见,枝枝叶叶外头寻",丧志愈甚,去道弥远。末云:姑诵所闻,藉手请教,并以质之山史先生。盖九芝有札与中孚,以予札附往,故中孚以此札来,而予未知也。……予复之云:读手札,过蒙奖借,所不敢承,而中亦尚有致疑者。以弘撰愚鲁之资,固守考亭之训,于先生"内外本末,一齐俱到"之旨,实未信及。如以欲物物而究之,为玩物。则《易》所云"知周乎万物""远取诸物",孟子之"明庶物""备万物",皆何以解免耶?且"格物""物"字,原兼"物有本末"之"物"在内,亦非另认"物"字,以"格物""物"字为"物欲",乃与"物有本末"之"物"异耳。如云"物欲既格,而后渐及于物理",则又合二说而一之,是欲"致其知者,先诚其意"矣,于经文不合。皆心所未安也,更望教之。中孚札云:承教,谓知周乎万物,妙妙!盖必知周万物,始能经纶万物,物物咸处之得其当,而后可以臻治平之效。然远取诸物,必先近取诸身,知明善诚身为本而本之,则心无泛用,功不杂施,本既格方可繇本以及末,然后明于庶物,使万物皆备于我,乐如之?兹因有感于大教,而弟之格物说不可以不改也。唯付来手是望。予即以原稿付之。过日,中孚又札云:昨承示,致疑于"内外本末一齐俱到"之言,其意必以为先博文而后约礼,理穷而始可主敬也。若然,则文与理浩乎无涯,将终其身无有约、敬之时矣。夫博文穷理,而不约礼主敬,则闻见虽多,而究无以成性,存存便是俗学。徒约礼主敬,而不博文穷理,则空疏无用,而究不足以经世宰物,便是腐儒。故必主敬以穷理,使心常惺惺,方能精义入神,随博随约,庶当下收敛,不至支离驰骛,德业与学业并进,此内外本末之贵于一齐俱到也。知行合一,其在斯乎?欲易之以内外兼诣,本末无遗,然终不若此言之吃紧而警策也。如何?如何?予复之云:承示,教我多矣。然绎颜渊"循循善诱"之训,固谓必先博文而后约礼也。又证之以"博学而详说"之,将以反说约之言,益信圣贤为学之序,穷理主敬,如此而已。然所谓先后者,岂真截然分为二事?盖礼即在文之中,约亦在博之际,即朱子所云,非谓穷理时便不主敬也。其间有浅深之别,朱子于《或问》中言之已详,今具载鄙著中,后人不察耳！先生"俗学""腐儒"之论,正符此旨。今以格物致知为穷理,诚意正心为主敬,本末不离,始终有序,自可斩断葛藤,何必舍确有可循之诣,外生支节,以滋纷纷乎？至文理无涯之说,似无庸虑。孟子曰"知者,无不知也,当务之急。"今如此,则只存"当务之急"一句,而"无不知也"四字竟可删去,恐非圣贤立教意也。适予借阅《紫阳通志》,中孚札云:先生恬定静默,弟所心服,居恒逢人说项,今近在咫尺,而不获朝夕聚首,快我心怦,中心殊怅。顷匆匆报札,唯先生可以语此,不敢令世人见也。《紫阳通志》录中,如有论断,乞见示。紫阳通志匆匆卒业,此极得正学之传者。弘撰岂能有所论断,但中有未安者,既承尊谕,亦不敢隐。……时予将东归,中孚札云:动静说领到。弟于先生笃好之私,有不可得而形容之者。故此来谬不自度,妄有请正。蒙先生卧榻之论,一一中弟膏肓,非道义骨肉之爱不至此。厚德之赐,感何如也！驾旋不获祖送,中心怅结。①

据王弘撰引文,此次二人论学甚欢,主要围绕理学中的"格物""博约""动静"思想的讨论。王氏恪守朱子之学,而二曲则延续阳明理致,因此这次论学主要展现了二人思想的分歧。因二曲手札未存世,其中诸多细节仍需考察。值得注意的是,王氏将所撰《正学隅见述》交付二曲质证,而二曲也请王氏批阅自己所辑的《紫阳通志》。在离别之后,王弘撰记叙此事时,赞誉二曲说:"中孚天资高明,学识渊邃,近代之好古笃行者,罕见其匹。"此实为确论。

王弘撰离去不久,顾炎武践约前来谒访。事实上,早在几个月前顾炎武就由太原进入关中,就寓居于华阴王弘撰的明善堂内。顾炎武这次来访已到了隆冬季节,先是郭传芳闻知后,在离县城二十里外的地方相迎。之后,顾炎武来到二曲家中。旧友重逢,分外高兴。顾炎武径直前往二曲的卧室,话叙友谊,谈论学术时事,语必达旦。这次二人所谈论的具体内容,史无记载。但是,或许是顾炎武此次来富平,与二曲、李因笃、郭传芳谈论甚为投机,加深了彼此的友谊,在离别后甚为挂念,又在次年(康熙十七年,1678)春天再一次来到富平,并且寓住了半年之久。在这半年中,二曲与顾炎武两位大学者,开始了更为密切的交往,经常论学辩难。其中最为典型例子即二人关于儒家"体

---

① 王弘撰:《频阳札记》,《砥斋集》卷4。

用"思想的论辩。《二曲集》中收录了二曲写给顾炎武的三封书信,揭示了二人思想的不同。诸如,二曲认为"体用"一词来自佛教典籍,在慧能时才"始标此二字";而顾炎武则认为出自儒家原典。顾炎武将佛教的"虚寂"与道教之"虚"混为一谈,而二曲则对之进行了详细地辨析说明,认为"老庄之'虚'是虚其心,而犹未虚其理;佛氏之'虚寂',则虚其心,而并虚其理"。事实上,自康熙二年(癸卯,1663)二人第一次见面论学时,就彰显了二人在为学进路上存在较大的差别:顾炎武走的是"考详略,采异同""致察于名物训诂"的考据式路径,而二曲则认为,为学要"先立乎其大",以"明道存心以为体,经世宰物以为用","真体"与"真用"相资。即便二人在为学上存在着差别,但是这并不妨碍二人友谊的真挚与高洁。

(二)再辞征荐

至康熙十七年(戊午,1678),二曲流寓富平已经三年。在这三年中,二曲基本足不出户,闭门谢客。在这三年中,二曲经历了张梦椒、骆钟麟两位友人的去世,一度悲伤哀恸;也经历了王弘撰、顾炎武等友人的来访,一度愉悦不已。但从总体上看,二曲在富平的生活是极为平静闲适的,不仅没有遇到像在盩厔时存在诸多的嫉恨者,也少去了不断受谒访者烦扰的情况。然而,至康熙十七年,二曲闲适的生活再一次被惊扰。是年清廷为了进一步延揽人才,缓和与汉族士人的敌对情绪,开设了博学鸿词科,征召文行兼优的学者。或许这次征召比以往来得更为严厉、更为猛烈,二曲与其友人王弘撰、李因笃均受到地方官员的举荐。王弘撰以疾力辞,遭到拒绝,又拖延不得,只好应召。但到了京城后,王弘撰即寓住在城西的昊天寺内,以老病辞绝,且拒不参加考试,最终得以解脱。李因笃虽然也入京城,且于次年(康熙十八年,1679)三月还参加了考试,被授为翰林院检讨,纂修《明史》;但在授职后,坚决以母老孤丁,无所依托为由,先后上疏陈情了三十七次,打动了康熙皇帝,方被准许离京返乡。此次二曲面临着如王弘撰、李因笃一样的处境,但是二曲坚守志节与其耿直的性情,使其比王弘撰、李因笃更加抵制应召,因而也遭受到更多的折磨。事实上,自康熙十二年(癸丑,1673)鄂善推荐二曲时,二曲便以疾为借口加以辞绝,当时清廷也下达了"疾痊起送"的旨意,"每年檄司行县查催"。是年春,又一次催促二曲应征启程。同时,时任兵部主政的房廷祯也以"海内真儒"的名义向清廷推荐二曲。据《历年纪略》载:

是春，复促起程，既而兵部主政房讳廷祯又以"海内真儒"推荐。其略云"窃惟孔门四科，文学与德行并重。有行而无文，其蔽也鲁；有文而无行，其蔽也夸。若二者之兼优，则一生可概观。职秦人也，所知有西安府盩厔县布衣李颙者，束躬希圣希贤，无书不读；居德惟诚惟正，有己克修；甘原宪之贫，襟捉肘露；拥张华之乘，腹便砚穿；立志冰坚，四十载如一日；秉心渊塞，三辅中仅此人。虽经督抚交章，名已上彻朝陛，乃复金石不渝，迹仍下伏田庐。格物致知，诚有功于正学；扬风扢雅，亶无忝乎真儒"云云。（《历年纪略》"康熙十七年"条）

　　房廷祯上疏极力褒扬二曲，不仅认为二曲兼具孔门四科（文学、德行、政事、言语）中的两科，文学与德行兼优；而且在描述二曲的生活与治学时，又将其以处于贫贱而又能成材的孔门高弟原宪与西晋宰相张华相比拟，甚至认为二曲为三辅中最杰出的真儒。如此高的赞誉自然使清廷再一次将征召的焦点聚集在二曲身上。当吏部把房廷祯的上疏呈献给康熙皇帝时，康熙自然也毫不犹豫地再一次下旨命令其应荐启程。司府下达的应荐檄文也很快传达到富平县，二曲再一次陷入了困境。依然如过去，"吏部具题，奉旨令督抚起送，司府檄富平县力促，先生以疾笃辞，长男慎言赴院哀控，乃以'病卧不能就程'题覆。"（《历年纪略》"康熙十七年"条）然而，或许是二曲数年均以疾拒荐，惹怒了院司；也或许是房廷祯的上疏激起了清廷征荐二曲的决心，"催檄纷至，急若星火"。甚至西安府尹批评郭传芳是在徇私包庇，并题职名加以弹劾。郭传芳不得不上书辩解，其中云：

　　　　李处士养疾久卧，远迩共知。卑职虽至痴极愚，灵明一窍，未尽昏翳，何敢不畏法纪，不惜官箴，于非亲非势区区流寓之一寒士，过自徇庇，干宪典于不测耶？蒙屡示行催，卑职懔遵宪檄，即欲遣夫异榻就道，及亲临卧室，见其委顿不食。以气息奄奄之人，强迫就程，万一途有不测，卑职将何以自解于天下后世耶？（《历年纪略》"康熙十七年"条）

　　从表面看，郭传芳在为自己辩解。实际上，作为二曲的好友，其上书又何尝不是在帮助二曲摆脱征辟？极力向上司陈述情况，恳请赦免二曲。此时的二曲正以绝食抗拒，以消耗生命抗拒，身体情况已很难承受住旅途的折磨，哪怕是抬着启程。同时，李慎言"又日伏辕门泣控"。然而，二人的努力不仅遭到拒绝,"府役坐县,立提职名,锁拿经承。经承守门,伏跪哀号,舁榻以行"。又一次强行将二曲抬起应征。据《历年纪略》载:"八月朔,过临潼,浴温泉。是晚,宿周太史讳粲宅。先是,建威将军吴讳当慕先生甚殷,介潼关兵备副使胡讳戴仁、周太史暨临潼令钱讳天予迎先生游骊山,先生不应。至是,闻宿周宅,遂诣宅瞻礼。次晨,又至。濒行,赠程仪二十四金,力却。往返数四,终不纳。钱令程仪及供应亦璧。"(《历年纪略》"康熙十七年"条)

九月初二,二曲一行行至西安南郊大雁塔暂住下来。陕西总督哈占、巡抚杭爱命西安府尹一起前来劝二曲应征。二曲长卧病榻,神色凝重,坚决"以疾笃不能就程辞"。二曲被抬至西安的消息不胫而走,初四时制台周有德前来问学。《历年纪略》载:"周读书工诗,自巡抚山东日,即倾怀向往,及总督两广,偶得士人所携先生教言,玩不释手。至是,改督四川,驻节青门,闻先生寓雁塔,遂竭诚造榻,执礼甚恭。先生感其肫挚,伏枕以答,凡所咨叩,悉意酬酢。"周有德字彝初,汉军镶红旗人。由贡生授编修之职,后又迁为学士。康熙二年(癸卯,1663)曾授为山东巡抚,康熙六年(丁未,1667)升为两广总督,康熙十三年(甲寅,1674)又调任四川总督。周氏倾慕二曲已久,深服其学。适逢任四川总督,因公务外出,寓住于青门(西安东南门,即霸城门),故竭诚造访,执礼甚恭。二曲见其诚恳,强支撑起虚弱的身体,伏枕为周有德解疑释惑。周氏受学,豁然开解,退而喜谓:"十年梦想,今日方遂'立雪'之愿。初以先生为有德有言之道学,今乃始知先生当代犹龙,人中天人也。"(《历年纪略》"康熙十七年"条)

到了初六,陕西督抚又令府尹前去催促二曲启程。此次"尹率咸长二县令至榻力劝,既而又委幕僚率吏胥昼夜守催,备极嚣窘"。显然,在劝征遭到二曲毅然回绝后,则令幕僚率领吏胥昼夜守催。而二曲坚卧自若,恬然不为所动。是时,李因笃也因被征召前来与二曲告别。当李因笃看到守催二曲的官吏来势汹汹,严若秋霜,十分担心二曲的坚持极有可能带来生命厄运,便劝告二曲索性前去应征。此外,二曲在西安的一些旧友及爱戴敬仰二曲的缙绅士人们也闻风赶来,他们也像李因笃般以"明哲保身"劝告二曲。二曲则"闭目不答,遂绝食"。周有德暨陕西一些文武大僚"目击其急,为之向总督缓颊"。或许因看到如此多的人前来劝告二曲,陕西总督哈占幻想似乎二曲马上会接受应召,因此加紧了逼迫的步伐,告诫云:"自癸丑(康熙十二年,1673)被征以来,年年代为回覆,兹番朝廷注意,不便再覆。"并且以违抗圣旨的名义加以威胁。面对众人的劝告、哈占的威胁，二曲淡然一笑，丝毫不为之动摇；并对守候身旁的李因笃云："人生终有一死，惟患死不得所耳。今日乃吾死所也！"话毕，便向李因笃、李慎言及前来照顾的门人托付后事。《历年纪略》如实记载，是时，"慎言号恸，门人悲泣，先生皆一一遗嘱，并滴水不入口者五昼夜。总督知终不可强，不得已，又以笃疾具覆，乃一面差官至榻慰抚，先生乃食。是时正值大比，多士日来谒候，先生概不见，朝夕惟门人孟子缉、惠龗嗣、杨尧阶、杨舜阶、马穖士侍侧"（《历年纪略》"康熙十七年"条）。二曲坚决的意志及其绝食的举动，惊动了整个陕西士林，或许这让总督哈占等各级官员产生了敬畏之感，甚至害怕因自己参与逼迫而给自己带来恶名，哈占不得不再一次妥协。

虽然此后西安督抚再一次以"俟疾稍有痊，即便呈报"为由下了檄文，清廷也以"痊日督抚起送"下了谕旨，但时人无不明白面对二曲铁石般的意志没有人可以让其妥协屈服。在富平县，纵然每个月都有前去验视二曲病情的人，但是他们深知二曲誓以死拒征，而他们所做的验视工作也不过是应付差事而已。甚至有验视的甘结文书如是云：

> 卑职遵奉宪檄，不时至李处士榻前验视，劝其痊日就程。答言："平昔痛母贫困而死，誓终身不享富贵；若强之使出，势必一死报母。岂可以荐贤之故而冒杀贤之名？"卑职听此言语，甚为悚怯！铁石存心，势难转移。但事关奉旨，不敢泄视。除一面时加验视劝慰外，理合申报。（《历年纪略》"康熙十七年"条）

值得注意的是，据《历年纪略》载，顾炎武在听说此事后，作长诗赞誉并贻词林诸公书，其诗云：

> 益部寻图像，先褒李巨游。读书通大义，立节冠清流。忆自黄皇腊，经今白帝秋。井蛙分骇浪，崺虎拒岩幽。譬旨鸿胪切，征官博士优。里人荣使节，山鸟避车驺。笃论尊尼父，清裁企仲由。当追君子蹋，不与室家谋。独行长千古，高眠自一丘。闻孙多好学，师古接崎修。忽下弓旌召，难为涧壑留。从容怀白刃，决绝却华辀。介操诚无奈，微言或可投。风回猿岫敞，雾卷鹤书收。隐痛方童屼，严亲赴国仇。尸瓮常并日，废蓼拟填沟。岁逐糟糠老，云遗富贵浮。幸看儿息大，敢有宦名求。相对衔双涕，终身困百忧。一闻称史传，白露满梧楸。（《历年纪略》"康熙十七年"条）

其书云：

> 李先生为上官逼迫，舁至近郊，至卧操白刃，誓欲自裁。关中诸君有以李业故事言之督抚，得为谢病归。然后国家无杀士之名，草泽有容身之地，真所谓"威武不能屈"！而名之为累，一至于斯，可慨也已！（《历年纪略》"康熙十七年"条）

值得注意的是，顾氏揭示了"关中诸君有以李业故事言之督抚"之事，此事不见于《历年纪略》，或为附会，但似乎又有迹可循。《后汉书》载："李业字巨游，广汉梓潼人也。少有志操，介特。习《鲁诗》，师博士许晃。元始中，举明经，除为郎。会王莽居摄，业以病去官，杜门不应州郡之命。太守刘咸强召之，业乃载病诣门。咸怒，出教曰：'贤者不避害，譬犹壳弩射市，薄命者先死。闻业名称，故欲与之为治，而反托疾乎？'令诣狱养病，欲杀之。客有说咸曰：'赵杀鸣犊，孔子临河而逝。'未闻求贤而胁以牢狱者也。'咸乃出之，因举方正。王莽以业为酒士，王莽时官酤酒，故置酒士也。病不之官，遂隐藏山谷，绝匿名迹，终莽之世。及公孙述僭号，素闻业贤，征之，欲以为博士，业固疾不起。数年，述羞不致之，乃使大鸿胪尹融持毒酒奉诏命以劫业：若起，则受公侯之位；不起，赐之以药。融譬旨曰：'方今天下分崩，孰知是非，而以区区之身，试于不测之渊乎！朝廷贪慕名德，旷官缺位，于今七年，四时珍御，不以忘君。宜上奉知己，下为子孙，身名俱全，不亦优乎！今数年不起，猜疑寇心，凶祸立加，非计之得者也。'业乃叹曰：'危国不入，乱国不居。亲于其身为不善者，义所不从。君子见危授命，何乃诱以高位重饵哉？'融见业辞志不屈，复曰：'宜呼室家计之。'业曰：'丈夫断之于心久矣，何妻子之为？'遂饮毒而死。述闻业死，大惊，又耻有杀贤之名，乃遣使吊祠，赙赠百匹。业子翚逃辞不受。蜀平，光武下诏表其闾，《益部纪》载其高节，图画形象。"[①]可见，李业不畏王莽、刘咸、公孙述等权势，持节守身，为志士榜样，其故事广为后世所流传，公孙述杀贤之名亦随之为后人所诟毁。此例与二曲拒征之事相仿，哈占等人亦有可能闻听李业故事后，担心背上逼杀名士大儒的恶名，不得不停息逼迫，再一次以"笃疾具覆"。并派官吏到二曲的床前问候，二曲这才重新饮食。是月十三日，二曲离开雁塔，在李慎言及门人的奉侍下，返回了富平。

此后，二曲以死拒征的消息被广为流传，二曲也因此有了"铁汉"的誉称。

---

① 《后汉书》卷81《李业传》。

清初著名诗人王士禛(1634—1711,字子真、贻上,号阮亭,又号"渔洋山人")曾将这一次不受清廷笼络的二曲、王弘撰、李因笃、孙枝蔚(1620—1687,字豹人,号溉堂)四人并誉为"关中四君子"。显然,这次辞辟又给二曲带来诸多赞誉,即便二曲足不出户、闭门谢客,也无法阻止世人对他的再度关注。拟山堂前常常不乏一些闻风而至的追慕者,甚至一些人以未见到二曲为憾事。诸如二曲旧友省闱主考、吏部郎中、前靖江令郑重前来谒见,但当其到达泾阳时突然患病不得不折回,只好派人前去奉书币致候,并呈诗云:

> 关学从来擅古今,后贤谁复有知音。风高二曲声施远,望重三秦朝野钦。辞辟非同巢许志,安贫独契孔颜心。当年亲炙毗陵道,悔过犹思教泽深。(《历年纪略》"康熙十七年"条)

(三)西返故里

在经历了辞辟事件回到富平后不久,或许因在这次事件中二曲认识到由于无法摆脱外界的左右,个人生命的脆弱和无常,顿时兴起了返乡念头。康熙十八年(己未,1679)二月初五日,二曲为了避免郭传芳、李因笃等人的挽留,让家人悄然打点好,并先发回盩厔。然而,次日,二曲返乡的消息便传到郭传芳那里。郭氏立刻赶来,极力挽留。这时整个军寨居民也被惊动了,"阖寨居百余人拥入跪留,号泣不起"(《历年纪略》"康熙十八年"条)。虽然二曲在军寨的日子仅有四年,而且常常是闭门谢客,但是深受军寨百姓的尊重。二曲之家亦当与阖寨邻居相处得十分融洽,因此二曲的突然离去必然让这些朴实敦厚的乡邻们感到失落和惋惜。二曲见状,知道一时间无法拒绝郭传芳和乡邻们的真挚挽留,不得不答应暂留一段日子再回盩厔。

据《历年纪略》载,到了三月份,鄂善在巩郡(即巩昌郡,包括今甘肃陇西、天水、武都等地)修建学舍,派人前来延请二曲去主讲。自从康熙十二年(癸丑,1673)年,鄂善因总督陕西,修缮关中书院延请二曲主讲,二人便结下友谊。在康熙十六年(丁巳,1677),鄂善被调任甘肃巡抚时,曾专门致书二曲,告别问政。二曲以"政教偕行、举措务合人心"相劝勉。这次在巩郡修建学舍,二曲自然成为鄂善心目中最佳人选。然而,二曲经历了两次辞辟之灾,对古人"生我名者杀我身"的箴言更加深刻体会。二曲数年来之所以隐逸谢客,在很大程度上基于其认为受到名声所累。显然,这次二曲不会接受鄂善的邀请,以坚守杜门谢客为由婉拒。到了七月份,鄂善因计典被罢,在返回京城时,又专程绕道富平,与二曲话别。在得知二曲打算返回盩厔时,鄂善考虑到二曲返乡后,家计又将陷入困难,便捐了些薪水。面对鄂善的执意捐赠,二曲不得不收下。

值得注意的是,在二曲留下暂住的日子,著名学者傅山在郭传芳的邀请下来到富平,并拜访了二曲。据清人丁宝铨《傅青主先生年谱》记载:"(康熙)十八年……秋(傅山)再游关中,富平令郭九芝(传芳)迎先生至署。"①傅山(1607—1684),字青竹,后改青主,又有公它、公之它、朱衣道人、石道人、啬庐、侨黄、侨松等别号,山西阳曲人。乃明清之际著名的思想家、书法家与医学家。傅山自幼读书过目成诵,博学多才,又具有豪侠气概。崇祯九年(丙子,1636),魏忠贤党羽山西巡按御史张孙振捏造罪名,诬告山西提学袁继咸。傅山义愤填膺,挺身而出,与薛宗周等联络生员百余名,联名上疏,远赴京城为袁继咸诉冤请愿。经过七八个月的不懈努力,终为袁继咸昭雪。傅山也因此声名大振。明亡后,傅山改服黄冠,着朱衣,居土穴。并积极从事反清复明的活动,广泛交友,与顾炎武、申涵光、孙奇逢、李因笃、屈大均、王显祚、阎若璩等均有过交往。尤其与顾炎武志趣相投,过从甚密。康熙十七年(戊午,1678)时,傅山也曾被推荐应试博学宏词科,但坚持以病辞绝,后被强迫入京。至京城后,则继续卧床称病,拒绝应试。在康熙皇帝的特许下免试授封为"内阁中书",但又拒绝叩头谢恩。可见,傅山和二曲一样坚守志操,注重民族大义。

虽然关于这次傅山来访的具体时间,史无明确记载,但可以推测大约在八月二曲回盩厔之前。关于傅山和二曲交往的具体情况,今日也仅能从傅山的记述中略加窥测。据傅山记载:"顷在频阳,闻蒲城米龥之将拜访李中孚,既到门,忽不入,遂行。或问之,曰:'闻渠是阳明之学。'李问天生米不入之故,天生云云。李即曰:'天生,我如何为阳明之学?'天生于中孚为宗弟行。即曰:'大哥如何不是阳明之学?'我闻之俱不解,不知说甚。正由我不曾讲学辨朱陆买卖,是以闻此等说如梦。"②傅山的这段记载,虽没有阐述他与二曲论学之事,但却记述了二曲与李因笃之间一次饶有意义的对话。不仅可以看出二曲周围的学者认为二曲之学为"阳明之学",也可以看出傅山反对门户之

---

① 丁宝铨:《傅青主先生年谱》,清宣统三年刻本。
② 傅山:《杂记》,《霜红龛集》卷40,太原:山西人民出版社,1985年影印本。

见,对长期不息的朱陆之争持不屑态度。事实上,傅山思想总体倾向于阳明,当与二曲相近。然而,因史料的缺乏,二人这次论学的内容已不得而知。

至是年八月,二曲再次决定返乡。《历年纪略》云:"前数日,寨人闻先生束装,知不可复留,咸怅然如有所失,争先祖饯。"(《历年纪略》"康熙十八年"条)此次,郭传芳及军寨乡邻们考虑到二曲思乡心切,不便再加挽留,争相款待饯行。可见,四年来,军寨百姓和二曲家结下了深厚的情谊。初三日,二曲率领全家启程返乡。《历年纪略》记载了当时感人场面:"是日,少泣送,声震原野。郭公肃舆发役卫送,道左分袂,悲不自胜。镇将亦祖道远送,遣兵以护。绅士缱绻依恋,费赋长篇惜别。""费赋长篇惜别"即学者费尚彬作赋送别,其中云:"四载频阳客,千秋启铎人。忽然怀故土,果尔发行尘。后谊通神听,清操彻上旻。天卿入户别,星宰饯卮陈。过化留泾野,遗徽绕渭滨。永峙关中岳,常切海内榛。烟岚深邃处,即拟谒钩纶。"可见,在富平的四年,二曲成为富平人心目中向往的大儒,受到了官绅、乡人的尊重和帮助。尤其值得注意的是,二曲在富平的讲学被其门人惠龗嗣记录了下来,并整理为《富平答问》,在士人学子中广为流传。惠龗嗣《富平答问序》云:

> 《富平答问》者,吾师二曲先生答人问学之语也。先生原籍盩厔,顷因兵氛,流寓富平,闭关养疴,不与世通,居恒惟三五旧游。往来起居,缘是得以时近卧榻,亲承謦欬,有问必答,闻所未闻。凡进修之要、性命之微、明体适用之大全、内圣外王之实际,靡不当可而发,因人而启,要皆口授心受,期于躬体实诣,不以语言文字为事。以故语多未录,兹仅录其切于通病者,聊以自警。昔周子寓濂溪而濂溪著,程子寓龙门而龙门显,以至康节之于洛、晦庵之于闽,咸地以人重,声施无穷。今不腆下邑,亦何幸而获先生之至止耶?随在施教,语因地传,是以恭题曰《富平答问》,纪实也。庶观者知其所自云。(《二曲集·富平答问》)

据此序可知,《富平答问》并非二曲富平论学的全录,惠氏仅"录其切于通病者,聊以自警"。惠龗嗣字玉虹,为二曲重要门人。据《富平志》载:"惠龗嗣,天性至孝,文学优长。康熙辛未进士,授通海知县,善政多端,上宪咸引重,莅任八月卒。著有《自新》《应用》二录。杨公名时、李公二曲、李太史子德咸为立传。"(转引《二曲先生年谱》)惠氏与二曲关系密切,据《历年纪略》载,在康熙十七年八月,二曲被征辟,抬至雁塔时,惠氏即服侍左右。惠氏又撰《关中李二曲先生履历纪略》云:"吾师二曲先生闭关谢客,向往者无从识荆,咸欲悉其生平,以当亲炙。谓小子籯嗣及门有年,知之最详。"可见,惠氏与二曲关系密切。如惠氏所谓"地以人重,声施无穷",或许自此以后,二曲居住军寨的故事成为富平人饭前茶后的谈资。

当天晚上,当二曲率领全家行至泾阳时,泾阳县令钱钰闻知后,立即前往城外迎接,并且竭力邀请二曲入城。钱钰字斐玉,号朗斋,浙江长兴人。康熙间举人,曾任泾阳知县,后来被擢为广西道监察御史、顺天府尹、山东巡抚等职。据史料记载看,钱钰为官善于经营,但却是个勤学之士。二曲的到来,自然让钱钰喜出望外,这不仅得到一次极佳的问学机会,也能博取礼贤的好名;但是,二曲以"素不入城市"为由加以辞却。钱钰只好在郊外旅店为二曲接风问学,并打算次日清晨亲自躬送二曲启程。但是,饭后二曲便要求启程,钱钰不得不派属吏追送。

在经过了七天的旅程后,到了初十日,二曲回到阔别四年的盩屋故里。展现在二曲眼前的是:残破的院落中布满了横生的野草,低矮的草房上爬满了蔓延的藤草,旧日的房屋已成残垣破壁,自然也早已无法居住了。面对此种场景,二曲感到既凄凉又亲切。在重新安置之后,十二日,二曲"谒墓告返,致祭,迎姊就养"。

(四) 建祠祀母

回到家乡后,二曲徘徊于故居,看到熟悉的一草一木,禁不住地陷入回忆,尤其对母亲的思念之情与日俱增。到了次年二月,二曲决定为母亲建祠祭祀。据《历年纪略》载:

> 先是,鄂公闻先生之母彭太君守贞贫困而死,捐俸百金,俾建"贤母祠"以风世;值地方多故,流寓富平,不果。至是,先生念西郊为母原居之墟,遂以前金购材,建正庭三楹,以奉母像。像前置襄城所招太翁魂牌,门房三楹,门内为斗窝栖身。(《历年纪略》"康熙十九年"条)

据引文可知,早在二曲流寓富平之前,鄂善闻听彭氏守贞育子及其在贫困中病亡的凄凉故事后,深为感动,捐俸百金,俾建"贤母祠"以风世。然而,是时"地方多故"及二曲远走富平,建祠祭祀之事不得不中断。这次二曲回乡后,便用鄂善所捐的钱币建了三间祠宇,供奉彭氏遗像,某种意义上亦是完成鄂善初愿。自此之后,贤母祠不断得到一些官员的表旌。诸如,康熙十九年(庚申,1680)九月,平凉守道参政郎廷枢曾肃书币与二曲,并赠送"曾母慈晖"的匾额。二曲收下匾额,而将钱币返还。康熙二十年(辛酉,1681)七月,甘肃抚军巴锡派人前来问候,并赠送"贞贤范世"的匾额。康熙二十六年(丁卯,1687)四月,"府尊董公绍孔增修贤母祠建坊。公笃缁衣之好,丙寅式庐,晋谒甚虔;至是又谒先生,因瞻礼贤母祠。睹规制未备,遂捐俸檄高邑丞弘启鸠材督修,堂前增搆卷棚三楹,祠前建坊,额曰'贤母坊'"(《历年纪略》"康熙二十六年"条)。西安知府董绍孔又增修了彭氏祠,并为之建坊,题匾额为"贤母祠"。康熙二十六年九月,"邑尊程讳奇略改题里名。祠在菜园堡中街,公谓:'世间废兴成毁,如浮云百变,惟道德节义之风烈,积久不磨。斯祠为一邑添胜迹于后代,而地名弗雅,非所以树风声于无穷。'遂改其名曰'贞贤里',庶地以人重,千载彪炳。题额、撰记,公亲督工勒石,仍豁免里役,以示优异"(《历年纪略》"康熙二十六年"条)。此外,《二曲集》中也收录了学者康乃心、吴珂鸣等人为贤母祠撰写记文,被二曲富平门人惠靝嗣汇辑为《贤母祠记》。兹择录康乃心《贤母祠记》见其大概:

  呜呼!此二曲征君李先生贤母彭太君之祠也。盖今上御极之十一载,用勋旧作《周》《召》,特召我燕台鄂公锡节钺,俾专制陕以西事。天子曰:"都!朕唯镐丰为中原上游地,被山带河,其人慷慨质直,多孝子忠臣、烈夫贞妇。自昔理学鸿献,若横渠、蓝田、高陵,典型在望。肆予命汝保厘兹土,其尚敷文教,重彝伦,显幽发隐,尊儒崇道,以成至治,汝往钦哉!"公拜,稽首曰:"君令臣共,古之制也,敢不竭其股肱。"于是,陛辞就道,车辙所至,即问民疾苦,礼贤下士为急。

  既入关,进藩臬郡守群牧诸侯而咨之曰:"关中,古名天府,圣贤代兴,比者士鲜实修,正学榛莽。圣天子锐意旁求,望野卜岩,不遑夙夜,百二河山宁无真儒崛起以当表率者?"佥曰:"于!唯终南、太乙之间有二曲先生焉。其人乎!其人乎!"公曰:"可得闻与?"佥曰:"先生少凶孤,唯与母居,蔬食蓬户,历岁经年,迫寒穷暮,雨雪盈门,不火且或累月。母训先生,唯若父慷慨国仇,捐躯赴难;唯若母寒灯冷月,饮血茹冰;唯若笃志好学,不以困苦饥寒易厥志;唯若秉道持躬,不以纷华膏腴乱其中。余终食贫以死,余或有子,余目实瞑。"公曰:"于!隐哉!先生且胡为者?"金曰:"先生伤母之苦。圣贤自命,映雪囊萤,下帷稽古,邃遡《六经》,以及诸子史记百家纬文毖典,靡不甄极浩渺,奥博宏通。而出入新建,根极紫阳,良知诚意,远接尼山。方岳之众,始疑既信。今且望室庐而负笈,固不啻鹿洞、鹅湖也。"公曰:"俞!允若时,陋余不谷,其敢以轩车临君子,声应气求或有藉乎?"于是,金以学宪钟公暨咸宁郭侯请捧书束帛往聘,三往而后至,奉诸关中书院。自公以下,至氓庶皂隶,悉授学焉。

未几,且疏先生于朝曰:"以人事君,人臣之义。臣愚伏见盩厔隐士李颙,少遭孤苦,奉母读书,不求仕进且四十年。学为帝师,道足王佐。若蒙侍从之间,必有沃心之助。"天子曰:"都!其为朕左右之。"命下征书及门。先生以疾辞,疏凡数上。天子曰:"毋!其令所在有司,具蒲轮车,俾力疾就途,以副朕任用求贤之意。"先生载闻命,泣下数行,曰:"呜呼!颙实迂疏,寡学问,安敢以虚声劳世主侧席!顾颙有母,泣血数十年,历人世未有奇苦;教颙读书识字,欲望成人而抱病以殁。伤哉!贫也。生无以为养,死无以为礼也!茕茕天地,颙实罪人!且颙年垂五十,忧患之余,疾病日笃,忘亲不孝。忘艰苦之亲,而以衰暮残疲,贪荣竞进,宁唯匪孝,翳且不忠。不孝不忠,即帝且安用之?"遂伏首流涕,终以疾谢不起。公怆然曰:"孝哉,先生!贤哉,母也!非先生罔克报厥母,非母无以有先生。昔者邹孟氏学既成,游事齐梁,以仁义道德之说著书立教,辟杨朱、墨翟以正人心。韩愈推之,至谓功不在禹下,迄今与孔子并称。抑知其初,皆慈母三迁之力乎!今先生待后守先,渊源濂洛,卓然为一代大儒,是不可忘其所自也。"遂出俸金百为先生之母祠;而因郭侯与先生言,命记于左辅邰阳康乃心。(《二曲集·贤母祠记》)

据康乃心记载,鄂善捐俸当在康熙十二年(癸丑,1673)延请二曲主讲关中书院,继而举荐二曲时。二曲以其母终生奇苦,抱病以殁,决心不贪图荣贵为辞,感动了鄂善,进而捐俸建祠。《历年纪略》中所谓"地方多故"当指三藩叛乱波及盩厔等,甚至也隐晦了鄂善后因事调任云南,戴罪立功之事。据康氏记载,亦知二曲建祠时,郭传芳帮助二曲邀文以记述建祠之事。

再如,康熙康熙二十六年(丁卯,1687)四月,西安知府董绍孔增修贤母祠建坊后,著名学者魏象枢亦撰记云:

第四章　辞辟非同巢许志，安贫独契孔颜心

　　盩邑西郊有贤母祠，总督鄂公为二曲先生母彭太君建也。公以太君之贤，有关风化，捐俸购基，建正庭三楹，门房三楹，绘像于中，祀以风世。久之，垣墉倾圮，董郡伯讳绍孔晋谒，见庙貌弗肃，遂捐俸壹百贰拾金，檄高邑丞鸠工葺修，易以塑像，庭前构卷棚三楹，门外竖坊，规模焕然改观。余闻而嘉之：

　　夫表贞贤以励风化，乃司风教者之责，而近世有风教之责者，钱谷簿书之外，多忽风化。今郡伯于风化所关，举措如斯，得敷治之本矣。然非太君之贤，深有以服其心，亦未必悉心悉力，一至于斯也。盖太君矢志守贞，历人世未有之艰，九死靡悔，正谊迪子，出寻常功利之外，旷代仅见。学士大夫以及田夫、牧竖无不闻风兴感，叹未曾有。论者谓盩邑之有李母，犹邹邑之有孟母，后先一揆，卓然两绝千古，并有补于世教，则饰祠崇奉，诚有光于祀典。以故毅然为之惟恐后。敦懿好，阐闺范，砺颓俗，一举而数善备焉。鄂督不独专美于前矣。

　　二曲先生道德风节，为世仪表，海内仰若泰山北斗、祥麟瑞凤。余倾慕有年，深以弗获亲炙为平生一大憾。兹太君祠宇之成，以老且病，又弗获间关瞻礼，愈滋余愧，故不揣不斐，书其概，聊识向往。若夫太君懿行之详，自有诸名公之原记在，无俟余赘。(《二曲集·贤母祠记》)

可见，彭氏以子而荣，流芳后世。故魏氏云："盩屋之有李母，犹邹邑之有孟母，后先一揆，卓然两绝千古，并有补于世教，则饰祠崇奉，诚有光于祀典。"(《二曲集·增修贤母祠纪略》)贤母祠备受历代官吏重视，不断增修，成为了著名的教化风俗之地。

　　康熙十九年，贤母祠建好后，二曲撰写自识说："人子居亲之丧，涂壁令白，名曰'垩室'，此亦余之垩室也。丧制虽已久阕，而心丧实无时或息，栖此以抱终天之憾！"(《历年纪略》"康熙十九年"条)《礼记·丧大记》："既练，居垩室，不与人居。"垩室即父母去世后，孝子居丧居住的屋子，四壁用白灰粉刷。二曲居垩室，即便是家人也多不见，饮食则通过墙壁的小洞由家人送进来。不久，郭传芳闻听此事后，十分震惊；又感到二曲一家人租住一间房子，贫无定所，生活困窘不堪，便再次帮助在贤母祠的西边修建了一处房屋，作为栖居之处。现任县令章泰闻听后也立刻捐俸协修。据《(乾隆)盩屋县志》

载,章泰字来之,会稽(今浙江绍兴)人。"康熙十七年由监生任邑。当滇蜀寇警之际,流亡殆尽,泰辟草莱,修城郭,招羸弱,蠲杂徭,清除崩荒,规画地利,凡河渠山厰。昔之厉禁于民者,无不尽还,而收其益。又建社学,时与士民讲论《诗》《礼》,建烈妇祠以砺贞节,建白龙庙以隆报享。学宫、衙署及邑中诸古迹修葺一新。天资敏,长于吏治,其运饷筹兵,谳狱催科,诸善政,邑之人至今犹尸祝也。"①可见,县令章泰与前任拙于吏治且被论的高宗砺及其再前任嫉贤妒能、惰于政事致使盩厔五百亩良田遭受水灾的马芝迥然不同。章泰为官能体恤民情,造福一方,深得盩厔百姓的爱戴。值得注意的是,章泰颇重视地方文教,曾修缮文庙、补修道教胜地楼观台、纂修《盩厔县志》等。有如此品行的县令治理盩厔,二曲自然也会受到尊重与礼遇。

　　康熙十九年秋,郭传芳调任四川达州知府,二曲闻讯后立刻让其子李慎言远送郭传芳至宝鸡,恸哭而别。然而,到了康熙二十年(辛酉,1681),据《历年纪略》载,"二月,闻郭公凶问,为位率家人哭祭,服缌三月,为之表墓。四月,为报德龛,奉骆公、郭公暨鹿洲张公之主于中,令节则率家人虔祭。"(《历年纪略》"康熙二十年"条)郭传芳病逝,显然对二曲全家而言是巨大的噩耗。二曲为之服缌麻三个月,并撰墓表。其中云:"余不肖,承公特达之知,雅意相成,受益实宏,今知己云亡,曷胜人琴之感!谨抆泪遥题公墓前之碣,而次其概于碣阴,以志余痛。若夫履历事迹,居恒脍炙人口者,详具铭、状、传、表,无俟余赘。"(《二曲集·墓志·题达州牧九芝郭公墓碑》)或许因郭氏去世,骆锺麟、张梦椒等亡友的身影亦不时浮现于眼前。骆、郭、张诸人与二曲情义深重,多次在二曲陷入困窘危难时挺身帮助。事实上,二曲若没有这些亡友的帮助,很难成为一代大儒,摆脱群小陷害,甚至连长年的饥饿都无法熬过。因此,至四月,二曲便在家中设置报德龛,祭奉骆锺麟、郭传芳、张梦椒三位亡友。每逢佳节之际,则率领家人虔诚祭拜,报答三位亡友的资助与知遇之恩。

(五)讲学交友

　　回到家乡后,二曲也和在富平时一样,基本上是闭门谢客;但又不时接纳友人,相与论学;也有选择性地接纳一些来访的学子,传授其学。从康熙十九

---

① 杨仪修、王开沃纂:《(乾隆)盩厔县志》卷6《职官》。

年(庚申,1680)起,到康熙四十四年(乙酉,1705)二曲去世这二十五年中,前来问学之人众多。尤其是,王心敬、王吉相、文佩、张志坦等人纷纷及门。他们亦深受二曲的赏识,积极推动了二曲思想学说在关中乃至全国的传播。兹略作介绍:

王心敬(1656—1738)字尔缉,号丰川(又作沣川),学者称为"丰川先生"。陕西鄠县(今作户县)人。自幼家境贫寒,十岁时父亲去世,与母亲李氏相依为命。少时曾跟随王鄼(字汉侯)学习科举之业,"追随杖履"侍学十余年。二十岁左右,王心敬便"文名藉甚",其后"稍稍涉猎经史群籍",对"孔曾思孟之学"产生了浓厚的兴趣,立志"为丈夫",毅然舍弃科举之业。继而,又"遍访当世明贤,择为师资"。在康熙十九年(庚申,1680)十月,王心敬至盩厔拜投于二曲门下,从此"朝夕执侍,一意暗修"。关于王心敬受学二曲的时间,惠龗嗣《历年纪略》载为康熙二十一年(壬戌,1682),但王心敬自言其师从二曲时,均言时年二十五岁。王心敬生于顺治十三年(丙申,1656),其从师二曲时间当在康熙十九年。王心敬是二曲最为赏识的弟子,曾以"可望以任重致远",格外加以栽培。即便是在二曲独处垩室,"时人罕接其面"时,而王心敬却能够"朝夕侍侧",聆听教诲。后因母老待养,王心敬才辞别二曲,返回鄠县。返乡后,又与其他同门在鄠县筑修二曲书院,除邀请二曲前去讲学之外,也邀当时一些学人切磋学问。在四十岁时,王心敬已是闻名海内的大儒,黔、闽、吴、楚等地的官员纷纷前来礼聘其讲学。湖广总督额伦特曾以"真儒"的名义推荐王心敬。但同二曲一样,王心敬以疾力辞,并且自此闭户读书,不再外出。额伦特于康熙五十五年(丙申,1716),征集王心敬在江汉书院的讲义及论学信札等,刊刻为《丰川全集》。王心敬深得二曲的真传,是二曲最著名的弟子,也是最能弘扬传播二曲思想学说的关学学者。

王吉相字天如,邠州(今彬县)票村人。王吉相幼年家境贫寒,无力入学,但能勤奋苦读,孜孜不倦。据说,王吉相唯恐自己学习懈怠,曾自备厚砖,每当松懈时,便将厚砖置于头顶自罚。经过多年的刻苦学习,在康熙十五年(丙辰,1676)王吉相中进士,为翰林院检讨。这时作《砖师赞》回顾过去学习生活时,云:"一有差失,焚香顶礼,此过不改,此身不起。幸而有成,皆汝之施。戴尔大德,终身无欺。"《历年纪略》载,在康熙二十年(辛酉,1681)冬天,"邠州词林王吉相受学。王潜心性命,学务向里,晋谒请教,言下有契,遂北面从事,归依诚切,有贺医闾、邹东郭之风。先生以其淳笃,既退而叹曰:'此真为已者也!'"王吉相受业二曲后,二曲授以"知行合一"之旨,而王吉相躬行力践,期于必至,①此后学业增进,声名鹊起。在康熙二十二年(癸亥,1683)时,陕西巡抚张汧曾以"笃志力行君子"赞誉王吉相。王吉相勤奋著述,曾抱病撰成了《四书心解》一书。二曲亦为该书作序,其中云:

> 《四书》,传心之书也。人人有是心,心心具是理,而人多昧理以疲心。圣贤为之立言启迪,相继发明,譬适迷途,幸获南车,宜循所指,斯迈斯征。乃跬步未移,徒资口吻,终日读所指、讲所指,藻绘其辞阐所指,而心与指违,行辄背驰。登彼垄断,借以猎荣网誉,多材多艺,祇以增其胜心。欲肆而理泯,而心之为心,愈不可问,自负其心,而并负圣贤立言启迪之苦心。噫!弊也久矣。
>
> 昔有一士,千里从师。师悉出经史,期在尽授。甫讲一语,其士即稽首请退,浃月弗至。师问之,对曰:"未尽行初句,弗敢至也。"必如此,始可谓善读善阐,无所负。今求其人,王子天如其殆庶几乎!天如质淳而行笃,问道于余,学务求心。日读《四书》,有会于心即札记,积久成帙,名曰《心解》,持以就正。余闭关养疴,弗克卒业。伏枕聊涉其概,盖自成一家言,而宏网巨领归本于心,至晰心之所以为心,全在于知良,以知则中恒炯炯,理欲弗淆,视明听聪,足重手恭。施于四体,四体不言而喻,"溥博渊泉,而时出之",万善皆是物也!否则,昏惑冥昧,日用不知,理欲莫辨,茫乎无以自持,即所行或善,非义袭,即践迹,是行仁义非由仁义也。夫解《四书》而谆谆"知"之一字,可谓洞原彻本,学见其大,余不觉击节。
>
> 天如因请余题其首简。余生平未尝为文字之习,有所题跋。身隐焉文?概绝应酬,又岂能扶病摛辞?顿有异同乎!无已,即以斯言,口授代书,试质诸善读《四书》之大君子。(《二曲集·题跋·题四书心解》)

从该序文,亦见二曲对王吉相其人其学的肯定。王吉相是书"独抒所见,不依傍程、朱之说,而其融会贯通",实得二曲躬行、心解的学术特点。因此,是书也成为王吉相继承发扬二曲思想学说的重要著述。

文佩字鸣廷,平凉府泾州(今甘肃泾川)人。王心敬等增辑《关学编》云,

---

① 王心敬等增订:《关学编》卷6。

文佩"弱冠入庠食饩,而性嗜正学。年二十五,徒步五百里外,纳贽二曲先生门。归而倡率同志郭、张、李等四十余人为'正学会',商证师门宗旨。后又以会聚无地,又竭力倡众建师祠于居旁,定以朔望会讲之规,凡数十年不替。年六十一,训导汉中府宁羌州,甫逾一年,而遽以疾卒。鸣廷自少至老,孝友温恭,行宜修洁,而如其笃信好学,乐诲后进,尤为出于天性。凡交与者,无不爱敬其人,以为即古笃行之士,当无以过。及是以所施未究其志而卒,士林盖无不为之感慨悼惜云"。① 据王心敬又《泾州新创二曲先生祠记》知,文中"郭、张、李"即郭一之、张五敷与李现慧②,三人与文佩一起师事二曲。文佩等人何时及门,暂难考索。但王心敬《送泾州诸同门序》云,"庚辰春,余自鄠趋二曲祝我夫子高龄,而泾州五敷张子、鸣廷文子、现慧李子已先至矣"③。可见,至少在康熙三十九年(庚辰,1700)春之前,文佩等人已经及门。二曲对文佩等人十分期许,云:"泾州风气唇庞,四子文鸣廷、郭一之、张五敷、李现慧独为开先,以道学振起乡之后进,是为不复己物兼成之义。"④事实上,文佩等人在泾州积极传播二曲思想,影响颇大。王心敬曾评价云:"自乙酉迄今又十四年矣,泾之同志日益兴起,后生晚进从风而趋者且遍州之内外。泾州遂为吾省邹鲁之乡,乃诸子念聚讲之不可无所,且泾人士所阐衍者,吾先生之学旨也。"⑤

张志坦(1657—1686)字伯钦,是二曲友人武功张承烈之子。吴氏《二曲先生年谱》载,康熙二十一年(壬戌,1682),"春三月,武功诸生张志坦偕同邑马仲章来受学"。张志坦为学刻苦,造次不忘,深得二曲的欣赏。然而,在康熙二十五(丙寅,1686)秋,张志坦突然身患疾病,不治而终,年仅三十岁。二曲甚为悲痛,撰写《张伯钦传》以寄哀思,其中云:

> 张伯钦名志坦,余友武功茂才张澹庵之伯子也。生而端淳,幼不为儿嬉,饮食知奉亲长。稍长嗜书,习制举,补邑诸生,温谨之性,庠校推重。澹庵中岁丁内艰。读礼之余,睹朱程遗集有感,遂脱迹纷华,潜心理路。不以余为不类,问道于盲,契余甚笃,时过余切砥。

---

① 王心敬等增订:《关学编》卷6。
② 王心敬:《泾州新创二曲先生祠记》,《丰川续集》卷25。
③ 王心敬:《送泾州诸同门序》,《丰川全集》卷21,清康熙五十五年额伦特刻本。
④ 王心敬:《泾州新创二曲先生祠记》,《丰川续集》卷25。
⑤ 王心敬:《泾州新创二曲先生祠记》,《丰川续集》卷25。

伯钦缘是知余慕余,向往殊殷。壬戌春暮,偕同邑马生仲章受学于余,尊闻行知,不为空谈。每旦,拜先祠暨父师毕,肃穆静坐,俨然如对神明;恭读《五经》《四书》《小学》及宋明以来诸儒先论学书,悦心研虑,体诸身,验诸日用。事父,晨昏定省,寒暑罔间,出告反面,言动必请。痛母蚤世,事继母先意承颜,无异所生。念叔母孀节,敬养兼隆,诚意恳恻深至。友爱诸弟,食息与共。御僮仆,无疾言遽色。家庭之间,怡怡如也。敦宗睦族,恩谊周浃,待人接物,蔼若春风。居恒饬躬砺操,跬步必绳诸义。室设先圣,四配周、程、张、朱位,焚香对越,寤寐羹墙,揭其微言要语于座右,借以警策。服膺余训,造次弗忘。余嘉其志笃而力勤,方期以远大。丙寅秋仲,忽以疾卒,年仅三十。向令天假之年,不知所进何似?贤而夭,闻者莫不悼惜,余安能已于恸耶!故抚膺拭涕,特为传以寄思。(《二曲集·传·张伯钦传》)

二曲学生众多且何时及门,需另文专述,兹不再举他人。在王心敬、王吉相、文佩、张志坦等人从学二曲后,二曲思想学说迅速在关中,乃至在全国广为传播。

晚年二曲在关中学界享有至高盛望。一些地方官吏深慕二曲,或造访问学,或为其刊刻著述,或加以资助。诸如,岐山宰茹仪凤刊刻二曲《垩室录感》。《历年纪略》载,康熙二十一年(壬戌,1682),"七月,岐山宰茹讳仪凤刻先生《垩室录感》。茹倜傥不群,究心理道,契先生有素。至是宰岐,致崇风化,刻《录感》以砺俗。宦岐九载,加意于先生者,靡不周至"(《历年纪略》"康熙二十一年"条)。茹仪凤字紫庭,顺天宛平人,河内籍监生。据《岐山志》知其于"康熙十八年任。工诗文,有惠政,民为建生祠。二十六年去任,官至甘肃按察使,祀名宦"。茹仪凤在陕期间,与二曲、李柏、李因笃、王心敬等人均有密切交往。在李柏《槲叶集》、李因笃《受祺堂文集》中存有多篇与茹仪凤的诗文或酬答。二曲对茹氏学行、识见亦多加赞扬,曾作《答岐山茹明府》云:"昨公与小儿从容浃谈,论及某某及某,有云:'三君虽皆辟阳明,而实不知阳明;虽自谓尊朱,而实不知所以尊朱。'小儿归而向仆备述,仆闻之不觉惊异。忆昔承顾,窃见丰姿秀出,议论英发,私心以为器识过人。及宰岐下,遥闻理烦治剧,游刃有余,私心以为政事过人,不谓究极学术,洞悉内外本末之分,见地亦复过人,偶尔折衷,便足千古。宋人服欧阳公之才曰:'如欧阳修者,何处得来？'然则如公者,亦何处得来？自是每一言及公,未尝不爽然自失,自惭从前知公不尽。"(《二曲集·书二·答岐山茹明府》)据此可见,在茹氏未宰岐山之前,已经拜谒过二曲。二曲从茹氏言论,知其对阳明之学把握中肯,亦十分赞许。茹仪凤因与二曲的交往,得到并刊刻了二曲《垩室录感》,王吉相为之作序云：

> 《垩室录感》,我夫子二曲李征君自录所感也。夫子抱朱百年之憾,誓终身不享世荣。奉母遗像,严事如生,为"垩室"于侧,孤栖其中,持心丧,室扉反锁,久与世暌。尝曰："乌鸟怀巢,狐死正首丘。斯亦吾之巢与首丘也。日与灵影相依,栖于斯,老于斯,终其身无复离斯。"于是,抚今追昔,遂录所感以自伤,其情苦,其辞恸乎有余悲,可以动天地而泣鬼神,观者莫不欷歔堕泪,扼腕太息。在夫子不过自感自伤,而人之因观兴感者,不觉憬然悟,爽然失,是因感而触其良心也。良心一触,则爱敬之实,夫固有勃然而不容自己者也。由是学人知立身乃所以显亲,一切人亦随分可以自尽。盖懿德之好,人有同然。斯录一布,而天下后世咸赖以兴感,其有补于风化人心匪鲜。《诗》云："孝子不匮,永锡尔类。"夫子之谓也。吉相方谋寿梓以广其传,岐阳茹令君政重风教,业已梓行砺俗,故喜而敬题数语,以附末简。(《李颙集·垩室录感》)

《垩室录感》为二曲挽痛其母处困而殁,以不得尽养为憾,无所解于心,而录孝子言行。是书不仅反映了二曲的真性情,而且可作为世俗劝孝之书,有助于风化。茹氏加以刊刻的目的亦在于砺俗,可见其注重文教。

又如,新任盩屋县令张涵拟为二曲修建书院。据《(乾隆)盩屋县志》载,张涵,山西人,进士出身,在康熙二十一年始任盩屋县令。①《历年纪略》云：康熙二十二年(癸亥,1683)"秋七月,邑宰张公涵拟为先生建书院,先生力却。公夙仰慕先生,谒铨得令盩屋,大喜。甫抵任,即斋沐肃贽造谒。自是不时屏驺从趋侍,执弟子礼甚恭。因先生素无书室,亟欲捐俸购基,命役鸠材,鼎建讲堂斋舍,以栖先生,并处四方问学之士。先生以方杜门谢绝生徒,讲堂斋舍非其所需,力辞"(《历年纪略》"康熙二十二年"条)。可见,张涵对二曲十分礼遇,亦希望建讲堂、斋舍等广泛传播二曲之学。或许二曲基于以往因

---

① 杨仪修、王开沃纂：《(乾隆)盩屋县志》卷6《职官》。

声名而征辟之故,加以谢绝。

  事实上,虽然二曲拒建讲堂、斋舍等,平日里也基本是闭门谢客;但是前来问学的人依然是络绎不绝,其中不乏一些远方的士人。其中最为二曲所认可的是康熙二十四年(乙丑,1685)三月,傅良辰、张子达远道前来问学。傅良辰字潜斋,汉阳(今属湖北武汉)人。张子达字君明,江陵(今荆州市)人。傅、张二人问学二曲因受到四川大儒杨甲仁的介绍与督促。杨甲仁在与傅良辰的一封书信中说:

> 今晨子达(张子达)来会。其人英年,朴实笃厚,有道器,具圣胎,扩而充之,不可限量。其有得于足下昆仲,并万沧启发者多矣。良朋善友,实难同时同地。自后时勤切劘,庶不悉昔贤香山白鹿之意。近则引之参江夏尔朴杨翁,远则勉之参关中中孚李子。非中孚不足以成就斯人也。中孚今岁几六十,恐岁月无多,不与我矣。①

  在杨甲仁的介绍之下,尚未三十岁的二人徒步三千余里前来盩厔问学。傅、张二人虽然均属市井之人,但是当二曲与他们交谈之后,便立刻欣然接纳二人。二曲在给张志坦的书信中如是云:"有著书立言之人,自天文、地理、礼乐、制度、兵刑,一一皆精研论撰,携其所著全部,肃贽愿北面受学,叩扉两日,亦未之纳。惟湖广傅良辰、张君明,年未三旬,不远三千里徒步来学。其人本市井贸易之微,能学敦大原,我嘉其学知近里,始启钥纳拜。"(《二曲集·书一·与张伯钦第三书》)可见,在二曲看来,傅、张二人不仅刻苦求学,而且学得其法,认识到为学的大本大原。二人在二曲处侍学一个月,充分得到了二曲的指导,之后方起身返程。

  值得注意的是,此一时期,虽然二曲获得空前的声誉,前来受学论学者众多,但毁谤者亦不在少数。据屈复(1668—1745,初名北雄,后改复,字见心)记载:

> 二曲先生颙辞招讲学,门弟子三十人。所著有《反身录》,当事表其间曰"贞贤里"。岁丙寅,予年十九,冰雪中扶病晋谒,尼止者一邑同声。予侄孙佩玉、友人刘伯容先登龙门。又退有后言,竟废然而返。德修谤兴,古亦有之;且东家某可念,亦未有甚此者。后欲再

---

① 杨甲仁:《寄傅生慎全又书》,《下学录》,《愧庵遗集》,清同治三年重刻本。

访,而先生谢世,是非真伪,盖棺论定。年少卤莽,存此识悔。①

丙寅年,即康熙二十五年(1686)。引文中屈复废然而返乃是受一邑同声的影响,可见二曲虽德修日隆,从学者众多,但毁谤者亦多。

康熙二十四年(乙丑,1685),时任陕西督学的著名诗人许孙荃捐俸刊布了二曲的《四书反身录》。许孙荃字友荪,一字生洲,学者称之为"四山先生",合肥(今属安徽)人。康熙八年举于乡,以第三人冠礼经,九年中进士,改户部主事,再转郎中,继后又历任翰林院侍讲、刑部四川司员外郎、陕西督学等职。② 在督学陕西期间,许孙荃注重文教,不仅延揽一些著名学者入讲庠校,也对二曲、王弘撰、李柏等人推崇有加。此外,许孙荃注重表彰关中以往的大儒,修缮祠庙。据《历年纪略》载:

> 是冬,督学许讳孙荃捐梓布先生《四书反身录》。公自家食时,慕先生若渴,及典秦学,深庆得遂御李识韩之愿。甫莅任,即竭诚趋谒,得《反身录》,宝若拱璧,以为匡时救世,舍是编无以起沉疴、振积习,亟表章剞劂,颁布通省庠校,仍拟进呈。先生贻书力阻,其略云:"此书止期私下同病相怜,对症投剂,以'反身'二字与同人相切砥。若一经进呈,适滋多事,不触嫌招忌,则搜山薰穴,仆将不知其所终矣!不知使君将何以为我谋耶?幸寝斯念,曲垂保全,俾仆永坚末路,庶不贻羞知己。"公乃止。(《历年纪略》"康熙二十四"条)

可见,许孙荃早年在家赋闲时闻知二曲,并对其仰慕若渴,所以"甫莅任,即竭诚趋谒"。二曲向许孙荃赠送《四书反身录》。在读过《四书反身录》后,许孙荃"宝若拱璧,以为匡时救世",此亦是督学职务所在,故立加刊刻,并欣然为之作序,云:

> 理学与世运相表里,自尧舜开道统之传,至我夫子而集大成,删述六经,垂教万世,若日月之经天、江河之行地,而斯道赖以常存。迨战国异端并兴,孟子辞而辟之,论者至谓其功不在禹下。秦汉以来,千有四百余年,乘之以佛氏,乱之以庄老,汩没于风云月露之词,废坠于干戈抢攘之际,而斯道或几乎息。有宋贤君继作,世际雍熙,大儒乘运而起,濂溪倡之于前,二程、张、朱推挽于后,发明绝学,内

---

① 屈复:《过贞贤里》诗《自注》,《弱水集》,《续修四库全书》本。
② 李因笃:《陕西通省督学前太史泥水许使君墓志铭》,《续刻受祺堂文集》卷4。

外同归,斯亦三代以还,文明再睹之一时矣!自是,承流嗣响,代不乏人,而关中接横渠之绪,名贤接踵而起,五百年间凡三十余人。呜呼,盛已!迨明末造,风会中蚀,而关学独以醇正称于天下。

恭遇我国家治化翔洽,讲道崇儒,中孚李先生崛起盩厔,其言以"躬行实践"为基,"反本穷源"为要,嘉惠后学,开导迷津,阐往圣之心源于浸昌浸炽之会,斯真可与弇山鸣鸟,同昭盛世之光华。顾以家世食贫,养亲不逮,痛自刻责,绝意功名。筑垩室独处,时人罕接其面;尤矢志谦退,不欲以著述自居。四方学者每从问答之余,辑其所闻,各自成帙。其高弟王心敬朝夕侍侧,敬从口授,集为《反身录》一书。先生举以授余,余反复卒读,大要以士人童而习之,袭其糟粕而不悟;其指归欲学者反身循理,致知力行。其指约、其趋端、其论说,质实而不涉于高远。横渠有言曰:"为天地立心,为生民立命,为往圣继绝学,为万世开太平。"其先生是书之谓乎!

余,学臣也,亦与有斯文之责。窃意学校为教化之源、选士为储材之本,煌煌功令,务先德行而后文艺,乃士子徒工咕哔,以冀主司一日之知,海枣春华,都无实际,圣贤之精意,久已湮没。诚使是书布之学宫,士子从身心研究之余,有得于明体达用之学,于以宣猷宏化,黼黻休和,登斯世于唐虞,岂曰小补?是则余割俸授梓之意也夫!(《四书反身录》)

引文中,许氏认为《四书反身录》"嘉惠后学,开导迷津,阐往圣之心源于浸昌浸炽之会,斯真可与弇山鸣鸟,同昭盛世之光华",可见许氏对二曲之学的推崇。且以是书有助于士人从身心上研究,明体达用,裨益于世道教化。二曲生平讲学言论多由其门人记录,各自成册。《四书反身录》为王心敬所辑录。这也是集中反映二曲晚年思想的著作。许孙荃将《四书反身录》视为匡时救世之作,不仅打算颁布于陕西全省,而且准备上呈清廷。在二曲的极力劝阻下,许孙荃才不得不放弃自己的想法。

此外,据《历年纪略》载,"公(许孙荃)念先生赤贫,无以聊生,遂割俸百二拾千,檄学博易负郭田,如颜子之数。延先生长子慎言、次子慎行授之耕。恐先生峻却,托李太史再四致意,而纳其券邑中,俾不获辞"(《历年纪略》"康熙二十四年"条)。许孙荃见二曲生计艰苦,考虑如何资助而又可使二曲无法拒绝。事实上,在骆锺麟、郭传芳等好友相继去世后,因在生活上缺少了资助,二曲的家境又如往昔一样时时遭受饥寒的威胁。甚至在去年(康熙二十三年,1684),因旱灾一度陷入了饥荒,"併日而食",每日一顿饭来勉强维持生计。在二曲看来,"饥馑虽困我身,而不能困我心,我思之熟矣"。也正是因为二曲领悟到生死的意义与真谛,所以当其面对饥困时能坦然面对,将生死付之度外。当然,志操高洁的二曲也不会随意接受他人的资助,许孙荃深知这一点,故许孙荃以学博的名义,延请二曲之子李慎言、李慎行耕种近城田地;但又恐二曲拒绝,便请李因笃加以劝说。有关此事,李因笃记载了与二曲的一段对话。先是二曲写信给李因笃,告知其处理此事时左右为难的心情:"任之爽予心,拒之则拂使君之义。"李因笃则劝说:"拒之非人情也,又使君下学博为之,而纳其券邑中,匪私也,公也,亦安得辞?"①可见,在李因笃的再三劝导之下,二曲接受了许孙荃的善意和资助。

随着与许孙荃交往的加深,二曲逐步认识到许孙荃并非邀名之士,面对许孙荃各方面的咨询,二曲也坦诚地阐述自己的看法。据《历年纪略》载,康熙二十五年(1686)正月,"许公出巡校士,濒行,以书请教。先生答以所至'表先哲,崇实行'"(《历年纪略》"康熙二十五年"条)。许孙荃预备巡视各地庠校,考评士子,临行前寄书请教二曲。二曲则建议他所到之处,需要"表先哲,崇实行",这也是督学教化之责。二曲《答许学宪》云:

> 督学,学术之宗,人才、风教所从出也。以正学为督,则人以正学为尚。学正则心正,心正则立身行己无往非正。正人多,而后世道生民有所赖。薛、陈、耿、周诸公之提督学校也,先本后末,咸以倡明正学为第一义。当是时,士谨绳墨,人崇礼教,各往往格物以穷理,居敬以反身,二者并修。日充月著,虽中庸之流,亦奉训承式不敢悖;风声所鼓,即闾巷父兄长老,亦知诵说古谊以自淑。故风习最淳,言纯师、行纯法之儒,后先辈出,或出或处,咸有补于世。……表章先哲,所以风厉后进。兰州先哲段容思先生讳坚,以理学开先。秦州先哲周小泉先生讳蕙,奋迹戍卒。凤翔先哲在成弘间,则有张默斋先生讳杰;昌启间,则有张鸡山先生讳舜典,并倡学明道,为世真儒,流风余韵,于今为烈。其祠宇不知尚存与否?伏愿移檄查访,存则令地方以时修葺,无则礼以义起,不妨勉其设处创举;如力有未

---

① 李因笃:《许使君捐俸置盩厔养贤田记》,《受祺堂文集》卷3。

逮,不能三楹,即一楹亦可以栖神,稍存眉目,以成地方胜迹。兴贤崇德,古今令典;旌贞表操,学政首务。其有造诣不凡、道德著闻,或孝弟孚于乡邦、节操人所共钦者,察访的确,大则式庐,小则行奖。巩昌府秦安县有已故高士蔡启胤者,人称为"溪岩先生"。隐居不仕,闭户暗修,孝友之行、渊源之学,西方人士仰为楷模。十余年前以事亲成劳,先亲而卒。临卒,扶掖再拜辞亲,依依不舍,嘱家人敛以麻冠斩衰,以己不获送终故也。卒之日,远迩悼叹,如丧私亲,其德化入人之深如此!胞弟启贤,亦言动不苟,品望素隆。胤子生员蕃,忠信朴茂,力田敦伦。可谓满门孝弟,一家三代。下邑有士如此,可以风矣!宜思所以表之。以上,皆学政所关。正人心、昭风猷,于是乎在!他学宪不皆如是,而使君独如是,虽欲不谓之空谷足音,不可也。然欤?否欤?统惟宪裁。(《二曲集·书二·答许学宪》)

在这封书信中,二曲首先阐发"督学,学术之宗,人才、风教所从出"的观点,以正学术来教化人心。其次,二曲为许孙荃罗列了明代关中段坚、周蕙、张杰、韩邦奇、吕柟、冯从吾、张舜典等七位著名的儒家学者作为表彰对象。在前文中已对韩邦奇、吕柟、冯从吾作过介绍,此处仅略介绍段坚、周蕙、张杰、张舜典四人。段坚(1419—1484)字可久,初号柏轩,后更号为容思,义取《礼记·玉藻》中"足容重,手容恭,目容端,口容止,声容静,头容直,气容肃,立容德,色容庄"的九容,与《论语·季氏》中"君子有九思:视思明,听思聪,色思温,貌思恭,言思忠,事思敬,疑思问,忿思难,见得思义"的九思之义。段坚是兰州人。早年读书时,便"有志圣贤"。明景泰五年(甲戌,1454)中进士,授山东福山县知县,后又历任莱州知府、南阳知府等职。在任官期间,段坚注重文教,建修社学、书院,教育童士,常常亲自前去讲解,深受百姓的爱戴。段坚之学"近宗程朱,远溯孔孟,而其功一本于敬",在当时影响颇大,学者尊称为"思容先生"。周蕙字廷芳,号小泉,甘肃山丹人,后徙居秦州(今属天水)。在二十岁时,周蕙听讲《大学》时,便奋然感动,开始刻苦进学之途。后来,又师从段坚,并深为段坚所赏识。周蕙之学能持守师说,穷通《五经》,且笃信力行,时人以为是"程、朱复出也,咸敬信乐从"。张杰(1421—1472)字立夫,号默斋,陕西凤翔人。张杰于明正统六年(辛酉,1441)被乡荐,授赵城训导,并在此一时期受学于明代著名理学家薛瑄,从此学业愈加精进。后以母丧归乡,不再仕进,以讲学授徒为乐。张杰之学以"涵养须用敬,进学在致知"二语为宗旨,并以《五经》作为讲学的内容,从游者颇众,名重一时,学者称之为"五经先生"。张舜典字心虞,号鸡山,陕西凤翔人,为大儒冯从吾好友。张舜典在明万历二十二年(甲午,1594)中举,后来历任开州(今属河南)学正、湖北鄢陵知县等职。早在为诸生时,张舜典"即潜心理学,受知督学德清敬庵许公(许孚远)",后又结交邹元标、顾宪成等人,相与论学,以资印证,遂洞见明德识仁之旨。在辞官后,张舜典讲学乡里,从学者众多,与冯从吾并誉为"东冯西张"。再次,二曲建议许孙荃考虑表彰自己的亡友蔡启胤、蔡启贤兄弟。

到了次年(康熙二十六年,1687)二月,二曲又写信与许孙荃,劝其修葺郿县横渠镇的张载祠。二曲在信中云:

> 关中之学,横渠先生开先。郿县横渠镇乃其故里也,先生生于斯,长于斯,老于斯,葬于斯,则横渠之为横渠,亦犹曲阜之阙里,英灵精爽,必洋于斯。宋明以来,建有横渠书院,春秋俎豆,以酬功德。万历、天启间,当事之政崇风教者,尝加葺修。今年久倾圮,仆窃为叹息!……幸遇执事,加意关学,敢以为请,伏愿量捐冰俸,亟图修复,明振风猷,默维道脉,所关岂浅鲜哉!"(《二曲集·书二·答许学宪》)

张载作为宋代关中最有影响的大儒,为后世学者所推重。元代元贞元年(乙未,1295)在原横渠书院的旧址上修建了张横渠祠,作为祭祀和文教的重要场所。此后,张横渠祠在元明两代多次被地方官员修缮。至清代,在顺治二年(乙酉,1645)曾由张载后人修缮;到了康熙九年(庚戌,1670),时任郿县县令的梅遇见祠庙破烂不堪,捐俸修缮。在二曲写这封信的时候,又过去了十五年,过去修缮的张横渠祠早已残破衰败。许孙荃在接到二曲的书信后,立即捐俸百金加以倡修,并且又扩建了祠庙,使之焕然改观。

事实上,在二曲看来,无论是表彰段坚、周蕙等七位关中大儒,还是修缮张载祠,都是在风励后进,教化士人,敦化风俗,也即其所劝告许孙荃时所说的"皆学政所关,正人心,昭风猷,于是乎在"(《二曲集·书二·答许学宪》)。此外,二曲还向许孙荃建议:"顾明学术,不在标宗立旨,别树门户,只在就士所习,表章《四书》","督学,学术之宗,人才风教所从出也。以正学为督,则人以正学为尚。学正则心正,心正则立身行己无往非正","若夫留意理学,稍知敛华就实,志存经济,务为有用之学者",等等。二曲的建议反映了他兼收并蓄开放的治学态度,及其以学术正人心的明体适用思想。当然也会得到信守儒家学说的许孙荃的认可。在督学陕西的日子,许孙荃不仅通过二曲深刻了解了许多关中学者的思想及其事迹,并对他们加以表彰,为清初关中学术的发展做出了重大贡献;而且通过和二曲的接触,与二曲书信来往,许孙荃对二曲愈加钦慕,深受其影响。尤其在督学陕西之时,多向二曲请益,现存《二曲集》中保存了多封相关书信。诸如,许氏向二曲征求进呈关中理学书。二曲云:

> 承询关中理学书,可以进呈者将以进呈,味众人之所弗味,阐众人之所弗阐,使理学一脉不至落寞。大君子之作为,超于寻常万万矣!横渠书无未刻秘本,其板行之书,《西铭》《正蒙》列于《性理》;他若《理窟》《易说》《文集》之精确者,散见性理,已经前代表章,无容再赘。横渠之后,诸儒著述,惟吕泾野、冯少墟足以继响。虽未洞本彻源,上达性天,而下学绳墨,确有发挥。吕之遗书,如《四书因问》《史约》《文集》,未免散漫,惟语录议论笃朴,切于日用;冯之全集与薛文清《读书录》相表里。冯与东林顾泾阳、高景逸同时鼎足倡道,领袖斯文。顾高学固醇正,然其遗集中间散作,犹未脱文字气习;兼多闲议论、闲应酬,往往越俎而谈,旁及世故,识者不无遗憾。冯则词无枝叶,语不旁涉,精确痛快,豁人心目。如欲进呈,无过是书及《泾野语录》,抑区区尤有商焉。
>
> 吕、冯二集,理学之书也。理学、经济原相表里,进呈理学书而不进呈经济学之书,则有体无用,是有里而无表,非所以明体适用、内圣而外王也。经济书,《大学衍义》而外,莫切于吕氏《实政录》,言言痛切,字字吃紧,读之令人跃然击节。其书固板行有年,然真知而实好之者,寥寥无闻,亦犹孟子,汉唐以来虽已行世,不过私相传习;至宋,程朱始极力表章;明兴,载入令甲,朝野始翕然崇尚。令诚乘诏求遗书,特疏上闻,请照康熙十二年颁赐《大学衍义》于各省大臣例,以《实政录》通饬天下督、抚、藩、臬、道、府、州、县各衙门,俾各仿此修职业,勤政务,以图实效。处处有快心之美政,则处处蒙至治之厚泽,三五熙皞,不难再见于今日矣。然是录止可以饬外吏,而非所以端治本。绛州辛复元所著《衡门芹》一书,卷首治本三纲,实探

本至论、致治良画，宜并进呈。鄙见如斯，统惟酌夺。（《二曲集·书二·答许学宪》）

值得注意的是，在康熙二十五年（丙寅，1689）五月，因许孙荃督学陕西之故，著名学者许三礼由许孙荃转致书信论学。二曲答书云：

> 承侍御许酉山先生以所著见贻，开缄捧读，见其根极理要，不觉敛衽。既而，又得先生《答无锡秦赤仙书》，益悉先生之学，以"顾諟天之明命"为宗旨，以"告天尽伦"为日课，有头脑，有夹持，与世之学昧本原而功鲜实际者，不可同日而语。三复之余，私窃景仰。第土室中人，素不通京国之书。贤如先生，亦必贳我土室中人。希使君附便叱致是荷。（《二曲集·书二·答许学宪》）

许三礼（1625—1691），字典三，号酉山，河南安阳人。早年受业于著名学者孙奇逢（世称夏峰先生）。顺治十四年（1657年）中举，十八年登进士。康熙十二年（癸丑，1673年）赴京谒选，日以讲学为事，与当时名士魏象枢、叶方蔼等过从甚密。后莅任浙江海宁县，创办了海昌讲院，曾延请黄宗羲前去讲学。康熙二十年（辛酉，1681年）后，历任福建道监察御史、通政司右参议、提督四译馆、太常寺少卿、大理寺少卿、顺天府府尹、都察院左副都御史、兵部督捕右侍郎等职。著有《读礼偶见》《政学合一集》等。此次，许三礼所赠二曲何书，今不可考，但二曲悉其为学宗旨，但以"素不通京国之书"未作答，让许孙荃代转告。

康熙二十七年（戊辰，1688），许孙荃任满告归。也是约在这时候，二曲完成了张舜典遗著的编订，将张舜典的《致曲言》与《明德集》二书，合册定名为《鸡山语要》。《鸡山语要》的编订乃是二曲、许孙荃共同努力的结果，凝结着二人的愿望。在《鸡山语要引》中，二曲记叙了这次编订张舜典遗集的过程，其中云：

> 凤翔张鸡山先生，明季理学真儒也。深造自得，洞澈大原，与长安冯少墟先生同时倡道，同为远迩学者所宗。横渠、泾野而后关学为之一振，两先生没而讲会绝响，六十年来提倡无人，士自辞章记诵之外不复知理学为何事，两先生为何人。间有知冯先生者，不过依稀知其为冯侍御、冯司空，有遗书。先生位卑而地僻，并其姓字亦多茫然，人与书泯不传，余有慨于中久矣。顷学宪许公晤余谈学，因语及先生，公肃然起仰退而躬诣先生故里，建坊表章，访其后裔得先生

所著《致曲言》《明德集》示余,余窃不自揆,僭为订正,摘其确且粹者,勒为斯编,更题曰《张鸡山先生语要》。滴水可以识全海。公亟捐俸梓行,俾芜没余名托以弗坠,可谓先生后世之子云矣。公政崇风教,加意理学,行部所至,寝寐名贤,存者式庐,没者阐扬,表前修风,后进启佑关学之意甚盛。读斯编者,诚勃然思奋于辞章记诵之外知所从事庶不负公杀青之意,而关学坠绪可以复振,实百二河山之幸也。区区敬拭目以望。①

可见,虽然冯从吾与张舜典二人在明末曾推动关学的发展,掀起关中讲会的兴盛;但是二人之后关学开始零落,冯从吾因其遗集在社会上流传,尚被世人依稀所知,而张舜典却因"位卑而地僻","人与书泯不传"。许孙荃从二曲处得知此事后,从张舜典后裔处寻访得《致曲言》《明德集》二书,并交付二曲编订。二曲则"摘其确且粹者"节录而成为《鸡山语要》。二人对弘扬关中学术和保存关学文献做出了重要贡献。二曲在记叙此事时,无不对许孙荃崇尚风教、弘扬关学、彰表关学学者的行为极力褒赞。亦可见,二人均深感肩负着传续文化命脉的强烈责任,志趣相投,惺惺相惜,也因此结下了深厚的友谊。在濒行之际,许孙荃颇为感伤,赠诗与二曲云:

煌煌溯关学,有宋首横渠。异时瞻王吕,人远运未疏。亦有鸡山子,忾焉世代殊。夫子欻挺出,蔚为时真儒。大旨在力行,春华非所需。胸能破万卷,见不涉方隅。俯仰濂洛后,渊源信其徒。痛父死行间,招魂遍榛芜。母也造违养,追思同厥居。繄余昨登堂,禁足立户枢。坐我母氏祠,言言皆訏谟。识荆快平生,信宿欢有余。与言瓜期及,旦暮归田庐。各天从此远,歧路怅何如?负姿洵寒劣,奚为策顽愚。数公不可作,公实今楷模。愿公示周行,庶免悔吝虞。

(《历年纪略》"康熙二十七年"条)

在这首临别赠诗中,许孙荃又一次回顾在关中督学时,在二曲介绍下所了解的关中大儒及其成就。值得注意的是,许孙荃提及"横渠""王吕""鸡山子"。宋元明时期,关学学者众多,为何许孙荃仅提上述寥寥数人?似乎这几位关学学者为二人多次论及的对象,或许更基于其均为关学史上开宗立派或集大成者。横渠为张载,吕指吕柟,鸡山子指张舜典,三人前文已有涉猎。王

---

① 张舜典:《鸡山语要》,《关中丛书》本。

则指三原王恕、王承裕父子。众所周知,自明初期以来,程朱理学在全国占据独尊的地位。而这一时期的关学,虽不绝如缕,但无有力学者。直到明成化(1465—1487)之后,以王恕、王承裕父子开启,马理、韩邦奇、杨爵、王之士等人弘大的三原学派开始名播关中,乃至在全国都具有一定的学术影响。王恕(1416—1508),字宗贯,一生身居要职,为政以安民为己任,不为权势所夺;且以直谏著称,闻名于时。弘治六年(癸丑,1493),王恕致仕返乡后,在著书立言的同时,与其子王承裕创办了宏(又作"弘")道书院,成为"三原学派"的创始人。王恕之学有两处值得注意:其一,注重体认,以求其心安,尤其是对未能体认的朱子之说常加以辩驳,广泛涉及"理欲""中和""鬼神"等问题。其二,类似张载,以"原儒"的方法回归孔、孟学说,溯源开塞,以求心得。王恕的学风和气节对关中士人的学风与世风均有重要影响。王承裕(1465—1538),字天宇,其学大致有以下特点:其一,"以宗程、朱之学为阶梯,祖孔、颜以为标准"①。尤其注重对朱子"天理"观的吸收。其二,注重以礼为教。王承裕长期讲学于宏道书院,在教育生徒的过程中,以礼为先。黄宗羲谓其"冠婚丧祭必率礼而行,三原士风民俗为之一变。冯少墟认为:'先生之学,皆本之家庭者也。'"②王承裕曾刊布蓝田《吕氏乡约》《乡仪》等书,教化乡人,极大促进了关中世风、民俗的变化。王承裕门人有马理、秦伟、郝世家、雒昂等,进一步弘大了三原学派。或许基于王氏父子在关学史上的地位和价值,二曲亦多次向许孙荃提及。但没有史料留下证明,尚属于揣测而已。此外,许孙荃诗赞二曲的学识、志节,乃至描述二人的交往,自己谒访二曲于贤母祠中,留宿承教等情景,抒发离别感伤。

在许孙荃离开陕西的次年(康熙二十八年,1689)六月,"洪洞范彪西征君专伻贻新刊数种"(《历年纪略》"康熙二十八年")。范鄗鼎字汉铭,号彪西,学者称之为"娄山先生",为清初著名理学家。据《洪洞志》载,范氏为"顺治辛丑贡士,康熙丁未进士。鼎生明季,家窘甚,日不再食,讲河洛性理不辍。早孤,事母郁至孝。甲寅,行取告终养。戊午,以'博学鸿词'荐,屡告免。生事极承欢之道,居丧遵文公之礼。刊有《仁者赠》《丧事就正草》。学求切近,师法圣贤,杜门著书,老而弥笃。癸丑,圣祖西巡,温问再四,进刻书二种,赐

---

① 冯从吾:《关学编(附续编)》,第38页。
② 黄宗羲:《明儒学案》(修订本),第164页。

'山林云鹤'四字。不入城市,不谒官府,四方士群称为'娄山夫子',寿八十。门人私谥文介。著有《五经草辨》《真稿》《五经论略》《半千斋杂吟》《做人境草》"(转引吴氏《二曲先生年谱》)。另撰有《明儒理学备考》《广明儒理学备考》和《国朝理学备考》,对振兴清初理学有裨益之功。范氏生性至孝,隐逸求志,在为学上不仅主张"折中群言",反对理学门户之见,宗派之分,而且主张经世之用之学,以"理学即是经济,经济即是文章。外经济而言文章,则文章无用;外理学而言经济,则经济无本"[①]为为学实际。可见,范氏与二曲在生平和为学上有诸多相似之处。范氏寄著述与二曲论学,必先知二曲其人其学。二曲亦因撰有《志愧》篇,并与范氏往返答书数封。其《志愧》篇云:

  余宴息土室,一编自适。己巳夏,洪洞范彪西先生不远千里,专伻惠余以新刻数种,受而卒业。读至《仁者赠》,不觉爽然自失,忍然汗下。余生而单寒,无一椽寸土之产资生,菽水之供阙如,见先生事母,备极敬养之隆而愧。先慈之丧,贫无以殓,邑宰骆侯闻而助之以棺,始克掩形。见先生治母之丧,衣衾棺椁,凡附于身者,巨细毕备而愧。余生未期而王父逝,甫八龄而王母亡,权厝两地,至今力不能合葬,日夜徒抱隐痛。见先生为六代祖修茔筑垣,甃碑楼,种松柏而愧。

  噫!百行莫先于孝,先生孝行如此,回视余不孝之罪,真上通于天矣!他如建木铎楼,肖圣贤像,瞻礼景行,出入必告;表章乡先哲,遗集捐赀刊布;于宗族则置义田、祭田,于三县则置学田;设养济院、义塚于乡镇,以恤存殁;为颠连无告者代输差徭,冬月则施布施炭,以至施药疗疾,荒年赈饥。种种实行,可谓空谷足音,绝无而仅有。回视余贫窭书生,平日徒托诸空言,未尝见之实行,其为愧何可胜言!盖先生自大父竹溪先生、父丹虹先生以来,学宗洛闽,言必顾行,故先生渊源家学,务敦实际。欧阳子推服韩魏公有云:"累百欧阳修,何敢望韩公。"今余于先生亦云。敬笔之,以志余愧。

(《二曲集·题跋·志愧》)

  在该书信中,二曲不仅表达了自己因尽孝有缺而心愧之情,也表达了对范氏孝行的敬仰。从性情及二曲文字看,二人确有惺惺相惜之意。或许因

---

① 徐世昌:《娄山学案》,《清儒学案》卷28。

此,二曲在答范氏书中对《理学备考》及"有意为善,虽善亦私"等直抒以答,相期与共勉。

(六)晚年六事

或许因惠龗嗣所撰《历年纪略》仅记载二曲事迹至康熙二十八年(己巳,1689),吴怀清《二曲先生年谱》也主要根据《二曲集》进行部分增辑;而二曲晚年又闭门隐逸,少与世人相往来。因此,这造成今天我们很难详知康熙二十八年之后二曲的具体情况,仅能通过其他点滴的历史记载考索,甚至推测二曲的晚年况遇。大致而言,有六件事情:

其一,二曲经历一些亲友、门人的离世。据史料记载,在二曲晚年经历了一些亲人、朋友与门人的离世,这些均颇令二曲感伤不已。诸如,康熙二十八年(己巳,1689),老仆李喜与门人王吉相分别病故;康熙二十九年(庚午,1690),至友惠思诚病故;康熙三十一年(壬申,1692),李因笃病故;康熙三十二年(癸酉,1693),张承烈去世;康熙三十九年(庚辰,1700),李柏去世;康熙四十一年(壬午,1702),王弘撰去世。这么多与二曲交往密切之人的去世,必然会对重视情义的二曲产生重要影响。然而,在现存史料中着墨最多的是二曲在李喜、惠思诚去世时的点滴记载。关于李喜的病逝,《历年纪略》载:

> 春月,大疫,老仆李喜病亡。先生念其自幼同受艰难,哭之甚恸。葬日出户,率二子泣奠,躬送下窆。(《历年纪略》"康熙二十八年"条)

自顺治五年(戊子,1648)李喜逃难至盩厔,被二曲收留至此时已有四十一年。在这四十一年中,无论二曲遭受何种贫困、何种危难,李喜始终对二曲不离不弃,忠心服侍。可以说,李喜早就融入了二曲的家庭与各种生活,二曲也视之为亲人。李喜的病逝让二曲十分悲痛。二曲不仅带领两个儿子泣奠殡丧,而且又不顾年迈体弱躬送下葬。虽然在历史上很少有人表彰仆人,为仆人立传,然而,他们卑微渺小的人生恰恰有许多可歌可叹之处。李喜的忠义感动了一些学者,最典型的莫过于同州王四服为李喜撰写了一篇《义仆传》。其中说:"仆之事主也,非以主人之富则以主人之贵耳,且视富贵之盛衰为去留,朝俯首而暮掉臂者,又岂少哉?今此仆之事主,岂不知先生安贫为固有、乐道以终身?岂复有富贵之望,故为是依依欤?昔萧颖士有一仆,事之数十年,每加搒楚辄百余,其苦不堪。人激之去,仆曰:'非不能去,所以迟留者,特爱其博奥耳!'夫以主人之徒博,且能令仆爱之慕之,宁甘捶楚而不忍去;况先生道德文章罔不兼备,宁仅一博雅之主而已耶?此仆之所以依依于先生而饥寒弗恤也。"(《历年纪略》"康熙二十八年"条)在王四服看来,正是因为李喜深知二曲的志向,而不奢望富贵生活,宁愿在饥寒交迫中长年相伴二曲,这即是位卑者的高义之举。

在李喜病逝的次年,惠思诚旋即离世。惠思诚是二曲最为交心的挚友,二人交往长达四十年。惠思诚晚年遭受病魔的缠绕,而二曲则是挂念满怀,频频遣医送药丝毫不懈怠,并让其子李慎言前去侍候。俗话说:"一生一死,乃见交情。"惠思诚临去世前曾留书与二曲说:"诸事皆已了脱,所难夷然者,弟去后吾兄再无一人谈心,为可伤耳!生死交情,言尽于斯。"(《(民国)重修盩厔县志》)二曲回忆二人友谊也说:"吾两人心孚意契,情同骨肉,四十年于兹矣。"(《二曲集·书三·柬惠含真》)又说:"四十年心交,一旦诀别,谊犹骨肉,生死竟不相接,地下人间,从此永隔。自今以往,余有面安向,有舌安施?怅怅前途,何以终老?殆无与乐余生矣!"(《二曲集·传·惠含真传》)二人之间的生死不渝的友情,跃然纸上,感人肺腑!

其二,面对关中连年旱灾,二曲多次上书地方官员陈情救灾。惠氏《历年纪略》云:"先生艰难一生,垂老尤甚。数年以来,内外交困,至是而极陁惫,无以自存,家人嗷嗷。先生自谓:阳九百六之厄偏卒于己,莫非命也?吾如命何哉?亦惟顺受其正而已。康节云:'上天生我,上天死我,一听于天,有何不可?'大书困卦'致命遂志'于壁以自坚。"所谓"垂老尤甚""内外交困,至是而极陁惫,无以自存,家人嗷嗷",或指二曲晚年适逢关中连年旱灾。事实上,关中旱灾不仅使二曲晚年的生活更加艰难,而且旱灾给百姓造成的厄运让二曲忧心如焚。关中平原,尤其是关西地区,地形较为平缓,土壤肥沃,日照充足,是重要的农业耕植地区。虽然这一带有渭河穿过,也有从秦岭山脉长年流淌下的泉水;但是因为古代水利设施落后,上述水资源无法满足周围地区的农业用水,以致在历史上关中地区不时遭受到不同程度的干旱。据史料记载,在康熙二十九年(庚午,1690)到康熙三十二年(癸酉,1693),这四年间关中出现了重大旱情,学者或史书屡屡以"连值旱荒,民无耕本""关中大旱,渭水仅尺许,民饥,继以疫,民死大半""春,不雨""秋,大旱,禾不登"等惨痛词汇加以描述。① 二曲亦沉痛地描述旱情云:"遍地皆赤,加以蝗蝻,草木靡遗,十室九空,人多枵腹,所在抛男弃女,流离载道,颠连万状,惨不忍言。"(《二曲集·书三·与董郡伯》)而面对天灾,隐逸在家的二曲无时不在关注旱情,关注民生,并竭力向地方官员陈述救灾建议。诸如,在康熙三十年(辛未,1691),当灾情继续恶化时,二曲建议董郡伯"力请督抚具题",上书救灾。继后,又向其提出了六条救灾建议。诸如,关于军粮与民粮折售问题。二曲云:"军民皆系朝廷赤子,闻军粮米豆,皆依部价折色,而民量独不蒙折色之恩,岂军皆贫而民独富,军米豆无出,而民独有出乎?且西安之民,数倍于军,岂军之逃亡死丧可悯,而民独不可悯乎?殊非当事仁均泽普之义,谓谊一视同仁,以恤偏苦。"(《二曲集·书三·与董郡伯》)再如,关于兴建水利问题。二曲云:"救旱之策,莫要于兴水利以灌田。见今天道又复酷旱,麦豆未种者尚有大半,已种者将及旱死。为今之计,近山临水者,须教之开渠筑堰,引导水泉;高原之地,亦宜教之穿井灌溉,以为明岁夏获之望。"(《二曲集·书三·与董郡伯》)次年(康熙三十一年,1692),当布哈由甘肃巡抚调任陕西时,二曲又立刻上书,再次陈述救灾之策。在《与布抚台》一文中,记载了二曲提出的"安集保全遗民""请招怀流离""设督农掌水之官,以大兴农田水利""厚恤善类,以厉风教""作养士气,以培植人才""禁止乐户贩卖良人子女"等六条建议。不仅涉及救灾的具体措施,也涉及如何整治在天灾发生后所出现的社会问题。可见,面对灾荒,虽然二曲也曾考虑自家"保生实难"(《二曲集·书三·答惠少灵》),打算和李柏全家一起逃荒汉南;但是,当他目睹天灾饥民,则满怀恻隐之心,"力劝当事救荒、题荒",甚至不断感慨道:"顾杯水无补于车薪,奈何?奈何?"(《二曲集·书三·答李汝钦》)这充分展示了二曲位卑而心忧黎民的情怀,这与其"明体适用"的学术追求具有强烈的一致性。

到康熙三十二年(癸酉,1693),关中的旱情逐渐减轻,流离的百姓逐渐返回家园,社会也渐渐趋于稳定。

其三,二曲部分著述的刊刻。二曲《垩室录感》在康熙二十二年(癸亥,1683)已由茹仪凤刊刻,《四书反身录》在康熙二十五年(丙寅,1686)已由许孙荃捐俸刊布。至康熙三十二年(癸酉,1693),二曲的重要著作《二曲集》刊刻竣工。据《历年纪略》载,在康熙三十年"高嵩侣学使尔公造谒,并偕郑司

---

① 袁林:《西北灾荒史》,兰州:甘肃人民出版社,1994年版,第444—446页。

寇重捐俸,为刊《二曲集》。夏六月,范彪西征君寄撰序言"。学使高尔公谒访二曲时,即打算与司寇郑重一起捐俸刊刻《二曲集》。其后,著名学者范鄗鼎又寄来所撰序言。此次刊刻的《二曲集》由王心敬编次,其内容包括《悔过自新说》《学髓》《两庠汇语》《靖江语要》《锡山语要》《传心录》《体用全学》《读书次第》《东行述》《南行述》《东林书院汇语》(附《应求录》)、《匡时要务》《关中书院会约》《盩厔答问》《富平答问》《观感录》和《襄城记异》《义林记》《李氏家传》《贤母祠》等,共二十六卷。王心敬序《二曲集》云:

  圣学至明季而大明,实至明季而大晦。盖自门户之弊兴,重悟者鲜实修,重修者罕实悟;鲜实修者或至以力行为徇迹,罕实悟者或至以真知为骛空。东林虽尝折衷调停,而持论过刻,至以深文锻成姚江莫须有之罪,而没其探本穷源不可掩之功,亦终无以服天下万世公是公非之心,而消其不平之鸣。迄于今,朱陆、薛王之辨,纷纷盈庭,而千圣同归一致之理,遂不复可问。诸儒先补偏救弊之旨,亦遂如齐楚、秦晋之分疆别域,而不可相藉;又甚者,如吴越之大怨深冤,而终不可相能。一门之内,自寻矛盾,洪水猛兽之祸,不烈于是矣。其弊始于倡教者矫枉之过直,而其后遂中于人心世道而不可辛解。

  二曲先生崛起道敝学湮之后,不由师传,独契圣真,居恒所以自治与所以教人,一洗从前执方拘曲之陋,而独以《大学》"明新止善"之旨为标准。其言曰:"真知乃有实行,实行乃为真知。有真本体乃有真工夫,有真工夫乃为真本体。体用一原,天人无二。"信斯言也!博文约礼、天德王道,一以贯之。不惟世儒门户之狱,片言可折,即朱陆、薛王之学殊途同归,百虑一致,不惟不悖,而反相为用;并异同之形,亦可以不存,盖自是而圣学始会极归极于孔孟矣。自昔论者谓朱子集诸儒之大成,王文成接孔孟之真传,然皆不免于偏重之势,以启天下后世纷纷之争。自先生出而不为含糊两可之说,而数百年不决之讼,独能悉泯于无形,以融诸一涂,相携而论,将所谓集诸儒之大成、接孔孟之真传者,识者知其端有攸归矣。

  先生之书,南北虽传布已久,而小种零碎,读者每以不获快睹大观为憾。辛未秋,今司寇富沙郑公、学宪毗陵高公慨然以兴起绝学为己任,捐俸合刻,而诸同人亦相与量佐,共襄盛举。工始于辛未仲冬，竣于癸酉季秋。昔真文忠表章朱文公之学于帅长沙之日，王文成刊布陆文安之书于抚江西之年，一时学者，翕然丕变。朱陆之学，传天下而大行后世者，君子以为二公羽翼之力居多。今以先生大中至正之学，得二公以名德重望表章而刊布之，行见家传户诵，虽五尺童子，莫不晓然，知圣学自有正宗嫡派；而数百年纷争是非之端自此悉泯，孔孟久湮之学自此日昌而日著，则二公阐兴正学之功，文忠、文成不得专美于前矣。其集末附《义林记事》及《李氏家乘》者，见先生一门忠贞道德，先后辐萃，世济厥美，抑又可以风世励俗，是又二公振颓兴偷之盛心云。（《二曲集》）

王心敬序言首先着重阐述二曲之学顺应儒学史上"诸儒先补偏救弊之旨"，以会通融合程朱与陆王、不主一家为特色，并指出二曲"独以《大学》'明新止善'之旨为标准"。王氏这一揭示是符合二曲思想的。次叙，整理二曲散刻诸书及高尔公、郑重刊刻《二曲集》始末。

二曲所辑《司牧宝鉴》于康熙三十六年（1697）由倪雒梧刊刻。《历年纪略》"康熙三十六年"条载："春，无锡倪大令雒梧摄邑篆来谒。先生出示十九年前所辑《司牧宝鉴》，倪即序而梓行。"倪雒梧序《司牧宝鉴》云：

学以明体而适用也。学苟不适乎用，则空谈性命，卒无补于国计民生，天下后世亦安赖有若人哉！然体之不立，而轻言用，不流于庞杂，即入于偏陂；纵才克肆，应一时而其究也，不能无弊。惟体用相为表里，故"明德"即所以"新民"，"中和"自征诸"位育"。尼山氏以布衣直接帝王之统，问政一章，彰彰明备，非明体适用之标准欤？

关中李中孚先生以圣学自任，虽隐居不仕，而当代名公巨卿以及文人学士，多执弟子礼而受益焉。先生向就常郡骆公之请，于敔乡东林书院倡明大道，学者蔚然奋兴。时雒梧方在成童，未知执经问难；及长而勉就一毡，又以山川修阻，弗获负笈从游。高山仰止，惟深向往之。兹量移武功，密迩先生之庐，亦以职守所羁，未遑请益。丁丑春，摄篆盩厔，始得抠衣晋谒。即其容，穆如也；聆其言，蔼如也；读其书，醇如也。既而，出所著《司牧宝鉴》相示，则言言经济，字字本源，于盘根错节之中，具批隙导窾之妙。司牧者得是一编，以为暗室中一炬，则利可兴、弊可除、经可行、权可达，可以因时而补救,可以因地而制宜。

雏梧忝膺民社于饥馑流亡之后,方惴惴焉以弗克负荷是惧。虽学与仕两者俱愧未优,而以仕为学,则道无不贯,敢弗奉为鉴而宝之哉?噫!先君子尝著《法戒录》一编以训我子孙,亦于居官一途以类相及,而是书尤为专且详焉。惟先生根极性命,体天德王道之全,故出其端绪,攸往咸宜,非空虚无用与泛言术数者比。于以明体,而体不为无用之体;于以适用,而用不为无体之用。其裨益于世道人心,而因以裨益于国计民生者,岂浅鲜哉!雏梧愿勉为良吏,尤愿以仁人之言公之同好,爰急付之梓,而弁数言于篇首云。(《李颙集·司牧宝鉴》)

就倪《序》可知,倪为无锡学人,二曲讲学于无锡时"方在成童",不及问学,但在其成长为学过程中多闻二曲风范,甚为敬仰。至康熙三十六年(丁丑,1697)倪氏"摄篆盩厔,始得抠衣晋谒",二曲出示《司牧宝鉴》。在倪氏看来,是书反映了二曲明体适用之学,乃有体有用的实学,"言言经济,字字本源",裨益于国计民生,故倪氏刊刻行世。

事实上,二曲著作,在其生前多已刊行,这不仅有助于二曲思想学说的传播,也对二曲著述的保存与研究有重要的意义。或许《二曲集》《司牧宝鉴》等著述的刊刻,让二曲感到不安。二曲曾自矢云:"身隐为文,古有成言。"(《二曲集·题跋·自矢》)似乎在二曲看来,隐逸本身即是为文,自己一些著述不过是不得已之作。但这一切只是我们的推测,尚无史料可以作进一步的解释。

其四,二曲与杨甲仁相契论学。康熙三十四年(乙亥,1695)杨甲仁前来谒访论学。杨甲仁字乃所,别号愧庵。赵燮元《杨愧庵先生传》云:

公自幼颖悟绝伦,每授经辄晓大义。日常端坐默然,不与群儿伍。成童后,大通《六经》之旨,旁及诸子百家,暨释道之书,无不究览。国朝顺治初,流寇方炽,处处兵火。公值流离播迁之际,未尝一日废学。年十八,闻楚南有刘丽虚、杨耻庵者,当代硕儒也,徒步数千里往见之。至楚,访耻庵不遇,晤丽虚于荆南,登楼望见颐门若裂,恍然神游太虚。相从十余日,顿悟道体不离人心。本体即是工夫,工夫不外本体。归讲学金华山中,从游甚众。如楚之傅良辰、马方升、张子达,吴之钱秋水,继而自数千里外来学。康熙三十四年四月,以明经奉部文至京,考取中书,与天下英杰之士同集吏部。公于大众中,独发明性命之旨,云"人当顶天立地,做个圣贤出世。甲仁此行,不专为中书来也,实欲以平生所学,质之天下同志者"。众叩其学与所师,一一告知。闻者莫不叹服。在都数月,与行人罗西溪、翰林樊悔庵、部郎高惕庵交好。……秋九月归。自太行,观龙门壶口,走河津,谒薛文清公祠。过蒲坂雷首,瞻仰夷齐高风,寻关西夫子四知台。经华阴,游太华。至张超谷,问陈希夷卧隐处,慷慨怀古,人莫识也。到长安,拜横渠先生遗像,观冯少墟讲席,因见中孚李子于盩厔。行士相见礼,李子大喜,寓书门人王尔缉、温中芬、张择善俱来会。每证至夜分,叹曰:"白鹿之会,朱文公云:'自有天地以来,有此溪山,无此佳客。'吾有此土室以来,亦无此佳客。"居留十余日。每与李子参证,李辄拍案曰:"非愧庵不能说到此,非中孚不能信到此!"又叹曰:"愧庵所言,字字入髓,针针见血,滴滴归源。"所证语甚多,俱载《北游集》中。归蜀后,其学益进,用功益密,晚更独嗜《易》学,不复作出山想。……刘碧峰、周澹园两学使雅重公,均以所学就正。……公平生师事刘丽虚,以为当代之神化者,惟刘夫子一人。其次则惟耻庵杨子、中孚李子。远交则李礼山、周三为,近则刘柱石、廖柴坡诸人。其及门弟子傅良辰、方辰、马方升、张子达、钱秋水、曾万沧,暨同邑之罗庶、罗度,皆有志斯道也。诸生中惟良辰得闻道,罗度得而不能守,先生尝惜之。……侧室周氏性警敏,通文义,每闻公言,辄有深悟,……先公卒,著有《了心宗传》。仆长寿亦闻义能解,公每远行,寿辄荷担以从,途中讲学不辍。子秉干,字枢然。康熙壬午科举人,授贵州永从令,有惠政,行取升刑部员外郎。公家居十余年载,教授以终。著有《易学验来录》《下学录》及《北游》《芙蓉》等录。①

据上述杨甲仁传知:其一,杨甲仁于康熙三十四年四月至京,获取中书,并于九月归,中经盩厔时拜谒二曲;而吴氏《二曲先生年谱》志此事于康熙三十年。核查杨甲仁《北游录》载"康熙三十四年夏四月至吏部""(九月)二十

---

① 杨甲仁:《愧庵遗集》卷首。

四日至盩厔,二十五日会中孚"。① 据此知,吴氏《二曲先生年谱》误记矣。其二,杨甲仁思想根基阳明,注重体证,认为"道体不离人心。本体即是工夫,工夫不外本体"。此一学术根基与二曲无异,二人论学相契可知矣。其三,杨甲仁注重隐逸讲学,曾讲学于金华山中,从游者甚众。隐逸求志,刘碧峰、周星公等地方官千里问学求证。其四,值得注意的是,作为一代大儒,杨甲仁将家庭变为讲学实践的场所,平日里向其妻子、小妾、仆人等传授其学。事实上,据《愧庵遗集》载,杨甲仁教化仆人,并为他们取了良知、良能、性善等具有阳明学特色的名字。甚至主张在研习儒家典籍、体悟正道方面男女平等,道不分男女,女人也可以学道、悟道,甚至也如男子般可以达到心体与道体的统一;并且在实践中杨甲仁与其妾周氏成为了道侣。周氏受其影响,也具有较深的生命体验。杨甲仁的讲学实践突破了社会等级观念的藩篱,有效地推动了儒学传播的平民化,在当时影响很大。

二曲与杨甲仁论学之事详载于杨氏《北游录》中。而二曲闻知杨甲仁当是早前事情,但是他对杨甲仁学识的最直观了解当莫过于康熙二十四年(乙丑,1685),杨甲仁介绍傅良辰、张子达前来问学。在傅、张的介绍下,二曲对杨甲仁有了更深入的了解,进而产生了强烈的钦慕之情。甚至,在康熙二十六年(丁卯,1687),友人周星公始任四川督学时,二曲去信告知云:"贵部射洪县有杨愧庵,讳甲仁,其学不事标末,直探原本,见地超卓,远出来瞿塘(来知德,字矣鲜,号瞿塘。四川著名学者)之上。"(《二曲集·书二·与周星公太史》)期望周氏对杨甲仁加以表彰。据《二曲集》中所收录的二曲与周星公的两封书信及《书太史周澹园墓碑后》知,周星公曾到富平谒访二曲,二人订交,此后一直互通书信,为同道友。因此当二曲闻知周星公督学四川时,便请求其表彰杨甲仁。直到康熙三十四年(乙亥,1695)两人才得以相见。这一年的九月,杨甲仁以明经入京城,考取了中书,并且讲学礼部。但是,京城的繁华与讲学无法羁留住重视实证实修的杨甲仁,不久杨甲仁决意返回四川老家。在返乡途中,杨甲仁特意绕道盩厔,此时两位惺惺惜惺惺多年的大儒才得以相会。这一年,二曲已经是六十九岁的老人了。据杨甲仁《北游录》记载,九月二十五日,杨甲仁谒访二曲,当二人行过相见礼,二曲即与之兴奋论学,兹录其论学语数则:

---

① 杨甲仁:《北游录》,《愧庵遗集》。

（二曲曰：）"不肖某慕先生（杨甲仁）十一年矣！今辱临实出望外，不肖某为虚名所累，学鲜实得，空度岁月，千古之大罪。"又曰："不肖某只可闻名，不可眼见。今先生看见了不肖某，某益生惭愧。"甲仁曰："此先生反己至细至密工夫，圣贤无纤毫自恕之心，此理精微，实实难尽！一息被聪明意见情识思虑才智簸弄，便一息蔽了本体，逆了天命，以此自狂人岂不是千古罪人？先生体验到这田地，自不容一息放空。"李子曰："诚然。但不肖某当不起先生这话。"

（二曲曰：）"诚然非四川愧庵先生说不到这里，非关中李中孚信不到这里。"又曰："自白鹿之会，朱文公曰'自有天地以来，有此溪山，无此嘉客。'吾自有此土室以来，亦从无此嘉客。"

（二曲曰：）"建安亦无朱晦庵，青田亦无陆子静，姚江亦无王伯安，射洪亦无杨愧庵，盩厔亦无李中孚。"

（二曲曰：）"愧庵先生在盩厔了，中孚在射洪了。"又叹曰："不肖某得见愧庵先生，是老来一大快事。又曰：不肖某年来窃想愧庵，实不料愧庵今日来，喜何可言！"

（二曲曰：）"非愧庵不能说到此，非中孚不能信到此。"①

可见，二人乍一相见，即有相知莫逆之感，尤其是在学术思想上相契甚深。在二曲处，杨甲仁找到了知音，一直流连论学八日，才决定离去。在杨甲仁走后，二曲立刻给宝鸡弟子李修写信嘱咐向其请益。二曲书信云："今西蜀杨愧庵先生远来赐顾，喜出望外，切砥累日，受益实宏。世儒之学，由口耳闻见而入，支离葛藤，求诸外；先生之学，由性灵神化而入，直捷简易，得诸中者也。兹由贵邑进栈，机不可失，吾汝钦当竭诚请益。昔人谓：'逢君一夜话，胜读十年书。'快何如也！"（《愧庵遗集·北游录》）二曲告诉李修，杨甲仁将路过宝鸡，让其把握好这次千载难逢的问学请益的机会，可见二曲对杨甲仁的赞许与认可。

其五，二曲再次辞征。据《潜确录》载，"康熙四十二年癸未十月，圣驾西巡至山西，陕西督抚接见，即问先生起居，言至陕必欲召见。十一月初十，总督华致书启、具礼币，聘先生赴省"。康熙四十二年（癸未，1703），或许因二曲屡次辞征的原因，康熙皇帝西巡至山陕即欲召见二曲。是时，二曲已是七

---

① 杨甲仁：《北游录》，《愧庵遗集》。

十七岁的老人。总督华显致书延请二曲赴省府接驾。华氏书云:"恭惟先生,清渭涵英,华峰毓秀,接程朱之道脉,独继心传,为礼乐之指南,振兴后学。不特三秦士类共藉钧陶,亦且四海儒缨,群归翼励。方今圣明在御,实稽古以崇文。当兹翠节巡方,咸瞻云而就日,敬敷寸牍,恭迓高轩。惟望文斾遥临,慰渴忱于三载;蒲轮凤驾,传盛事于千秋。临启曷胜瞻依翘足之至。"华氏并与盩厔县令张芳手札云:"中孚李老先生,道学儒宗,素心景企。今圣驾西巡,实千古盛事,凡在臣子,俱切瞻仰。矧老先生累承圣问,已且有旨召对,故兹特修小启,请先生至省,知召对自有阐扬特旨。该县竭诚躬自敦请,应备礼仪,即代具缮束、车骑、随从、资费,该县支应开报。务必恳其惠然前来,仍将启请起程日期速覆。"同时,陕西布政使鄂洛也移文盩厔县署,云:"移为公务事,仰县官吏,即将发来督宪与该县谕札,及请中孚先生名帖启书,该县即备丰厚聘礼,踵庐敦请,希即赴青门,以备皇上顾问,毋得迟缓。"又外谕张芳帖云:"此系制台亲札,该县须亲自敦请,务求先生来行在接驾。第先生隐处多年,淡薄自甘,恐衣服、轿马、盘费艰难,该县当一一细心料理,可令的当家人服侍。至衣服轿马费直,该县俱开明数目,赴司支领。仍将起程日期具文星报,以凭报院,毋误。"(《李颙集·潜确录》)显然,面对康熙的命令,陕西地方官员不敢有任何违背,时在临潼的张芳在接到华显、鄂洛的书信后,立刻星夜赶回盩厔,并亲自到二曲床前探问情况。当张芳看到二曲卧病在床,身体虚弱不堪,似乎随时都有生命危险,显然也很难经受住路途的颠簸。于是,张芳便与二曲长子李慎言商议,由李慎言"具禀上辞"。李慎言禀书云:

> 初十日,敝邑张令捧大宗师琅函,兼以隆币安车,亲诣草舍,敦致宪台下士盛心,此诚千古仅见,不世之遭逢也!但言父年已七十有七,自客秋卧病,至今不能动履,一息奄奄,后事已为早备,此张令素所深知而目击者。言父子均叨太和化雨之中,兼被仁人君子之泽,倘稍可扶侍前来,何敢推托,自蹈欺诳之罪?颁到锦缄,言即恭展捧读,而言父昏愦中亦能省喻。言感激涕零,敢代作禀申谢,并盛仪完璧,东向百拜,敬铭霄谊。言理宜奔赴辕门叩谢,实缘言父病至危笃,刻不能离,大宗师"锡类"之仁,或邀宥原于格外。然私衷窃念,言父一介微末,谬荷殊恩,乃以所遇不辰,自外旷典,举家感泣,莫可名言,惟有仰天焚祝于生生世世而已。谨此叩禀,并候宪安。临禀不胜惶悚之至。(《李颙集·潜确录》)

据李慎言言论看,二曲在去年秋已经卧病在床,至是时身体已经十分羸弱。显然,如果说前两次辞征时,二曲身体尚可应付旅途劳顿,但二曲固守志操,坚决辞征。此时,二曲身体情况日下,更不会应征。然而,还未等张芳拿着李慎言的书信回到省府,驿盐道金世杨就率领两学的官员前来探疾延请二曲。到了十四日,张芳又接到明日康熙到达西安,二曲也须最迟到明日前来接驾的命令。面对这种情况,在没有其他办法的情况下,李慎言只得离开随时都可以出现生命危险的二曲,连夜跟随来人赶赴省府,并将情况亲自上告。"至十九日,闻今上知先生抱恙,遂有'高年有疾,不必相强'温旨,随赐书'操志高洁'匾额,及御制诗章,并索先生著述"(《李颙集·潜确录》)。可见,昔日康熙屡次召见二曲,均不得见,甚至现在至西安仍无法见到二曲。无奈之下,只好作罢,赐赠"操志高洁"匾额及所作诗章。且康熙又向李慎言索要了二曲著作,似乎以此弥补多年未见其人的遗憾。二十一日,李慎言至行宫上《二曲集》《反身录》。"皇上手一再检阅,随即发南书房,令诸学士看毕回奏。"(《李颙集·潜确录》)相关大臣阅毕,回奏康熙云:

> 臣等某某谨奏。伏蒙发下李颙所著《四书反身录》暨《二曲集》二书,臣等遵旨阅看,其《反身录》一书,皆发明《四书》之理,真堪羽翼朱《注》,有功于圣贤之学。盖其书大旨,欲人明体适用,反身实践;人人能反身实践,则人人皆可为君子,世世可跻于唐虞。此书流行,有裨于圣治不浅。至二曲一书,乃其平日讲学语录,及所著文字,亦皆醇正昌明,不愧儒者。臣等学问疏漏,向知有是书,从未细读,今谬陈管见,伏候睿裁。(《李颙集·潜确录》)

上述所奏之言基本确实可据,二曲之学重在安贫改过,明体适用,天德与王道,修己与治人一以贯之,非托诸空言的世俗记诵词章之学可比类也。二曲论学先立乎其大,折中调停,一洗俗儒执方拘曲的陋习,有功于儒学发展,有裨于世教人心。

其六,二曲撰写《重修云台观朱子祠记》。在康熙四十二年(癸未,1703)冬天,二曲写下其生命中最后的一篇文章——《重修云台观朱子祠记》,其中云:

> 今夫举一事而朝野之风教明,崇一人而古今之学术正,则朝廷有礼仪之典,庙庑有陪祀之位,其次祠于其乡。若夫寄迹之地,遥领之官,亦肖像而事之,则出于学士敬仰之私。然君子不以其私而废

之也,何者?文章之士,登临胜概,一觞一咏,犹足为山川增重,况硕儒高士之流风遗韵,所关尤巨者哉!

昔者吾友华阴王征君弘撰与东吴顾征君炎武,尝建朱子祠于云台观之右,而后又建白云祠于其中,以祀希夷先生,皆所以为斯道计,而厥功未竟,志弗慊也。越二十有余年,而开府鄂公讳海至,始拓而新之,则财赋于禄,功周于岁,与仙观焕然并居胜地。于是,高山在仰,景行弥新。董其事者儒学博士李君夔龙求予言以记其事。

余惟孟子殁,孔子之道微,至宋儒出而始有以接乎不传之绪,而朱子晦翁乃集诸儒之成。自是"致知格物"之学复明于天下,而孔子"下学上达"之旨,人皆知所以实用其力,而无躐等空疏之弊,可谓正且大矣!兹方虽非其过化之地,然淳熙间尝受主管云台观之命,故自号云台真逸,则非精神志意之所存,实亦有以乐乎此也。图南先生传易图之祕文,坚卧云崟,与时偕藏,世所诧者踵息蜕飞之说,而不知其迹在周行间也。观其答宋琪之问,亦吾儒之高蹈者。尸而祝之,不亦宜乎?开府公以大臣抚军,政治之暇,独能留意诗文,为二子丹楹刻桷,崇饰俎豆,其于明道传经之功,亦既尊奉而表彰之,又以补祀典之所不及,非有得于孔子之道而然欤?夫其意岂不曰:"天下之治乱,视乎政教之盛衰;政教之盛衰,视乎学术之邪正;学术不正,则政教无所施,其权而不至,率天下而充塞乎仁义者几希矣!"吾与以法制禁令之而不从,毋宁使之拜跪俯仰,观感而兴起之以渐也,则斯举所以维风教、正学术,而大臣之识与其学俱见矣,故不辞而为之记。①

关于此文,值得注意的有三处:一是云台观朱子祠最初为二曲的友人顾炎武、王弘撰所建。事实上,云台观朱子祠的修建也与二曲有关。据《历年纪略》载,康熙二十一年(壬戌,1682),"先生向在富平,与顾宁人语及《宋鉴》,谓:'朱子尝列衔主管华山云台观,则云台观宜为祠以祀。'至是,宁人移寓华下,倡修祠堂肖像,以书询先生朱子冠服之制。其略云:华令迟君纳弟言,谋为朱子祠堂之举,卜于云台观之右,捐俸百金。弟以龇台所赠四十金佐之。百堵皆作,堂庑门垣备制而已。祠中兼用主像,遵先生前论,主题曰太师徽国

---

① 李颙:《重修云台观朱子祠记》,载《华山志》第12编。

文公朱子神位"。像合用林下冠服。敢乞先生考订指示。'先生为之图,详列其说以贻"(《历年纪略》"康熙二十一年"条)。可见,二曲参与了朱熹冠服之制的制定。然而,至是年,王弘撰已于去年(康熙四十一年,1702)去世,顾炎武更早在二十一年前(康熙二十一年,1682)亡故。在得知重修二十余年前亡友所建云台观的消息后,一向不轻易为文的二曲因亡友之故,在卧病中接受了教谕李夔龙的邀请,强支撑起羸弱的身体写下了这篇文章,亦是缅怀亡友。在这篇文章中,生命即将走到尽头的二曲仍念念不忘的是天下治乱、是学术、是儒家的教化之道。在二曲看来,学术乃政教的根基,二者相表里;而明清易代的动荡,学术晦暗、政教零落的现实,让二曲再一次为平生追求的志业呐喊。二曲一生所孜孜追求的学术并不是为了一己之私,而关乎世风的移易,关乎政教的盛衰,关乎国家的兴亡,这是人世间最具价值、最令人为之奋斗的大志业!

虽然现存史料,很难再找到二曲在撰写《重修云台观朱子祠记》之后事迹,但是可以肯定的是,这位饱经了世事沧桑的一代大儒,即便是坚卧于病榻,也不会停止他的讲学,停止他的思考,停止阐发对学术、对教化的点滴看法。……直到康熙四十四年(乙酉,1705)四月十五日,二曲在困窘中走完了他光辉而又充实的一生,时年七十九岁。葬于贞贤里南茔之次。

哲人其萎,世人哀恸!在二曲去世后,二曲通家兄弟刘宗泗撰写了《墓表》及《铭文》,其中《铭文》云:

圣远言湮,谁明斯道?濂洛授受,阐微抉奥。朱陆继生,各倡世教。下迨王薛,亦从所好。尊闻行知,派别川导。嗟我二曲,崛起西方。融会贯通,参考衡量。苟神人心,何言不臧。苟利世道,何方不良。一默不昧,作圣津梁。炯炯惺惺,勿使心盲。曰维百行,曰维五常。式履式践,尼父皇王。江西新安,关中姚江。纷纷聚讼,徒事猖狂。操存益固,涵养益精。积厚流光,名彻帝廷。圣眷有德,征召频仍。坚不可屈,高不可凌,清介绝俗,圣世逸氓。忆昔在襄,相从日久。悯世忧俗,痛心疾首。盛德大业,共期不朽。缅怀泰岱,益惭培塿。山水之曲,巍巍斯碣。知德君子,群仰前哲。①

二曲门人王心敬撰《祭二曲夫子文》云:

---

① 李垣辑:《国朝耆献类征初编》卷406,《清代传记丛刊》本。

呜呼！茫茫宇宙匪道奚经？悠悠世道匪人孰明。盖三代以前，斯道明于明良之会合；而三代以后，斯道明于贤哲之踵生。故汉之世江都发正谊明道之训，隋之代文中主继往开来之盟，逮宋则更盛于濂、洛、关、闽，而明亦并产夫河、会、姚、泾。良以天之爱斯世斯道也恒至，故其钟豪杰名世者。匪嗟惟先生萃终南、二华之间气，毓黄河、八水之精英，髫年失怙，初非有蒙以养正之家教，而弱冠特立，蚤巳擅关学传薪之鸿名。暨乎学与年而俱进，卓乎实与声其并宏，彼不知者徒美其天分之高、见闻之富、气宇之嵘，而不知其逊志之懇、考索之勤、密诣之精也！此非以程之"居敬穷理"、朱之"循序致精"为心行乎？自旁求之风缅邈，致进身之途歧兴，叩角之歌不无，致憾于时命之乖，商山之隐亦且未终乎茹芝之清。彼春秋炎汉之处士，原未足语遁世无闷之高纵至道，大如仲淹而且有十策之献，守严如伊川而且为请阙之呈，独至先生隐非鸣高，时止为义，虽旌帛之屡贲，终肥遯其弥贞，此非以干之初九、蛊之上九为制行乎？然要之学极正矣！守极高矣！初非有驾出诸儒之意与矜尚古逸之情。总之本养，不逮亲之隐痛，实践乎立身行道之仪型，故虽亲显名扬，而百年之痛不释，白发皤然而孺慕之，泪辄倾也。

呜呼！先生又非以行在《孝经》之志，为终身之行者乎。乃今一旦而溘然逝也，煌煌大道，畴为防维？凛凛名教，孰为干城？千秋之绝学，自此而阐之者吾党无人矣！后学之津梁，自此而开之者吾党无人矣！矧如敬等不狂不狷之驽质，过犹不及之冥行，一旦而泰山其颓、梁木其坏、哲人其萎，能不悼心于仰之、仗之、放之之安，从而潸然涕零。呜呼，伤哉！古之期颐悼耄众矣，胡独于先生？世道攸关，吾党攸关之。身未八十而夺之令逝也，彼苍者天，真无情矣！自今以往，亦惟是策驽劣之余力，少慰吾师嘱望之至意，更勉推未忘之绪言，以广吾师心印之传灯乎！呜呼伤哉！衷情之辞，根心之痛，神明不昧，应鉴九京。尚飨！①

---

① 王心敬：《祭二曲夫子文》，《丰川全集》卷22。

第五章　著述一事,大抵古圣贤不得已而后有作①

作为注重躬行践履的思想家,二曲对著述的态度是十分明确的:不以文字著述博名,这或许是其许多著述文字未能流传下来的原因之一。其《与友人书》云:"著述一事,大抵古圣贤不得已而后有作,非以立名也。"(《二曲集·书一·与友人》)可见,在二曲看来,著述乃是不得已而传道的凭借,非博名谋誉的工具。因此,考察二曲思想,需要先观其生平,想其为人,继而论其思想,而非先从其著述入手。即便如此,为了解其思想,亦有必要对二曲著述及其流传做某些了解。

一、亡佚著述:诚了大事,焉用著述②

(一) 自焚著述

二曲自焚著述为《帝学宏纲》《经筵僭拟》《经世蠡测》《时务急著》四种。骆锺麟《匡时要务序》云:

> 先生甫弱冠,即以康济为心,尝著《帝学宏纲》《经筵僭拟》《经世蠡测》《时务急著》诸书。其中天德王道,悲天悯人,凡政体所关,靡不规画。既而,雅意林泉,无复世念,原稿尽付"祖龙",绝口不道;惟阐明学术,救正人心是务。(《二曲集·匡时要务》)

《历年纪略》"顺治十二年"条云:

> 是年,究心经济。谓:"天地民物,本吾一体,痛痒不容不关。故

---

① 解题:二曲《与友人》:"著述一事,大抵古圣贤不得已而后有作,非以立名也。故一言出而炳若日星,万世而下,饮食之不尽。其次,虽有编纂,亦不必当时夸诩于人,或祇以自怡,或藏诸名山。至其德成之后,或既死之日,举世思其余风,想其为人;或访诸其子孙,或求诸其门人,思欲得其生平之一言以为法训。斯时也,是惟无出,一出而纸贵洛阳,千门传诵矣。"(《二曲集·书一·与友人》)

② 解题:二曲《答徐斗一又书》:"诚了大事,焉用著述?如其未也,何贵著述?"(《二曲集·书一·答徐斗一又书》)

学须开物成务,康济时艰。史迁谓'儒者博而寡要',元人《进宋史表》称'议论多而成功少',斯言切中书生通弊。"于是,参酌经世之宜,时务急著,期中窾中会,动协机宜。(《历年纪略》"顺治十二年")

吴怀清《二曲先生年谱》"顺治十二年"条按语:

骆挺生《匡时要务序》云:"先生尝著《帝学宏纲》《经筵僭拟》《经世蠡测》《时务急著》,其中天德王道,悲天悯人,凡政体所关,靡不规画。既而,雅意林泉,无复世念,原稿悉焚去。"应此数年事,年次不定,姑识于此。

刘宗泗二曲《墓表》云:

先生少时慕程伊川上书阙下,邵尧夫慷慨功名,遂有康济斯世之志。尝著《帝学宏纲》《经筵僭拟》《经世蠡测》《时务急策》等书,忧时论世,悲天悯人,盖不啻三致意焉。既而,尽焚其稿,谢绝世故,闭户深居,独以明学术、正人心、继往开来为己任。(刘宗泗二曲《墓表》)

据以上引文知:其一,二曲早年著有《帝学宏纲》《经筵僭拟》《经世蠡测》《时务急著》等书,其中"天德王道,悲天悯人,凡政体所关,靡不规画"。就书名看,二曲所著诸书乃是从"帝学""经筵""时务""政体"的角度阐述治国思想与策略。为何二曲撰述诸书,作为二曲通家兄弟的刘宗泗揭示了其中原因:"先生少时慕程伊川上书阙下,邵尧夫慷慨功名,遂有康济斯世之志。"程颐"年十八,上书阙下,欲天子黜世俗之论,以王道为心"(《宋史·程颐传》),"劝仁宗以王道为心,生灵为念,黜世俗之论,期非常之功"(朱熹《伊川先生年谱》)。而邵雍"少时,自雄其才,慷慨欲树功名。于书无所不读,始为学,即坚苦刻厉,寒不炉,暑不扇,夜不就席者数年"(《宋史·邵雍传》)。可见,二曲以"帝学""经筵",甚至以"经世""时务"为书名,不仅包含效法程颐、邵雍等先儒为经世致用之学,亦包含其对社会政体的看法,或许从明亡的教训中,二曲看到君主的清明与否关系到国家安危、社会安泰,故有撰述诸书的动力。

其二,二曲撰写诸书的时间问题。吴怀清暂系于顺治十二年条,并云:"应此数年事,年次不定,姑识于此。"顺治十二(乙未,1655),二曲二十九岁。骆锺麟则云"弱冠",即二曲二十岁左右。刘宗泗则云"少时",二十九岁已近而立之年,当不可谓"少时"。故推测,二曲撰写诸书当在二十至二十九岁之间。

（二）未传著述

二曲未传世著作除了一些问答书信、杂记等外,有史料可征者为《〈十三经注疏〉纠缪》《二十一史纠缪》《易说》《象数蠡测》《太极图》《紫阳通志》《儒鉴》《李中孚讲义》及其他江南讲学记录。

1.《〈十三经注疏〉纠缪》

史料关于《〈十三经注疏〉纠缪》的记载颇为简单,诸如:《历年纪略》"顺治四年"条载:"是年,借读《九经郝氏解》《十三经注疏》,驳瑕纠缪,未尝尽拘成说。"吴氏《二曲先生年谱》"顺治四年"按语:"先生著有《〈十三经注疏〉纠缪》,应在是时。"顺治十四年（丁亥,1647）,二曲二十一岁。全祖望《二曲先生窆石文》云:"先生四十以前,尝著《十三经纠缪》,《二十一史纠缪》诸书,以及象数之学,无不有述,其学极博。既而以为近于口耳之学,无当于身心,不复示人。"徐鼒《小腆纪传本传》等史书从全氏之说。秦瀛《己未词科录》又记是书为"十卷"。秦氏为二曲友人秦灯岩后人,二曲讲学无锡时实主其家①,据此看,所记"十卷"似乎有可依凭。

2.《二十一史纠缪》

关于《二十一史纠缪》的记载,史料记载亦较简略:全祖望《二曲先生窆石文》云:"先生四十以前,尝著《十三经纠缪》,《二十一史纠缪》诸书,以及象数之学,无不有述,其学极博。"倪元坦《二曲集录要·二曲先生事略》:"旋著《十三经注疏纠缪》《二十一史纠缪》《易说》《象数蠡测》,既而以为无当于身心,不复示人,故其巾箱所藏,惟取《四书反身录》示学者。"《清史列传本传》:"又著《〈十三经注疏〉纠缪》《二十一史纠缪》《易说》《象数蠡测》,亦谓无当身心,不以示人。"《国朝先正事略》《小腆纪传》等史书所载多类上述。秦瀛《己未词科录》载"《廿一史纠缪》三十卷"。吴氏《二曲先生年谱》"顺治五年"条按云:"先生著有《廿一史纠谬》,后亦焚之。"可见,是书为二曲读史札记,据秦瀛所记为三十卷。虽然很难确定是书撰于何时,但据《历年纪略》记载,在顺治五年（戊子,1648）至六年（己丑,1649）间,二曲阅读了《资治通鉴》、朱子《资治通鉴纲目》、袁枢《通鉴纪事本末》《文献通考》《通典》《通志》《二十一史》等史书,据此,很有可能二曲在此时左右撰写了《二十一史纠缪》

---

① 秦瀛:《己未词科录》卷5,清嘉庆十二年刻本。

三十卷。此外，吴氏云"后亦焚之"，不知据何史料，暂不取此说。

3.《易说》《象数蠡测》

《锡山语要》载："闻先生亦尝著《易说》及《象数蠡测》，今乃云云，何也？'先生曰：'此不肖既往之祟也。往者血气用事，学无要领，凡读书谈经，每欲胜人，以为经莫精于易，于是疲精役虑，终日穷玄索大，务欲知人所不知，一与人谈，辄逞己见以倾众听。后染危疾，卧床不谈易者半载。一息仅存，所可以倚者，唯此炯炯一念而已。其余种种理象繁说，俱属葛藤，无一可倚。自是，闭口结舌，对人不复语及。盖以易固学者之所当务，而其当务之急，或更有切于此也。'"（《二曲集·锡山语要》）据此，一方面知二曲著有《易说》及《象数蠡测》，但自视为"血气用事"之作，"俱属葛藤，无一可倚"，非当务之学，便搁置不再外示。另一方面亦可知是书撰于二曲卧床见道之前。据《历年纪略》，二曲见道在顺治十四年（丁酉，1657）夏秋之交，因此，是书当撰写于顺治十四年夏之前。

4.《太极图》

二曲撰《太极图》，现难以考索，但其友人李楷撰有《李中孚太极图序》一文，其中云：

> 二曲李中孚氏近日游冯翊，语人曰"比者理太极图，欲会河滨为之序"，他日华岳客亦传此语。盖心许之，未见其作不敢为。比闻骆侯既入为司城，今又分符京兆，中孚之道将行。而二曲侯楚司马与予数论文，乃为之言曰：《太极图说》，此宋儒周夫子之所作也。人皆于秀才时，得宣庙《性理书》诵而习之；然身体而力行焉，遂以理学从祀孔子者，惟河津薛夫子，今所传读书录者可考也。夫宋之亲炙濂溪者非程子兄弟乎？何以至朱考亭而始大发明之，其以为与《先天图》穆伯修、陈希夷传授之异同，大抵皆本于《易》。而窃以图马书龟，窥五行立名之始，则图之有五行兼禹箕之畴而言之，不尽本于易也。解者亡虑百千世百千人，即以先儒之称李氏者为端伯，为乐庵，衡为果斋、正叔，为士英，为吴郡韶，为希濂，此上又有延平焉，朱之师也。夫"太极"，孔子之言也；"无极而太极"，周子之言也。愚虽未见中孚之所绎，而知濂溪之道人皆可知，人皆可行，人亦自知之，自行之耳！不必琐琐然剖析而疑信之矣。中孚氏非圣贤大儒之书不以寓目，自任勇已然，太极无极当自得之；后必有晦庵、敬轩其人

者,即"中孚"二字观中虚中实之易,皆太极也,皆无极也。①

据李楷序文看,李氏尚未见二曲《太极图》,所论亦未必符合二曲意旨。是图未传,但二曲《学髓图》传世,从形式上看与太极图有某些相似之处,二曲《太极图》是否与《学髓图》有关,不得而知。引文云"比闻骆侯既入为司城,今又分符京兆,中孚之道将行"。据《历年纪略》,康熙六年(丁未,1667)骆锺麟迁任北城兵马,不久升任常州知府。是时二曲出境远送,并登华山,讲学同州、蒲城。吴氏《二曲先生年谱》又载次年(康熙七年,1668)六月初九日至十六日,二曲赴朝邑时会晤李楷。康熙八年(己酉,1669)九月,骆锺麟移升常州知府("分符京兆"),二曲送行,遂游骊山,乘便东游华山。可见,康熙七年六月,二曲与李楷曾会面,二曲若撰毕《太极图》请李楷撰序,当会言明,不会有"欲会河滨为之序"之语。李氏撰写此文当在康熙八年九月之后骆锺麟迁升常州知府之后。

5.《紫阳通志》

吴氏《二曲先生年谱》载:"(康熙十六年)九月,王山史至富平。先生遣子伯著往谒。山史随诣军寨。晤谈竟日,旋以所著《正学隅见述》见质,假阅先生所辑《紫阳通志》。(《二曲先生年谱》"康熙十六年"条)可见,《紫阳通志》为二曲辑书。关于是书情况,王弘撰载其与二曲通信云:

> 适予借阅《紫阳通志》,中孚札云:"先生恬定静默,弟所心服,居恒逢人说项,今近在咫尺,而不获朝夕聚首,快我心型,中心殊怅。顷匆匆报札,唯先生可以语此,不敢令世人见也。《紫阳通志》录中,如有论断,乞见示。"予复之云:"《紫阳通志》匆匆卒业,此极得正学之传者。弘撰岂能有所论断,但中有未安者,既承尊谕,亦不敢隐。如新安汪氏称朱子之功在孟子下,信矣! 然历数朱子之功有云"发挥于辨论,则有辨无极太极一书,以袪绝江西之顿悟",此言非也。今其书具在,试取而绎之,与所谓顿悟者有何干涉,此却立意尊朱子而不审其实者,无乃闻其声而不辨其音乎! 至答高汇旃问《中庸》不传之绪有云"合下先有戒慎恐惧存养一步功夫",此直造无极先天之本旨。又云"主静在一切动静之先,所谓无极太极不落阴阳五行者也",弘撰谓"动静一理也。主静者即主此动,先之静所谓不懂之体

---

① 李楷:《李中孚太极图序》,《河滨文选》卷4,清嘉庆间刻本。

也,安得有静先之静?先儒所云'未发不是先,已发不是后',恐令学者无用力处,且后儒明理之原祇举孔子之所谓太极足矣。今或舍太极而单举无极,或以无极太极并举,不特显违孔子之言,亦大失朱子'无形有理'为训之本义矣。先生以为何如?"①

据引文看,《紫阳通志》乃是记录朱子学言论,其中必然涉及朱子学的方方面面,王弘撰答书所涉及《紫阳通志》内容有四:其一,对新安汪氏论朱子之功在孟子之下的评价;其二,反对以顿悟标称陆九渊思想;其三,赞扬二曲答高汇旃时论戒慎恐惧存养功夫;其四,论动静孰先孰后问题。王氏主张动静一理,坚守朱子"无形有理"的思想。虽然已无法看到《紫阳通志》的具体内容,但是王弘撰的揭示,则说明二曲试图辑录和辨析朱子学言论,进而在自己思想体系中融合朱子学。同时,二曲撰《紫阳通志》亦表明二曲对朱子的敬重和某种程度上的认可,并不排斥其学。

6.《儒鉴》

二曲《答吴野翁》云:

> 区区蚤岁,过不自揆,尝欲上自孔、曾、思、孟,下至汉、隋、唐、宋、元、明诸儒,以及事功、节义、经术、文艺兼收并包,勒为《儒鉴》一书。而细评之,俾儒冠儒服者,有所考镜,知所从事,念非切己急务,遂辍不复为。(《二曲集·书一·答吴野翁》)

《答范彪西征君又书》又云:

> 士既业儒,则儒不可以无鉴。镜以照面,则面之净垢见;鉴以观儒,则儒之得失见。见净垢,斯知去垢以求净;见得失,斯知舍失以求得。古今著述虽多,却少一《儒鉴》。儒惟无鉴,以故业儒者无所惩劝,学术不明、人才不兴,所从来矣!区区蚤岁,谬不自量,上自孔、曾、思、孟,下至汉、隋、唐、宋、元、明诸儒,以及事功、节义、经术、文艺,分门别类,淑慝并揭,勒为《儒鉴》一书,而细评之。俾儒冠儒服者,因观兴感,知所决择。草创尚未就绪,中遭乱离,原稿尽成乌有。二十年来,贫病相仍,精力弗逮,斯念遂灰,不复拈举。今先生编纂勤恳,回视仆之疎慵隳废,不觉瞠乎其后矣!

> (《二曲集·书三·答范彪西征君又书》)

---

① 王弘撰:《频阳札记》,《砥斋集》卷4。

据引文看,二曲辑撰《儒鉴》一书,"上自孔、曾、思、孟,下至汉、隋、唐、宋、元、明诸儒,以及事功、节义、经术、文艺,分门别类,淑慝并揭",但因"贫病相仍,精力弗逮""中遭乱离"等原因,"草创尚未就绪","原稿尽成乌有"后"斯念遂灰,不复拈举"。即便如此,二曲撰《儒鉴》的目的十分明确,即"鉴以观儒,则儒之得失见"。

7.《李中孚讲义》及其他江南讲学记录

陈玉璂《学文堂集》载有《李中孚讲义序》一文,其中云:

> 士揆独立不惧之行,而能不牵于众论,不惑于流俗,则可谓有守矣。夫俗习移人,贤者不免,何况于众人?太史公言:"田文之里,多轻薄子弟与邹鲁殊。"盖言俗习之移人也。今有十人于此,其先十人皆冠也。忽有一人焉弃其弁而不冠,彼九人者莫不相与非笑之。迨久之,而从之者三四人矣;又久之,而从之者五六人矣;又久之,而从之者七八人矣;比其后也,则不冠者九人,冠者止一人而已。若是乎此一人者,亦必将从而不冠也。然而,此一人者则毅然持之,曰:"我必冠也,我必不不冠也,彼九人者自为九人,而我则自为我。"于是岌岌焉,而冠望之者亦且以为是人也,终能以礼自克者也,此之谓"独立而不惧"。吾尝上下古今于晋得一人焉,陶渊明是也。其次,则楚之灵均,然灵均独清独醒,而至于自沉其于不惧,犹未善焉!视渊明之安于贫贱,而乐天知命为少间矣。今吾观中孚之为人,真所为独立不惧者也。方举世尚词章之学,而中孚弃而不顾;举世重制科之选,而中孚若将浼己,穷居乐道,义命自由,方之渊明庶乎不忝;然渊明之寄意止在声诗,若中孚则于濂、洛、关、闽诸书,伐毛□髓,多所发明。

> 来吾毗陵也,会讲延陵书院,征言奥旨,阐无遗蕴,一时环听者十百人,又之梁溪,之江上,之姑苏,莫不如是。嗟乎!吾吴之习俗,正所谓"田文之里多轻薄,子弟与邹鲁殊"者。今一闻中孚之绪论,莫不骎骎乎以圣贤之理道为归。中孚之为功顾不大哉!一日中孚肃衣冠抠拜于庭,出尊公及母夫人行述,乞予为传,泪盈盈不止。予谢不敏,则又大哭失声,由是知中孚之挚性有过于人,而又叹今高语道学者,日讲正心诚意、孝弟廉节而求其躬行实践,百不一二得;且有与其言大相刺谬者,其视中孚不当发愧哉!中孚每登讲席,滔滔

滚滚如江河之莫能御,其门弟子述而汇梓之,名曰:二曲先生讲义。二曲,中孚别号也。①

陈玉璂,字赓明,号椒峰,武进人,康熙六年(丁未,1667)进士,官中书舍人,康熙十八年(己未,1679)试博学宏词科,罢归。《今世说》载其"读书至夜分,两眸欲合成线,辄用艾灼臂"②,可见其为学之刻苦。陈氏为二曲讲学常州时结识的友人。二曲在江南讲学言论为其门人所辑,题名为《李中孚讲义》,陈氏为之撰写序言。

此外,《请建延陵书院公呈》又云:"近关中李二曲先生来常,阐昔贤之奥义,续先哲之正传,披宣不下数百万言,传录共计一十八种。"(《二曲集·南行述》)可见,二曲在江南讲学言论记录有十八种之多,然而现存二曲江南讲学著述仅《东林书院会语附应求录》《匡时要务》《两庠汇语》《靖江语要》《锡山语要》五种,其余已不可考。《李中孚讲义》或为十八种之一或为多种汇刊。

二、传世著述:吐人不敢吐之隐,泄人不敢泄之秘③

(一)《二曲集》与《四书反身录》

1.《二曲集》为二曲最重要的著述之一,由其门人王心敬编次。据王心敬《序》"辛未秋,今司寇富沙郑公、学宪毗陵高公慨然以兴起绝学为己任,捐俸合刻,而诸同人亦相与量佐,共襄盛举。工始于辛未仲冬,竣于癸酉季秋"知,是集于康熙三十年(辛未,1691)秋,由司寇郑重及陕西学宪高嵩侣捐俸刊刻,工始于是年仲冬,竣工于康熙三十二年(癸酉,1693),这即《二曲集》的原刻本。该本为二曲生前所见,极有可能经其删定。清康熙四十四年(乙酉,1705)年,也是二曲去世之年,坊间又出现其他刊刻本,从内容看乃是不同程度地补充原刻本,最典型者为增入了康熙四十四年李重五序文一篇。该本

---

① 陈玉璂:《李中孚讲义序》,《学文堂文集》,清康熙间刻本。
② 王晫:《今世说》,《清代传记丛刊》本。
③ 解题:二曲《答张敦庵》:"曩谬竭愚衷,吐人不敢吐之隐,泄人不敢泄之秘,无非欲高明直下,教大原,识本体耳。诚识本体,循下学之规,由阶级而进,则收摄保任,好做工夫;做得工夫,才算本体。"(《二曲集·书一·答张敦庵》)

(简称郑重、高尔公刻后印本)除增入李序外,其余内容与编排顺序与原刻本一致,仍为二十六卷。① 李重五与二曲交往甚密,据王心敬记载"二曲先生存时,岁中必一过盩厔相与商订"②。李序云:"癸未冬,天子西巡,询先生动定,谕令两台征诣行在,欲有咨询。先生坚以疾辞,大中丞鄂公遂以《反身录》《二曲集》进。"可见,康熙四十二年(癸未,1703),康熙西巡时《二曲集》得到进呈,故可以推测,郑重、高尔公刻后印本实为呈送康熙的原刻本,只不过在进呈后刊印时增附了李序,其内容、卷数、编次均和原刻本一致。③ 前十五卷依次为《悔过自新说》《学髓》《两庠汇语》《靖江语要》《锡山语要》《传心录》《体用全学》《读书次第》《东行述》《南行述》《东林书院会语附应求录》《匡时要务》《关中书院会约》《盩厔答问》《富平答问附授受纪要》,为二曲讲学之文与言行录,或为二曲自撰,或为其弟子辑撰;第十六卷至二十三卷为二曲所著书信、题跋、墓志、行略、墓碣、赞等,均为二曲自撰;第二十二卷为《观感录》,亦为二曲自撰;二十三卷以下为《襄城记异》《义林记》《李氏家乘》《贤母祠记》,乃为他人所撰。另外,陈俊民先生云:"康熙四十四年……盩厔县程正堂重刊此本时,在二十六卷之后增入了李颙康熙十七年、二十二年所辑撰的《司牧宝鉴》和《亚室录感》,还在集末增加了由门人惠龗嗣等人所编撰的《历年纪略》和《潜确录》。"④该刊本增入了《司牧宝鉴》《亚室录感》《历年纪略》《潜确录》。

郑重、高尔公刻后印本流传较广,在常州、兰州、永宁、璧山等地出现多种翻刻本,均为二十六卷。诸如女史完颜恽珠在常州翻刻本的基础上进行校正,于清道光八年(戊子,1828)年重梓刊刻。该本题为《李二曲先生全集》(简称长白完颜本)。嘉庆元年(丙辰,1796)皋兰杨春和始谋刻《二曲集》,因资斧拮据、川匪扰攘,一度中断,直至嘉庆十五年(庚午,1810)方竣工(简称皋兰杨氏本)。咸丰间张晋斋、杨敬修又据皋兰杨氏本重刻于璧山。同治五年(丙寅,1866)由山阴赵必达倡刻,陇右牛树梅在永宁、璧山两处刻本的基础

---

① 《四库全书存目丛书》收录该本时记为"私藏清康熙三十二年郑重、高尔公刻本",《续修四库全书》收录时则记为"清康熙三十三年高尔公刻后印本"。
② 王心敬:《三原李重五先生墓志铭》,《丰川全集续编》卷22。
③ 《四库全书总目》著录《二曲集》时云"二十二卷",但据其内容介绍则为二十六卷。
④ 参见陈俊民点校:《二曲集·前言》。按:据《(乾隆)盩厔县志》,康熙四十四年县正堂为赵士灼。

上重梓,并增补了《历年纪略》《司牧宝鉴》《垩室录感》《盩厔三义传》《潜确录》(简称陇右牛氏本)。其编排顺序则将《历年纪略》别置于卷首,《襄城记异》与《义林记》合为一卷,《盩厔三义传》附于各传之后。此外,坊间其他《二曲集》刊刻本尚有道光八年(戊子,1828)云阴堂重刻本、咸丰元年(辛亥,1851)张氏等集赀刻本、光绪九年(癸未,1883)新郑刘大来重刻本、嘉庆十五年(庚午,1810)兰山书院本、光绪二年(丙子,1877)龙云斋本、民国五年(丙辰,1916)盩厔县署刊印本、民国八年(己未,1919)上海文瑞楼石印本、湘阴蒋氏小琅嬛山馆重校刊本、上海扫叶山房石印本等多种。值得注意的是,新郑刘氏重刻本在内容编排上首先依次将《悔过自新说》《学髓》《两庠汇语》《靖江语要》《锡山语要》《传心录》《读书次第》《体用全学》《关中书院会约》《盩厔答问》《富平答问附授受纪要》,《东林会语附应求录》《匡时要务》《司牧宝鉴》《观感录》,《书》《传附三义传》《赞志》《杂著》《垩室录感》作为正编列于全书的前半部分,而《东行述》《南行述》《襄城记异》《李氏家乘》《序录》则作为外编置于后,《杂著》中又附《补刻四篇》。此外,上海文瑞楼石印本在湘阴蒋氏小琅嬛山馆重校刊本(26卷本)的基础上增入了《垩室录感》《司牧宝鉴》,为二十八卷。

《二曲集》是集中反映二曲思想的重要著作,历来备受赞誉,兹举其较为典型的二曲通家晚学刘青霞的言论,其中云:

> 《二曲集》旧为二十余种,今汇为一书,总名之曰《二曲集》。余反复读之,窃叹先生羽翼圣学,真为中流砥柱,其有功于世道人心为甚大也!盖圣学不明,至今日而极矣!既误于异端之猖狂,又误于伪学之流弊。然异端者判然两途、较若黑白,虽公然与吾道为敌,正不难显攻而力排之,此所谓门庭之寇也。惟伪学假之学术,以为缘饰圣贤道学名目刺刺不去口,而异同纷纭,或互相标榜,或互相攻讦,即不然模棱其间为之调停,要皆偏执拘曲,而圣贤同归一致之理,大中至正之道遂湮没而不可问,此则所谓腹心之害也。先生正学术,绍征言,其所以辟异端、辨邪说者不待言矣!而大要在于折衷异同,力挽流弊;近述诸儒,远宗往圣;务期躬行实践,明体达用,使圣贤之道焕然复明于世,即日用寻常亦皆有近里着己,切实要指,不啻于世之学者,开其愚而启其聪,指其迷而使之归也。昌黎谓:"孟

子功不在禹下。"先生其庶几欤!①

依刘氏之见,《二曲集》反映了二曲之学摒弃儒学长期的门户之辨,折中同异,直斥伪学,"近述诸儒,远宗往圣;务期躬行实践,明体达用",大裨益于儒学的发展,其传道之功亦不逊于孟子。刘氏序言虽侧重于溢美,但事实上揭示了明末清初之际儒学门户之辨盛行,明体达用之学未得到全面彰显的情况下,《二曲集》的价值和意义。

2.《四书反身录》亦由王心敬辑录。康熙二十五年由陕西学使许孙荃首次刻刊,其后屡屡被增补重印或翻刻。诸如,现存最早的康熙二十五年思砚斋刻本在流传中增入了康熙二十七年(戊辰,1688)康乃心《序》与康熙三十一年(壬申,1692)三原李彦瑂序各一篇;康熙三十一年肇庆知府三原李彦瑂重刻该书于肇庆;嘉庆二十二年(丁丑,1817)江苏督学使萧山汤金钊重刻于吴中;道光十一年(辛卯,1831)广信府知府三韩铭惪在肇庆本、吴中本的基础上集信江书院诸生校雠,又刻于江西(简称三韩铭惪本)。此外尚有湖南巡抚钱宝琛刻本,武定李锺麟潮州刻本,璧山高春山、张晋斋璧山刻本,戴瑶等人什邡刻本,陇右牛树梅利用刻《二曲集》余资刻本,高阳王世济刻本,阳湖吕耀纬刻本,皋兰杨春和重刻本,京都官书局石印本,湘阴蒋氏重校刊本,上海扫叶山房石印本等。

值得注意的是,清光绪三年(丁丑,1877)石泉彭懋谦将《二曲集》《四书反身录》合集重刊,题为《关中李二曲先生全集》(简称石泉彭氏本)。该书前二十六卷编排与郑重、高尔公刻后印本、长白完颜本等无异,二十七卷为《垩室录感》,二十八卷为《司牧宝鉴》,二十九卷至四十四卷则为《四书反身录》(即将原八卷,包括《续补》的《四书反身录》析为十六卷),四十五卷为《历年纪略》,四十六卷为《潜确录》。至此,形成了四十六卷本《二曲集》。其后又有多种刊本沿用此编排,典型者为民国十九年(庚午,1930)静海闻承烈铅印本(简称静海闻氏本)。然而,在石泉彭氏本、静海闻氏本等所收录的《四书反身录》不仅在卷次标注上异于较早的思砚斋刻本、三韩铭惪本等刻本,甚至在内容上有脱漏和前后颠倒的现象。

《四书反身录》集中反映了二曲对四书的诠释,重在反身实践,体用备具。是书在清初儒学《四书》学,乃至整个儒学史上具有重要的学术价值,备受历

---

① 刘青霞:《二曲集序》,《慎独斋文集》卷1。

代学者的赞誉,亦举刘青霞《四书反身录序》中部分文字加以介绍:

> 盖四子之书乃圣贤内圣外王之具、明体达用之学,而古今常存人心不死者恃有此也。以故国家设科取士,特重经书,盖欲学者实践力行,而体用备具之士得以罗而贡之大廷。是则圣贤之所以垂教万世,与国家之所以储养真儒,惟笃行是尚,而不在乎辞章句读语言文字间也。而今者求其绍圣贤之学,以慰国家之望者,抑何寡乏耶?岂非以穷年诵读者,仅视为口耳之事、进身之阶哉?噫!此先生《反身录》之所由作也。人而不知"反身",虽日事读诵,终属浮涉。斯录一出,世之学者,庶不徒事呫哗,而圣贤立言之旨庶几昭然复明于世。自兹为理学、为名臣,为穷不失己、达则兼善之儒,吾知其将接踵而起矣。其有功于圣贤,有裨于国家,夫岂微哉?汜水四山许公视学三秦,读而好之,为授梓传布焉。予虽固陋,受知于先生最深,故为序之,以告世之读《四书》者,其各反身自省而实践可也!①

(二) 其他著述

1.《痊室录感》为二曲自录所感之文。初由时任岐山县令的茹仪凤刻于康熙二十一年(壬戌,1682),康熙二十二年(癸亥,1683)书已刻成,梓行砺俗。道光二年(壬午,1822)吴县徐学巽重刻于吴中,同治八年(己巳,1869)吴中学者又集资重刻徐本(即现存毋自欺斋本,简称吴中重刻本),光绪元年(乙亥,1875)三原刘质慧又据吴中重刻本重刻(即现存述荆堂本,简称三原刘氏本)。此外,《痊室录感》还有同治六年(丁丑,1867)悔庐居士本、光绪二年(丙子,1876)刻本、清麓丛书本、民国二年(癸丑,1913)朱启濂、朱启澜刊本、民国十二年(癸亥,1923)铅印本等;亦被收录于石泉彭氏本、静海闻氏本、上海文瑞楼石印本等各种版本的《二曲集》(或《关中李二曲先生全集》)中及光绪十八年(壬辰,1892)马忠信堂本《二曲先生摘要》中。茹仪凤、徐学巽原刻本或久已佚失。石泉彭氏本《二曲集》中的《痊室录感》仅录有二曲弟子王吉相撰于康熙二十二年之序,故其刻录时所据版本当为较早刻本。

《痊室录感》为二曲因其母贫困守节,凄凉殁去,遂抱终身之痛,故为痊室,身处其中,自痛自责,自抒录感而作。是录,征引十七条并附以感语,字字

---

① 刘青霞:《二曲集序》,《慎独斋文集》卷1。

刺心,人人警目。可见,二曲恪守孝道,心丧终身。是录有助于提醒天下孝子,乃劝孝之鸿宝也。兹录二曲门人王吉相《序》以观其刊刻与内容。

《垩室录感》,我夫子二曲李征君自录所感也。夫子抱朱百年之憾,誓终身不享世荣。奉母遗像,严事如生,为"垩室"于侧,孤栖其中,持心丧,室扉反锁,久与世睽。尝曰:"乌乌怀巢,狐死正首丘。斯亦吾之巢与首丘也。"日与灵影相依,栖于斯,老于斯,终其身无复离斯。于是,抚今追昔,遂录所感以自伤,其情苦,其辞恸乎有余悲,可以动天地而泣鬼神,观者莫不欷歔堕泪,扼腕太息。在夫子不过自感自伤,而人之因观兴感者,不觉憬然悟,爽然失,是因感而触其良心也。良心一触,则爱敬之实,夫固有勃然而不容自己者也。由是学人知立身乃所以显亲,一切人亦随分可以自尽。盖懿德之好,人有同然。斯录一布,而天下后世咸赖以兴感,其有补于风化人心匪鲜。诗云:"孝子不匮,永锡尔类。"夫子之谓也。吉相方谋寿梓以广其传,岐阳茹令君政重风教,业已梓行砺俗,故喜而敬题数语,以附末简。(《李颙集·垩室录感》)

2.《盩厔三义传》为二曲自撰,收录王心敬《识言》一篇及《饿死全节妇侯氏传》《难兄传》《孝妇传》三篇文章。《盩厔三义传》撰于何时,已难以考索,且不为郑重、高尔公刻后印本,长白完颜本,石泉彭氏,静海闻氏等诸多刊刻本《二曲集》或《二曲先生全集》所收录,故推测最初以单行本行世。

王心敬《盩厔三义传识言》云:

"盩厔三义"者,吾师二曲先生录其邑之义行三人,以表章而传世者也。曷为其义之也?为人妻而节,为人兄而友,为人妇而孝,天之经、地之义也。三人者无愧焉,是所谓义妻、义兄、义妇也。曷为其表章而传世也?为人妻,节其义而节,伊谁乎?为人兄,友其义而友,伊谁乎?为人妇,孝其义而孝,伊谁乎?而三人者无愧焉。是三人者,其死也为有义而死,生也为有义而生,而其名行,独因其家世寒微而不彰,表之所以明其义,而示世之为人妻、为人兄、为人妇者也。呜呼!人尽妻也,人尽兄也,人尽妇也;而三人独以义妻、义兄、义妇传,生顺而殁荣。呜呼!三人者,只自知妻以节为义,兄以友为义,妇以孝为义,方惴惴焉,惟恐其义之不尽,而愧为人妻,愧为人兄,愧为人妇,岂尝毫厘计及于大君子之表章,而竟为大君子所表章,使其名行与日月争光。且人尽妻也,孰不可节;而且欲节,孰不能节?人尽兄也,孰不可友;而且欲友,孰不能友?人尽妇也,孰不可孝;而且欲孝,孰不能孝?而偏使三人者独以义妻、义兄、义妇见重于大君子,而行名动乡里,以传后世!呜呼!读斯传也,闻斯风也者,孝弟节义之心,可以油然而生,奋然而兴矣!匪然者,必其无羞恶是非之心者则可耳。其录无间生死者,死者盖棺已定;生者其亲已终,而事已既也。(《李颙集·盩厔三义传》)

3.《司牧宝鉴》为二曲辑于康熙十七年。康熙三十二年(癸酉,1693)王心敬曾录为二册,并作序。康熙三十六年春,无锡倪雕梧摄盩厔邑篆时谒访二曲,在获赠此书后,序而梓行。现存光绪三年石泉彭氏本、静海闻氏本、陇右牛氏本等《二曲集》等所收录。此外,道光二十九年宜黄黄秩模又重校刊刻(简称宜黄黄氏本),现收入于逊敏堂丛书。

惠龗嗣《新刻司牧宝鉴叙》云:

先是,龗嗣汇二曲夫子生平讲学明道之书及他论著为全集,司寇郑山公先生倡,学宪高嵩侣先生相与协梓传布。工竣后,获睹是编,丁宁龗嗣曰:"此真救时良剂,辅世长民者之指南也。吾子叨第,将有民社之责,不可不奉以从事。"龗嗣藏之中心,方图莅任时寿诸枣梨,乃武功倪明府业已剞劂矣。盖明府旧识夫子于东林书院,至是代理盩篆他务,未遑竭诚造谒,退而亟询未梓之书;得之,遂捐俸锓布,以广其传。嗟乎!今之茂宰簿书,期会之是理,已称能吏,而明府独惓惓留意于前哲循良之迹,不惜捐赀问世。贾子曰:"移风易俗,使天下回心而向道,类非俗吏之所能为也。"明府雅尚注厝如是,则其所以治武功者可知。宜乎迩来士林评吏治者,脍炙明府良法美意,不啻自其口出也。龗嗣既愧不能如明府好善之勇,而复喜觐政崇风教之大,君子于兹日奚翅空谷闻足音,而景星乡云之独睹为快也。遂忘其固陋,恭题数语于简端,旌明府以志吾过焉。(《李颙集·附录一》)

4.《关中李二曲先生履历纪略》,由二曲富平门人惠龗嗣撰次,记录了二曲康熙二十八年前事迹。最早由时任盩厔县令的程奇略捐刻,题署为《关中李二曲先生履历纪略》,而是书内容则称作《历年纪略》。虽然书中惠龗嗣序与马械士跋均未记年月,但据是书记载二曲事迹截止于康熙二十八年(己巳,

1689),且马《跋》云"邠州王太史一见如获拱璧……拟授之梓。会疾病作,弗果。顷盩厔程令君得之亟捐俸梓行"。王吉相卒于康熙二十八年八月(详见《请王天如太史入祀乡贤事实八条》),程奇略约在康熙二十四年至三十二年间知盩厔(见《(乾隆)盩厔县志》),故可推测是书在康熙二十八年王吉相去世后不久刊刻。①

惠靇嗣《历年纪略序》:

> 吾师二曲先生闭关谢客,向往者无从识荆,咸欲悉其生平,以当亲炙。谓小子靇嗣及门有年,知之最详;且以先生畴昔左辅、毘陵之游,往返仅数月,犹东行有述,南行有述,而居恒履历顾缺焉无述,斯亦从游者之责也。靇嗣爽然自失,洇然汗下,逡巡久之。于是,谬不自揣,谨摭平日耳闻目睹,并箧藏散文零录,一一有据之实,逐年按月,诠次成帙,一言一字,咸本成语,恭题曰《历年纪略》,聊以备览。庶先生之生平可考而知也,抑区区窃有感焉。《小学》谓:"人生内无贤父兄,外无严师友而能有成者鲜矣。"先生早岁丧怙,既无父兄,又无师友,孤苦自奋,备极陑患,从万死一生中屹然成立,故论者尝譬诸莲:他人成立犹莲之生于水,顺而易;独先生成立犹莲之生于火,逆而难。先生为其难,以迈其易。今年逾耳顺,身愈困而道愈亨。然则览斯编而诚有以振兴,则亦无难之不易矣。是为亲见先生面,亲承先生之切砥,否则即日相晤对,夫奚益?(《李颙集·关中李二曲先生履历纪略》)

5.《潜确录》为惠靇嗣编录,记录了康熙四十二年,康熙西巡欲召见二曲及二曲卧病谢拒应召之事。现收录于石泉彭氏本、陇右牛氏本、静海闻氏本等刊刻本《二曲集》中,亦有个别单行本行世。

---

① 该书题署为"盩厔县正堂程捐俸梓行"。据《(乾隆)盩厔县志》记载,在康熙期间盩厔县程姓知县仅程奇略一人,且任职时间始于康熙二十四年,至三十二年改为蔡毓蓝,故推测是时盩厔县正堂程当为程奇略。

第六章　二曲思想的渊源：
一归于圣经贤传,不复泛览博观①

关于二曲思想的渊源,学术界有多种说法,从总体上看,除了认为二曲"确宗程朱家法"②"折中朱、王,补其缺失,开出理学的第三条路线"③的观点外,大多数学者认为二曲思想的根基仍是陆王之学,具有强烈的心学义趣。诸如,认为"容(颙)之学本于姚江"④"其说皆仍本王守仁"⑤"其趣颇近乎姚江"⑥"其学亦出姚江"⑦"王学后劲"⑧"大本皆宗阳明"⑨"其实质乃为阳明心学"⑩。兹拟从二曲学术发展历程看其思想渊源。

一、旁涉百家　归宗于儒

从学术发展历程看,二曲思想的发展经历了一个由博览到返约的过程。博览是其思想形成的前提基础。据史料载,在二曲三十岁时就提出了重要的思想——"悔过自新说","其学为之一变"。但在这之前,二曲曾广泛大量地阅读各类典籍,其中有《大学》《中庸》《论语》《孟子》《周易》《周钟制义》《春

---

① 解题:李慎言云:"臣父少无师承,百家之言,漫浪涉猎。及后稍知圣学路途,则一归于圣经贤传,不复泛览博观。晚年非六经、四子、性理、通鉴及诸儒先语录,不轻目。其教门生子弟,亦惟以此数书相劝勉。"(《潜确录》)
② 唐鉴:《国朝学案小识》,济南:山东友谊书社,1990年版,第309页。
③ 林继平:《李二曲研究》,西安:陕西师范大学出版社,2006年版,第302页。
④ 秦瀛:《己未词科录》卷5,清嘉庆刻本。
⑤ 永瑢等:《四库全书总目》,北京:中华书局,1965年版,第316页。
⑥ 钱林辑、汪藻编:《文献征存录》卷1,清咸丰八年刻本。
⑦ 阮元:《国史·文苑传稿》卷1,周骏富辑《清代传记丛刊·学林类》第11册。
⑧ 梁启超:《中国近三百年学术史》,《饮冰室合集》第10册,北京:中华书局,1989年版,第43页。
⑨ 钱穆:《国学概论》,北京:商务印书馆,1997年版,第249页。
⑩ 刘学智:《儒道哲学阐释》,北京:中华书局,2002年版,第272页。

第六章 二曲思想的渊源：一归于圣经贤传，不复泛览博观

秋三传》《性理大全》《伊洛渊源录》《冯少墟先生集》《小学》《近思录》《程子遗书》《朱子大全集》《九经郝氏解》《十三经注疏》《资治通鉴》《资治通鉴纲目》《通鉴纪事本末》《大学衍义》《文献通考》《通典》《通志》《二十一史》《道藏》《释藏》等；又于天文河图、九流百技、稗官野史、壬奇遁甲等靡不研极。如此广泛的研读，对二曲思想的形成与发展产生了重要影响。概言之，主要有二：

其一，十九岁时，二曲偶得《周钟制义》，见其阐发义理透畅，尤其是言及忠孝节义时，慷慨悲壮，遂被其吸引，并玩摹成文。但是，当二曲闻知周钟失节不终，不仅立刻将自己的模拟之作焚毁，而且认为"文人之不足信、文名之不足重如此，自是绝口不道文艺"，摒弃科举俗文。是年，二曲研读了《性理大全》《伊洛渊源录》等著作，被宋代理学家周敦颐、二程、张载、朱熹等人的言行思想所震动，掩卷叹曰："此吾儒正宗，学而不如此，非夫也！"此外，约早于这一时期，二曲也阅读了冯从吾的《少墟集》，并"恍然悟圣学渊源，乃一意究心经史，求其要领"①。可见，通过研读宋明儒著作，二曲逐步信奉儒学，而且向往日笃，这是二曲思想发展过程中的第一次转向。继后，在阅读各类典籍时，二曲始终立足于儒家立场，阐发阅读体会，不仅撰写了《十三经注疏纠缪》《廿一史纠缪》等，批判或纠谬前儒之说；也核验《道藏》的玄科三洞、四辅、三十六类等，批驳其中的荒唐言论；并辨析《释藏》中经、论、律三藏中的谬说。甚至，对其所寓目的西洋教典、外域异书等也探究其中的幻妄，随说纠正。

其二，约在二十至二十九岁间，二曲撰写了《帝学宏纲》《经筵僭拟》《经世蠡测》《时务急著》等著作。虽然这些著作早已亡佚，但是通过时人的一些评价仍可以看出二曲当时的思想。骆钟麟《匡时要务序》云："先生甫弱冠，即以康济为心，尝著《帝学宏纲》《经筵僭拟》《经世蠡测》《时务急著》诸书，其中天德王道，悲天悯人，凡政体所关，靡不规画。"（《二曲集·匡时要务》）刘宗泗《二曲先生墓表》亦云："先生少时慕程伊川上书阙下，邵尧夫慷慨功名，遂有康济斯世之志。尝著《帝学宏纲》《经筵僭拟》《经世蠡测》《时务急策》等书，忧时论世，悲天悯人，盖不啻三致意焉。"可见，是时二曲为学已经摒弃了晚明以来务虚空谈的学风，初步形成了终生所持守的躬行实践、开物成

---

① 王心敬：《关学续编》，冯从吾撰：《关学编（附续编）》，北京：中华书局，1987年版，第85页。

务、康济时艰的经世致用思想。

虽然在二曲三十岁之前尚未形成成熟的思想,未提出自己的重要学术见解;但也正是早年的广泛阅读与思考,尤其是受到宋明理学家人格与思想的影响,促使二曲日后思想的转变与成熟。在二曲思想成熟期的著作中,前期的一些阅读痕迹依然存在,最典型也常常饱受争议的例子,即是二曲采用了"念""照""觉""顿渐"等佛教词汇,甚至采用某些类似佛教心性论的阐述方式,来阐述自己的思想。

二、陆王为本　兼摄程朱

宋明理学分为程朱、陆王两大派,而且自南宋以来,两派互相论难。自明代中期以来,王阳明所倡导的心学"流传逾百年,其教大行,其弊滋甚",以致"笃信程朱,不迁异说者,无复几人矣"。[①] 然而,在心学大行,流弊日增的情况下,众多的士大夫却远离了儒学经世致用的传统,空谈心性、束书不观、游谈无根、"蒙然张口,如坐云雾";甚至"置四海之穷困不言",弃国家与民族的安危于不顾,最终致使"神州荡覆,宗社丘墟"。[②] 这也是清初许多学者在回顾和反思明亡教训时的共识。他们一方面将批判的矛头指向王学,痛斥其"荡佚礼法蔑视伦常,天下之人恣睢横肆,不复自安于规矩绳墨之内,而百病交作"[③],为生民祸乱、明亡之源;另一方面也纷纷肯定程朱之学,认为"欲正姚江之非,当得紫阳之是"[④],将程朱之学作为纠正陆王之学的工具。

在时风的影响下,二曲三十岁见道后进行了自己的学术判别与选择。与崇尚程朱黜贬陆王的时风不同,二曲通过梳理儒学史做出了自己的判断,形成了以陆王为本,兼摄程朱的学术选择。他说:"学术之有程、朱,有陆、王,犹车之有左轮,有右轮,缺一不可,尊一辟一皆偏也。"(《四书反身录·孟子下》)"姚江、考亭之旨,不至偏废,下学上达,一以贯之矣。故学问两相资则两相成,两相辟则两相病。"(《二曲集·富平答问》)二曲认为,程朱、陆王均

[①] 张廷玉等:《明史》,北京:中华书局,1974年版,第7222页。
[②] 顾炎武:《日知录》,《顾炎武全集》第18册,上海:上海古籍出版社,2011年版,第308页。
[③] 陆陇其:《学术辨上》,《三鱼堂文集》卷2,《文渊阁四库全书》本。
[④] 吕留良:《吕晚村先生文集》,台北:钟鼎文化出版公司,1967年版,第37页。

第六章　二曲思想的渊源：一归于圣经贤传，不复泛览博观

是儒家学术不可偏废的思想学说，各有其所得，需要兼收并蓄，相资相成，不可轻易相诋毁。显然，二曲的这种看法是十分开放的，反对武断地推崇程朱贬黜陆王的主流思想。在他看来，程朱、陆王虽然各有所长，均大功于世教人心，但在各自的发展过程中也衍生了一些弊病。诸如二曲云：

> 孟氏而后，学知求心，若象山之"先立乎其大"、阳明之"致良知"，简易直截，令人当下直得心要，可为千古一快。而末流承传不能无弊，往往略工夫而谈本体，舍下学而务上达，不失之空疏杜撰鲜实用，则失之恍忽虚寂杂于禅。程子言"涵养须用敬，进学在致知"，朱子约之为"主敬穷理"，以轨一学者，使人知行并进，深得孔门"博约"家法。而其末流之弊，高者做工夫而昧本体，事现在而忘源头；卑者没溺于文义，葛藤于论说，辨门户同异而已。（《四书反身录·孟子下》）

上述为二曲从总体上对程朱、陆王的优长与流弊的揭示。在上述揭示中，二曲对程朱、陆王本人的思想是十分肯定的，诸如他说："尊朱即所以尊孔"（《二曲集·富平答问》），"朱之教人，循循有序，恪守洙泗家法，中正平实，即便初学"（《二曲集·靖江语要》），"陆之教人，一洗支离锢蔽之陋，在儒中最为亲切，令人于言下爽畅醒豁，有以自得"（《二曲集·靖江语要》），"（王阳明）倡'致良知'直指人心一念独知之微，以为是王霸、义利、人鬼关也。当机觑体直下，令人洞悟本性，简易痛快，大有功于世教"（《二曲集·富平答问》），等等。可见，二曲所批判的并不是程朱、陆王学说本身，而是程朱、陆王之学在发展过程中所衍生的"略工夫而谈本体，舍下学而务上达""失之恍忽虚寂杂于禅""做工夫而昧本体，事现在而忘源头""没溺于文义，葛藤于论说，辨门户同异"的流弊。

事实上，在二曲看来，儒家学说的发展是在循环中前进的，当一种学说在发展中出现流弊时，必然会出现另一种补救的学说，故其云：

> 先儒倡道，皆随时补救，正如人之患病，受症不同，故投药也亦异。孟氏而后，学术堕于训诂词章，故宋儒出而救之以"主敬穷理"；晦庵之后，又堕于支离葛藤，故阳明出而救之以"致良知"，令人当下有得。及其久也，易至于谈本体而略工夫，于是东林顾、高诸公及关中冯少墟出而救之以"敬修止善"。若夫今日，吾人通病在于昧义命，鲜羞恶，而礼义廉耻之大闲，多荡而不可问。苟有真正大君子深

心世道,志切拯救者,所宜力扶义命,力振廉耻,使义命明而廉耻兴,则大闲借以不逾,纲常赖以不毁,乃所以救世而济时也。当务之急,莫切于此。(《二曲集·南行述》)

宋儒的"主敬穷理"针对的是孟子之后的汉唐儒学的训诂词章之弊,王阳明的"良知说"则是针对程朱之学发展中出现支离葛藤的弊病,顾宪成、高攀龙、冯从吾等人的学说又是针对的王学末流高谈本体而忽略工夫的弊病;而针对当时通病的学术剂方则是"力扶义命""力振廉耻"、振兴纲常。

如何做到"救世济时""力扶义命""力振廉耻"、振兴纲常?二曲认为:

吾人生乎其后,当鉴偏救弊,舍短取长,以孔子为宗,以孟氏为导,以程朱陆王为辅,"先立乎其大""致良知"以明本体,"居敬穷理""涵养省察"以做工夫,既不失之支离,又不堕于空寂,内外兼诣,下学上达,一以贯之。(《四书反身录·孟子下》)

显然,二曲在推崇孔孟之道的前提下,兼顾程朱、陆王之学,试图将二者圆融于自己的思想体系中,并提出了以陆王"先立乎其大""致良知"明本体,以程朱"居敬穷理""涵养省察"做工夫的学术理路。实际上,二曲这种学术理路,并不是简单地折中调和程朱与陆王,而是以陆王为本,兼摄程朱;在"先立乎大""致良知"、发明人之本心、挺立人的价值主体的基础上,再以程朱之学补救陆王之学在发展过程中出现的"舍矩言心"的弊病。诸如他说:"若夫良知之说,虽与程朱少异,然得此提唱,人始知契大原,敦大本。自识性灵,自见本面,夫然后主敬穷理,存养省察,方有着落。"(《二曲集·富平答问附授受纪要》)显然,他认为为学要先识得良知本体,再以辅以主敬穷理、存养省察的工夫。只有"识得本体"才能"好做工夫","做好工夫,方算本体",体用不离,才是明体达用之学。

第七章 二曲的本体论:以"致良知"明本体[①]

依如前文所言,二曲之学根基于阳明学说,"以'致良知'明本体"(《二曲集·富平答问》),即展现在本体论建构上具有鲜明的阳明学特色。"良知"无疑可远溯孟子的良知良能说,再溯到王阳明的"致良知"思想。在孟子那里,良知主要包括"不虑而知,不学而能"与"是非之心,人皆有之"的内涵,至阳明则继承并阐发这些说法,提出了"知是心之本体""良知是未发之中","良知只是个是非之心""吾心之良知无有不自知""良知即是独知"等诸多命题。在二曲处亦提出了诸多关于"良知"的命题。诸如其云"先儒谓'个个人心有仲尼',盖以个个人心有良知也。良知之在人,不以圣而增,不以凡而减,不以类而殊。无圣凡,无贵贱,一也"(《二曲集·观感录序》),"良知,人所固有;而人多不知其固有"(《四书反身录·孟子·尽心》),此类命题视良知为人人先天固有。又云:"念虑微起,良知即知善与不善,一毫不能自掩,知善即实行其善,知恶即实去其恶,不昧所知,心方自慊。"(《四书反身录·大学》)即认为良知乃判断是非善恶的道德标准。本章拟择取几个思想命题,管窥二曲对良知的具体阐发。

一、良知即良心,良心便是性

在儒家传统思想中谈及形而上本体,往往具有道德属性。宋明以来,儒家学者在描述本体时常常用道体、性体与心体来言说。道体就天道而言,乃指创生万物的宇宙本性(天道、天命)。这种宇宙本性附有道德性,其下贯到个体之中,就客观方面说则为性体,这也是人的道德实践之所以可能的超越根据;从主观方面说则为心体,即为内在于人而又能够产生道德行为的形上

[①] 解题:二曲云:"稍知向里者,又祇以克伐怨欲不行为究竟,大本大原,类多茫然。必也以'致良知'明本体,以'主敬穷理''存养省察'为工夫,由一念之微致慎,从视听言动加修,庶内外兼尽,姚江、考亭之旨,不至偏废;下学上达,一以贯之矣。故学问两相资则两相成,两相辟则两相病。"(《二曲集·富平答问》)

本心,而非血肉之心、心理学之心,也不是认知之心。道体、性体、心体三者虽异名但实为一。在二曲著述中,言及"本体"处甚多,不仅从道体处揭示,更从性体、心体处阐述,且往往对道体、心体、性体不作严格区分。

二曲认为:"良知即良心也。一点良心便是性,不失良心便是圣。若以良知为非,则是以良心为非矣!"(《二曲集·富平答问》)实际上这是将良知、良心、性视为异名同实的概念。良心即本心,为心体,乃是着眼于人之为人的主观方面言说;也为性体,乃就客观上论说。

二曲又云:

> "乍见孺子入井,皆有怵惕恻隐之心",此良心发现处。良心即善也,非由学而然,非拟议而然,非性善而何?故"性善"之旨明,而千圣之统明矣,所以开万世之蒙,而定万世论性之准者,端在于斯。周、程、张、朱相继阐绎,顾泾阳《小心斋札记》、冯少墟《辨学录》拳拳申明,至当归一,确不可易。学人诚潜心从事,然后知告子"无善无不善"及荀、扬、韩一偏之见,俱属梦说。
>
> (《四书反身录·孟子上·滕文公》)

在二曲看来,性善论乃是儒家传统"至当归一,确不可易"之理。此处以"良心发现处"论"乍见孺子入井,皆有怵惕恻隐之心",视良心为人之天然善性,此"善"实为"至善",而非经验世界之"善"。"性善论"实源自孟子。二曲阐发云:

> 孟子道"性善",而"鱼我所欲"章,则指为本心,"心体"即本心也。本心者,"道心"之谓也。"道心"即善性也,但异其名称耳。周子谓"无极而太极",阳明谓"无善无恶心之体",其言异,其旨一也。"无极而太极"之说无可疑,则"无善无恶心之体"亦犹是矣!知乎阳明之旨同乎周子,则知夫"无善无恶"之旨异乎告子矣。且性至善也,而明道则曰:"人生而静以上不容说,才说性,便已不是性也。"夫说性便不是性,则人为之"善恶"不可为"心体"明矣。人为之"善恶"不可为"心体",则"无善无恶"即至善之"心体",何必更增"至善"字于句内,而后知其为至善乎?而《学髓》浑沦一圈,又何殊于《太极图》之浑沦一圈乎?(《二曲集·书三·答朱子绿书》)

在引文中,二曲将道心、本心与善性视为同实异名。道体、本心、善性,存在于形上的超验世界,若善恶相对则沦入了经验界。二曲引入周敦颐"无极而太极",阳明"无善无恶心之体"均是在说明"无善无恶"之"无"具有纯粹无执着的特点,为"本然至善"。即所谓"人性本善,孟子'道性善',道其所本然而已"(《四书反身录·滕文公》),性体即道体。因此,二曲认为这与告子立足于质性的"无善无恶"之说迥异。事实上,关于"无善无恶心之体"之论,乃阳明四句教之论。阳明高弟王畿(1498—1583,字汝中,号龙溪,)云:"善与恶,相对待之义。无善无恶是谓至善。至善者,心之本体也。"[①]龙溪之说较符合阳明本义,将无善无恶视为终极之善。阳明此说在于表明现实生活中的任何道德规范都应该来自良知本体"无",此无亦非全无一物,而其中蕴藉着价值之"有"。换言之,至善的"心体"为"善"的根源,而非"善"本身。二曲此处论学类似阳明,且进一步认为"有善无不善者,性也;拘于气,蔽于物,而不能无不善者,情也。情本乎性,性无不善,故善与恶不可对也;情不能不拘于气而蔽于习,故性虽善,而情不能无善不善也"(《二曲集·书三·答朱字绿书》)。感物而动为情,情动为"意",已落入善恶相对的经验界,即阳明所谓"有善有恶意之动",已与终极至善相去甚远。事实上,就前文来看,二曲论学往往不对心体、性体作严密分别。诸如其云:"诸儒文字知见,学不洞其大也。所见者形而下,其形而上者,原未之深契也。性本冲漠无朕,不可以'善'言。凡言'善'者,皆就其'继之者'而名也。若论'无声无臭'之本,'善'犹不可以强名,况'恶'乎!故'无善之善,乃为至善;有意为善,虽善亦私',此阳明立言之本意也。"(《二曲集·靖江语要》)此处二曲明确说明其说源自阳明"无善无恶心之体"之四句教。明说性体,实际仍着眼于心体论说。

二、良知即明德

二曲阐释《大学》"明德"时,提出了良知即明德的命题,其云:

(问:"明德""良知"有分别否?)曰:"无分别。徒知而不行,是'明'而不'德',不得谓之'良';徒行而不知,是'德'而不'明',不得谓之'知'。就其知是知非、一念炯炯、不学不虑而言,是谓'良知';就其着是去非,不昧所知,以返不学不虑而言,是谓'明德'。

[①] 王畿:《与阳和张子问答》,《王畿集》卷5,南京:凤凰出版社,2007年版,第123页。

曰'明德',曰'良知',一而二,二而一也。"(《四书反身录·大学》)

可见,二曲将"良知"与"明德"等同看待,并不作分别。事实上,以"良知"阐释"明德",肇端自朱子。朱子云:"明德者,人之所得乎天,而虚灵不昧,以具众理而应万事者也。但为气禀所拘、人欲所蔽,则有时而昏。然其本体之明,则有未尝息者,故学者当因其所发而遂明之,以复其初也。"①又云:"良心便是明德,止是事事各有个止处。"②朱子明确以"良心"释"明德"。而继后王阳明则云:"天命之性,粹然至善,其灵昭不昧者,此其至善之发见,是乃明德之本体,而即所谓良知也。"③可见,阳明抛却了朱子视明德为天理的客观义,而将明德视为良知固有内涵,为人心所自足。换言之,良知作为道德之本源,具有知善知恶、知是知非的先验能力。二曲将"明""良"与"知""德"并举,其义在于,如果不"明""德",也意味着"良知"之"知"的先验能力无法彰显,便会被形气所使、物欲所蔽、习染所污。如果不"德"不明,亦意味着行无头脑,率意冥行,随俗驰逐。因此,二曲释《大学》时,又云"'明德'即心,心本至灵,不昧其灵,便是'明明德'"。良知即明德,也是道德本心。事实上,也是立足这种内化理路,二曲进一步将"致知"释为"克全固有之良知","'知'则中恒炯炯,理欲弗淆,视明听聪,足重手恭。施于四体,四体不言而喻,'溥博渊泉,而时出之',万善皆是物也。否则,昏惑冥昧,日用不知,理欲莫辨,茫乎无以自持,即所行或善,非义袭,即践迹,是行仁义,非由仁义,此诚、正、修所以必先'致知'也"(《四书反身录·大学》)。

三、"良知之外更再无知"

二曲毕生注重"躬行实践",如其云"读圣人之书,而不能实体诸躬,见诸行,从讲说论撰,假途干荣,皆侮圣言也"(《四书反身录·论语·季氏篇》)。展现在阐发儒家传统典籍时,二曲这种思致也必然更侧重心解,而非固守文字。

二曲在诠释孔子"生而知之者上也,学而知之者次也,困而学之又次也。困而不学,民斯为下矣"(《论语·季氏篇》)语时,云:

---

① 朱熹:《四书章句集注》,北京:中华书局,1983年版,第3页。
② 朱熹:《朱子语类》卷14,《朱子全书》第14册,第442页。
③ 王守仁:《大学问》,《王阳明全集》,上海:上海古籍出版社,1992年版,第969页。

第七章 二曲的本体论：以"致良知"明本体

曰："知之"只是"知良知"，"良知"之外再无知。若于此外更求知，何异乘驴更觅驴！（《四书反身录·论语·季氏篇》）

"生知""学知""困知"及"民斯为下"，等虽有四，知止一知。知之在人，犹月之在天，岂有两乎？月本常明，其有明有不明者，云翳有聚散也，云散则月无不明。有知有不知者，气质有清浊也，气澄则知无不知。学也者，所以变化气质，以求此知也。"上""次""又次"及"民下"，人自为之耳。（《四书反身录·论语·季氏篇》）

据孔子原义看，"知"乃为"知道""了解"义，而二曲则谓"知"为良知。良知为人人所固有，因此不假外求。为何良知为人人皆有，却出现"生知""学知""困知"及"民斯为下"四等？二曲认为是气质清浊不同所致。因此，变化气质乃是恢复良知本性的重要途径，即所谓的"学"。显然，二曲以"良知"诠释"知"有悖于孔子本义，乃是心解。置于其理论中则揭示良知本性受到遮蔽的现实根源为人所禀有的"气质之性"。

又如，二曲诠释孔子"知及之，仁不能守之，虽得之，必失之。知及之，仁能守之，不庄以莅之，则民不敬。知及之，仁能守之，庄以莅之，动之不以礼，未善也"（《论语·卫灵公》）时，云：

"知及"者，识己心，悟己性，良知本体炯炯不昧是也。知及此，便是本领，便是得，守者守此而已。若理欲淆杂，"仁不能守"，则得者复失，虽仁守而不庄不礼，则守之之功未至，终属渗漏。知至至之，知终终之，本诸身，征诸庶民，内外交尽，斯知不徒知。

（《四书反身录·论语·卫灵公篇》）

孔子所论的"知及"本义当为"智力得之"，为治国方略；而二曲则将其视为体认良知本体过程，即从工夫的角度来看待。在二曲看来，当体认了良知本体，去欲复礼，仁自能守，以之推之于民，教化于民，民斯治焉。

值得注意的是，二曲在以"良知"释"知"时，又强调"真知"与"闻见择识""外来填塞之知"的区别。在诠释孔子语"由！诲女知之乎！知之为知之，不知为不知，是知也"（《论语·为政篇》）时，二曲云：

子路勇于为善，所欠者"知"耳。平日非无所谓知，然不过闻见择识、外来填塞之知，原非自性本有之"良"。夫子诲之以"是知"也，是就一念独觉之"良"，指出本面，令其自识家珍。此"知"既明，则知其所知，固是此"知"；而知其所不知，亦是此"知"。盖资于闻

见者,有知有不知,而此"知"则无不知,乃吾人一生梦觉关也。既觉则无复梦矣。(《四书反身录·论语·为政篇》)

千圣相传,只是此"知"。吾人之所以博学、审问、慎思、明辨者,惟求此"知"。此"知"未明,终是冥行;此"知"既明,才算到家。此"知"未明,学问无主;此"知"既明,学有主人。此"知"未明,藉闻见以求入门;此"知"既明,则本性灵以主闻见。此"知"未明,终日帮补辏合于外,七八月之间雨集,沟浍非不皆盈,然而无本,终是易涸;此"知"既明,犹水之有本,源泉混混,"逝者如斯夫,不舍昼夜"!

(《四书反身录·论语·为政篇》)

孔子本义之"知"为"知道""了解"义,其本义在于劝诫子路学习知识时要持守实事求是的态度,虚心向学。二曲则另辟蹊径,认为孔子告诫子路学务求得"良知",先立其大,学有所主,以良知支配见闻。如果所学的知识离开了良知则为"闻见择识""外来填塞之知",即无本之知识,终非"真知"。故二曲又云:

"真知"非从外来,人所自具,"寂而能照,感而遂通""廓然大公,物来顺应"。心思言动,莫非天则,未尝自私用智,虽作非作。

(《四书反身录·论语·述而篇》)

夫所谓"真知"非他,即吾心一念灵明是也。天之所以与我,与之以此也。耳非此无以闻,目非此无以见,所闻所见非此无以择、无以识,此实闻见择识之主,而司乎闻见择识者也。即"多闻多见""择之识之",亦惟借以致此,非便以"多闻多见""择之识之"为主也。知此则知真,知真则动不妄,即妄亦易觉。所贵乎知者,在知其不善之动而已,此作圣之真脉也。

(《四书反身录·论语·述而篇》)

可见,二曲所谓的"真知""灵明""本面"等均为"良知"代称。在二曲看来,为学在于"求识本体",识得本体,然后继之以操存,则"所谓识得本体,好做工夫;做得工夫,方才不失本体"(《四书反身录·论语·述而篇》),而"今人所以支离葛藤于语言文字之末,而求诸外,原自己不识自己也。诚识己之所以为己,本自高明,本自广大,与天地合德而日月合明,圣非有余,己非不足,自然自成自道,岂肯自暴自弃"(《四书反身录·论语·述而篇》)。值得注意的是,二曲虽然侧重"学识本体",但并未完全否认"闻见之知"的作用,又云:"'多闻'善言,'多见'善行,藉闻见以为知,亦可以助我之鉴衡,而动作不至于妄,然去真知则有间矣,故曰'知之次也'。知闻见择识为'知之次',则知真知矣。"(《四书反身录·论语·述而篇》)可见,在二曲看来,闻见之知虽非"真知",但有助于体证"真知"。

事实上,在宋明儒中最早提出闻见之知和德行之知的为张载,以为"见闻之知,乃物交而知;非德性所知。德性所知,不萌于见闻"①,其后程颐、朱子等延续此说。至阳明则进一步提出:"德性之良知,非由于闻见,若曰多择其善者而从之,多见而识之,则是专求之见闻之末,而已落在第二义","良知不由见闻而有,而见闻莫非良知之用;故良知不滞于见闻,而亦不离于见闻"。②据此知,阳明以"良知"为"德性之知",强调作为第一义的道德实践的优先性。显然,二曲的上述思想具有阳明学特点,乃至张载等宋儒思想的痕迹。

四、"人人具有此灵原"

二曲除了以良知言说本体外,还采用"灵原""性灵""明德""圣胎""本面""虚灵"等词汇。诸如,"人人具有此灵原,良知良能,随感而应"(《二曲集·学髓》)、"自识性灵,自见本面,日用之间,炯然焕然,无不快然自得"(《四书反身录·孟子下》)、"'明德'之在人,本与天地合德而日月合明"(《四书反身录·大学》)、"天赋本面,一朝顿豁,此圣胎也"(《二曲集·锡山语要》)。在二曲看来,表达本体时应该随宜言说,不必拘泥于固定用语。如其门人王心敬所论"先生生平之学以尽性为指归"③,在"尽性"的意义上,词语不过是起到"言诠"作用而已。在这些词汇中,值得注意的是,二曲以"灵原"喻指人生本原,并对人生本原进行深入的探讨。

二曲云:

> 天地之性人为贵。人也者,禀天地之气以成身,即得天地之理以为性。此性之量,本与天地同其大;此性之灵,本与日月合其明。本至善无恶,至粹无瑕。(《二曲集·悔过自新说》)

禀天地之气而有人之身形,得天地之理而有人之性。此"至善无恶,至粹

---

① 张载:《正蒙·大心篇》,《张载集》,北京:中华书局,1978年版,第24页。
② 王守仁:《传习录中》,《王阳明全集》,第71页。
③ 王心敬:《泾周新建二曲先生祠记》,《丰川续集》卷25。

无瑕"的天地之性,即为人生本原。二曲以"灵原"喻指人生本原。在《学髓》中,二曲描述"灵原"时说:"此天之所以与我者也。生时一物不曾带来,惟是此来;死时一物不能带去,惟是此去。故学人终生孜孜,惟事此为人生第一要务";"人人具有此灵原,良知良能,随感而应";"形骸有少有壮,有老有死,而此一点灵原,无少无壮,无老无死,塞天地,贯古今,此皆灵原之实际";"目赖此而明,耳赖此而聪,足赖此而重,手赖此而恭。四端五常,三千三百,经纶参赞,赖此以为本",等等。在二曲看来,灵原乃是人人先天所具有的至善本性(本体),这也是天地万物之所以得以存在的根据,当然也是学者所要追求的最终价值目标。可见,二曲对灵原的众多描述,乃在于为人性提供至善的形上保证;人之所以为人,人之所以存在,即是在于这种具有道德意义的形上本体。

事实上,从思想理路上看,二曲对"灵原"的分析似乎是转化了孟子的良知良能说、张载的"天地之性"、陆九渊的"先立乎其大"、王阳明的"良知"等思想。尤其值得注意的是,王阳明提出了"灵明"说:"天地万物,与人原是一体,其发窍之最精处,是人心一点灵明"①,"充天塞地中间,只有这个灵明,人只为形体自间隔了。我的灵明便是天、地、鬼、神的主宰,天没有我的灵明,谁去仰他高? 地没有我的灵明,谁去俯他深? 鬼、神没有我的灵明,谁去辨他吉凶灾祥? 天地鬼神万物离却我的灵明,便没有天地鬼神万物了。我的灵明离却天地鬼神万物,亦没有我的灵明。如此,便是一气流通的,如何与他间隔得"②。在王阳明看来,灵明既是人心至善境界的展示,又是良知良能的体现。当人的主体精神扩充至万事万物,与之融为一体时,主体之外的事物则无不受良知良能、道德本心的支配与涵摄了。显然,二曲以"通塞天地万物,上下古今,皆次灵原之实际"(《二曲集·学髓》)、"虚而灵、寂而神,量无不包,明无不烛,顺应无不咸宜"(《二曲集·学髓》)等言论所描述的"灵原"和王阳明的思想并无二致,都是对心体有效的揭示。实际上,承认良知(灵原)的先天存在,乃是阳明学的基本立场,亦是二曲本体论建构的基石。

与以往的宋明理学家相较,二曲对本体的阐发亦是十分充分的。他说:"先哲口口相授,止传工夫,未尝轻及本体,务使人一味刻苦,实诣力到功深,自左右逢源。今既言'体认',若不明白昭揭,倘体认一错,毫厘之差,便关千

---

①② 王守仁:《传习录下》,《王阳明全集》,第107、124页。

第七章 二曲的本体论：以"致良知"明本体

里之谬。以故和盘托出，斯固不容己之苦衷也。"(《二曲集·答张澹庵》)二曲认为，以往的儒家学者重视以"体认"为主要特征的工夫讲习和传授，忽略对本体的阐发；而自己则和盘托出，"吐人不敢吐之隐，泄人不敢泄之秘，无非欲高明直下，敦大原，识本体耳"(《二曲集·答张敦庵》)，这也是"不容己之苦衷"。在二曲看来，"诚识得本体，循下学之规，由阶级而进，则收摄保任，好做工夫。做得工夫，才算本体"(《二曲集·答张澹庵》)。先识本体即立乎其大者，为工夫昭揭方向，循级而进。

二曲对本体描绘的言论甚多，拟就其对《人生本原图》诠解时涉及的"本体"言论略做分析：在《人生本原图》中，二曲以"大圆镜"拟喻无限而又圆满的灵原本体，揭示其"无声无臭，廓然无对""寂而能照，应而恒寂"的特征。就"无声无臭，廓然无对"而言，"无声无臭"源自《诗经·大雅·文王》"上天之载，无声无臭"，原指天道玄奥深远，虽默言无味，但化育万物；《中庸》则喻指为君子德性，其后更被宋明理学家所吸收：或被视为道体，若"上天之载，无声无臭，而实造化之枢纽，品汇之根柢也"①；或视为心体，若"无声无臭独知时，此是乾坤万有基"②。二曲说"无声无臭，浑然太极矣。'所谓有物先天地，无形本寂寥，能为万物主，不逐四时凋'"(《二曲集·两庠汇语》)，又说"无声无臭，本体之约也"(《四书反身录·孟子下》)。可见，二曲论灵原本体之"无声无臭"乃承袭宋明理学家思想，不仅指道体言，也指心体言，附之"廓然无对"则揭示出一个无善无恶、理欲全泯的"至善"世界。

就"寂而能照，应而恒寂"而言，与《易传》"寂然不动、感而遂通天下之故"，阳明之"圣人之心如明镜，只是一个明，则随感随应，无物不照"，"寂而恒照，照而恒寂"等言论意义相通。"照""应"为本体"寂"的描述，在二曲诠解中具有"虚明寂定"四种特征："虚若太空，明若秋月，寂若夜半，定若山岳"(《二曲集·学髓》)。"虚"即所谓"事不累心，心不累事，恒若太虚，毫无沾滞，即此是性，即此是圣"(《四书反身录·孟子下》)，承续阳明"本体只是太虚"③义，指本体的"虚灵无滞"特征；"明"即其所谓"自虚生白，天趣流盎，彻首彻尾，涣然莹然，性如朗月，心若澄水，身体轻松，浑是虚灵"(《二曲集·答张敦庵》)义，指本体的"光明"特征；"寂"指本体的"寂静"特征，"定"指本体

---

① 朱熹：《太极图说解》，《朱子全书》第13册，第72页。
② 王守仁：《咏良知四首示诸生》，《王阳明全集》，第790页。
③ 王守仁：《年谱三》，《王阳明全集》，第1306页。

的"永恒、稳定"特征。可见,二曲所论灵原本体并非寂静不动,而是像镜子般能不将不迎,即照即寂,静中有动,动中有静,具有"活泼泼"的特征,这也是对灵原本体"寂感"作用的形象描述。事实上,二曲之所以揭示灵原本体具有无声无臭、虚、明、寂、定等特征,无非提醒世人人生本原、人之本性原是无滞、无执、无累于心,只有察悟本体,时时提撕,才能达到安身立命。据此看,二曲以"灵原"论"人生本原论"不仅具有鲜明的时代性,也与自己生平境遇攸关。明亡清兴,社会动荡,人生如浮萍,思想无定主,如何在易代之际贞定生命的价值与意义?因家贫而困顿不堪,因声名而招致众人嫉恨,因持节而屡被征辟,又如何在这些困境中不动其心,安身立命呢?显然,这些攸关身心性命的问题,促使了二曲对人生本原的探讨。

五、"学道原为了心"

作为立本于阳明学的学者,二曲在论述良知的同时,提出了诸多关于心的命题。诸如,二曲云:"天之所以与我,而我之所以为我者,此心是也。"(《四书反身录·论语·子罕篇》)"天与我者"本就性体而言,但对立足于心学传统的二曲而言,在表述道体、性体、心体往往不作区分。如其云"天之所以与我,而我得之以为一身之主者,惟是此性"(《四书反身录·中庸》),"夫'天良'之为'天良',非他!即各人心中一念独知之微。天之所以与我者,与之以此也。炯炯而常觉,空空而无适;寂然不动,感而遂通;孩而知爱,长而知敬,乍见而恻隐,嘑蹴而羞恶,一语穷而舌遁,一揖失而面赤,自然而然,不由人力,非天良而何?"(《二曲集·书一·答张澹庵又书》)"故先格物以明善。善非他,乃天之所以与我者,即身、心、意、知之则,而家、国、天下之所以待理者也"(《四书反身录·大学》)。可见,二曲所谓心为不仅作为先天赋予人的道德规定,也具有虚灵不寐等特征。二曲这种思维理路,当源自阳明。阳明云"夫心之体,性也;性之原,天也。能尽其心,是能尽其性矣"①,即将性、天看作心的本源,性至善则心必至善;道体本是天理,心体亦然。只不过二曲在表述时,很少做区分而已。

又如,二曲提出"心者,身之主。有心则有身,无心则无身"(《四书反身

---

① 王守仁:《传习录中》,《王阳明全集》,第34、47页。

续录二孟续补·告子》),二曲此论源自阳明。阳明云"心者身之主,意者心之发,知者意指体,物者意之用"①,"心者身之主也,而心之虚灵明觉,即所谓本然之良知也"②,"耳目口鼻四肢,身也,非心安能视听言动?心欲视听言动,无耳目口鼻四肢亦不能,故无心则无身,无身则无心"③。阳明所论乃是释《大学》"正心、诚意、致知、格物","正诚致格"为工夫,"心意知物"为对象,而其中修身为最基础的环节,修身必须从"身之主"心上入手,需要正心,使至善本心彻底呈露。二曲节引阳明语,展现了主体实践者和道德规范的关系,突出了道德主体的自由性、自立性。

再如,二曲提出了"心同太虚"的命题。其云:"夫子自谓'无知',此正知识尽捐、心同太虚处。有叩斯竭,如谷应声,未叩不先起念。既竭,依旧忘知,虽曰'诲人不倦',总是物来顺应","夫子惟其'空空',是以大而能化,心同太虚。颜子惟其'屡空',是以未达一间,若无若虚。"(《四书反身录·论语·子罕篇》)儒家学者用"太虚"一词者,最著名的为张载,提出了"太虚即气"的命题,其云:"由太虚,有天之名","太虚无形,气之本体,其聚其散,变化之客形尔"。④ 又云"天地以虚为德,至善者虚也。虚者天地之祖,天地从虚中来"⑤。在张载看来,太虚即形上之天,为气之本体,也是价值的源泉。"太虚即气"之"即"为"不离""不二"义,言指太虚在气化过程中起创生作用。据此看,二曲此论似有张载学说的痕迹,但更类似于王阳明。阳明云:"良知之虚,便是天之虚;良知之无,便是太虚之无形。日月风雷山川民物,凡有貌象形色,皆在太虚无形中发用流行。"⑥。在阳明看来,良知为天地万物的本源,具有虚无状态及敦化川流的作用。所谓"虚无"乃是"良知本无知"的表述。依如吴震所言,在阳明学说中"'无'绝不是单纯的什么也没有的意思,正是在这个'无'中,包含着一切的'有',蕴涵着一切'有'的可能性。"⑦可见,阳明借用"太虚"喻良知,乃是强调良知既内涵着无,又存在有的趋向,本无知又无不知。二曲所谓"知识尽捐、心同太虚处",乃指通过主体的体证涵养,剥落闻见

---

① 王守仁:《大学古本傍释》,《王阳明全集》,第 1193 页。
② 王守仁:《传习录中》,《王阳明全集》,第 34、47 页。
③ 王守仁:《传习录下》,《王阳明全集》,第 47 页。
④ 张载:《正蒙·太和篇》,《张载集》,第 7 页。
⑤ 张载:《张子语录中》,《张载集》,第 326 页。
⑥ 王守仁:《传习录下》,《王阳明全集》,第 106 页。
⑦ 吴震:《传习录精读》,上海:复旦大学出版社,2012 年版,第 132 页。

之知、利欲之心等,呈现良知本心。而良知本心湛然虚明,廓然大公,又如镜子一般,物来顺应,此便是"无知"的太虚状态;同时因其无知无形也成为"有"发用的策源。

据上述例子可见,良知本心为二曲本体论的根荄。那么,如何把握本心?二曲提出了"学道原为了心"(《四书反身录·孟子下·离娄》)的思想,其云:"学道原为了心。一事系心,心便不了。心苟无事,一了百了。"(《四书反身录·孟子下·离娄》)即二曲将学道的归宿指向了"心"。显然此"心"为道德本心,即良知。为何二曲以"无事"论"了心"?实际上,二曲此论乃是从人性本来面目上去论说。二曲云:

> 人性本来无事。知人性本来无事,方是知性。能行乎其所无事,方是率性。静而无事,不起炉作灶,"廓然大公";动而无事,不拟议安排,"物来顺应"。如是则事不累心,心不累事,恒若太虚,毫无沾滞,即此是性,即此是圣。(《四书反身录·孟子下·离娄》)

人性本来无事,指人性本面乃是无善无恶,不拟于安排,不累于心。显然这种人性本然状态类似前儒所谓的天地之性,与现实中牵于情感,纷于物诱的气质之性相对应而言。因此,当由"知性"而"率性"时,即达到学道的目的,故二曲亦云:"识得识是谁识,便知率是谁率。识得良知便是'性',依良知而行,不昧良知,便是'率性',便是'道'。"(《四书反身录·中庸》)可见,学道不仅是洞彻良知本心,而且要由承体起用,左右逢源,义袭于内。

此外,二曲又提出了"求放心""养心"的思想。二曲云:

> "学问之道无他,求其放心而矣",此千古学问断案、千古学问指南也。故学问而不如此,学问之谓何?(《四书反身录·告子》)

> "放心"不一:放于名、放于利、放于声色、放于诗酒、放于博弈、放于闲谈、放于骄矜,固是放。即数者无一焉,而内多游思、外多惰气,虚明寂定之体一有昏昧渗漏,亦是放。虽清浊不同,其为放则一。(《四书反身录·告子》)

> 问:"求之"之要。曰:"要在识得真心。能识真心,自然不放,即放亦易觉。曰:如何方是真心?曰:惺惺不昧,天然一念是也。"(《四书反身录·告子》)

> 一切放下,方是不放。杂念不起,则正念自存。存则居仁由义,动无不臧。放之则弥六合,卷之则退藏于密,操纵如意,"允执厥

第七章 二曲的本体论：以"致良知"明本体

中"。(《四书反身录·告子》)

"求其放心"为孟子的重要思想。在孟子看来，学问之道在于寻求放失的仁义之心。二曲认为，为学当"求放心"，其"放心"已经不再是孟子所寻求的放失之心，而是要放下名利、声色、诗酒、博弈、闲谈、骄矜等欲心。只有去掉欲心遮蔽，方能呈现本心，求得真心。当真心呈现，则其他一切欲心杂念消除，故云"一切放下，方是不放"。

关于"养心"思想，二曲云：

> 学以"养心"为本，"养心"以"寡欲"为要，以"无欲"为至，欲不止于声色臭味安佚，凡人情逆顺、世路险夷，以及穷通得丧、毁誉寿殀，一有所动，皆欲也，皆足以累心。累寡则心存，累尽则心清，心清则虚明公溥，耳目口鼻虽与人同，而视听言动浑是天理。安身立命、超凡入圣之实，其在斯乎？(《四书反身录·尽心》)

孟子"养心莫善于寡欲"说，乃是通过节制人的欲望，保守仁义本心。就二曲所论而言，其诠释思维并未悖于孟子，但是其所谓的欲已经不再是孟子所谓的"声色臭味安佚"之物欲，而是"一有所动"之欲。阳明云："心之所发便是意，意之本体便是知，意之所在便是物。"①可见，在阳明那里，凡心有所发，便有意，物与意形成意向性关系，物不是客观存在物，为事。但自"意"始已落入经验世界，有善有恶。二曲此处所论恰借鉴了阳明的思维理路，"一有所动"即"心之所向"。为了克制"一有所动"之欲，二曲诠释孟子"养心"时，并没有停留在"寡欲"，而是提出了"无欲"。"无欲"即"不动心"，恢复良知本心。可见，二曲的"养心"说与"求放心"目的也均是为了"了心"。

值得注意的是，二曲论本心，亦有时用"无念之念""正念"来言说，故"了心"也是追求正念的过程。如二曲云："无念之念，乃为正念。至一无二，不与物对，此之谓'止'，此之谓'至善'。念起，而后有理欲之分，善与恶对，是与非对，正与邪对，人禽之关，于是乎判。所贵乎学者，在慎几微之发，严理欲之辨。存理克欲，克而又克，以至于无欲之可克；存而又存，以至于无理之可存。欲理两忘，纤念不起，犹镜之照，不迎不随。"(《二曲集·学髓》)可见，二曲克欲的方式即"慎几微之发"时便严理欲之辨。"慎几微之发"当介于未发与已发之间。克欲的目的是追求正念本心。事实上，作为注重躬行的思想家，二

---

① 王守仁：《传习录上》，《王阳明全集》，第6页。

曲追求正念时并不是停留于"无欲""无念之念"的光景,而是不离日用实际来克欲,来操存,注重本体与工夫合一。诸如在回答门人"学所以求识本体,既识本体,则当下便是,如何还说'学'？还说'不厌'"时,二曲云:"识得本体,若不继之以操存,则本体自本体。夫惟继之以学,斯缉熙无已。所谓识得本体,好做工夫;做得工夫,方才不失本体,夫是之谓'仁'。"(《四书反身录·论语·述而篇》)又云:"识得'良知',则主敬穷理、存养省察方有着落,调理脉息,保养元气,其与治病于标者,自不可同日而语。否则,主敬是谁主敬？穷理是谁穷理？存甚？养甚？谁省？谁察？"(《四书反身录·孟子·尽心》)"自性本体原无为,原无欲。'无为其所不为,无欲其所不欲',复其原来本体,才算工夫。"(《四书反身录·孟子·尽心》)据此看,二曲"了心""养心""放心""识性""致良知"等,不仅是由工夫至本体,还需要由本体至工夫,即本体即工夫,在这种意义上理解二曲思想,方不陷于一偏。

第八章 二曲的工夫修养论：以躬行实践为要[①]

关于二曲学说的特点，二曲本人及时人的论述略有不同，《二曲集》分别记载：二曲云："虽各家宗旨不同，要之总不出'悔过自新'四字。"（《二曲集·悔过自新说》）王心敬云："先生生平之学以尽性为指归，以悔过自新为心课，以静坐体认喜怒哀乐未发气象为知性之方，以读六经四子及诸儒之言、反身体验为穷理入门之要。"[②]骆锺麟云："其学以'慎独'为宗，以'养静'为要，以'明体适用'为经世实义，以'悔过自新'为作圣入门。"（《二曲集·历年纪略》）刘宗泗云："其学以尊德性为本体，以道问学为工夫，以悔过自新为始基。"（《二曲墓表》）龚百药认为："其立教教人学，以'悔过自新'为宗，静坐为始。"（《二曲集·螯屋李氏家传》）岳宏誉认为："其学以静为基，以敬为要，以返己体认为宗，以悔过自新为日用实际。"（《二曲集·南行述》）就上述记载看，作为注重生命体验、真修实证的思想家，二曲在继承陆王"先立其大""致良知"的本体论思想外，主要存在"悔过自新""慎独""静坐""主敬"等工夫修养方法，并将其落实于躬行实践之中。

一、悔过自新

悔过自新是二曲早年为学的体验，也是其日后道德实践的入门工夫，主要阐发于《悔过自新说》一文中。悔过自新被二曲视为古今名儒论学术宗旨，在其思想中占据着重要地位，且终身持守。

在二曲看来，"天地之性人为贵。人也者，禀天地之性以成身，即得天地

[①] 李元春云："李二曲亦有争名立名之意。其以文章推山史（王弘撰），以节介推复斋（王建常），而云：'躬行实践，世无其人'，则其自谓也。是明争名矣。然山史不止文章，复斋不止节介。"（《清史列传·李元春传》）按：就二曲品行看，李氏所云"二曲争名立名"，当为臆测，不足取。但援引二曲自谓"躬行实践，世无其人"，则标出二曲为学的工夫论特点。

[②] 王心敬：《泾周新建二曲先生祠记》，《丰川续集》卷25。

之理以为性。"(《二曲集·悔过自新说》)人禀天地之气而有形体,人得天地之理而有至善本性。然而,在现实中却存在许多人寡廉鲜耻,昧于功利,这似乎与人人先天具有的至善本性存在捂牾。为什么会出现这种现象?二曲说:

> 本至善无恶,至粹无瑕;人多为气质所蔽,情欲所牵,习俗所囿,时势所移,知诱物化,旋失厥初。渐剥渐蚀,迁流弗觉,以致卑鄙乖谬,甘心坠落于小人之归,甚至虽具人形,而其所为有不远于禽兽者。此岂性之罪也哉?然虽渝于小人禽兽之域,而其本性之与天地合德、日月合明者,固未始不廓然朗然而常在也;顾人自信不及,故轻弃之耳。辟如明镜蔽于尘垢,而光体未尝不在;又如宝珠陷于粪坑,而宝气未尝不存,诚能加刮磨洗剔之功,则垢尽秽去,光体宝气自尔如初矣,何尝有少损哉!(《二曲集·悔过自新说》)

二曲认为,现实生活中之所以出现众多不良现象,并不在于至善的本性。二曲此论,首立本性至善说。至善本性不依外界环境,始终是廓然朗然而常在的;但是因为人生而所禀的气质之性存在厚薄之分,进而造成了后天受情欲、习俗、时事、知诱等外界因素的左右,从而遮蔽了至善本性,使其无法呈现。如果继续遮蔽本性,则会逐渐发展到成为小人甚至禽兽的境地。而只有做"刮磨洗剔"的工夫,摒弃种种遮蔽,才能呈现灵原本性。可见,二曲的这一思想存有张载、程朱的天地之性、气质之性学说的痕迹。在此思想基础上,二曲提出了"悔过自新说"。值得注意的是,依如前文所言,《悔过自新说》撰写于顺治十三年(丙申,1656),是时二曲三十岁。据《历年纪略》所载,二曲在三十岁之前阅读的著述主要是各类史书和程朱理学著作,未见有陆王学者著述。虽然在《悔过自新说》中提到陆王学者的著述和观点,但二曲此时的思想应仍主要受程朱思想的影响。

何谓"悔过自新说"?在二曲看来,"过"既可以指如陈元不孝、徐庶任侠、周处横行类恶行(身过),也可以指张载、谢良佐、吴澄、王守仁、罗念庵等理学家为学时的歧出(心过),因此"悔过"也包括思过与改过两个方面。"新"则是复、反的过程。二曲认为:

> 性,吾自性也;德,吾自得也。我固有之,曷言乎新?新者,复其故之谓也,譬如日之在天,夕而沉,朝而升,光体不增不损,今无异作,故能常新。若于本体之外,欲有所增加以为新,是喜新好异者之为,而非圣人之所谓新矣。(《二曲集·悔过自新说》)

可见,"自新"也是恢复人人所具有的至善本性。"悔过"与"自新"都是通过摒除遮蔽,呈现至善本体的工夫,即将人性由"气质所蔽,情欲所牵,习俗所囿,时势所移,知诱物化,旋失厥初"的实然状态,复归到"固有"本性。据此看,"自新"也是"悔过",二者是二而一的关系。"悔过自新说"强调的是通过人主体的能动性,克制私欲遮蔽,进行"复性"、"反本"工夫,并非如阳明般注重道德本心在当下的呈现。在二曲看来,这种复性、反本的工夫,恰恰是历史上的儒家学者持守的不变法门。又云:

> 古今名儒倡道救世者非一:或以"主敬穷理"标宗,或以"先立乎大"标宗,或以"心之精神为圣"标宗,或以"自然"标宗,或以"复性"标宗,或以"致良知"标宗,或以"随处体认"标宗,或以"止修"标宗,或以"知止"标宗,或以"明德"标宗。虽各家宗旨不同,要之总不出"悔过自新"四字,总是开人以悔过自新的门路,但不曾揭出此四字,所以当时讲学,费许多辞说。愚谓不若直提"悔过自新"四字为说,庶当下便有依据,所谓"心不妄用,功不杂施,丹府一粒,点铁成金也"。(《二曲集·悔过自新说》)

二曲认为,以往的诸多学者虽然阐发了表面看似不同的思想,但其思想内核均是悔过自新。上述朱熹的"主敬穷理"、陆九渊的"先立乎其大"、杨简的"心之精神为圣"、陈献章的"自然"、薛瑄的"复性"、王守仁的"致良知"、湛若水的"随处体认",等等,均不离"悔过自新"四字,只是他们未曾明确揭示出来而已。可见,二曲在阐述时,不仅援引程朱学派的朱熹、薛瑄等,也援引陆王学者,试图弥合程朱、陆王学说在心性修养方面的差异,为其"悔过自新说"寻找思想根据。

如何"悔过自新"? 二曲认为需要从起心动念处入手,以转念的方式悔过。他说:"殊不知君子小人、人类禽兽之分,只在一转念间耳。苟向来所为是禽兽,从今一旦改图,即为人矣;向来所为是小人,从今一旦改图,即为君子矣。"(《二曲集·悔过自新说》)又说:

> 同志者苟留心此学,必须于起心动念处潜体密验。苟有一念未纯于理,即是过,即当悔而去之;苟有一息稍涉于懈,即非新,即当振而起之。若在未尝学问之人,亦必且先检身过,次检心过,悔其前非,断其后续,亦期至于无一念之不纯,无一息之稍懈而后已。盖人之所造,浅深不同,故其为过,亦巨细各异,探而别之,存乎其人于以

诞登圣域,斯无难矣。(《二曲集·悔过自新说》)

在这里,二曲提出了"念"的思想。一念之间,君子与小人、人类与禽兽截然判别为二,转念之间小人可以为君子。"念"的思想在阳明学中是十分突出的。如阳明云"我今说个'知行合一'正要人晓得一念发动处,便即是行了;发动处有不善,就将这不善的念克倒了,须要彻根彻底不使那一念不善潜伏胸中:此是我立言宗旨"①。又云"有善有恶是意之动",即在人的意念发动处,便有善恶之分。可见,阳明这种"念"是基于良知能分辨意的善恶而发。阳明弟子王畿又有"予所信者,此心一念之灵明耳。一念灵明,从混沌立根基,专而直,翕而辟,从此生天生地、生人生万物,是谓大生广生,生生而未尝息者也"②之"一念灵明"说。此中的"一念"亦非经验界的念头,"而是从超越的良知心体立根,是良知心体将动之初的端倪、萌芽"③。可见,相较于王畿,二曲此处的"一念"背后并无一个形上道德本体支配,其念乃是想法、念头的意思。④

事实上,在二曲看来,每个人的先天禀赋不同,所过也存在着差别,因此不仅要分析是身过还是心过,更要区别对待不同人之过选择不同的方法,悔过自新。首先,二曲根据对象的不同,将"过"分为"众见之过"与"独处之过"。"众见之过,犹易惩艾;独处之过,最足障道。何者?过在隐伏,潜而未彰,人于此时最所易忽;且多容养爱护之意;以为鬼神不我觉也。岂知莫见乎隐,莫显乎微,舜跖人禽,于是乎判,故慎独要焉。"(《二曲集·悔过自新说》)众见之过显而易见,可以很容易发现,容易改过。而"独处之过"则不同,常常是隐潜于幽微之处,没有得到彰显,多被人所忽略。因此,这种"过"具有较强的隐蔽性,克制难度较大,且又往往因其未被察觉,而长期遮蔽人心灵原,造成了巨大危害。显然,克制"潜而未彰"的"独处之过"乃是二曲强调的重点。

其次,二曲提出了两种不同的悔过自新的途径:一是顿悟顿修的"解悟",

---

① 王守仁:《传习录下》,《王阳明全集》,第 96 页。
② 王畿:《龙南山居会语》,《王畿集》卷 7,第 167 页。
③ 张卫红:《罗念庵的生命历程与思想世界》,北京:生活·读书·新知三联书店,2009 年版,第 315 页。
④ 二曲在他处也提到"一念",如"一念万年之真面目"(《传习录》)、"此中一念之炯炯者"(《传心录》)、"一念不生,则正念自现"(《南行述》)、"各人心中之一念惺惺者"(《南行述》)、"一念独知处"(《关中书院会约》)等,此类"一念"则着眼于本体或本体发用而言。

一是渐修渐悟的"证悟"。人们因所禀受的气质的不同,内省和体证的能力也存在诸多的差别。二曲在阐述"悔过自新说"时,也察觉了这种差别,并基于这种差别提出了顿悟顿修与渐修渐悟两种实践途径。他说:"悔过之学,可以语中才,即可以语上士。上士之于过也,知其过皆由于吾心,直取其根源,划除之己耳,故其为力也易。若中才则必功积之久,静极而明生,而后可以惩忿窒欲,故其为力也难,然至于悟,则一也。"(《二曲集·盩厔李氏家传》)悔过自新,不外乎是恢复人的灵原本性。虽然悔过自新可以适用于上士、中才之人,但是因先天的禀赋存在差异,上士与中才所做的工夫也存在不同:上士面对"过",能立刻明了根源所在,直截了当地从心入手,其工夫简易便捷;而中才面对"过",则需要长期的体证参悟,只有静默潜修到一定程度,才能惩忿窒欲,体证到过的根源,所做工夫自然是艰难烦琐的。进而,二曲又说:"盖上根之人,顿悟顿修,名为'解悟';中才之人,渐修渐悟,名为'证悟'。吾人但期于悟,无期于顿可矣。"(《二曲集·悔过自新说》)在二曲看来,虽然最终的"悟",都是要恢复灵原本体,但为力有深浅、繁简之别,因此对绝大多数中才之人来说,还是需要持守较为平实的证悟之途。

事实上,无论二曲如何诠解悔过自新,其归根在于补救世道人心。二曲认为:"恶人肯自新,恶人可以为善人;小人肯自新,小人可以为君子"(《四书反身录·孟子下》),"天子能悔过自新,则君极建而天下以之平;诸侯能悔过自新,则侯度贞而国以之治;大夫能悔过自新,则臣道立而家以之齐;士庶人能悔过自新,则德业日隆而身以之修,又何弗包举统摄焉"(《二曲集·悔过自新说》)。可见,在二曲看来,悔过自新乃是一切学问一切教化的"肯綮"之处,存在于"日用实际"之间。通过悔过自新,使人人具有的至善而又光明的灵原得以显现,整个社会的道德水平必然会得到极大的提升,社会风貌也必然为之一新。因此,当樊巍读到二曲《悔过自新说》时,情不自禁地感叹道:"余谓满街能悔过自新,安见满街之不可为圣人?""余谓个个能悔过自新,安见个个之不可为仲尼?"(《二曲集·悔过自新说》)

二、慎独

"慎独"源自《大学》与《中庸》。《大学》说:"所谓诚其意者,毋自欺也。如恶恶臭,如好好色,此之谓自谦,故君子必慎其独也。""慎其独"即为"慎独",意指当人独处闲居之时,应该诚实毋自欺,谨慎自己的意念与行为。《中庸》说:"天命之谓性,率性之谓道,修道之谓教。道也者,不可须臾离也,可离非道也。是故,君子戒慎乎其所不睹,恐惧乎其所不闻。莫见乎隐,莫显乎微,故君子慎其独也。"《中庸》明确主张独处时,要戒慎于不可睹闻的内心隐微之处。如果不戒慎,意念欲望萌生,则会遮蔽天命下贯于人的性体,也便远离了道。《中庸》将"慎独"的工夫与儒家的终极之道联系起来,这对后世儒家学者影响甚大。到了刘宗周则明确以"慎独"作为学问宗旨。而阳明又直接提出"谨独即是致良知"①,"不睹不闻是良知本体,戒慎恐惧是致良知工夫"②。二曲探索"慎独"工夫,显然是受到了上述影响。

二曲在《悔过自新说》中已经区分了"众见之过"与"独处之过",但是如何克制"独处之过"?这则需要"慎独"的方法。关于"慎",二曲认为:

"慎"之云者,朝乾夕惕,时时畏敬,不使一毫牵于感情,滞于名义,以至人事之得失,境遇之顺逆,造次颠沛,生死患难,咸湛湛澄澄,内外周间,而不为所转,夫是之谓"慎"。(《二曲集·靖江语要》)

从表面看,二曲以"朝乾夕惕,时时畏敬"论"慎"和程颐的"主一之谓敬"③、朱熹的"收敛此心,不容一物便是敬"④等具有相通相似之处,也存在程朱的"专一""虚静"之义,强调收摄身心,体认灵明本体,摒除对本体的种种遮蔽。这也是以工夫合本体的途径。关于"独",二曲弟子以朱熹"独者,人所不知而己所独知之地也"的训释来请教时,二曲说:"不要引训诂,须反己实实体认。凡有对便非独,独则无对,即各人一念之灵明是也。"(《二曲集·靖江语要》)在二曲看来,朱熹以训诂的方式所得到独知之说,乃是停留于字词层面,是不可取的;真正的"独"当是"无对",即人人具有的灵明本体。也只有这种灵明本体才能作为"仁义之根,万善之源,彻始彻终,彻内彻外,更无他作主,惟此作主"(《二曲集·靖江语要》)。在《南行述》中也记载了一段二曲对"慎独"的阐发,其云:

慎独乎,独慎耶?知慎独,独慎之义,而后慎可得而言也。……

---

① 王守仁:《与黄勉之二》,《王阳明全集》,第194页。
② 王守仁:《传习录下》,《王阳明全集》,第123页。
③ 程颢、程颐:《二程集》,中华书局,2004年,第169页。
④ 朱熹:《朱子语类》,《朱子全书》第14册,第571页。

"慎之"云者,藉工夫以维本体也;"独慎"云者,即本体以为工夫也。藉工夫以维本体,譬之三军然。三军本以听主帅之役使,然非三军小心巡警,则主帅亦无从而安;非主帅明敏严整,则三军亦无主,谁为之驭?(《二曲集·南行述》)

何谓"主帅"?二曲又说:"即各人心中一念惺惺者是也。此之谓一身之主,再无与偶,故名曰'独'。慎之者,藉巡警以卫此主也。然主若不明,虽欲慎,谁为慎?吾故曰'慎独、独慎之义明,而后可得而言'者,此也。"(《二曲集·南行述》)在这里,二曲以主帅与三军来拟喻"慎"与"独"的关系。"独"乃是从本体角度言说,"慎"则是工夫角度言说。从"独"看,人生的大本大原朗然呈现,人生的价值意义得以挺立,这也是首要之事,是"立乎其大";从"慎"看,避免了"心意散乱",无所适从,人生有了目的和追求。"慎独"是"藉工夫以维本体";"独慎"是"即本体以为工夫"。本体与工夫相即不离,工夫与本体合而为一。可见,二曲的慎独说虽然试图以程朱工夫耦合陆王的道德形上本体,但从总体上看,走的仍是陆王心学之路,强调的是内省与体证。尤其是二曲如此重视"慎独",与江右王学欧阳德(1496—1554,字崇一,号南野)、邹守益(1491—1562,字谦之,号东廓子)类似,特重良知的"戒慎恐惧"之"警惕"义。南野云:"圣人之学,莫要于慎独。独知也者,良知也。慎之也者,不欺其知,以致乎其至也。"[1]南野以"独知"为本体,"慎独"为工夫,不过在二曲这里以"独""慎"简言之。东廓云:"不睹不闻是指良知本体,戒慎恐惧所以致良知也"[2],"除却自欺更无病,除却慎独更无学"[3]。如果就学界传统观点而言,南野、东廓为王门后学中的"修证派"或"中道派",严守阳明本体与工夫合一,"不用功夫,即是不循本体;功夫不合本体,即不是本体功夫"[4];那么二曲之学从学理上看亦是如此,也如南野、东廓般在工夫论上强调作为道德本体的内省性、自律性。

---

[1] 《答杨方洲》,《欧阳德集》卷2,南京:凤凰出版社,2007年版,第46页。
[2] 《答曾弘之》,《邹守益集》卷10,南京:凤凰出版社,2007年版,第522页。
[3] 《答夏卿谢高泉名东山》,《邹守益集》卷11,第576页。
[4] 《答聂双江》,《欧阳德集》卷5,第186页。

三、静坐

"静坐"作为涵养心性、体证本体的工夫,素为宋明理学家所乐道。诸如,周敦颐、程颢、杨时(1044—1130,号龟山)、李侗(1093—1163,字愿中)、陈献章(1428—1500,字公甫)等人均注重"静"或"静坐"。至王阳明,早年以"静坐"授徒,但后因门人误入喜静厌动的枯槁之弊,极少论"静坐",晚年更专提"致良知"的工夫,从而忽视了周、程、杨、李、陈大谈的主静工夫。但在阳明后学聂豹(1486—1563,号双江)、罗洪先(1504—1564,字达夫,号念庵)、罗汝芳(1515—1588,号近溪)等人的推动下,"静坐"工夫重新被重视,屡屡被学者认为是初学者的入门工夫。如高攀龙(1562—1626,别号景逸)说:"夫静坐之法,入门者借以涵养,初学者借以入门。"①史载二曲之学"以静坐体认喜怒哀乐未发气象为知性之方"②、"'养静'为要"(《二曲集·历年纪略》)、以"静坐为始"(《二曲集·盩厔李氏家传》)、"以静为基"(《二曲集·南行述》),等等,均说明二曲深受前儒影响注重静修、静坐的工夫。

二曲说:

> 静坐一着,乃古人下工之始基,是故程子见人静坐,便以为善学。何者?天地之理,不翕聚则不能发散;吾人之学,不静极则不能超悟。况过与善界在几微,非至精不能剖析,岂平日一向纷营者所可辨也。(《二曲集·悔过自新说》)

可见,二曲早年即认识到静坐为儒家学者收摄精神,体证天理的重要修养工夫,"下手处在静则涵养"(《二曲集·两庠汇语序》),知几而悔过自新。二曲在撰写《悔过自新说》的次年又"患病静摄,深有感于'默坐澄心'之说,于是一味切己自反,以心观心。久之,觉灵机天趣,流盎满前,彻首彻尾,本自光明"(《二曲集·历年纪略》)。"默坐澄心"源自宋儒李侗"为学不在多言,默坐澄心,体认天理"语,而此语激发了二曲病中静摄,默坐澄心,进而悟道。自此,静摄默识成为二曲工夫论的重要内容。关于此,二曲门人王心敬云:

> 二曲先生学脉与延平先生相似,皆教人于静中体认大本亲切,

---

① 黄宗羲:《明儒学案》,第1409页。
② 王心敬:《泾周新建二曲先生祠记》,《丰川续集》卷25。

即动中自然得力。盖龟山门下相传程子教人指诀也,而二曲先生尤教人于日用伦物、进退辞受间着力,以守其心之所存,则尤为动静有程,于初学更确有依据。①

王心敬所言当确实,揭示二曲静坐说的源流所在,并揭示二曲对其发展,即"于日用伦物、进退辞受间着力"。如何"于日用伦物、进退辞受间着力"?二曲在其《学髓》中将静坐之法进行程序化,诸如其中说:"水澄则珠自现,心澄则性自朗。故必以静坐为基,三炷为程,斋戒为功夫,虚明寂定为本面。静而虚明寂定,是谓'未发之中';动而虚明寂定,是谓'中节之和'。"通过静坐,澄心朗性,使虚明寂定的道德本心如清水明镜般自现。换言之,二曲认为,静坐无非是通过切己自反的涵养之工,证悟虚明寂定之本体。这与道南一脉十分相似。道南一脉即重视通过静坐,默会本心之"大本"。② 亦与王门"归寂"派相似,如聂豹云:"无欲然后能寂然不动。寂然不动,天地之心也。只此便是喜怒哀乐未发时气象。然岂初学之士,可一蹴能至哉?其功必始于静坐。静坐久然后气定,气定而后见天地之心。见天地之心而后可以语学。即平旦之好恶而观之,则原委自见。故学以主静焉,至矣。……是故静坐之叹,伊川为学者开方便法门;未发气象,延平为学者点本来面目。定之以仁义中正而主静,则法天之全功。非天下之至静,其孰能与于此?"③如此从静坐工夫入手,体认"喜怒哀乐未发时气象"("未发之中"),即性体,显然为一种本体论的体证,与王畿的追求良知本体当下呈现的现在良知说不同,也与朱子将静坐作为调适身心、收拾精神的工具不同。这亦是二曲静坐的特点。在静坐中,诸念皆泯,则本体自然会呈现。

如果说,二曲上述论"静坐"注重以工夫合本体的"复性"思维,那么在以下诸处论"静坐""默坐澄心"时,则侧重由本体所牵带的"涵养"工夫。如其云:"静默返照,要在性灵澄澈;性灵果彻,寐犹不寐,昼夜昭莹,如大圆镜"(《二曲集·答张伯钦》),"'默而识之',谓沉潜自认,识得天命本体、自己真面目,即天然一念,不由人力安排,湛然澄寂,能为形体主宰者是也"(《四书反身录·论语上》),"学须屏耳目,一心志,向'无声无臭'处立基。胸次悠

---

① 王心敬:《侧侍纪闻上》,《丰川全集》卷9。
② 牟宗三:《心体与性体》第2册,上海:上海古籍出版社,1999年版,第218—233页。
③ 聂豹:《答亢子益问学》,《聂豹集》卷8,南京:凤凰出版社,2007年版,第256页。

然,一味养虚,以心观心,务使一念不生。久之,自虚室生白,天趣流盗,彻首彻尾,涣然莹然,性如朗月,身体轻松,浑是虚灵"(《二曲集·答张澹庵》),"只是要主静,静极明生。无事时自不起念,有事时自不逐物。如明镜,如止水,终日鉴而未尝驰,常寂而常定,安安而不迁,百虑而一致,无声无臭,浑然太极矣。"(《二曲集·两庠汇语》)在二曲看来,静坐澄心虽为体认无声无臭之本体的工夫进路,但也因本体的呈露而使工夫具有明确指向,静坐不仅仅是"下手处",也为"究竟处"。在静坐的过程中,明镜般的心体将无所迎亦无所将,静默处如止水,感应处则即寂即定,浑然如太极之里,心理合一。可见,二曲主静工夫一方面指向的是本体的朗现,另一方面又揭示只有虚明寂定之本体才能引领工夫,涵养保任,省察克治,心与理一。

基于上述静坐工夫的双向维度,二曲认为做静坐工夫时要注意一些问题:其一,注意理欲之辨。他说:"静坐而不严理欲之辨,固不可。静坐而先横一理欲之辨于胸中,亦不可。"(《二曲集·靖江语要》)静坐中不可不辨理欲,在于静坐乃是追求心体虚明,由"穷理克欲"进阶至"无欲"的过程;"先横一理欲之辨于胸中"之先入之见,实际上是《学髓》所论"有意为善,虽善亦私",这种善是造作之善,并非是心体自然而然的朗现。

其二,强调学固该动静。人们在日常生活中往往应物纷乱,动多于静,"全副精神俱用在外"(《二曲集·学髓》)。因此,二曲认为,应矫偏救弊"静多于动",凝聚精神。然而,在回答门人为学"得力之要"时,二曲又说:"学固该动静,而动则必本于静。动之无妄,由于静之能纯;静而不纯,安保动而不妄"(《二曲集·学髓》)。可见,在二曲看来,静为动本。二曲并不是一味地反对动,不仅将静坐视为涵养省察自现本体的工夫,也提倡在体悟本体后遵循本体的无妄之动。实际上,当二曲将"静"作为"动本"来看待时,此"静"亦非动静对待的经验界"静",而具有"至静"本体义。这种看法,也不是二曲首创,至少在聂豹、罗洪先那里已经进行了充分阐发。聂豹云:"学惟主静,而自能该乎动。"[1]罗洪先云:"凡天地之交错变易、日用之酬应作止,皆易也,皆动也。而其根则本静,本于无无极,此即所谓根原也。"[2]

其三,揭示"偏静近禅"之弊。二曲说:"学须该动静;偏静,恐流于禅。"

---

[1] 聂豹:《答成井居》,《聂豹集》卷9,第294页
[2] 罗洪先:《答董蓉山》,《念庵罗先生集》卷1。

(《二曲集·学髓》)为何偏静近禅？二曲在《答胡士偡》中道出了某些原委：

> 罗豫章先生亦谓："圣道由来自坦夷，休迷佛学惑他歧。枯木死灰浑无用，缘置心官不肯思。"由是观之，则思之之功，初学亦可遽废，必也由思而至于无思，则朗然常觉，而本体常现，缉熙不断。如是，则常寂而常定，安安而不迁，百虑一致，无声无臭，于穆不已。儒之所以顾諟明命，超凡作圣者，实在于此，夫岂释氏参话头，麻其心于无用者，可得而班耶！（《二曲集·答胡士偡》）

可见，二曲是赞同罗从彦对佛教的批评。在他看来，佛教摆脱了心官之思，虽然悟得本体，但恰是麻木心官，如同枯木死灰，陷入了枯寂的境界。这异于儒家重视心官之思，"心一定，静而安，寂然不动，感而遂通，廓然大公，物来顺应，犹镜之照，不迎不随"（《四书反身录·大学》），由思到无思，既朗现本体，又顾諟明命，超凡入圣，动静合一，体用不二的情况。即便如此，二曲静坐澄心、以心观心，动静结合的工夫，还是与禅宗十分接近，尤其是与曹洞宗的默照禅禅法相似；甚至二曲所主张静坐时，"以三炷为程，以斋戒为工夫"，也与慧能的无分法身香（戒香、定香、慧香、解脱香、解脱知见香）十分类似，均主张通过静坐证悟自性。

四、主敬

在宋明理学中，主敬多为程朱理学家所推崇。二曲之学虽立本于陆王，但十分注重主敬工夫，"以养敬为要"（《二曲集·历年纪略》），试图兼取程朱、陆王思想。如果说在二曲思想中，静坐侧重的是主体精神的收摄，那么主敬则是强调在应事接物中保持涵养操存，乃至体证其灵原本体。大致而言，二曲所说的"敬"较为复杂，拟就以下几个方面加以论述：

其一，敬为常惺惺法。在宋明理学家中较早揭示"敬"的"惺惺"义的为谢良佐，认为："敬是常惺惺法，心斋是事事放下，其理不同。"[1]朱熹解释说："惺惺，乃心不昏昧之谓，只此便是敬。"[2]陈淳《北溪字义》云："所谓敬者无

---

[1] 谢良佐：《上蔡语录》卷中，《朱子全书外编》第3册，上海：华东师范大学出版社，2010年版，第30页。

[2] 朱熹：《朱子语类》，《朱子全书》第14册，第573页。

他,只是此心常存在这里,不走作,不散漫,常恁地惺惺,便是敬。"①可见,在程朱学者中,常惺惺之法强调的是内心摆脱昏昧,时时警觉、警醒,表达的乃是"涵养须用敬"义,但是主体心灵的常惺惺不昧,离不开穷理致知。而王阳明则说:"'不思善不思恶时认本来面目',此佛氏为未识本来面目者设此方便。'本来面目'即吾圣门所谓'良知'……'随物而格',是'致知'之功,即佛氏之'常惺惺',亦是常存他本来面目耳。"②王阳明不仅指出惺惺多为佛教用语,为"本来面目"义;而且由以"良知"释"本来面目","常惺惺"释"致良知",常惺惺即随处指点的工夫,显然迥异于程朱学者。

在二曲言论中,以"惺惺"论敬是十分普遍的。二曲说:"能敬则心常惺惺,自无不在"(《四书反身录·大学》),"敬则中恒惺惺,即此便是心存"(《四书反身录·孟子下》)。又云:

(主帅)即各人心中之一念惺惺者是也。此之谓一身之主,再无与偶,故名曰"独"。"慎之"者,藉巡警以卫此主也。然主若不明,虽欲慎,谁为慎?吾故曰:"慎独""独慎"之义明,而后慎可得而言者,此也。(《二曲集·南行述》)

可见,上述言论中二曲将惺惺视为慎"独"之法。何谓"独"?二曲明确地说:"'独'则无对,即各人一念之灵明是也。天之所以与我者,与之以此也。此为仁义之根,万善之源。"(《四书反身录·中庸》)"独"为灵明本体,惺惺之敬则为体悟本体之工夫,显然二曲此处论敬、论惺惺更多地是吸收了阳明心学。

其二,居敬为战兢自持。"居敬穷理"为朱子所倡导,认为"学者功夫唯在居敬穷理二事。此二事互相发。能穷理,则居敬工夫日益进;能居敬,则穷理工夫日益密"③,将"居敬"视为涵养工夫,其目的仍是在于"穷理",辨析理欲。二曲在居敬时,积极吸取了涵养收摄之义,说:

"居敬",则终日战兢自持,小心严翼,湛然纯一,惺惺不昧,清明在躬,气志如神。(《四书反身录·论语上》)

曾子揭"战战兢兢,如临深渊,如履薄冰"之诗,以告及门,此千古作圣之基也。……故存心不如此,则非所以慎独;临事不如此,则

---

① 陈淳:《北溪字义》,北京:中华书局,1983 年版,第 35 页。
② 王守仁:《王阳明全集》,第 67 页。
③ 朱熹:《朱子语类》,《朱子全书》第 14 册,第 301 页。

非所以敬事;涉世不如此,则非所以涉世;经世不如此,则非所以经世。(《四书反身录·论语上》)

二曲以战兢自持为主敬,实为主体内心提撕省察修养工夫,慎独、涉世、经世等虽遇事不同,但无不需要内心提撕,这又表明二曲此处论敬具有程朱学说的痕迹。

其三,敬为圣贤心传,彻上彻下工夫。关于以"彻上彻下"描述敬,在宋明理学家思想中已存在。诸如程颢说:"'居处恭,执事敬,与人忠',此是彻上彻下语,圣人元无二语。"①朱子亦云:"敬已是包得小学。敬是彻上彻下工夫。"②在朱子处,彻上彻下工夫,即"于事事物物上穷理"。王阳明虽以"四句教"为彻上彻下工夫,但无不提倡"在事上磨练","离事事物物为学,却是着空",也蕴涵着彻上彻下之义。至二曲,则说:

> 用功莫先于主敬。"敬"之一字,彻上彻下功夫,千圣心传,总不外此,须实下苦功。如人履危桥,惟恐堕落,不敢稍懈怠。
>
> (《二曲集·传心录》)
>
> 曾子揭"战战兢兢,如临深渊,如履薄冰"之诗……念念如此,则念念皆天理;事事如此,则事事皆天理。一日如此,则一日皆天理;终其身常常如此,则终其其身常常纯乎天理矣。
>
> (《四书反身录·论语上》)
>
> 成始成终,不外一"敬"。"敬"之一字,是圣贤彻上彻下的工夫,自洒扫应对,以至察物明伦,经天纬地,总只在此。是绝大功业,出于绝小一心。(《二曲集·两庠汇语》)
>
> 庄敬静默,整顿威仪,刻刻照管,步步提撕,须臾少忽,则非鄙滋而悔吝随矣。(《二曲集·靖江语要》)

二曲将敬视为圣贤心传,作为儒家一以贯之的修养工夫看待,这种工夫不仅融于穷理尽性的成圣成贤、察物明伦、经天纬地的"上达"之教中,也呈现于洒扫应对、整顿威仪的"下学"之道中。可见,作为注重生命践履的思想家,二曲反对"高谈性命,卑视矩镬,乐舒放而惮检束"(《四书反身录·论语下》),以"彻上彻下"论敬,则承继了宋明理学家注重"事事物物上穷理""事

---

① 程颢、程颐:《二程集》,北京:中华书局,2004年版,第13页。
② 朱熹:《朱子语类》,《朱子全书》第14册,第126页。

上磨练"的即事言工夫的理论。再如二曲认为,"为学不要骛高远,但从浅近做起。手足耳目,神明之符也,须是整顿精神,中恒惺惺,足重手恭,视明听聪,对境不迁,敛之又敛,以至于无时无事之不敛"(《二曲集·两庠汇语》),强调从日用常行的浅近之处,从视听言动之处谨言慎行,涵养德行。

其四,敬则内外澄澈。《靖江语要》载:

> 问:"如何操存,方克臻此?"先生曰:"只是要敬,敬则内外澄彻,自无物欲之累,高明广大之域,自不难致。"曰:"如斯而已乎?"先生曰:"学者胸中能有此景况,不发则已,发则自无不善。遇亲自能孝,遇兄自能弟,当恻隐时自恻隐,当羞恶时自羞恶,当辞让时自辞让,当是非时自知是非,溥博渊泉而时出之,经纶酬酢变通,夫焉有所倚!"(《二曲集·靖江语要》)

二曲以"敬则内外澄彻,自无物欲之累,高明广大之域,自不难致"答复如何"操存"之问,并进行了景况描述,认为"发则自无不善",孝弟、恻隐、羞恶、辞让、是非等皆由敬所致。实际上,此处论合内外之"敬"与王阳明"良知"说有相通之处。王阳明认为"知是心之本体,心自然会知",从心体的起用上说,良知知善知恶。而二曲此处所论之敬已不再限于主体的涵养工夫,而是承体起用。"敬"之内外澄澈乃为灵原本体的呈露,其下贯于日用常行中必然是呈现合乎道德规范之用。

从总体上看,二曲论主敬的工夫兼取了程朱、陆王学说,但是程朱的下学工夫相对于阳明心学更容易入手。事实上,在阳明后学中并非所有学者都对"敬"进行排斥,典型者如欧阳南野。南野云:"天理即良知,良知即是独知。独知不自欺,心常惺惺之谓敬;独知惺惺、私欲不杂之谓一。"[1]此处论敬,如吴震所言"撇开'良知'一语不谈",所论与朱子论"敬""并无根本差异"。但是南野认为"伊川讲'敬',好像是在主张'以敬直内',而不是孔子所说的'敬以直内'"[2]。吴氏所论揭示了南野论"敬"特色,即南野所云:"夫敬以直内与以敬直内,相去岂远哉?而其相反乃如此。故用功于本体与用功以求本体,亦微有毫厘之异。"[3]据此而言,姑且不论南野论伊川"以敬直内"之说是否为确论,但揭示了"敬"对于王学而言(至少对于南野来说),存在"用功于本体"

---

[1]《答沈思畏侍御三》,《欧阳德集》卷5,第170页。
[2] 吴震:《聂豹罗洪先生评传》,南京:南京大学出版社,2011年版,第48页。
[3]《答陶镜峰》,《欧阳德集》卷1,第20页。

与"用功以求本体"的差异。然而,在二曲那里,这种差异的确并未引起重视。事实上,作为注重生命践履的思想家二曲,对程朱主敬说必然进行更多的吸收和转化。然而,这种吸收和转化并非是十分成功的,毕竟程朱、陆王的工夫论有各自的理论基础和指向,二曲所能做到的不过是在积极地调和两者,诸如其云"无声无臭,本体之约也;'敬'之一字,圣学所以成始而成终,此工夫之约也"(《四书反身录·孟子下》),可见,与其说二曲为调和陆王、程朱思想而不惜割裂程朱、陆王,不如说从其内心深处即认为程朱的主敬工夫不仅不会破坏王学本体,相反可以拯救陆王之学因过度诠释本体而带来的流弊。

第九章 二曲的全儒之学：以体用全学为理论架构

明代中后期以来，王学末流的空疏之学给时风、士风造成了巨大的不良影响。二曲说："儒学明晦，不止系士风盛衰，实关系生民休戚，世运否泰。儒学明，则士之所习者，明体适用之正业，处也有守，出也有为，生民蒙其利济，而世运宁有不泰？儒学晦，则士之所攻者，词章记诵之末技，处也无守，出也无为，生民毫无所赖，而世运宁有不否？"（《二曲集·盩厔答问》）儒学不明，士风不盛，百姓无所赖，世运无法安宁。因此，二曲提出"体用全学"的思想，期以教化风俗，重塑儒家学者的社会使命感。

一、"体用"的渊源

"体用全学"乃是围绕着儒学体用观而展开。在儒家思想学说中，体用观是其理论建构的重要支撑。关于"体用"渊源问题，在二曲与顾炎武的论学中，亦有详细的阐述。顾炎武认为：

> 《易》曰："阴阳合德而刚柔有体。"又曰："显诸仁，藏诸用。"此天地之"体用"也。《记》曰："礼，时为大，顺次之，体次之。"又曰："降兴上下之神，而凝是精粗之体。"又曰："无体之礼，上下和同。"有子曰："礼之用，和为贵。"此人事之"体用"也。经传之文，言"体"言"用"者多矣，未有对举为言者尔；若佛书如《四十二章经》《金光明经》，西域元来之书，亦何尝有"体用"二字？晋宋以下，演之为论，始有此字。彼之窃我，非我之藉彼也，岂得援儒而入于墨乎？如以为考证未确，希再示之。（《二曲集·书一·答顾宁人先生》）

在顾炎武看来，"体用"二字来自儒家经传，只不过在经传中没有将二者并举。外来佛书中也没有"体用"二字，直至晋宋以后方"演之为论，始有此字"，乃是佛教偷窃儒学的结果。二曲对此则云：

> 顷偶话及"体用"二字，正以见异说入人之深。虽以吾儒贤者，

第九章 二曲的全儒之学：以体用全学为理论架构

亦习见习闻，间亦借以立论解书，如"体用一源"，"费隐"训注，一唱百和，浸假成习，非援儒而入墨也。系辞暨《礼记》"礼者，体也"等语，言"体"言"用"者固多，然皆就事言事，拈"体"或不及"用"，语"用"则遗夫"体"。初未尝兼举并称，如内外、本末、形影之不相离，有之实自佛书始。西来佛书，岂止《四十二章经》《金光明经》未尝有此二字，即《楞严》《楞伽》《圆觉》《金刚》《法华》《般若》《孔雀》《华严》《涅槃》《遗教》《维摩诘》诸经，亦何尝有此二字？然西来佛书，虽无此二字，而中国佛书，卢惠能实始标此二字。惠能，禅林之所谓"六祖"也，其解《金刚经》，以为"金者，性之体；刚者，性之用。"又见于所说《法宝坛经》，敷衍阐扬，谆恳详备。既而，临济、曹洞、法眼、云门、沩仰诸宗，咸祖其说，流播既广，士君子亦往往引作谈柄；久之，遂成定本。学者喜谈乐道，不复察其渊源所自矣。（《二曲集·书一·答顾宁人先生》）

可见，就经传中存在"体""用"二字，二曲是赞同的，但进一步指出经传中的"体""用"不过是就事言事，并不是严格的体用哲学范畴。二曲认为，真正始标举"体用"的为禅宗六祖惠能。显然，二曲反对顾氏所坚守"体""用"为儒家固有之说。进而，二曲又云：

然天地间道理，有前圣之所未言，而后贤始言之者；吾儒之所未言，而异学偶言之者。但取其益身心、便修证斯已耳。正如肃慎之矢、氐羌之鸾、卜人之丹砂、权扶之玉目，中国之人世宝之，亦何尝以其出于异域，举而弃之，讳而辩之也。来教谓"如考证未确，不妨再订"，窃以为确矣！今无论出于佛书、儒书，但论其何"体"何"用"，如"明道存心以为体，经世宰物以为用"，则"体"为"真体"，"用"为"实用"。此二字出于儒书固可，即出于佛书亦无不可。苟内不足以"明道存心"，外不足以"经世宰物"，则"体"为"虚体"，"用"为"无用"。此二字出于佛书固不可，出于儒书亦岂可乎？鄙见若斯，然欤？否欤？（《二曲集·书一·答顾宁人先生》）

在二曲看来，"体用"之说无论出于佛书还是儒书，关键在于其内涵是否为"真体""实用"。所谓的"真体"即"明道存心"，乃是主体经过涵养省察等工夫对形上道体的觉解；所谓"实用"乃是基于觉解道体而下贯于实践的经世宰物。二曲的这种理解，实际上是其通过"体用"观对儒学精神的集中概括，贯彻着内外、本末的思维理致。

就上述体用观的思维理路而言,在宋明儒中,已从不同的角度自觉运用了体用学说,诸如,宋时胡瑗(993—1059,字翼之)以"明体达用之学,授诸生"(《宋元学案·安定学案》),程颐云"至微者,理也;至著者,象也。体用一源,显微无间"(《易传序》),乃是以体用阐发形上、形下之说;朱子阐发《大学》"明明德"时,则云"全体大用可以尽明"(《朱子语类》卷14),其后真德秀则云"圣人之道,有体有用。本之一身者,体也;达之天子者,用也"(《上大学衍义表并劄子》),丘濬则云"《大学》一书,儒者全体大用之书也"(《大学衍义补》上)等。至明代,舒芬(1484—1527,号梓溪)"病儒者不知明体适用,为圣贤之学"(《明儒学案·诸儒学案下》),吕坤(1536—1618,号新吾)则云,"明体全为适用。明也者,明其所适也。不能实用,何贵明体?然未有明体而不实用者。树有根,自然千枝万叶;水有泉,自然千流万派"(《呻吟语》卷1)等,又进一步提出并论证了"明体适用"思想。事实上,在体用观中,体多指心性本体,用乃是体的现实呈现,尤其值得注意的是前儒已用"明体"来涵括"明道",因此二曲直截了当地说"儒者之学,明体适用之学也"是有其思想渊源可寻的。

二、"体用全学"的含义

何谓"体用全学"?二曲没有直接言明。康熙八年(己酉,1669),二曲门人张珥录其答语,题为《体用全学》。张珥《识言》云:

> 儒者之学,"明体适用"之学也。欲为"明体适用"之学,须读"明体适用"之书;未有不读"明体适用"之书,而可以"明体适用"者也。……其(二曲)接人有数等:中年以后,惟教以返观默识,潜心性命;中年以前,则殷殷以"明体适用"为言。大约谓:"'明体'而不'适用',失之腐;'适用'而不'明体',失之霸。'腐'与'霸',非所以言学也。"珥因请"明体适用"当读之宜,先生遂慨然告语,珥谨载笔而胪列之,用以自勖,并为同臭味者勖。(《二曲集·体用全学》)

可见,《体用全学》为二曲答张珥"明体适用"当读之书的罗列;且为二曲中年之前教学之法。二曲门人王心敬亦云:"二曲李先生学无师传,年未弱冠,独从宋明诸儒中穷探宗传,故其所自得于心者:体用兼该,内外不遗。"①可见,"明体适用""体用兼该,内外不遗"之学当为"体用全学"。事实上,作为二曲中年之前教法的"明体适用"之学,在二曲《盩厔答问》中也充分揭示。《盩厔答问》云:"儒者之学,明体适用之学也。秦汉以来,此学不明,醇厚者梏于章句,俊爽者流于浮词,独洛闽诸大老,始慨然以明体适用为倡,于是遂有道学、俗学之别。其实道学即儒学,非于儒学之外别有所谓道学也。"(《二曲集·盩厔答问》)可见,在二曲看来,道学即儒学,为明体适用之学,这是宋代始倡的儒学之宗旨。

何谓"明体适用"?二曲说:"穷理致知,反之于内,则识心悟性,实修实证;达之于外,则开物成务,康济群生。夫是之谓'明体适用'。"(《二曲集·盩厔答问》)在二曲看来,明体适用乃是儒家学说的特色,其内容包括"反之于内"的"识心悟性,实修实证"与"达之于外"的"开物成务,康济群生"两个方面。如果再联系二曲所说的"明道存心以为体,经世宰物以为用"(《二曲集·答顾宁人先生》)可以很明确地看出,二曲所说的"体"乃是"明道存心","用"则是"经世宰物"。"识心悟性,实修实证"是"明体","开物成务,康济群生"为"适用"。换句话说,体证超越的灵原本体、修心养性是"明体",为儒家的"内圣"工夫;本体的现实呈现,经世宰物则为"适用",即儒家的"外王"实践。显然,二曲明体适用说采用的是儒家传统的"体用"思维模式,表达的是儒家内圣外王的理想追求。如果将二曲此论与王畿所谓"儒者之学以经世为用,而其实以无欲为本"②相较,显然在王畿那里虽认为经世乃是用,但更侧重强调体及其发用体。换言之,儒学仅是内圣,而非外王。据此看,二曲之论乃是体用兼具的经世思想。

事实上,在宋明儒学中"体用"作为一种哲学范畴,常常被以不同的方式论及,不仅讨论体用之别,更讨论体用不离,体用一源的现象。二曲对体用关系的讨论也不例外。在二曲论述"明体适用"的言论中,最典型的处在其对《大学》中三纲(明明德、亲民、止于至善)、八目(格物、致知、诚意、正心、修身、齐家、治国、平天下)的分析。从总体上看,《大学》中三纲、八目强调的是"修己以安百姓",修己乃治人的前提,修己的目的是为了齐家、治国、平天下,

---

① 王心敬:《传道诸儒评》,《丰川全集》卷13。
② 王畿:《贺中丞新源江公武功告成序》,《王畿集》卷13,第367页。

将儒家思想中的道德论与政治论结合起来,熔内圣与外王于一炉。据《四书反身录》记载:

> 问体用?曰:"明德"是体,"明明德"是明体;"亲民"是用,"明明德于天下""作新民",是适用。格、致、诚、正、修,乃明之之实;齐、治、均平乃新之实。纯乎天理而弗杂,方是止于至善。(《四书反身录·大学》)

在二曲这段分析中,从体用有别看,二曲将何为体,何为用一一标举出来:"明德"为体,"明明德"为明体,格、致、诚、正、修则为"明"的工夫;"亲民"为用,"新民"为适用,齐、治、均平乃为"新"的工夫。然而,当明明德(明体)于天下而成就新民则是"适用"时,"体"中便有了"用","用"中也有"体",体用则为一源。

再如二曲又说:"明德即心,心本至灵,不昧其灵,便是'明明德'。心本与万物为一体,不自分彼此,便是'亲民'。心本'至善',不自有其善,便是'止于至善'。"(《四书反身录·大学》)至灵本心即为灵原本体,本体呈现于万物,即为"亲民",也是在阐述体用不离之义。关于此类体用关系的阐述,在《二曲集》中颇多,再如二曲说:"识得未发真体,则变动云为,无适非不睹不闻之所统摄而运用,大本达道,位育齐收,身心世界,至此方为合一。"(《二曲集·三冬记游弁言》)此处,二曲以未发为真体,已发为其用。然而,在未发、已发之时,体用均未尝相离,而"大本达道,位育齐收"则又是阐述体用一源之义。

也正是基于对儒家传统思想中体用关系的深刻理解,二曲在阐述"明体适用"时,强调有体有用的"体用全学"。他说:

> 明道存心以为体,经世宰物以为用,则"体"为真体,"用"为真用。……苟内不足以明道存心,外不足以经世宰物,则"体"为虚体,"用"为无用。(《二曲集·答顾宁人先生》)

> 道德为人所需,则式其仪范,振聋觉聩,朗人心之长夜;经济为人所需,则赖其匡定,拯溺亨屯,翊世运于熙隆:二者为宇宙之元气,生人之命脉,乃所必需,而一日不可无焉者。然道德而不见之经济,则有体无用,迂阔而远于事情;经济而不本于道德,则有用无体,苟且而杂乎功利:各居一偏,终非全儒。(《四书反身录·论语上》)

二曲认为,明道存心之道德与经世宰物之经济对于人来说,均是日用所需,一日不可无。换言之,前者之体与后者之用,相得益彰,便是真体真用。然而,当一味关注道德而忽略经济则是"有体无用",一味关注经济而忽略道德则是"有用无体",这两种情况各沦为一偏,非全儒所为。而二曲所认为的全儒、真儒当具备"明体适用""全体大用"的修为与实践。换句话说,道德修养与经世致用的实践应当具有一致性,内圣与外王应当融为一体。因此,二曲在阐述"明体适用"时坚持体用不离,反对各居一偏的情况,甚至认为:"明体适用,乃人生性分之所不容已,学焉而昧乎此,即失其所以为人矣!明体而不适于用,便是腐儒;适用而不本明体,便是霸儒;既不明体,又不适用,徒灭裂于口耳伎俩之末,便是异端。"(《二曲集·盩厔答问》)

在阐述体与用(明体与适用)时,二曲又并非是将二者置于同等的高度,而是认为"大本立而道行,以之经世宰物,犹水之有源,千流万脉,自时出而无穷"(《二曲集·富平答问附授受记要》),强调"体"的优先性,强调明体。诸如他说:"学问要识本体,然后好做工夫。"(《四书反身录·论语下》)只有"先立乎其大",实证实修,才能有效地推动经世宰物的适用实践,并使之永获精神支撑,常驻生命力,自强不息。此外,为了避免在因"人多事事而不事心,好奇而不好平"、功名利禄等迷失了方向,二曲又认为适用实践中要"返本返源",提撕自己,体证灵原本体,所以他认为:"若事功节义,一一出之至性,率自平常,而胸中绝无事功节义之见,方是真事功,真节义、真中庸。"(《四书反身录·中庸》)所谓的真事功、真节义是本体在实践中的呈现,而不是受制于心智与欲望。

三、"明体"之学

值得注意的是,二曲曾为门人张珥所开列"体用全学"书目,充分展现其"明体适用"思想。首先,就"明体"类书而言,二曲分为两类:"明体中之明体"书与"明体中之工夫"书。

"明体中之明体"书为《象山集》《阳明集》《龙溪集》《近溪集》《慈湖集》《白沙集》。此类书主要为陆王学派著作。就书籍内容看,"明体中之明体",强调的是阅读该类书籍可以洞契本体,乃是"上达"之学。诸如,他认为"陆之教人,一洗支离锢蔽之陋,在儒中最为敬切,令人于言下爽畅醒豁,有以自得"(《二曲集·靖江语要》),王阳明则针对陆象山于"本体犹引而不发"的现象,"始拈'致良知'三字,以泄千载不传之秘。一言之下,令人洞彻本面,愚夫愚妇,咸可循之以入道,此万世功也"(《二曲集·体用全学》),陈献章之学则"以自然为宗,去耳目支离之用,全虚圆不测之神,见之词翰,从容清真,可以观其养矣"(《二曲集·体用全学》),等等。

"明体中之工夫"强调的是道德实践内容和指向,为"下学"之学。二曲所列此类书为《朱子语类大全》《吴康斋集》、薛瑄《读书录》《胡敬斋集》、罗钦顺《困知记》《吕泾野语录》《冯少墟集》。此类书主要为程朱学派著作。诸如,二曲认为,《朱子语类大全》"订偏厘弊,折衷百氏;巨细精粗,无一或遗,集诸儒之大成,为万世之宗师。读其书,味其学,诚格物穷理之权衡也"(《二曲集·体用全学》),吴与弼"资本中庸,用功刻苦,其所著日录,专以戒怒惩忿,消磨气习为言,最切于学者日用"(《二曲集·体用全学》),胡居仁"学重躬行,以敬而入;言论笃朴,粹乎无瑕,初学所当服膺也"(《二曲集·体用全学》)。

可见,通过"明体中之明体"与"明体中之工夫",即以本体合工夫,又以工夫达本体,启迪学者读书明理要兼顾本体与工夫,不可将二者割裂而失之一偏。故二曲说:"自象山以至慈湖之书,阐明心性,和盘倾出,熟读之可以洞斯道之源。夫然后日阅程朱诸《录》,及康斋、敬轩等《集》,以尽下学之工。收摄保任,由工夫以合本体,由现在以全源头,下学上达,内外本末,一以贯之,始成实际。"(《二曲集·体用全学》)

四、"适用"之学

就二曲所列适用书看,类依次为《大学衍义》《大学衍义补》《文献通考》《吕氏实政录》《衡门芹》《经世石画》《经世絜要》《武备志》《经世八编》《资治通鉴纲目大全》《大明会典》《历代名臣奏议》《律令》《农政全书》《水利全书》《泰西水法》《地理险要》等书。这些书籍涉及政治、经济、法律、军事、农政、水利、地理等方方面面。诸如二曲认为《大学衍义》为"真文忠公取经史要语,勒成斯编。诚吾人修己治人之蓍蔡,治天下国家之律令格式也。本之则治,违之则乱。然止于'修身齐家'而止,其意以为人君苟能修身齐家,国与天下之治,由斯而推之耳"(《二曲集·体用全学》),《大学衍义补》为"邱文庄公集古今经制之要,而断以己意。其申治也详,其危乱也确。事事足法,言言可行。精研熟玩,因时损益,有志经国,执此以往可也"(《二曲集·体用全学》)。这两种书均是阐发《大学》思想。《大学》为儒学入门著作,读《大学》,可以定其规模,树立内圣外王的格局。故《大学》当为儒家最基本的适用之书,故二曲首先列举上述两种。再如,二曲云:"经济书,《大学衍义》而外,莫切于《吕氏实政录》,言言痛切,字字吃紧,读之令人跃然击节。"(《二曲集·答许学宪又书》)二曲又云:"《吕氏实政录》,宁陵吕新吾先生著。此老卓识谙练,经济实学也。在世儒中,最为适用。《实政录》皆其所经历者。学人无志于当世则已,苟有志于用世,则此书必不可一日无。"(《二曲集·体用全学》)二曲以吕氏书"不可一日无",显然对此书甚为推崇。《实政录》为吕坤历官山西提刑、按察使、提督、巡抚等职时所撰《风宪约》《狱政》《明职》《民务》《乡甲约》《安民实务》《督抚约》诸书的汇集,集中反映了其施政、事君等经世之学。二曲以"最为适用"论之,则表明其对治道牧民之学的关注。联系到二曲所辑《司牧宝鉴》,似乎二曲重视牧民之学,也受到明清时期中国古代官箴文化兴盛的影响。可见,二曲所列的"适用"类书籍,"咸经济所关"(《二曲集·体用全学》),其目的在于克服晚明以来的空疏学风,使形上的道德本体能切实地贯注下落于现实事务之中,康济时艰。

总之,在二曲的"明体适用"思想中,"明体"是基础,"适用"为"明体"的呈露,是外化的实践行为。通过证悟本体,提撕道德修养,进而有效地承担治平天下、教化社会的责任。这样一来,二曲所谓的"体用全学"方成为有"体"有"用"的实学,这也是对儒家内圣外王思想的时代诠释。

第十章　二曲的真儒之教：以经世为宗

明中期以来，面对国事流弊、学风空疏等现象，一些儒家学者纷纷发掘儒学重视经世致用的传统，提倡经世实学。诸如王廷相提出"惟实学可以经世"①，高攀龙主张"学问不贵空谈，而贵实行"②。学贵实用、注重躬行的学术实践极大地影响了晚明以来的学风。至清初，由于反思明亡教训，经世学风更为盛行。如黄宗羲说"儒者之学，经纬天地"③，王夫之主张"尽废古今虚妙之说而返之实"④。

二曲生逢明清易代之际，深刻体察是时政治、经济、文化上的各种现象，进而重新思考儒家学说的宗旨，认为"吾儒之教，原以经世为宗"（《二曲集·盩厔答问》）。大致而言，二曲此论也有其重要的思想渊源，乃是基于儒学本身的特点。从儒学本身的特点看，与佛、道相比较儒学具有强烈的入世性质，是现世的学问，以经世致用为其重要的内容。何谓经世？林乐昌认为，经世的内涵包括三个方面："第一，是制度或政治的层面，包括典章法制的沿革，政治准则的厘定，对国家、社会事务的掌管和治理；还包括对以上诸项的批评或重构等……这一层面，直接关系着国家和社会的治乱。第二，是物质或经济的层面，亦即'开物成务'，诸如农工商贾、水利漕运、兵马钱粮等一应有关国计民生的实际事务都包括在内。这一层面，直接关系着国家的强弱和社会的盛衰。第三，是精神或文化的层面，其重心在于建构、完善和维护社会的精神文化价值系统，以范导和整合'世道人心'，它关系着社会各阶层道德水准的高低、精神气质的优劣、社会风气的好坏等等。"⑤此论揭示出儒家的经世观，十分中肯。实际上，二曲经世观也涵盖了上述三个方面。

---

① 王廷相：《王廷相集》第2册，北京：中华书局，1989年版，第419页。
② 高攀龙：《高子遗书》卷5，《无锡文库》本。
③ 黄宗羲：《南雷诗文集》，《黄宗羲全集》第10册，杭州：浙江古籍出版社，2005年版，第433页。
④ 王敔：《大行府君行述》，《船山全书》第16册，长沙：岳麓书社，2001年，第73页。
⑤ 林乐昌：《李二曲的经世观念与讲学实践》，《中国哲学史》2000年第1期。

第十章 二曲的真儒之教:以经世为宗

一、政治层面的经世

二曲二十岁时,"即以康济为心,尝著《帝学宏纲》《经筵僭拟》《经世蠡测》《时务急著》诸书,其中天德王道,悲天悯人,凡政体所关,靡不规画"(《二曲集·匡时要务序》)。从名称看,上述著述是关于"帝学""经筵""时务"类著述,展现了青年二曲对政治的热情和看法。虽然这些著作因二曲"绝口不道""雅意林泉,无复世念"而被焚弃,但贯穿于思想深处的济世情怀却未有丝毫的削弱,乃至其弟子王心敬在《司牧宝鉴序》中说:"盖先生之心,万物一体之心;先生之学,万物一体之学。尝自言曰:'离人无所为我,此心一毫不与斯世斯民相关,便非天地之心,便非大人之学,便是自私自利之小人儒,便是异端枯寂无用之学。吾辈须为天地立心,为生民立命。穷则阐往圣之绝诣,以正人心;达则开万世之太平,以泽斯世。岂可自私自利,自隘其襟期。'"(《二曲集·司牧宝鉴》)二曲正是立足于儒家"万物一体""民胞物与"的仁体,阐发出恤民、济民、利民、教民的牧民仁政。

《司牧宝鉴》为目前最能展现二曲政治层面经世思想的著作,兹举其中一例。二曲引《吕公谕属》揭示仕官八等:

> 第一等人有这一点恻隐真心,由不得自家,如亲娘之于儿女,忧饥念寒,怕灾愁病,日思夜虑,吊胆提心,温存体爱,百计千方。凡可以使儿女心遂身安者,无所不至;虽强制之不能,虽淡薄之不减,所以说"先王有不忍人之心,斯有不忍人之政"。心切而政生,虑周而政详,虽欲歇手不得,此谓率其自然。第二等人看得天地万物一体,是我性分;使天下万物各得所,是我职分。不存此心,便有愧于形骸;不尽此心,便不满其分量。惓惓维世道,亟亟爱民生,以谓为之自我,当如是耳,此谓尽其当然。但才有勉强向道之心,便有精神不贯之处。第三等人看得洁己爱民,修政立事,则名誉自章,不则毁言日至。士君子立身行己,名节为先,奈何不自爱,是为名而为善者也。第四等人守能洁己,而短于才,知爱民而懦于政,可谓善矣;然毫无益于郡邑,安能为有无哉?第五等人志欲有为而动不宜民,心知向上而识不谙事,品格无意,治理难成。第六等人知富贵之可爱,惧摈斥之或加,有欲心而守不敢肆,有怠心而事不敢废。无爱民

之实,亦不肯虐;无向上之志,亦不为邪,碌碌庸人而已。第七等人实政不修,粉饰以诈善;持身不慎,弥缝以掩恶;要结能为毁誉之人,钻刺能降祥殃之灶。地方军民之事,毫发不为;身家妻子之图,殷勤在念:此巧宦也。近者大家成风,牢不可破矣。第八等人嗜利眈眈,如集羶附腥,竞进攘攘,如驰骑逐鹿;多得钱而好官我为,笑骂由他笑骂耳。此明王之所不赦,明神之所必殛者也。(《二曲集·司牧宝鉴》)

二曲援引吕坤所论仕官八等,第一等官员具有恻隐之心、不忍人之心,能行不忍人之政。第二等官员能将天地万物视为一体,并将其作为性分之事。使万物各得其所,并以此为职责之事。第三等官员能洁身自爱,勤政立名,具有士君子品行。第四等官员能守身自洁,但才力不济,虽爱民施政,但甚少作为。第五等官员立志为民,却扰民不断,识见短缺。第六等官员虽有贪欲之心,不明学术,但不敢放肆;虽有怠心,但不敢废事,为碌碌庸官。第七等官员不仅实政不修,而且粉饰博名。持身不正,又常加掩饰。于地方军民政事无所作为,唯图身家妻子,纯粹为巧官。第八等官员追逐利禄,贪得无厌,祸害一方。可见,这八等官员之分,虽为吕氏揭示,但二曲援引并告诫"仕宦有此八等,吾人自审果居何等?若逊一等而弗居,区区介于二三之间,已为无志;倘更瞠乎其后,将何以自立耶?噫!往者悔无及,来者犹可追,读斯谕而兴感,憬然悟,爽然失,勃然奋,洗肠涤胃,抖擞整顿,从新别做一番人,夫谁得而御之?"(《二曲集·司牧宝鉴》)

二、经济层面的经世

二曲虽然一生隐逸,但他又不断发表一些农工商贾、水利漕运、兵马钱粮等有关国计民生问题的看法。诸如其辑于康熙十八年(己未,1679)的《司牧宝鉴》一文,该文择选了真德秀、吕坤、魏校、吕祖谦、段坚、张需等人为官时注重民生、造福一方的言行事迹,突显儒家教养、敦化风俗的仁政措施,但其中也不无蕴含二曲从物质或经济层面的经世思想。再如,在康熙三十年(辛未,1691)关中大旱,饥民流离之时,二曲分别撰写了《与董郡伯》《与董郡伯第二书》《柬钦差查荒诸公》等书,积极呼吁当政者救济灾荒,并屡次条陈救荒之策。兹举一例说明,二曲《与布抚台》云:

方今西安之所以大饥者,天旱而田不足于水故也。夫关中横亘终南以为终始,山之所在,河泉多有,故西安近山一带,恒绕河泉;渭北虽复高仰,而泾、洛、漆、沮、清河、石川诸水,亦所在而是。故总西安而论,其不可引渠灌溉者固十七八,而可开渠引水者,亦不下十二三;兼以井泉,亦不下十三四矣。夫水利三四倍于旱田,以十分有三四之水田,勤力而专精其间,虽复天雨不时,亦足补旱田之阙而偿其获。即不足补,而此一半享水利之民,亦足以自保,而再不至流离失所矣。但凡民愚而不知兴,即有兴之者而力微不足以兴;而为有司者又不留心于兴,是以上下交困而无可如何也!夫天道不可知,今秋未必再旱;然亦不可不为早虑,况水利成固关中数世之利乎!是宜乘今秋谷布种之候,作速请设提督农田水利官一员。或恐设官劳费,即请于本省司道中择精敏仁惠者,加以总管农田水利之权,使之专司农田水利。各州县官于丞簿或绅衿中,择公正好义、为众所素信服者,大县四五人,小县三四人,加以掌管之权,使之相视督责。其一切兴利除害,辟举任使,皆委以便宜,不从上制而重其廪禄,优其礼貌。凡近河者,虽一二十里内,但可引水,皆须筑堤开渠,以资灌溉;无河泉者,皆须掘井而灌。(《二曲集·书三·与布抚台》)

二曲揭示是时关中旱灾,人们流离载道,颠连万状的原因之一为"天旱而田不足于水"。二曲考察西安附近山川河流后得出,西安地区近水可引渠灌溉之地三四倍于旱田,实际上遇到旱灾多可自保,不至于流离失所;但现实惨景则说明关中水利措施落后,难以应付灾害。二曲所论,显然基于翔实考察,揭示了是时关中大旱既有天灾也有人为的原因。

三、文化层面的经世

精神或文化层面的经世是二曲最为看重的经世途径。康熙九年(庚戌,1670)二曲撰成《匡时要务》,该文集中反映了二曲经世观的重要转变。骆锺麟《匡时要务序》云:"先生甫弱冠,即以康济为心,尝著《帝学宏纲》《经筵僭拟》《经世蠡测》《时务急著》诸书。其中天德王道,悲天悯人,凡政体所关,靡不规画。既而雅意林泉,无复世念,原稿尽付'祖龙',绝口不道;惟阐明学术,救正人心是务。"(《二曲集·匡时要务》)如果在康熙九年之前,二曲尚侧重关注制度或政治层面的经世,但是在是年之后,二曲的经世观主要转向了精神或文化层面。为何有这种转变,这与二曲对社会时局的认识有密不可分的关系。二曲说:"若夫今日吾人通病,在于昧义命,鲜羞恶,而礼义廉耻之大闲,多荡而不可问。"(《二曲集·南行述》)"所习惟在词章,所志惟在于名利。"(《二曲集·匡时要务》"经书重训,所以维持人心也。学校之设,所以联群会讲,切靡人心也。自教化陵夷,父兄之所督,师友之所导,当事之所鼓舞,子弟之所习尚,举不越乎词章名利,此外,茫不知学校为何设,读书为何事。呜呼,学术之晦,至是而极矣,人心陷溺之深,至今日而不忍言矣。"(《二曲集·匡时要务》)面对世人"昧义命""鲜羞恶""习惟于词章""志惟在于名利"等"教化陵夷"现象,二曲不仅要重新思考儒家学说的宗旨,而且更要深刻思考个人的出处与安身立命问题。作为有强烈济世情怀的儒家思想家,二曲认为:"天下之大根本,莫过于人心;天下之大肯綮,莫过于提醒天下之人心。然欲醒人心,惟在明学术,此在今日为匡时第一要务。"(《二曲集·匡时要务》)天下治乱的根本原因在于人心的正邪,而人心的正邪又由学术的明暗所决定,所以他又说:"学术不明,则人心不正,故今日急务,莫先于讲明学术,以提醒天下之人心。"(《四书反身录·论语上》)将"明学术,醒人心"作为匡时救弊的良药,这也是二曲终生所从事的事业。正是基于此,二曲生平注重讲学,认为"立人达人,全在讲学;移风易俗,全在讲学;拨乱返治,全在讲学;旋乾转坤,全在讲学。为上为德,为下为民,莫不由此"(《二曲集·匡时要务》)。讲学成为了二曲践履明体适用思想,实践"有体有用"之学的最有力明证。

第十一章 二曲的影响与评价

明清易代的百年,是中国古代史上的一个天翻地覆的大动荡时期。当时的学者们无论是以"天崩地解"(《南雷文定·留别海昌同学序》),还是以"天崩地坼"(《亭林诗文集·余集·先妣王硕人行状》)来惊呼这一巨变,这一时期,学术思想无疑被赋予了反思与嬗变的特征。身处易代之际的二曲也未能置身于外,在其思想、学风中也存在强烈的时代学术气息,并推动了时代学术思想的发展。以下主要从思想、学风方面分析与探讨二曲的影响。

一、摒弃儒学门户之见

在中国古代思想史中,不同时期往往存在不同的主流思想。时至北宋,儒学的发展进入了思维水平较高的新时期,出现了以周敦颐、张载、程颢、程颐、邵雍为代表的"北宋五子"。到了南宋,又以朱熹和陆九渊的思想最为深刻,影响最为广泛。至明代,心学盛行,最有影响的思想家则为王守仁。由于南宋以来,张载、邵雍、周敦颐学脉不显,而朱熹以继承二程理学自居,陆九渊与王守仁均以发明本心著称,因此,人们又常把宋明时期儒家学派以"程朱"与"陆王"来概括。程朱、陆王作为不同的儒家学派,自其产生就进行着各种形式的论辩,造成了儒家学术界深刻的门户之见。在二曲的时代,深感亡国之痛的学者们,在总结明亡教训时,往往将明中后期以来盛行的王学作为批判的标靶,认为王学带来的空疏之弊是导致亡国的重要因素。因此,学术界纷纷认为振兴儒学,补救王学之蔽的出路在复兴程朱之学,"欲正姚江之非,当真得紫阳之真",进而形成了推崇程朱贬黜陆王的思潮。

面对推崇程朱贬黜陆王的学术思潮,二曲并未盲从附和,而是在自己长期阅读体验的基础上,提出了"道学即儒学"(《二曲集·盩厔答问》)的主张,认为宋明理学的各派都是继承的孔孟儒学,朱熹所谓的"穷理"乃是孔门的"博文","居敬"乃是"约礼",因此"尊朱即所以尊孔"(《二曲集·富平答问》)。而陆九渊的"先立乎其大",王阳明的"致良知"也不外乎是来源于孟子"求心"思想(《二曲集·四书反身录·孟子下》)。也正是基于从程朱、陆王之说的源头上来考察与体会,二曲认为"学术之术之有程、朱,有陆、王,犹车之有左轮,有右轮,缺一不可,尊一辟一皆偏也"(《二曲集·四书反身录·孟子下》)。将程朱、陆王均视为儒家正学,不可偏废一边。甚至针对学术界的崇程朱黜陆王风气,二曲批评说:"今且不必论异同于朱陆,须先论异同于自己,试反己自勘,平日起心动念,及所言所行与所读书中之言同耶,异耶?同则便是学问路上人,尊朱抑陆亦可,取陆舍朱亦可;异则尊朱抑陆亦不是,取陆舍朱亦不是。只管自己,莫管别人。"(《二曲集·靖江语要》)在二曲看来,不可以简单地"尊朱抑陆",或"取陆舍朱",而是要坚持自己的体会,"反己自勘",以自己真实客观的认识去辨别朱陆是非。显然,二曲的这种看法,完全是摒弃了儒家学者长期以来的门户之见。

也正是在调停程朱、陆王之辩,摒除门户之见的基础上,二曲以自己的体会发出了"先觉倡道,皆随时补救,正如人之患病,受症不同,故投药亦异"(《二曲集·南行述》)的感叹;并深刻揭示出程朱、陆王学说的优失之处,及其后学的流弊所在,提出了"学问两相资则两相成,两相辟则两相病"(《二曲集·富平答问》)、"吾人生当其后,当鉴偏救弊,舍短取长"(《二曲集·四书反身录·孟子下》)的观点。虽然在二曲的时代,也不乏孙奇逢、黄宗羲等学者认识到"道非一家之私",而主张兼取诸说的思想;但是作为关中最著名的思想家、"海内真儒",且讲学于大江南北,其摒弃儒学门户之见,也深刻影响到当时的学术界。诸如其弟子王心敬恪守师说,并云:"先师晚年谆谆折衷此学,每欲一消门户之偏私,归会孔孟之大全。"①王氏此论即如是评价二曲摒弃门户之见的思想。

二、推动清初经世学风的发展

明中期以来,面对国事流弊、学风空疏等现象,一些儒家学者纷纷发掘儒学重视经世致用的传统,提倡经世实学。诸如罗钦顺提出"经世宰物"、王廷相提出"惟实学可以经世"。尤其自明万历中晚期以来,不仅出现了张居正的内阁擅权,也出现了魏忠贤的阉党乱政;而且又有辽东边事、流寇渐起、科举

---

① 王心敬:《与泾洲诸同门》,《丰川全集》卷16。

舞弊等大量不良现象,明王朝国势急剧衰颓。而是时形成的东林学派,不仅将批判的矛头指向空疏的王学流弊,而且也将目光投注到政治、社会的诸多现象上,以天下为己任。诸如,高攀龙说:"学问不贵空谈,而贵实行。"(《高子遗书》卷4)"君子在救民,不能救民,算不得帐。""但学者以天下为任。"(《高子遗书》卷8)顾宪成说:"官辇毂,念头不在君父上;官封疆,念头不在百姓上;至于水间林下,三三两两相与讲求性命,切磨德义,念头不在世道上,即有他美,君子不齿也。"(《小心斋札记》卷11)东林学派的学贵实用、注重躬行的学术实践极大地影响了晚明以来的学风。至清初,又由于反思明亡教训,经世学风更为盛行。如黄宗羲说"儒者之学,经纬天地"(《黄梨洲文集·弁玉吴君墓志铭》),王夫之主张"尽废古今虚妙之说而返之实"(王敔《姜斋公行述》),顾炎武不仅主张"修己治人之实学"(《日知录》卷7),而且认为"今日者拯斯人于涂炭,为万世开太平,此吾辈之任也"(《日知录》卷19)。

二曲生逢明清易代之际,对是时在政治、经济、文化上的各种现象有深刻体察,在《二曲集》中屡屡出现各种批判,诸如他说:"若夫今日吾人通病,在于昧义命,鲜羞恶,而礼义廉耻之大闲,多荡而不可问。"(《二曲集·南行述》)"所习惟于词章,所志惟在于名利。"(《二曲集·匡时要务》)"经书重训,所以维持人心也。学校之设,所以联群会讲,切靡人心也。自教化陵夷,父兄之所督,师友之所导,当事之所鼓舞,子弟之所习尚,举不越乎词章名利,此外,茫不知学校为何设,读书为何事。呜呼,学术之晦,至是而极矣,人心陷溺之深,至今日而不忍言矣。"(《二曲集·匡时要务》)面对世人"昧义命""鲜羞恶""习惟于词章""志惟在于名利"等"教化陵夷"现象,二曲重新思考儒家学说的宗旨,提出了"吾儒之教,原以经世为宗"(《二曲集·盩厔答问》)。基于这一认识,二曲认为,天下治乱的根本原因在于人心的正邪,而人心的正邪又由学术的明暗所决定,所以他又说:"学术不明,则人心不正,故今日急务,莫先于讲明学术,以提醒天下之人心。"(《二曲集·四书反身录·论语上》)将"明学术,醒人心"作为匡时救弊的良药,这也是二曲终生所从事的志业。

二曲明确将"明学术""醒人心"作为自己的经世事业。事实上,虽然其早年尚未从思想的根本处明确这一事业,仍处于表层次的留意政治、社会、文化现象,提出自己的某些见解。诸如他所撰的《帝学宏纲》《经筵僭拟》《经世蠡测》《时务急著》《十三经注疏纠缪》《廿一史纠缪》《象数蠡测》等著作均是那一时期思想的体现。但是,这些著作的撰述也反映出,青少年时期的二曲受时风的影响,已经将"经世"作为为学的主要内容。在其"明体适用"思想形成后,所实践的"有体有用"的经世之学也不过是早年思想的发展与深化。二曲的"明体适用"说为当时的经世思想提供了一套较为圆融的理论体系。这不仅对时风产生重要的影响,也从理论上深化了儒家的经世思想。

三、贞定"体用全学"思想

二曲认为:"明道存心以为体,经世宰物以为用,则'体'为真体,'用'为真用。……苟内不足以明道存心,外不足以经世宰物,则'体'为虚体,'用'为无用。"(《二曲集·书一·答顾宁人先生》)"道德而不见之经济,则有体无用,迂阔而远于事情;经济而不本于道德,则有用无体,苟且而杂乎功利。各居一偏,终非全儒。"(《四书反身录·论语上》)可见,二曲认为,体证超越的灵原本体、修身养性是"明体",而本体的现实呈现,即经世宰物为"适用"。二曲的这种看法,实际上,将道德修养与经世致用的实践看作天然地具有一致性,内圣与外王亦应当融为一体。据此,二曲反对"明体而不适于用"的"腐儒"和"适用而不本明体"的"霸儒",乃至"既不明体,又不适用,徒灭裂于口耳伎俩之末"的"异端"。二曲的这种看法,不仅是针对"世儒卑者汩利,高者修名"(《二曲集·书三·答张敦庵》)而发,更是针对清初"束书不观,游谈无根"的空疏学风而发。重新贞定儒家"体用全学",也是从根本上为还原儒家经世传统做了重要的理论保障。

四、重振关学坠绪

就二曲的思想而言,以其广度和深度而论,其原创性远比不上宋明时期的二程、张载、朱熹、王阳明等学者,但是二曲对宋明理学各派学说的得失都进行了自我诠解,尤其对陆王、程朱思想进行了融会贯通,在清初思想界产生了重大影响。仅就关学的发展而言,全祖望评价二曲说:"关学自横渠而后,三原、泾野、少墟,累作累替,至先生而复盛……先生起自孤根,上接关学六百年之统。"(全祖望《二曲先生窆石文》)王心敬亦说:"盖关中道学之传,自前明冯少墟先生后寥寥绝响,先生起自孤寒,特振宗风。"①事实上,此类评价与表彰乃是基于二曲在关学发展演变史中的地位和作用。关学最初作为濂洛关闽四大理学流派之一,由北宋张载开创,但其"再传何其寥寥",直到明季王恕、王承裕父子所开创的三原学派才得以复兴,继后吕柟、冯从吾的崛起,方使关学大振。但是,冯从吾之后,关学的发展又走向低落,至李二曲倡道关中,再次复兴关学。二曲门人或私淑后学众多,知名者有鄠县王心敬,邠州王吉相,同州马豀士、张珥、李士璸,合阳康乃心,富平惠龗嗣,泾州文佩、宝鸡李修,蒲城宁维垣,雒南杨尧阶、杨舜阶,兴平杨屾等。然而能有效传其学者为王心敬、王吉相和杨屾,其中又以王心敬、杨屾为著。在体用观上,王、杨二人均继承了二曲思想。王心敬之学以"全体大用,真知实行"②为宗旨,即把心性论方面的道德本体与修养论方面的"工夫"(真知实行)有机地结合在一起。杨屾之学亦有"二命"之说,以"天德"为"大本之命",以"王道"为"助修之命",③即体达用。然而,二曲学派二代之后,虽有王心敬门人韩城强岳立及其强氏门人澄城张秉直、杨屾门人长安郑世铎、临潼齐倬等人闻名于世,但缺乏有力传播二曲之学者。随着颜李学派、朱子学在关中的迅速传播,不仅一些二曲后学"皆以颜先生之学为然"④,也有诸多关中学者改崇程朱之学;但是二曲及其学派注重兼取诸家与经世实践却被后代学者所延续,进一步推动了关学在清代的发展,扩大了关学在全国的影响。

二曲的上述学术努力,在其生前即为其赢得了众多的赞誉,时人屡屡以"海内真儒""海内三大儒"、清初"三大儒""为世儒宗""关中大儒"等论之;在其身后生平与思想也多为《关学续编》《鹤征录》《留溪外传》《儒林外传》《己未词科录》《小腆纪传》《道学渊源录》《国朝学案小识》等众多典籍所记载;尤其是,民国以来二曲也受到学术界诸多学者的关注,并从不同的研究视角对二曲思想做出揭示,促使二曲研究的深化与繁荣,这必然进一步扩大了二曲在当代的影响。

---

① 王心敬:《关学续编》,《关学编(附续编)》,北京:中华书局,1987年版,第87页。
② 王心敬:《示及门》,《丰川续集》卷1。
③ 刘光蕡:《修齐直指评》,《关中丛书》本。
④ 李塨:《与王崑绳书》,《恕谷后集》卷5,清雍正刻后增修本。

附录一 二曲年谱简编

年　代	年　龄	事　迹
1627年(明天启七年)	一	正月二十五日,二曲生。
1628—1634年(明天启八年至崇祯七年)	二至八	不详。
1635年(崇祯八年)	九	二曲始入小学,读《三字经》,后随母舅读《大学》《中庸》,但旧疾时发,辍学不断。
1641年(崇祯十四年)	十五	李自成扰河南。及冬,攻开封。陕西都御史汪乔年奉命督师讨伐。二曲父李可从以材官随监纪西安同知前盩厔县令孙兆禄出征。
1642年(崇祯十五年)	十六	二月,李可从战死于河南襄城。
1643年(崇祯十六年)	十七	是秋,二曲母子定居于邑西新庄堡。冬,驻防兵变,杀掠甚惨。二曲偶出堡拾薪,被乱兵俘获,刃将及颈,同伍异其气概,亟搁刃获免。
1644年(崇祯十七年)	十八	二曲拒绝父执之子入籍衙役,或作胥吏,或为皂快的建议。家仅一桌,鬻以易食。后闻社学诵书声有感,矢志读书。因家贫无书

年　代	年　龄	事　迹
		塾接纳,于是取旧所读《大学》《中庸》,依稀认识,至《论语》《孟子》,则逢人问字正句。后有亲友赠送《篇海》,随读随查。由是识字渐广,书理渐通,熟读精思,意义日融,然后递及于经。
1645年(清顺治二年)	十九	是春,二曲借读《周易》。是夏,又读周锺《制义》。后又借读《春秋公谷左氏》《性理大全》《伊洛渊源录》。
1646年(顺治三年)	二十	二曲借读《小学》《近思录》《程子遗书》《朱子大全集》。是夏,与盩厔县令樊嶷结交。樊嶷赠送"大志希贤"匾额。
1647年(顺治四年)	二一	二曲借读《九经郝氏解》《十三经注疏》,驳瑕纠谬,未尝尽拘成说。
1648年(顺治五年)	二二	二曲借读司马光《资治通鉴》、朱熹《资治通鉴纲目》暨《纪事本末》等。与郿县李柏订交于沙河东村。
1649年(顺治六年)	二三	二曲借读《大学衍义》《文献通考》《通典》《通志》《二十一史》等。
1650年(顺治七年)	二四	盩厔藏书之家,渐知二曲贫而力学,允许其恣其翻阅。数载之

年代	年龄	事迹
		间,上自天文河图、九流百技,下至稗官野史、壬奇遁甲,靡不研极。
1651年(顺治八年)	二五	不详。
1652年(顺治九年)	二六	二曲阅读《道藏》。并对其中玄科三洞、四辅、三十六类,每类逐品一一寓目,核其真赝,驳其荒唐。
1653年(顺治十年)	二七	二曲阅读《释藏》,辩经、论、律三藏中的谬悠之处。并研读西洋教典、外域异书等,也皆究其幻妄,随说纠正。
1654年(顺治十一年)	二八	时邑宰张某者,本营伍出身,粗戾不学,信任苟蠹。二曲季父为其宠吏凌辱殒命,季父之子具状呼冤,反中吏谗,谓为二曲指使,发役严捕,欲毙于狱。赖通邑绅衿营解而得免。
1655年(顺治十二年)	二九	二曲究心经济,谓"天地民物,本吾一体,痛痒不容不关。以学须开物成务,康济时艰。史迁谓'儒者博而寡要',元人《进宋史表》称'议论多而成功少',斯言切中书生通弊"。
1656年(顺治十三年)	三十	二曲会见樊巍,向其出示《悔过自新说》一文。

年　代	年　龄	事　迹
1657年(顺治十四年)	三一	夏秋之交,二曲患病静摄,深有感于"默坐澄心"之说,于是一味切己自反,以心观心。久之,觉灵机天趣,流盎满前,彻首彻尾,本自光明。自是屏去一切,时时返观默识,涵养本源。间阅濂、洛、关、闽及河、会、姚、泾论学要语,聊以印心。
1658年(顺治十五年)	三二	二曲租佃里人之田,欲借以聊生。值旱枯无成,备极人间穷苦,但其坚忍之操,不殊铁石。
1659年(顺治十六年)	三三	是春,骆锺麟始任盩厔县令,竭诚造谒,师事二曲。五月,按察司翟凤翥、布政司陈爌赞誉《悔过自新说》,欲加以造访。十月,巡抚张自德檄督学以"熙代学宗"表其庐。
1660年(顺治十七年)	三四	是秋,二曲母舅病故,子幼仆叛,外侮纷至。二曲为言于骆锺麟,纠回叛仆,力维门户,以德报怨,识者咸叹为人所难。是秋,秦安蔡启贤司训盩厔,不时造庐访谒。十二月,同州党湛,冒雪履冰,前来就正所学。
1661年(顺治十八年)	三五	提学王成功称二曲"超世独立,学尚实谐",表其门曰"躬行君子"。是后,当道表闾者甚众,或

年　代	年　龄	事　迹
		曰"理学渊源",或曰"一代龙门",或曰"躬超萃类"。
1662年(康熙元年)	三六	七月,秦安蔡启胤遥肃贽受学。
1663年(康熙二年)	三七	四月,蒲城王化泰来学。十月,昆山顾炎武来访,二人订交。
1664年(康熙三年)	三八	是年,二曲敛迹罕出,谢绝应酬。
1665年(康熙四年)	三九	十一月,二曲母病卒。
1666年(康熙五年)	四十	十月,太守叶承桃重建关中书院,欲延请二曲开讲,托李楷介绍,被二曲谢绝。
1667年(康熙六年)	四一	是春,骆锺麟迁升为北城兵马。二曲送其出境,后东登华山。
1668年(康熙七年)	四二	四月,白焕彩、王化泰令党克材东迎二曲讲学。至兴平,谒茂陵。至毕郢,谒周文、武、成、康四陵,及太公、周公二冢。次泾干,会见逸士王尔德。至下邽,谒寇莱公祠。至蒲城,谒张子祠。五月十七日,抵户军里,馆于白塾。郡绅李子燮等踵接请益,张珥长跽受教,李士瑸、马秾、马逢年等,咸北面从事。六月初九日,游州东关之广成观,张珥、李子燮来会。十六日,赴朝邑,谒韩恭简公祠,并拜墓;会

年　代	年　龄	事　迹
		晤李楷。十九日,谒马二岑先生祠,阅其遗集。二十七日,返回白塾。白焕彩录刊二曲讲学语录为《学髓》。七月初八日,谒泾野祠。既归,以语门人赵之俊,将东行活动一一记录,名为《东行述》。
1669年(康熙八年)	四三	四月,湖广罗诰来访。八月,咸宁县丞郭传芳来访。九月,骆锺麟迁升常州知府,二曲送别于长乐坡,遂游骊山,发明"洗心藏密"之旨。后接受张珥邀请,再至同州讲学。张珥录其答语为《体用全学》。李士璜录其答语为《读书次第》。十一月,二曲西归盩厔。
1670年(康熙九年)	四四	十月,二曲赴襄城为父招魂。次月初十,致祭招魂。祭毕欲返,适逢骆锺麟遣使来迎接,倡道江南。二十七日,至扬州谒范文正公祠。十二月,抵常州。骆锺麟录其讲学言论为《匡时要务》。
1671年(康熙十年)	四五	正月初九日,二曲谒唐襄文公荆川祠。十一日,骆锺麟偕别驾张榜邀游虎丘,姑苏学者闻之,相与问学者甚众。后讲学于常州府庠明伦堂及武进邑庠明伦堂。从游者录其言为《两庠汇语》。

年代	年龄	事迹
		二十七日,无锡宰吴兴祚同教谕郝毓馫奉迎至无锡讲学。二月,拜谒文庙、高忠宪公祠。后开讲于明伦堂。门人徐超、张渚生录其语为《锡山语要》。后又会讲于东林书院,其语被录为《东林会语》;会讲于淮海宗祠,叙其答语为《梁溪应求录》;开讲于江阴与靖江明伦堂,门人录其答语为《靖江语要》。三月初六日西返。二十五日抵襄城。时父祠已就,哭奠,取冢土招魂以归。十月,咸宁县丞郭传芳同阃司张梦椒迎接二曲游董子祠。
1672 年(康熙十一年)	四六	八月,至西安南拜冯从吾墓,订其遗集。寓于雁塔,学宪钟朗亟出城谒访,质疑咨学。
1673 年(康熙十二年)	四七	陕西总督鄂善复修关中书院,肃币迎聘二曲前去讲学。是秋,宝鸡李修始谒二曲于书院,北面禀学,二曲力辞。鄂善会同抚军阿席熙上疏推荐二曲。十一月,督抚奉旨催促二曲起程,二曲再三以疾辞。是月,至华阴,访王弘撰,论为学出处之义,并为刘四冲作传。
1674 年(康熙十三年)	四八	四月,有旨复征。吏部咨督抚起送,藩司檄府行县催促起程。二

年　代	年　龄	事　迹
		曲坚决以疾相辞,被抬至西安城南兴善寺,以死自矢,督院知不可强,乃会同抚军以实病具题。部覆奉旨疾痊起送。十二月,还家养疾。
1675年(康熙十四年)	四九	八月,二曲挈家避兵富平,居拟山堂。其间李因笃及其弟李因材常趋侍。是冬,顾炎武来书问候。是年,李修再谒于拟山堂,坚欲及门,二曲仍固辞。
1676年(康熙十五年)	五十	四月,张梦椒有疾,回雁门原籍。濒行,迂道富平别二曲,并捐俸备薪水,约以秋凉疾愈复至。但抵家未几病故。二曲闻之悼恸,为位遥祭,仍托人唁其遗孤。
1677年(康熙十六年)	五一	五月,遥祭骆锺麟。八月,鄂善改抚甘肃,濒行,手札言别。九月,王弘撰来访。是冬,顾炎武来访。
1678年(康熙十七年)	五二	是春,顾炎武再次来访。清廷复促起程应征。兵部主政房廷祯又以"海内真儒"推荐。二曲以疾笃辞,无果。被抬至雁塔,绝食五昼夜。总督知其不可强,不得已,又以疾笃具覆。
1679年(康熙十八年)	五三	是秋,傅山来访。七月,鄂善解任赴都,迂道至富平,见二曲于

年　代	年　龄	事　迹
		卧室,盘桓二日而行。知二曲将西归盩厔,捐金以备薪水。八月,二曲西返盩厔。
1680年(康熙十九年)	五四	二月,二曲营建母祠。是秋,郭传芳迁任四川达州知府,二曲遣子李慎言送至宝鸡,恸哭而别。十月,鄠县(今户县)王心敬来学。
1681年(康熙二十年)	五五	二月,二曲闻听郭传芳病故,为位率家人哭祭,服缌三月,为之表墓。四月,为报德龛,祭奉骆锺麟、郭传芳、张梦椒。是冬,邠州王吉相来学。
1682年(康熙二十一年)	五六	三月,武功张志坦、马仲章来学。
1683年(康熙二十二年)	五七	七月,盩厔县令张涵拟为二曲建书院,二曲力却。王吉相、茹仪凤刊刻二曲《垩室录感》。
1684年(康熙二十三年)	五八	是年旱荒,二曲家计困窘,并日而食,玩易弗辍。
1685年(康熙二十四年)	五九	三月,汉阳傅良辰、江陵张子达来学。是冬,督学许孙荃捐俸梓布二曲《四书反身录》。
1686年(康熙二十五年)	六十	正月,许孙荃出巡校士,以书请教。五月,许三礼书信向二曲问学。

年　代	年　龄	事　迹
1687年(康熙二十六年)	六一	二月,二曲致书许孙荃劝其修葺郿县张横渠祠。 是年,周星公督学蜀中,二曲与书推荐杨甲仁。
1688年(康熙二十七年)	六二	正月,许孙荃任满告归,濒行,赋诗惜别。二曲编订《鸡山语要》。三月,李修来学。
1689年(康熙二十八年)	六三	是春,老仆李喜病亡。六月,二曲与范鄗鼎书信论学。
1690年(康熙二十九年)	六四	惠思诚病重,二曲遣子代候。
1691年(康熙三十年)	六五	是年,关中旱情加剧。二曲与董郡伯书陈述救灾举措。学使高尔公造谒,并偕司寇郑重捐俸刊刻《二曲集》。六月,范鄗鼎寄撰序言。
1692年(康熙三十一年)	六六	关中继续干旱。二曲闻布哈巡抚陕西,与书陈述救灾之策。二月,颜元质学二曲。
1693年(康熙三十二年)	六七	是年,《二曲集》刊竣,郑重、高尔公各为之序。十二月,武功张承烈卒,二曲作悼文。
1694年(康熙三十三年)	六八	王源书信向二曲质学。
1695年(康熙三十四年)	六九	九月,四川杨甲仁自京城来访,

年　代	年　龄	事　迹
		与二曲论学甚得,常坐论夜分。十月初二日,二曲寄书宝鸡门人李修劝其在杨甲仁路过宝鸡时,前去问学。
1696年(康熙三十五年)	七十	不详。
1697年(康熙三十六年)	七一	春,无锡倪雕梧摄邑篆来谒,二曲出示十九年前所辑《司牧宝鉴》,倪即序而梓行。
1698—1702年(康熙三十七至康熙四十一年)	七二至七六	不详。
1703年(康熙四十二年)	七七	十月,康熙西巡陕西,欲召见。李慎言以疾上对。康熙遂以"高年有疾,不必相强"谕令地方官吏,随赐书"操志高洁"匾额,及御制诗章,并索求二曲著述。李慎言进呈《二曲集》《四书反身录》。二曲撰《重修云台观朱子祠记》。
1704年(康熙四十三年)	七八	不详。
1705年(康熙四十四年)	七九	四月十五日,二曲卒。葬于贞贤里南先茔之次。

附录二 二曲儒佛辨平议①

自北宋以来,理学的创立与发展便与佛教紧密相伴,辟佛与兼取并行,尤其至明代中晚期,三教合一思潮流衍不息,对佛教采取何种态度成为了诸多理学家面对的典型学术问题。展现在明清之际的关学中,即有冯从吾(1557—1627)、李颙(1627—1705)、王弘撰(1622—1702)等诸多学者,力辨儒佛异同。而其中李二曲对儒佛的辨析与阐发甚为典型,颇值得深入考察。

一

李二曲对佛教颇有研读:顺治十年(1653),二十七岁的李二曲"阅《释藏》,辩经、论、律三藏中之谬悠"②;康熙七年(1668)讲学同州时,又有酷好内典者,细质所疑,李二曲"一一响答,凡《楞严》《圆觉》《心经》《坛经》《涅槃》《止观广录》《宗镜录》《大慧中峰》诸语录要旨,及三藏中'真似是非之辨',咸为拈出。既而喟然叹曰:'吾儒之道至易、至平、至实,反而求之,自有所得,故不必借津竺乾,索之无何有之乡,空虚莽荡,究无当于天下国家也'"(《二曲集》,69页)。在二曲著述中,也广泛吸取"本面""念""一念万年""无念""寸丝不挂""明心见性""虚寂""光明"等佛教常用词汇,甚至援引维摩禅祖师傅大士(497—569)化老子思想的诗歌:"有物先天地,无形本寂寥。能为万物主,不为(原为"逐")四时凋。"(《二曲集》,406页)故在李二曲生时或其后,屡有学者批评其学受佛教影响甚深。如其好友王弘撰云"其所从入,似得之禅,故论谈笔札,往往不讳"③;颜元直指其为禅学,甚至云"西误李中孚"④;王承烈则指责其"浸淫于禅

---

① 原载于《唐都学刊》2012 年第 5 期,原标题为《李二曲儒佛辨研究》。
② 李颙:《二曲集》,北京:中华书局,1996 年版,第 561 页。本文以下注释仅随文注书名、页码。
③ 王弘撰:《频阳札记》,《砥斋集》卷 4,清康熙十四年刻本。
④ 李塨编、王源订:《颜习斋先生年谱》,清康熙四十六年刻本。

处自不可掩"①。然而,近二十年来,虽然学术界对李二曲研究逐渐深化,但主要围绕"悔过自新"与"明体适用"来展开,虽然其中不乏论者涉及儒佛之辨的问题,但往往是附带论及,言之不详。目前最深入者,即将二曲言论与惠能《坛经》加以比较,认为"李二曲在遣词用句、思维模式、有些观点与惠能的主张颇有暗合之处"②。虽然此研究立足文本,揭示了一些言论、思维模式等相似性,有助于深化李二曲研究,但仍延续清儒印象式阐发,停留于表层。相形之下,通过揭示李二曲对某些哲学问题的阐发,更有助于合理贞定李二曲对儒佛异同的思考。

二

本文以李二曲思想中的心与理、体与用、动与静、内与外四对基本哲学问题为中心,期以深入把握李二曲儒佛辨。

(一)心与理

"心""理"关系作为理学最基本问题之一,是任何理学家都不可能回避的焦点问题;③同时也是理学家借以辟佛的重要方面。李二曲概莫能外。他说:"佛氏之虚寂,则虚其心,而并欲虚其理。……此佛氏所以败常乱伦,而有心世道者,不得不为之辨正也。"(《二曲集》,151页)"有心世道者",二曲即是;所"不得不为之辨正"者,即儒佛在"心""理"方面的异论。

如何立足于心、理辟佛?二曲之学"本于姚江"④,"以阳明先生之'致良知'为本始"(《二曲集》,14页),故可以以王阳明辟佛之论,来反观李二曲之说。王阳明说:"心即理也,无私心即是当理,未当理便是私心。若析心与理言之,恐亦未善。"⑤又在回答"释氏于世间一切情欲之私,都不染着,似无私心。但外弃人伦。却似未当理"时,说:"亦只是一统事。都只是成就他一个私己的心。"⑥王

---

① 王承烈:《日省录》卷1,清光绪年间刻本。
② 许鹤龄:《李二曲"体用全学"之研究》,台北:文史哲出版社,2004年版,第222页。
③ 陈来:《有无之境——王阳明哲学的精神》,北京:人民出版社,1991年版,第20页。
④ 秦瀛:《己未词科录》卷5,清嘉庆间刻本。
⑤ 陈荣捷:《王阳明〈传习录〉详注集评》,台北:台湾学生书局,1988年版,第115、309页。
⑥ 陈荣捷:《王阳明〈传习录〉详注集评》,第115页。

阳明主张"心外无理","人心与天理浑然"。心之本体即是"理",乃纯粹内在至善的道德法则,故无经验中的善恶之分,即"无私心即是当理"。而佛教虽从表面看,不执着于情欲等现象,但却外人伦、遗物理,执着于"私心"。换言之,在佛教与儒学"皆求尽其心",所存在的差别不过是"尽心"的进路不同:"圣人之求尽其心也,以天地万物为一体也"③,尽的是"以天地万物为一体"的道德本心;而佛教尽心虽为了不着相,但"其实着了相","怕父子累,却逃了父子。怕君臣累,却逃了君臣。怕夫妇累,却逃了夫妇。都是为个君臣父子着了相"④,显然于心体上有私意,"陷于自私自利之偏"。

再看二曲所论:"佛氏之虚寂,则虚其心,而并欲虚其理。舍弃昭昭,而反其冥冥,虽则寂然不动,而究竟不足以开物成务,以通天下之故。此佛氏所以败常乱伦。"(《二曲集》,151页)佛教既虚心(舍弃昭昭)又虚理(反其冥冥),即佛教空寂掉心体,自然也无心体的自我明觉,必然陷入冥冥境遇。据此,追求舍昭反冥的修悟是无法开物成务的,甚至为此"私心"而舍弃了世道伦常,这显然承续了王阳明的思想。他又说:"彼释氏空其心而并空其理,吾儒则空其心而未空其理。"(《二曲集》,468页)进一步区分了儒佛"心""理"特征:佛教空的是道心、义理之性,舍理言心,如黄宗羲所论"以释氏本心之说颇近于心,不知儒释界限,只一理字。释氏于天地万物之理,一切置之度外,更不复讲,而止守此明觉"⑤;儒学之"理"为"实理",论心离不开"理",亦如冯从吾所论"人心至虚,众理咸备"⑥。可见,二曲辟佛以儒学心虚理实、佛教心理俱虚(空)立论,与前儒时人并无太多差别。然而,二曲的贡献不在于承续,而在于消化和丰富他人的思想。二曲又将儒佛心理之辨指向了对佛教之"空"的批判。佛教之"空"是建立在因缘和合基础上,对诸法实相(空性)、"不住""无执"的证悟,及对超越分别、离欲清净的寂静涅槃境界的描述。故"空"既可以作为诸法本性、证悟的禅修工夫,又可以看作诸法绝对"空寂"的境界。在二曲看来,佛教虽注重明觉修证,但已置世界万物于己身之外,不仅万物虚幻不实,其"理"也为"空"掉了;而儒学虽在工夫境界上可达到与佛教相似的"空"境,即"空空""屡空"、无丝毫意必我执的"绝四"境界;但恰是为了澄澈自家生命的德行境界。其德行仁体必然要"大而化之"、朗润一切,要明觉、要承体起用,贯注于现实生活中,成己成物,展现于

---

④ 陈荣捷:《王阳明〈传习录〉详注集评》,第309页。
⑤ 黄宗羲:《明儒学案》,北京:中华书局,2008年版,第181页。
⑥ 冯从吾:《辨学录》,《冯少墟集》卷1,明天启元年刻本。

"纲纪伦常一切皆实"(《二曲集》,468 页)。而佛教则停留于"私心"与成己,纵然达到清净无明,但依然无法成物,其"纲纪伦常一切皆空"(《二曲集》,468页)。

二曲上述之辨乃是从"心""理"的特性方面揭示儒佛的差异,也确然在一定程度上深入了儒佛辨的核心问题;但仍多停留于对禅学的分析上,未能深入分析佛教之"心"的复杂性,故也不免造成了某种曲解。概言之,在佛教教义里,心不仅包括意识赖以存在的肉团心、以第八藏识为体的缘虑心,及自体自足真如心;而且其真如心具有常住不变、清净无烦恼、具足无漏、如实空与如实不空等内蕴,显然非二曲"一切皆空"之义,更非"私心"所能确指。佛教也并非完全"无理""虚理",其理乃是诸法实在之空理或空性,只是没有儒家所言之实理(内在于万物中的天理),这仅反映了儒佛论"理"的向度不同而已。据此看,二曲的儒佛"心""理"之辨,并未能完全契合佛教义理。

(二)体与用

"体用"属于理学本体论的重要范畴。李二曲很重视儒佛"体""用"之辨,集中展现在其与顾炎武的三封书信中。就"体用"的出处看,二曲认为"'体用'二字出于佛书"(《二曲集》,148 页)。事实上,二曲这种看法,北宋时晁说之已论及:"体用所自,乃本于释氏。"①然而,二曲进一步考察佛典,指出惠能始标"体用"。与顾炎武否定儒学体用外来的僵化态度相较,二曲不仅立足于事实,而且主张"吾儒之所未言,而异学偶言之者。但取其有益身心,便修证斯已耳"(《二曲集》,149 页)。二曲认为,儒学理论的阐发不在于语言、思维方式,而在于不同学说的内蕴,是否有助于心性修养。因此,从思想深处辨析儒佛"体用"异同应然成为二曲的学术选择。

李二曲说:"今无论出于佛书、儒书,但论其何体何用,如'明道存心以为体,经世宰物以为用',则'体'为真体,'用'为实用。此二字出于儒书固可,即出于佛书亦无不可。苟内不足以明道存心,外不足以经世宰物,则'体'为虚体,'用'为无用。此二字出于佛书固不可,出于儒书亦岂可?"(《二曲集》,149—150 页)此处,二曲标举出儒学的"体用"内涵——"明道存心"与"经世宰物",及其内外、本末关系,这也是儒佛相异之处。但在二曲看来,即便儒佛在体用方

---

① 黄宗羲:《宋元学案》,北京:中华书局,1986 年版,第 863 页。

面存在差异,但其思维方式上仍具有相似性。故在回答岳山华"天命之性,三教同否"时,说:"同而异。在天为於穆不已之命,人禀之为纯粹至善之性,直觑原本,不落思想,不堕方所,以臻无声无臭之妙,是则同。"(《二曲集》,30页)二曲肯定儒佛在对形上本体的追求与体悟方面的相似性,即"明体"工夫相似。即便如此,佛教仍"以彼真参实悟,其有见处,非不皎洁,而达之于用,犹无星之戥,无寸之尺,七倒八颠,回视儒者真实作用,何啻霄壤"(《二曲集》,30页)。佛教并非如儒学般体用一贯,而是体不达用。换言之,佛教"体""用"悬绝,"用"非"体"之用,仅是方便之法。故二曲又说:"先儒所以解'空'为空匮,深驳'空虚无物'之说者,盖恐学人堕于禅寂,不得不为之防。诚能明物察伦,深造自得,空豁其心,内外两忘,而惺惺不昧,有体有用,不至操失其柄,庶不负先儒防微苦心。"(《二曲集》,479页)儒佛虽然均用"空"明体,但是儒家的空可以达之于用,明物察伦,开豁其心,体用兼备;而佛教之体"空虚无物",虽明体但无其用。

事实上,体用问题是二曲思想的根荄,在其著述中广泛论及体用并举、体用不二、即体达用,由用返体等,并运用体用思维辨析腐儒与霸儒、儒学与俗学、博学与杂学等。在以体用辨析儒学与佛道等差异时,也往往彰显出二曲思想别具新意。如二曲释异端,说:"'端'字亦须体认。吾人发端起念之初,其端果仁、果义、果礼、果智,此是正念,此便是心术端,此便是端人正士。否则,便是邪念,便是心术不端,便非端人正士。即此便是大异端,不待从事于杨墨释老而后为异端也。"(《二曲集》,25页)以"端正"释"端"。"正念""心术端"便是体认。换言之,二曲辨别异端的最基本标准在于是否能体认本体,能立乎其大,进而在日用践行中呈露本体,使本体达之于用。这亦是儒与杨墨释老的差异所在。

然而,二曲虽以体用关系辨别儒释,但仍有不确之处。二曲认为"释氏之教,原以'圆寂'为宗"(《二曲集》,122页)。基于此种认识,二曲所理解的佛教必然是追求舍昭反冥的禅修,空寂心体,也无法开务成物。换言之,佛教纵然达到清净无明之体(空性),但也为"私心"舍弃了世道伦常。事实上,佛教也十分注重建立在解脱理论上的伦理道德,尤其是以心性论为基础,强调众人的自觉和觉他。如支谦所谓"不生之心是,如自然观故……以人物自然故,诸法之心是"[1]则指佛教应物修行,自然而然。惠能所谓"世人性本自净,万法在自性。

---

[1] 支谦:《佛说维摩诘经》,《大正藏》第14卷,第528页。

思量一切恶事,即行于恶;思量一切善事,便修于善行。如是一切法尽在自性"①,即将世人内在清净的自性与外在的万法本体合而为一。因此,从某种程度上看,二曲之论仍在延续宋明儒辟佛的陋习,以"释氏只说上达,更不理会下学"②,视佛教体用殊绝,漠视佛教教义对纲纪伦常的关注。

(三)内与外

儒佛内外之辨,虽由来已久,但也是儒佛之辨中常论的问题。李二曲与顾炎武也探讨了这一问题。顾炎武认为,"内典"二字始见于《宋史·李沆传》,并怀疑唐末五代才有此语,云:"推其立言之旨,盖将内释而外吾儒,犹告子之外义也,犹东汉之人以《七纬》为内学,以《六经》为外学也。庄子之书,有所谓'外物''外生''外天下'者,即来教所谓'驰心虚寂'也。而君子合内外之道者,固将以彼为内乎?"(《二曲集》,150页)《日知录》阐述更为详细:"古之圣人,所以教人之说,其行在孝弟忠信,其职在洒扫应对进退,其文在《诗》《书》《礼》《易》《春秋》,其用之身在出处、去就、交际,其施之天下在政令、教化、刑罚。虽其和顺积中,而英华发外,亦有体用之分,然并无用心于内之说。……而佛氏晚入中国……天下之言不归杨,则归墨,而佛氏乃兼之……其传寝盛,后之学者遂谓其书为内典。推其立言之旨,不将内释而外吾儒乎?夫内释而外吾儒,此自缁流之语,岂得士人亦云尔乎?……褚少孙补《滑稽传》,以传记、杂说为外家,是以《六经》为内也。东汉儒者则以《七纬》为内学,《六经》为外学。举图谶之文,一归之性与天道,不可得闻。而今百世之下,晓然皆悟其非。今之所谓内学,则又不在图谶之书,而移之释氏矣。"③顾炎武认为,儒学原无"用心于内之说",内外之学是随后人创造而不断衍生的,而是时的内学则指佛教。事实上,顾炎武不仅将矛头指向佛教,也指向了大畅"性与天道",注重阐发义理的宋明理学,尤其是与禅宗相似类的心学,故其有"古之所谓理学,经学也……今之所谓理学,禅学也"④之说。

面对顾氏之说,二曲阐述了自己的看法:首先,二曲不认同其对"内典"渊

---

① 郭朋:《坛经校释》,北京:中华书局,1983年版,第39页。
② 朱熹:《朱子语类》,《朱子全书》第15册,第1569页。
③ 顾炎武著,陈垣校注:《日知录校注》,合肥:安徽大学出版社,2007年版,第1011—1012页。
④ 顾炎武:《顾亭林诗文集》,中华书局,1959年,第62页。

源的看法,认为"'内典'二字,出于萧梁之世"。是时梁武帝崇佛,士大夫影从,故以儒书为"外尽人事",佛书则"内了心性"。此种风气历隋唐元明诸代,"凡言及佛书,多以是呼之",而"视汉人以《元命苞》《援神契》等《七纬》为内,尤不啻内之内矣"(《二曲集》,150—151页)。"内典"乃是佛教的专称,汉人虽以《七纬》言内,但不是佛教内典所能规范的。其次,二曲进一步揭示儒家之"内"的含义。他说:"然亦彼(佛教、汉人内学)自内其内,非吾儒之所谓内也。彼之所谓内,可内而不可外。吾儒之所谓内,内而圣,外焉而王,纲常藉以维持,乾坤恃以不毁,又岂可同年而语!"(《二曲集》,151页)无论是佛教还是汉人所标榜的内学,都是"自内而内",只能内求而不能推外;换言之,佛教既"虚心"又"虚理",虽能"寂然不动",内于圣,但不可以"开物成务,以通天下";而儒学真正所谓的内,则是"内而圣,外焉而王"。儒家的内外之学乃是明体适用之学,明体与适用合而为一,内可修身成圣,外可"齐、治、均平",达于天下事务。

因此,二曲儒佛内外之论,不仅在渊源追溯上别于顾炎武,而且以内圣外王、明体适用为标准辨析儒佛,乃至甄别历史上三教内部的内外之别。二曲说:"僧有禅宗、有应付,道有全真、有应付,儒有理学、有应付,咸一门而两分之,内外之分也。……诚自振自奋,自拔于流俗而允蹈之,便是真儒、大儒、'君子儒',否则终是俗儒、应付儒、'小人儒'。"(《二曲集》,451页)三教自身内部也存在内外之别。若就儒家而言,内外之别也可以看作是区别真儒、大儒、君子儒与俗儒、应付儒、小人儒的标准。可见,二曲所论不仅切合史实,而且其视野要远高于顾炎武,其儒佛内外之辨以是否坚持内圣外王、明体适用为标准,也实为其体用之辨的具体展现。

(四)静与动

"静"作为涵养心性的工夫途径,素为理学家所乐道。二曲之学"静以为之基"(《二曲集》,96页),注重静修、静坐。三十一岁时,二曲"患病静摄,深有感于'默坐澄心'之说,于是一味反己,以心观心,久之,觉灵机天趣,流益漫前,彻首彻尾,本自光明"(《二曲集》,634页)。"默坐澄心"源自宋儒李侗(延平)"为学不在多言,默坐澄心,体认天理"语,而此语激发了二曲病中静摄,默坐澄心,进而悟道。自此,静摄默识成为二曲工夫论的重要内容。如其云:"学须屏耳目,一心志,向'无声无臭'处立基。胸次悠然,一味养虚,以心观心,务使一念不生。久之,自虚室生白,天趣流益,彻首彻尾,涣然莹然,性如朗月,身体轻松,浑是虚灵"(《二曲集》,145页),"静默返照,要在性灵澄澈;性灵果彻,寐犹不寐,昼夜昭莹,如大圆镜"(《二曲集》,161页),"'默而识之',谓沉潜自认,识得天命本体、自己真面目,即天然一念,不由人力安排,湛然澄寂,能为形体主宰者是也"(《二曲集》,454页)。在二曲看来,静坐澄心便是体认无声无臭之本体的工夫进路,故其《学髓》将静坐之法进行详细严密化,有助于体悟本体。因此,二曲认为"学问之要,全在定心;学问得力,全在心定"(《二曲集》,403页)。也因此种持静说屡屡被指责为近禅。

然而,二曲在强调"静"时,也注意"动"的工夫,也反对偏静近禅。在回答门人为学"得力之要"时,二曲说:"学须该动静;偏静,恐流于禅""学固该动静,而动则必本于静。动之无妄,由于静之能纯;静而不纯,安保动而不妄"。(《二曲集》,19页)二曲此论就工夫而言。静是对本体的体悟,动是体悟本体后的精神外现,静乃是动之本。此外,在《答胡士俊》中,二曲也道出了某些原委:"罗豫章先生亦谓:'圣道由来自坦夷,休迷佛学惑他歧。枯木死灰浑无用,缘置心官不肯思。'由是观之,则思之之功,初学亦可遽废,必也由思而至于无思,则朗然常觉,而本体常现,缉熙不断。如是,则常寂而常定,安安而不迁,百虑一致,无声无臭,於穆不已。儒之所以顾諟明命,超凡作圣者,实在于此,夫岂释氏参话头,麻其心于无用者,可得而班耶!"(《二曲集》,147页)可见,二曲是赞同罗从彦对佛教的批评。在他看来,佛教摆脱了心官之思,虽然悟得本体,但恰是麻木心官,如同枯木死灰,陷入了枯寂的境界。这和儒家重视心官之思,"心一定,静而安,寂然不动,感而遂通,廓然大公,物来顺应,犹镜之照,不迎不随"(《二曲集》,403页),由思到无思,既朗现本体,又顾諟明命,超凡入圣,动静合一,体用不二的情况,是截然不同的。

事实上,二曲静坐澄心、以心观心,动静结合的工夫论与禅宗是十分接近的,尤其是与曹洞宗的默照禅禅法相似;甚至二曲所主张静坐时,"以三炷为程,以斋戒为工夫"也与慧能的无分法身香(戒香、定香、慧香、解脱香、解脱知见香)十分类似,均主张通过静坐修行证悟自性。然而,如果深入二曲论静言论,似乎可以看出,二曲并不否定佛教中静悟静修的工夫,所反对的乃是儒家常批评的话头禅而已。"夫岂释氏参话头,麻其心于无用者,可得而班耶!"(《二曲集》,147页)话头禅为临济宗所创,注重利用语言和逻辑的紧张关系制造一些公案,展现禅机,启发他人彻悟本性。故自宋代以来,多被儒家所批评,如朱熹批评云"学禅者只是把一个话头去看,'如何是佛''麻三斤'之类,又都无义理得穿凿"①。与朱熹此论相较,二曲虽然也是从工夫修养论入手,但更加突出了本体及其主体精神显发上的差异。

三

李二曲对儒佛差异的辨析,虽然存在有不确切之处,但却彰显了明末清初儒家学者对儒学义理的理解及通过力辨儒佛异同来彰显个体对儒家道统的担当与继承。

从时代学术氛围看,晚明以来三教会通尤其是儒佛会通思潮风靡一时,典型者如明末佛教四大师(袾宏、真可、德清、智旭),常援儒道入佛,如真可所谓"且儒也,老也,释也,皆名焉而已,非实也。实也者,心也。心也者,所以能儒,能佛,能老者也"。②此种三教会通思潮,也影响至晚明关中学术界,如清初李柏仍主张三教合一。但是,面对儒佛相杂、彼此混淆的学风,晚明一些儒家学者为维护儒学的"正统"性,不断地辨析儒佛之异。如罗汝芳的弟子杨起元所说:"二氏在往代则为异端,在我朝则为正道。"③在关中则以冯从吾为著名。冯氏认为,"学莫先于儒佛之辩"④,作《辨学录》,力辟佛教。二曲不仅搜集冯氏遗集,加以整理编排,而且在学术上也非常推重冯氏。在力辨儒佛方面,显然受到冯氏维护"吾儒正道"的影响。因此,二曲儒佛之辨也是对晚明以来三教会通思潮的回应。

从学术理路看,二曲之学以王学为宗。相较于程朱学派,王学具有较强的开放性,对佛教持较开放甚至接纳的态度;尤其是在理论上,王学肯定了普遍而内在于人的超越的良知本体的存在,这在心性论上与佛教理论相呼应。如王畿认为,"先师(王阳明)良知之学,乃三教之灵枢,于此悟人,不以一毫知识参乎其间,彼将帖然归化"⑤,期以王阳明"良知说"会通三教。然而,随着明王朝的灭亡,王学也成为清初学者反思明亡的焦点。王学近禅误国之说,也成为学界话题。二曲之学以王学为根底,阐发王学与佛教的区别,力辨儒佛异同也为其

---

① 朱熹:《朱子语类》,《朱子全书》第18册,第3027页。
② 真可:《紫柏老人集》卷9,明天启七年刻本。
③ 杨起元:《太史杨复所先生证学编》卷1,《续修四库全书》第1129册。
④ 冯从吾:《辨学录》,《冯少墟集》卷1。
⑤ 王畿:《语录·三山丽泽录下》,《龙溪王先生全集》卷1,清道光二年刻本。

应然之事。如针对他人质疑阳明"良知"说,并以其学"近禅"时,二曲云:"此(良知说)千古绝学也","此(近禅说)不知者之言也"(《二曲集》,28页)。

从弘扬儒学维系世风看,李二曲认为佛教在发展的过程中,其弊端日显,危害深重。"释氏之教原以'圆寂'为宗,自宗传晦而诈伪起,于是一变而为'枯禅'之说,再变为'因果'之说。浸假至今,则又以造经像、勤布施为释教当然,愈趋愈下,而释之所以为释,名存而实亡矣。然使二教(佛、道)尽亡,则风俗之蠹可息;儒教若亡,则风俗之蠹愈滋。"(《二曲集》,122页)二曲所论佛教的演变未必尽然,但又恰恰指出了与佛教相较,儒学具有强烈的入世性质,是现世的学问。"儒者之学,明体适用之学也"(《二曲集》,120页)。"吾儒之教,原以经世为宗"(《二曲集》,122页)。"儒学明晦,不止系士风盛衰,实关系生民休戚,世运否泰"(《二曲集》,120页)。据此,二曲力辨儒佛异同,也有其时代必要性。

附录三 清代关学简论①

清初,关学展现了诸多的时代气息。明清更迭,朱明王朝为农民起义军所推翻,神州大地旋即又被东北少数民族所主宰,士人在感叹"天崩地坼""神州陆沉"的社会巨变的同时,长期形成的强烈的民族感情迫使他们从社会、思想等各个方面反思明亡的惨痛教训。展现在社会层面,就是许多人面对无法改变的时局,仍坚持高蹈的士人气节、民族气节,对新王朝采取抵抗的态度,或以身殉国,或遁迹山林,或讲学乡间,等等。展现在思想层面,他们积极对以往学术思想进行反思和总结,无论是明王朝所推崇的官方哲学——程朱理学,还是自明代中期以来逐渐兴盛的陆王心学,都成为学术界反思的对象。辨析理学、心学成为学者们普遍关注的问题。而在这一时期,关学学者对社会变迁的历史感受与认识、对理学与心学的吸收与取舍,直接影响到关学学风的转向。以李颙、王心敬、康吕赐等为代表的关中学者,不仅表现出坚定的士人气节,而且在思想上突显出强烈的心学倾向,这也成为此一时期关学思想发展的重要特色。

李颙(1627—1705,字中孚,号二曲)与富平李因笃(1631—1692,字天生)、郿县李柏(1630—1700,字雪木,号太白山人),被时人并誉为"关中三李",又与黄宗羲、孙奇逢齐名,被并称为清初"海内三大儒"。李颙为人颇重气节,曾先后多次上书力辞清廷征辟,实在无法拒辞则或病卧不出,或以拔刀自刺以明志。总体上看,其学术思想最为典型处有三:其一,注重兼收理学、心学。李颙弟子王心敬《关学续编》云:"其生平论学,无朱、陆,无王、薛,惟是之从。尝曰:'朱子自谓某之学主于道问学,子静之学主于尊德性。自今当去两短,集两长。某生也愚,然如区区素心,则窃愿去短集长,遵朱子明训,敢执私意、昧公道,自蹈于执德不宏耶?'"②虽然李颙之学能兼取"两长",但是从其思想根基上看当属陆王心学。其二,"悔过自新"说。王心敬云:"先生生平之学以尽性为指归,以悔过自新为心课,以静坐体认喜怒哀乐未发气象为知性之方,以读六经四子及

---

① 节选自《关学发展简史》,原载于韩星主编《中和学刊》第2辑,西安:陕西师范大学出版社,2010年版。

② 冯从吾:《关学编(附续编)》,北京:中华书局,1987年版,第87页。

诸儒之言、反身体验为穷理入门之要。"①可见,"悔过自新"为李颙的核心思想,也是其工夫论进路所在。其三,"明体适用"说。李颙认为"明道存心以为体,经世宰物以为用"②,即以"识心见性"为本、为先,突出"内圣"工夫,然后推之于"开物成务,康济群生"的"外王"之道。这种始于反身求己,归之于践履的思想也把心学、理学与关学重实践的特质有效地统一起来,对关学的复兴确有大功,故全祖望称其"上接关学六百年道统,寒饿清苦之中,守道愈严,而耿光四出,无所凭借,拔地倚天,尤为莫及"③。李颙门人众多,知名者有鄠县(今改作户县)王心敬,大荔张珥、李士璸,宝鸡李修,邠州(今彬县)王吉相,蒲城宁维垣,雒南(今洛南)杨尧阶、杨舜阶等,然而,能有效传其学者,首推王心敬。

王心敬(1656—1738,号丰川,又作沣川)之学多守师训,亦倾向于王学,且注重经世致用。清代学者多认为其学以《大学》"明德、亲民、止至善"为宗④,然而此论仅揭示王心敬之学的外在表帜。实际上,王心敬之学以"全体大用,真知实行"⑤为宗旨,即把心性论方面的道德本体与修养论方面的"工夫"(真知实行)有机地结合在一起。当道德本性落实到具体修养工夫之上时,则避免了空谈心性;同时,当修养工夫指向或回归到道德本性之时,也避免了旁骛徒劳。前者用以补救王学的空疏,后者用以补救朱学的支离,有效地解决了当时的程朱陆王之争:"专尊陆王而轻排程朱,是不知工夫外原无本体""若专尊程朱而轻排陆王,是不知本体外原无工夫",⑥消除门户之见。王心敬如其师李颙一样,曾讲学于大江南北,影响甚大,故而,唐鉴认为:"关中之学,二曲倡之,丰川继起而振之。与东南学者,相应相求。俱不失切近笃实之旨焉。"⑦

康吕赐(1644—1731,字复斋)一生绝意仕途,欲昌明正学,深居数十年,与学者交往甚少,在当时影响不大;但是,康吕赐之学切实精详,深思掘微。《文献征存录·康吕赐》称之:"以致良知为宗,主慎独工夫,以体用一原,内外两忘为

---

① 王心敬:《泾周新创二曲先生祠记》,《丰川续集》卷25,清乾隆十五年刻本。
② 李颙:《答顾宁人先生》,《二曲集》卷16,北京:中华书局,1996年版,第149页。
③ 全祖望撰,朱铸禹校注:《全祖望集汇校集注》,上海:上海古籍出版社,2000年版,第233页。
④ 周骏富辑:《清代传记丛刊》(013),台北:台湾明文书局,1985年版,第210页。
⑤ 王心敬:《示及门》,《丰川续集》卷1。
⑥ 王心敬:《寄无锡顾杨诸君》,《丰川续集》卷14。
⑦ 周骏富辑:《清代传记丛刊》(002),台北:台湾明文书局,1985年版,第564—565页。

究竟。名其斋曰慎独,所著有《慎独斋日录》。虽居关中,而向往于姚江。说者谓与二曲先生旨趣不相歧也。"① 可见,康氏以"致良知"为宗旨,以"慎独"为修养工夫,以达到"体用一源、内外两忘"的精神境界为旨归,其学当属于心学一脉。

实际上,在清初,朝廷也是延承元明政府以儒学教化治国的政策,推行科举考试,以程朱理学家的注解作为取士标准,程朱理学依然处于官方学术的地位,这直接影响到清初全国的学风。在关中,虽然李颙、王心敬、康吕赐等具有强烈心学倾向的学者影响较大,但与此同时,也存在王建常、李因笃等朱子学倾向的理学家。他们亦具有深远的影响,在他们的诗文中散见了诸多理学见解,不仅表达了他们生逢国变,痛斥朱子学空疏无用的思想;也透露出他们积极吸收心学和其他方面的资源,以补救朱子学之失的努力。可见,清初的关学学者,无论倾向程朱,还是陆王,都融入时代思潮之中,共同推动了关学的发展。

随着清廷统治巩固、汉化政策的有效推行,尤其是编纂和推广大量的儒家典籍,程朱理学的主导地位被日益提升和巩固,于是朱子学在关中的发展也甚为迅速,至清朝中叶已经取代了王学的主流地位。此时又涌现出以张秉直、孙景烈、李元春等为代表的学者,他们以程朱为宗,但又杂取诸家。略述如下:

张秉直(1695—1761,号萝谷)之学"于六经独重《四书》,《四书》尤重《论语》",并认为:"朱子,孔子之真传也,学孔子者宜学朱子。小学,朱子教人之书也。学朱子不读小学,亦不得其门而入矣。《论语》,小学之旨。学者有可持循,要之,明理尽性、希圣达天,俱不外是,舍是他求,不入于卑近,则流为空虚矣。"可见,张秉直之学恪守朱子,以"四书"及《小学》为根本,"以穷理为始,以知命为要"②。孙景烈(1706—1782,号酉峰),其学宗朱子,恪守《四书集注》,"以求仁为要领,以主敬为工夫,以《小学》一书为入德之基"③。同时,又不废陆、王,认为阳明之学虽"稍偏",但"偏在正学之中,不在正学之外"。孙景烈一生注重讲学,"先后主讲甘肃兰山、鄠县明道、关中诸书院,而以关中书院最为久"④。

相较于张秉直、孙景烈,李元春的影响更为巨大。李元春(1769—1854,号时斋)为推动关学不遗余力,著有《关学续编》。李元春的思想倾向于朱子学。

---

① 周骏富辑:《清代传记丛刊》(104),第48—49页。
② 周骏富辑:《清代传记丛刊》(003),第118页。
③ 张洲:《皇清征仕郎翰林院检讨酉峰孙先生行状》,《对雪亭文集》卷9,清嘉庆刻本。
④ 冯从吾:《关学编(附续编)》,第109页。

在其《性理十三论》中,李元春详细论述了太极本无极论、主静立人极论、诚诵诚复论、几善恶论、太虚即气无无论、乾父坤母论、为天地立心论、性合内外论、名实一无论、性即理论、学始不欺暗室论、知行先后轻重论、动止语默皆行论等十三个理学命题。① 其论述典型处,大致有二:其一,在阐述"太虚即气无无论"时,将张载气论,纳入到朱学"理生气"的范型。其二,在知行问题上,李元春虽然赞赏朱子"知先行后""知轻行重"的观点,但是又认为"知行为终身事,循环互用,亦知行合一说也"。可见,李元春十分注重对朱子学、张载关学与王学思想的吸收;但是,从整体上看,李元春属于朱子学者,对王学持反对态度。其弟子贺瑞麟称其"自少讲学即主程、朱,于心学良知之说辟之甚力"②。此外,李元春也是一位杰出的文献整理家,曾整理《关中道脉四种书》《关中两朝文钞》《关中两朝诗钞》和《关中两朝赋钞》等文献,这些文献对关学的研究颇有裨益。李元春毕生以讲学著述为务,造诣颇深,主要授徒于关中。王会昌、王维戉等均为门下高足,然能传其学者当推三原贺瑞麟。

  时到清末,关中传播程朱之学影响最大的当为李元春晚年弟子贺瑞麟。贺瑞麟(1824—1893,号复斋)之学,继承李元春之学,但较李元春更为宏大。贺瑞麟弟子牛兆濂评价其学云:"信小学、《四书》如神明,遵横渠熟读成诵之说,严为己为人之辨,于心术隐微之际,反躬克己,学如不及。其日用伦常,自洒扫应对,以至冠婚丧祭,造次必以礼法,俾先王遗教,彬彬然见诸实行","其论学也,于阳儒阴释之辨,剖析微芒,不少假借。尝谓论人宜宽,论学宜严,三代以上,折中于孔子,三代以下,折中于朱子。又言程朱是孔孟嫡派,合于程朱即合于孔孟,不合于程朱即不合于孔孟,朱子之学明,然后孔子之道尊。"③总体看,贺瑞麟之学以程朱为准,又以倡导张载礼教为己任,延讲古礼,教化风俗。同时,又力斥陆王,指责王阳明"良知"学说为阳儒阴释,乱真害道。此外,贺瑞麟还批判汉学与举业,认为二者均有害于圣道。贺瑞麟一生讲学颇久,故造就尤众。其弟子较著名者有蓝田牛兆濂、兴平马鉴源、华阴王守恭、泾阳柏堃等。

  然而在清末,虽然贺瑞麟在关中大倡程朱之学,也建清麓精舍,讲习不懈,但是由于时代巨变、程朱理学普遍被僵化为"伪道学"等原因,关学的发展难

---

① 李元春:《桐阁性理十三论》,《清麓丛书》本。
② 贺瑞麟:《李桐阁先生墓表》,《清麓文集》卷23,清光绪二十五年刻本。
③ 牛兆濂:《续刻贺复斋(瑞麟)先生墓表》,李慧、曹发展注考《咸阳碑刻》(下),西安:三秦出版社,2003年版,第725页。

以相较于清中期的盛况。加上,清廷政治日益腐败,尤其是中日甲午之战之后,民族危机日益加深,众多的学者开始思考中国的未来问题,尤其是对西学的吸收;而心学的开放性,也在某些程度上应合了这一时代要求。于是,关中心学思潮也在这一时期日益转盛,以柏景伟、刘光蕡影响最大。

柏景伟(1831—1891,号沣西)其学趋陆王,但颇重实用。主张:"学以恕为本,以强为用。强恕而行,则望于人者薄,而责于己者厚。"①其友刘光蕡评价云:"讲学宗阳明良知之说,而充之以学问,博通经史,熟悉本朝掌故,期于坐言起行。其学外是陈同甫、王伯厚,而实以刘念台慎独实践为归,故不流于空虚之滥。"②柏景伟晚年主讲于关中、泾干、味经各大书院,又"与咸阳刘古愚创立求友斋,以经史、道学、政事、天文、地理、掌故、算法、时务助学教主省分别肄习,关中士风为之一变。重修冯恭定祠,刊其《关学编》,序而行之"③。柏景伟讲学授徒,严立风裁,爱惜贤才,注重教人敦品励行,造就颇众,使关中士风为之一变。其门下最知名者,莫过于醴泉(今礼泉)宋伯鲁。

刘光蕡(1843—1903,号古愚)之学亦趋于王学,但更重实践。康有为评价其学其人云:"以良知不昧为基,以利用前民为施,笃行而广知,学古而审时,至诚而集虚,劬躬而焦思,忧中国之危,惧大教之凌夷而救之,以是教其徒,号于世,五升之饭不饱,不敢忘忧天下,昧昧吾思之,则咸阳之刘古愚先生有之。"④康说精当!刘光蕡之学大致有以下特点:其一,学推姚江,会通洛闽,其学内不欺心,外能经世。虽取阳明本诸良知之说,但归于通经致用。并灌输新法新器,欲使官吏兵农工商各明其学,实行其事,借此富民强国。其二,在本体论上,刘光蕡持"元"本论,认为气在理先,气出于"元",元者乃"气之母也",故天地万物都出之于"元"。其三,在心性论方面,刘光蕡虽然认为"在天为元,在人为性"⑤,又因为"元"具有"善性",所以人之本性也就是至善无恶的。人之所以有恶,乃是由于"陷溺其心而昧其性也"。其四,注重经世致用,强调学以致用。他所谓的实学,非限于农事、兵谋等,而是深受西学影响,关注于科学器械及民主

---

① 周骏富辑:《清代传记丛刊》(104),第329—330页。
② 刘光蕡:《同知衔升用知县柏子俊先生墓志铭》,《烟霞草堂文集》卷4,民国思过斋刻本。
③ 张骥:《柏子俊先生》,《关学宗传》卷55,西安:陕西教育图书社,1921年刊本。
④ 康有为:《〈烟霞草堂文集〉序》,《烟霞草堂文集》。
⑤ 刘光蕡:《孟子性善备万物图说》,《刘古愚先生全书》,民国思过斋刻本。

政治等。尤其是,在维新运动之初,他在陕西积极响应康有为、梁启超变法,并派弟子陈涛、邢廷荚等前往北京、上海,与康有为商讨国是,一时有"南康北刘"之称。刘光蕡生平潜心于教育,曾主讲于泾干书院、味经书院、崇实书院、烟霞草堂、甘肃大学堂等处。其门下既有戊戌变法中的维新志士李岳瑞,又有政治家、书法家于右任;既有水利学家李仪祉,又有报刊大家张季鸾。刘光蕡对近代陕西影响重大且深远,以至于后世学贯中西的吴宓在"追溯师承渊源"时,感叹说"则于古愚太夫子不敢不首致其诚敬"①。

综上,清代关学,大家云集,其思潮也不断转化,高潮迭起。清初,关学中出现了李颙、王心敬、王吉相、康吕赐等具有强烈心学倾向的学者。至清朝中叶,张秉直、孙景烈、李元春等学者的出现才引领关中学术普遍宗尚程朱之风,并由清末贺瑞麟总其大成,牛兆濂、张元际、张元勋、李铭诚等又承其续。然而,随着柏景伟、刘光蕡等应时而起,心学以其开放性成为清末关学对接西学和其他学术的思想源泉,而盛极一时,同时也逐渐进入新的学术转型期。

---

① 吴宓撰:《空轩诗话》,吕效祖主编《吴宓诗及其诗话》,西安:陕西人民出版社,1992年版,第216页。

参考文献

(1) [清]李颙.四书反身录[M].清康熙二十五年刻本.
(2) [清]李颙.二曲集[M].清康熙三十二年郑重、高尔公刻后印本.
(3) [清]李颙撰,陈俊民点校.二曲集[M].北京:中华书局,1996.
(4) [清]李颙撰,张波编校.李颙集[M].西安:西北大学出版社,2014.
(5) [清]李颙.关中李二曲先生全集[M].清光绪三年刻本.
(6) [清]惠龗嗣.关中李二曲先生履历纪略[M].清康熙间鳌屋正堂程刻本.
(7) [清]吴怀清编著,陈俊民点校.关中三李年谱[M].西安:陕西师范大学出版社,1992.
(8) 林继平.李二曲研究[M].西安:陕西师范大学出版社,2006.
(9) 许鹤龄.李二曲"体用全学"之研究[M].台北:文史哲出版社,2004.
(10) 朱康有.人道真理的追求——李二曲心性实学研究[M].北京:中国文联出版社,2003.
(11) 房秀丽.追寻生命的全体大用——李二曲理学思想及其教育价值[M].济南:齐鲁书社,2010.
(12) 张波.李颙[M].昆明:云南教育出版社,2011.
(13) [南朝宋]范晔.后汉书[M].北京:中华书局,1965.
(14) [三国吴]支谦.佛说维摩诘经//大正藏:14卷[M].日本大藏出版株式会社,1933.
(15) [唐]惠能著,郭朋校释.坛经校释[M].北京:中华书局,1983.
(16) [宋]张载.张载集[M].北京:中华书局,1978.
(17) [宋]程颢、程颐.二程集[M].北京:中华书局,2004.
(18) [宋]陈淳.北溪字义[M].北京:中华书局,1983.
(19) [宋]谢良佐.上蔡语录//朱子全书外编第3册[M].上海:华东师范大学出版社,2010.
(20) [宋]朱熹.朱子语类//朱子全书第14册[M].上海:上海古籍出版社、合肥:安徽教育出版社,2002.
(21) [宋]朱熹.四书章句集注[M].北京:中华书局,1983.
(22) [明]冯从吾.冯恭定公全书[M].清康熙十二年刻本.
(23) [明]冯从吾撰,陈俊民点校.关学编(附续编)[M].北京:中华书局,1987.
(24) [明]张舜典.鸡山语要[M].关中丛书本.

(25)［明］王守仁.王阳明全集[M].上海:上海古籍出版社,1992.

(26)［明］王守仁撰,陈荣捷详注集评.王阳明传习录详注集评[M].台北:台湾学生书局,1988.

(27)［明］王畿.王畿集[M].南京:凤凰出版社,2007.

(28)［明］王廷相.王廷相集[M].北京:中华书局,1989.

(29)［明］罗洪先.罗洪先集[M].南京:凤凰出版社,2007.

(30)［明］罗汝芳.罗汝芳集[M].南京:凤凰出版社,2007.

(31)［明］聂豹.聂豹集[M].南京:凤凰出版社,2007.

(32)［明］欧阳德.欧阳德集[M].南京:凤凰出版社,2007.

(33)［明］杨起元.太史杨复所先生证学编[M].续修四库全书本.

(34)［明］高攀龙.高子遗书[M].无锡文库本.

(35)［明］涂伯昌.涂子一杯水[M].清康熙四十五年涂见春刻本.

(36)［明］真可.紫柏老人集[M].明天启七年刻本.

(37)［明］查继佐.罪惟录[M].续修四库全书本.

(38)［清］顾炎武.日知录∥顾炎武全集第18册[M].上海:上海古籍出版社,2011.

(39)［清］顾炎武.亭林诗文集∥顾炎武全集第21册[M].上海:上海古籍出版社,2011.

(40)［清］王夫之.船山全书[M].长沙:岳麓书社,2001.

(41)［清］陆陇其.三鱼堂文集[M].文渊阁四库全书本.

(42)［清］黄宗羲.宋元学案[M].北京:中华书局,1986.

(43)［清］黄宗羲.明儒学案[M].北京:中华书局,2008.

(44)［清］黄宗羲.明文海[M].北京:中华书局,1987.

(45)［清］黄宗羲.南雷诗文集∥黄宗羲全集第10册[M].杭州:浙江古籍出版社,2005.

(46)［清］吕留良.吕晚村先生文集[M].台北:钟鼎文化出版公司,1967.

(47)［清］刘青莲.古今孝友传[M].清乾隆二十年刊本.

(48)［清］刘青霞.慎独斋文集[M].清刻本.

(49)［清］李楷.河滨文选[M].清嘉庆间刻本.

(50)［清］李柏.槲叶集[M].民国三十二年翻印本.

(51)［清］李因笃.受祺堂文集[M].清道光七年刻本.

(52)［清］李因笃.续刻受祺堂文集[M].清道光十年刻本.

(53)［清］王弘撰.砥斋集[M].清康熙十四年刻本.

(54)［清］傅山.霜红龛集[M].太原:山西人民出版社,1985.

(55)［清］丁宝铨.傅青主先生年谱[M].清宣统三年刻本.

(56)[清]杨甲仁.愧庵遗集[M].清同治三年重刻本.

(57)[清]陈玉璂.学文堂文集[M].清康熙间刻本.

(58)[清]李塨编,王源订.颜习斋先生年谱[M].清康熙四十六年刻本.

(59)[清]王心敬.丰川全集[M].清康熙五十五年额伦特刻本.

(60)[清]王心敬.丰川续集[M].清乾隆十五年刻本.

(61)[清]王心敬等增辑.关学编[M].清嘉庆七年增刻本.

(62)[清]王建常.复斋录[M].清光绪元年刻本.

(63)[清]叶昌炽著、王欣夫补正.藏书纪事诗附补正[M].上海:上海古籍出版社,1989.

(64)[清]张洲.对雪亭文集[M].清嘉庆刻本.

(65)[清]关西马氏世行录[M].关西马氏丛书本.

(66)[清]李桓.国朝耆献类征初编[M].清代传记丛刊本.

(67)[清]唐鉴.国朝学案小识[M].济南:山东友谊书社出版,1990.

(68)[清]阮元.国史文苑传稿[M].清代传记丛刊本.

(69)[清]王晫.今世说[M].清代传记丛刊本.

(70)[清]杨仪修,王开沃纂.(乾隆)盩厔县志//中国地方志集成·陕西府县志辑第9册[M].南京:凤凰出版社、上海:上海书店、成都:巴蜀书社,2007.

(71)[清]贺瑞麟.清麓文集[M].清光绪二十五年刻本.

(72)[清]张廷玉等.明史[M].北京:中华书局,1974.

(73)[清]赵尔巽等.清史稿[M].北京:中华书局,1977.

(74)[清]屈复.弱水集[M].续修四库全书本.

(75)[清]全祖望撰,朱铸禹汇校集注.全祖望集汇校集注[M].上海:上海古籍出版社,2000.

(76)[清]王承烈.日省录[M].清光绪年间刻本.

(77)[清]李塨.恕谷后集[M].清雍正刻后增修本

(78)[清]永瑢等.四库全书总目[M].北京:中华书局,1965.

(79)[清]李元春.桐阁性理十三论[M].清麓丛书本.

(80)[清]秦瀛.己未词科录[M].清嘉庆十二年刻本.

(81)[清]钱林辑,汪藻编.文献征存录[M].清咸丰八年刻本.

(82)[清]佟昌年.襄城县志[M].北京:线装书局,2001.

(83)[清]刘光蕡.刘古愚先生全书[M].民国思过斋刻本.

(84)[清]刘光蕡.修齐直指评[M].关中丛书本.

(85)[清]刘光蕡.烟霞草堂文集[M].民国思过斋刻本.

(86)[民国]徐世昌.清儒学案[M].北京:人民出版社,2010.

(87)[民国]张骥.关学宗传[M].陕西教育图书社,1921.

(88)[民国]庞文中修,任肇新、路孝愉纂.(民国)盩厔县志∥中国地方志集成·陕西府县志辑第9册[M].南京:凤凰出版社、上海:上海书店、成都:巴蜀书社,2007.

(89)[清]梁启超.中国近三百年学术史∥饮冰室合集第10册[M].北京:中华书局,1989.

(90)钱穆.国学概论[M].北京:商务印书馆,1997.

(91)牟宗三.心体与性体[M].上海:上海古籍出版社,1999.

(92)王钟翰点校.清史列传[M].北京:中华书局,1987.

(93)陈祖武.清代学术源流[M].北京:北京师范大学出版社,2012.

(94)陈来.有无之境——王阳明哲学的精神[M].北京:人民出版社,1991.

(95)刘学智.儒道哲学阐释[M].北京:中华书局,2002.

(96)吴震.传习录精读[M].上海:复旦大学出版社,2012.

(97)吴震.聂豹罗洪先评传[M].南京:南京大学出版社,2011.

(98)韩星主编.中和学刊第2辑[M].西安:陕西师范大学出版社,2010.

(99)张卫红.罗念庵的生命历程与思想世界[M].北京:生活·读书·新知三联书店,2009.

(100)袁林.西北灾荒史[M].兰州:甘肃人民出版社,1994.

(101)李慧,曹发展注考.咸阳碑刻(下),西安:三秦出版社,2003.

(102)周至县地方志办公室.周至史志通讯第1期[J].2007.

后 记

接触李颙已有数年,多次打算系统研究李颙思想及二曲学派,但对我来说,限于繁重的教学工作和各类意想不到的琐事,基本没有时间和精力沉下心来体会二曲。撰写本书时,也曾打算把近年对二曲的一些体会和心得较完整地展现,然而,亦如上述原因,也无法如愿,所撰写者多是泛泛之言,甚至重复着自己四年前那些貌似平实的看法和言论。限于出版协约及出版时间,尤其是近期孪生幼子先后夭折,隐恸萦怀,亦无心力撰写原计划中其他三章内容及修改本书所收录的内容,匆匆交付书稿,也留下了较多的遗憾,只能期盼日后能弥补歉心。

关于李颙思想,不揣愚陋,以为需要涉及者尚多,兹举数端:其一,总体看,二曲思想根基为阳明学,但兼摄程朱,也融合了阳明后学的思想。二曲是如何兼摄程朱与圆融阳明思想,如何吸收阳明后学思想的,这些仍需要系统梳理。其二,学术责任跟政治、社会的关系问题。明亡教训与包括阳明后学在内的理学所展现出"束书不观""游谈无根"等堕落学风,及其晚明以来讲学的通俗化、世俗化,深刻影响到二曲对学术责任的认识,其中不仅包括道统意识、关学学统意识等,还包括政治社会意识,乃至遗民意识。本书缺乏这方面的深入考察。其三,就二曲学履看,其思想成熟较早,然而,二曲不同时期的思想侧重点是什么?《四书反身录》为其晚年最成熟的作品,其具体特点是什么?和前期思想有何关系?其四,二曲弟子众多,然而能传其学者不过王心敬等寥寥数人,随着程朱理学、颜李学派在关中的发展,关中二曲学派基本是二代而消亡,其中也应有二曲思想的内在原因,这种内在原因是什么?二曲曾讲学江南,其江南弟子亦不少,二曲学说又如何在江南发展的?其五,二曲与王心敬、王吉相、杨屾等人思想的异同如何?换言之,二曲后学是如何继承和吸收二曲思想的?其六,二曲在世时,与王弘撰、刘宗泗、杨甲仁、朱书等诸多学者有过论学,这些论学仍需要进一步辨析。以上问题在书中基本没有呈现,尚需要作进一步的研究,以便能立体性地展现二曲其人其学。

最后,感谢马平编审在本书和我其他两部著作的编辑、修改和出版中给予的热诚帮助!

  感谢艾冲教授及师母,吴毅处长、田延峰处长、石玉平主任、何振鹏主任、吕晓伟副主任及李剑清、高嵩、张文娟、宁义辉、马睿、米文科、雷天琴、丁煜成、徐凌美、王大浩、苗亚静等友人在近期给予的热情帮助和支持!

  感谢我的家人在面对厄运时的坚韧和互相支持!

张 波

2014年3月29日,时距次子离世两天

图书在版编目(CIP)数据

李颙评传/张波著. —西安：西北大学出版社，2014.10
（关学文库/刘学智，方光华主编）
ISBN 978-7-5604-3511-4

Ⅰ.①李… Ⅱ.①张… Ⅲ.①李颙（1627～1705）—评传 Ⅳ.①B249.9

中国版本图书馆 CIP 数据核字（2014）第 241833 号

出 品 人	徐 晔 马 来
篆 刻	路毓贤
出版统筹	张 萍 何惠昂

李颙评传　张　波 著

责任编辑	马 平　　装帧设计 泽 海
版式统筹	刘 争
出版发行	西北大学出版社
地　　址	西安市太白北路 229 号　　邮　编 710069
网　　址	http://nwupress.nwu.edu.cn　　E－mail xdpress@nwu.edu.cn
电　　话	029-88303593　88302590
经　　销	全国新华书店
印　　装	陕西向阳印务有限公司
开　　本	720 毫米×1020 毫米　1/16
印　　张	18.25
字　　数	290 千字
版　　次	2015 年 1 月第 1 版　2015 年 1 月第 1 次印刷
书　　号	ISBN 978-7-5604-3511-4
定　　价	38.00 元